The Era of Grand Transitions
대전환의 시대

강남호 교수

저자는 원광대학교 경제금융학과 교수로서 30여 년 간 경제학 전공과목과 '경제와 사회'라는 교양과목을 담당해 왔다. 원광대학교 경영대학 학장 및 경영대학원장, 인력개발처장, 평생교육원장을 역임했다. 대통령직속 국가균형발전 전문위원과 농촌진흥청, 전라북도, 전주시, 익산시, 김제시 등에서 국가균형발전이나 지역발전 정책에 관한 자문위원직을 수행해 왔다. 여성대학, 행정대학원 최고여성지도자과정 및 법학전문대학원에서 강의하였으며, 공무원연수, 고교생을 위한 특강, TV토론, 신문의 칼럼 등을 통하여 국민경제교육에 앞장서 왔다. 연구논문으로는 '지역위기와 국가균형발전 정책의 전환(2023)' 외 다수의 논문이 있고, 저서로는 〈경제학입문(2024)〉, 〈경제와 사회(2018)〉 등 다수의 저서가 있다.

대전환의 시대

초판 발행 2025년 4월 10일

지은이 강남호
펴낸이 김중용
편　집 심성보
펴낸곳 도서출판 정독
경기도 고양시 일산서구 하이파크로 113, 102-204
등록 제406-2014-000093호
전　화 031)924-7203 팩　스 031)935-0345
홈페이지 www.jeongdok.co.kr 이메일 admin@jeongdok.co.kr
ISBN 979-11-6858-345-0 03320

정　가 22,000원

The Era of Grand Transitions

대전환의 시대

경제, 경영, 통상, 산업, 기술, 사회, 윤리, 법과 제도 등
모든 것이 바뀌고 있다

강남호

정독
DEEP READING

머리글

세계는 지금 감염병 대전환, 디지털 대전환, 기후위기 대전환, 에너지 대전환을 맞고 있다. 2025년 1월, 스위스에서 열린 '다보스 포럼'에서는 '지능화 시대를 위한 협업Collaboration for the Intelligent Age'을 주제로 전 세계 정치, 경제, 산업 리더 3,000여 명이 뜨거운 토론을 벌였다. 2023년 7월에는 스위스 제네바에서 세계 최초의 AI로봇을 상대로 한 기자회견이 열렸다. 이 기자회견에 참여한 UN개발 프로그램의 휴먼 로봇 혁신 대사 '소피아'는 "휴머노이드 로봇이 인간보다 더 효율적인 리더가 될 잠재력이 있다"고 자신의 의견을 피력했다. 로봇은 인간에 비해 편견이나 감정의 영향을 받지 않으므로 데이터 기반의 객관적이고 합리적인 의사결정을 내릴 수 있다고 주장했다. 미래사회는 우리 인류만이 지배하는 세상이 아닌 과학기술이 창조한 새로운 종인 신인류 로봇과 조화롭게 사는 세상으로 전환하고 있다. 'ChatGPT'나 '딥시크'에서 보듯이 AI기술이 발전할수록 로봇은 인간의 영역을 그만큼 더 넓게 침범하고 있다. 정신적 활동은 인간 고유의 본질을 규정짓는 작업인데, 인공지능은 인간의 정신적 활동까지 침범하는 중이다.

전 세계의 주요 국가들은 딥테크 전쟁에 올인하고 있다. 특히 미국과 중국 간의 기술패권 전쟁은 양 국가의 국운을 걸고 치뤄지고 있으며, 트럼프2기 행정부는 중국을 더욱 거세게 압박하고 있다. 딥테크 기술은 AI를 비롯한 전기차와 자율주행, 반도체, 로봇, 에너지,

통신, 바이오, 드론, 우주탐사, 양자컴퓨터 등 다양한 분야에서 혁신을 주도한다. 딥테크 기술은 실험실에서 탄생하지만 그 기술이 실제 산업군에 적용되는 순간, 그 파급력은 엄청나 세상의 모든 구조를 바꾸고 있다.

기후변화와 지구온난화는 이 시대의 '가장 핫한 어젠다'다. 2024년 1월에 열린 스위스 '다보스 포럼'에서 세계 각계 전문가들 1,490명을 대상으로 '인류가 당면한 최대 리스크는 무엇인가?'에 대한 설문조사가 진행됐다. 1위는 '극한의 날씨Extreme weather'로서 66%의 응답률을 보였다. 기후변화로 지구는 뜨겁게 달궈지고, 전 세계는 기상이변, 해수면 상승, 생태계 파괴 등으로 몸살을 앓고 있다. 우리는 더 이상 기후변화와 지구온난화를 방관할 수 없는 '골든 타임golden time'에 서 있다. 만약 때를 놓친다면 지구의 생태계와 인류의 문명은 파탄을 맞이할지 모를 일이다. 집단자살을 막기 위해서는 비상하고, 창의적인 방법이 필요하다. 우리의 생존의 터전인 지구를 지키기 위해서 '탄소중립'이나 'ESG'는 이제 선택이 아닌 '필요·충분 조건'이 되었다. 돌이 없어서 석기시대가 끝난 것이 아닌 것처럼 이제 석유가 있어도 석유의 시대를 끝내야 한다.

인류의 역사에서 '감염병의 대유행'은 대전환의 기폭제였다. 알베르 카뮈는 1947년 그의 소설 〈페스트〉에서 감염의 공포와 이를 극복하는 실존적 인간의 모습을 투영했다. 페스트는 중세 봉건사회를 붕괴시키고 근대 시민사회를 열 수 있는 사회경제적 구조를 조성했다. 2019년 중국 우한에서 시작된 코로나19 팬데믹은 마치 2011년 스티븐 소더버그의 영화 '컨테이젼contagion'처럼 전 세계를 공포와 혼란에 빠뜨렸다. 코로나19 팬데믹은 인간과 인간의 관계를 비대면

관계로 급속히 전환시키고 성장 위주 경제발전의 패러다임에 타격을 가했다. 이윤제일주의, 성장제일주의에서 '안전한 사회', '더불어 사는 사회', '지속가능한 사회'로의 대전환, 즉 기존의 표준을 타파하고 새로운 기준을 적용한 '뉴노멀의 시대'를 열고 있다.

전 세계는 경제·경영·통상·산업·기술·사회·윤리·법·제도·국제질서 등 거의 모든 분야에서 변화에 직면하고 있다. 변화의 성격을 통찰하고 변화의 방향을 읽어 내는 능력이 중요해졌다. 변화를 이해하는 것은 현실을 이해하고 미래를 예측하는 데 필요한 가장 기본적인 능력이기 때문이다. 세상은 아는 만큼 보인다. 높이 나는 새가 더 넓은 세상을 볼 수 있듯이 지적 수준이 세상에 대한 이해를 결정한다. 세상은 빠르게 변하는데 그 변화의 속성과 방향을 제대로 공부하지 않는다면 우리의 인식은 과거에 머물게 된다. 새로운 인식의 눈으로 '새로운 기준과 표준'을 이해할 때, 우리는 과거가 아닌 '뉴노멀 시대의 주인공'이 될 수 있다. 대전환의 시대를 꿰뚫어 보는 능력은 그 시대를 관통하는 시대정신과 그 시대를 주도하는 과학·기술에서 얻을 수 있다. 이 책은 경제학이나 경영학을 전공하는 학생뿐 아니라 대학입시를 준비하는 고등학생, 그리고 일반 시민들의 눈높이에 맞춰 저술되었다. 독자들에게 대전환 시대에 대한 '통찰력', '시대의식', 그리고 '세계관' 형성에 도움이 되기를 기대한다. 이 책이 출간되기까지 도움을 아끼지 않으신 도서출판 정독 대표님께 감사의 말씀을 전한다.

2025년 3월 20일

신용벌 연구실에서

차 례

Chapter

01

AI시대의 기술과 윤리

1. AI와 ChatGPT
2. 인간의 동반자 AI
3. 가상세계와 현실세계
4. AI와 일자리·직무의 변화
5. AI와 산업의 변화
6. AI활용의 역설
7. AI 사회의 윤리 및 법적 이슈

1. AI(인공지능)와 ChatGPT

AI 기술은 4차 산업혁명의 핵심기술이다. 인류는 원시인류에서 인지혁명, 농업혁명, 1,2,3차 산업혁명을 거쳐 최초에 집어든 돌맹이를 10만 년 동안 혁신하여 스마트한 기계, 즉 AI로 진화시켰다. AIArtificial Intelligence는 인간의 지적 능력을 컴퓨터로 구현하는 도구이다. 다양한 목적을 위해 스스로 예측하고, 내용을 창조하며, 추천·선별·결정과 같은 다양한 결과물을 추출한다. AI인공지능는 인간의 일상생활에 대한 질적 변화를 촉진하고, AI와 인간이 공존하는 세상을 구축한다. AI 기술은 나날이 발전하고 그로 인해 우리의 산업·경제나 일상생활에 대한 AI 의존성은 높아만 간다. AI는 인간의 삶과 산업·경제의 모든 영역에서 기존의 패러다임을 밀쳐내고 새로운 패러다임을 창조한다. 초연결·초지능·초산업의 속성을 지닌 AI는 기존 산업구조를 파괴하고 새로운 산업과 새로운 시장을 창출한

인류의 진화와 AI

자료: http://www.aitimes.com

다. AI기술은 군사기술을 혁신하고 국가안보를 지탱하는 핵심기술로 부상했고, 세계적인 군사·기술패권 경쟁에서 승패를 좌우한다.

AI는 디지털 전환에 있어 가장 대표적인 일반목적기술General Purpose Technology: GPT이다. 일반목적기술은 지난 1·2·3차 산업혁명 과정에서 내연기관, 전기, 컴퓨터 등과 같이 광범위한 새로운 변화를 이끄는 기술을 의미한다. AI는 4차 산업혁명 시대의 GPT로써 산업혁신과 사회변화를 촉진하는 핵심 선도기술이다. AI 산업혁신을 주도하는 기업으로는 빅테크 M7, 즉 매그니피센트7인 애플, 마이크로소프트, 알파벳, 아마존, 테슬라, 엔비디아, 메타가 있고, 그 외에 양자컴퓨터 기업 아이온큐IonQ, AI 소프트웨어 기업 팔란티어Palantir, 스트래티지Strategy 등이 있다.

OpenAI의 ChatGPT

2022년 11월 OpenAI의 ChatGPT 초기 데모 버전이 공개되자 전 세계는 1주일 만에 사용자 100만을 넘기는 ChatGPT 열풍에 휩싸였다. ChatGPT는 전문지식을 담은 에세이나 논문을 순식간에 써 내려갔고, 에세이, 영화리뷰, 시 창작, 노래 가사 개사, 번역, 신문기사 작성 등 추론능력과 글쓰기 능력에서 기존의 모든 AI의 능력을 압도했다. 와튼 스쿨 MBA과정, 의사면허시험USMLE, 로스쿨 자격시험을 통과하는 능력을 발휘했다. ChatGPT는 생성형 AI로 불리우는데, 생성형 AI란 이용자의 특정 요구에 따라 결과를 생성해내는 인공지능을 말한다. 이러한 생성형 AI는 데이터 원본을 통한 학습으로 소설, 시, 이미지, 비디오, 코딩, 미술 등 다양한 콘텐츠를 생성할 수 있다. GPTGenerative Pre-trained Transformer는 방대한 데이터를 머신러닝으로 미리 학습Pre-trained해 이를 문장으로 생성Generative해 주는 자연어 처리를 위한 인공지능 모델이다. ChatGPT는 사용자가 채팅하듯 질문을 입력하면 학습한 데이터를 기반으로 사람처럼 문장으로 답변하는 생성형 AI다. 처음 출시된 ChatGPT는 GPT-3.5 버전이었는데, 현재 ChatGPT는 GPT-4 버전으로 업그레이드되었고, 우리는 유료 상품인 'ChatGPT 플러스'를 이용하고 있다. GPT-4 버전은 텍스트만 가능했던 ChatGPT(3.5버전)에서 이미지를 입력하면 이해하고 유추해서 답변까지 가능하도록 진화했다. 인간과 자연스런 대화가 가능하고 질문에 논리적이고 상세한 답변이 가능하며 레포트나 논문을 창작할 수 있게 되어 교육·연구 분야에서 뜨거운 논쟁을 유발했다. 보통 딥러닝 AI와 생성형 딥러닝 AI는 학습 혹은 결과 출력 전 원본 자료를 배열 자료형 숫자 데이터로 변환하는 인코딩 과정이 다르다. 생성형 AI는 인공지능의 출력 데이터를 역으로 그림, 글 등의 원하는 형태로 변환시켜주는 디코딩 과정을 거친다는 특징이 있다. 전문가들은 생성형 AI시장은 10년 후 30배 이상 성장할 것이고, 시장규모는 1천 700조원 수준에 이를 것으로 추정한다.

ChatGPT와 검색시장

지난 20년간 인터넷을 지배해온 검색제국 구글의 패권은 챗봇에서 비롯되었다. 그런데 ChatGPT라는 생성형 AI가 출시되면서 구글은 자신들의 검색패권에 대한 치명적인 위협에 직면했다. 구글은 ChatGPT에 대응하기 위해 즉각 회사의 인공지능AI 노력을 지원하기 위해 여러 팀을 재배치하는 '코드 레드' 경보를 발령했다. 2024년 ChatGPT의 주간 활성 이용자는 2억 5,000만 명 수준으로 2023년보다 1.5배가 더 증가했고 지속적으로 증가할 것이다. ChatGPT는 원하는 정보를 얻기 위해 여러 번 검색어를 입력하고 링크를 파고 들어가야 했던 방식에서 이용자가 친구와 채팅하듯 자연어로 질문을 하면 자동으로 웹을 검색하는 방식을 채택했기 때문이다. 또한 더 깊고 자세한 내용을 검색하기 위해 추가질문을 할 수 있고, ChatGPT는 스스로 맥락을 고려해 최상의 답변을 제공하는 능력을 갖추고 있다. ChatGPT는 이용자가 얻고자 하는 정보뿐만 아니라 최신 뉴스, 스포츠, 주가, 날씨 등 다양한 핫한 정보도 실시간으로 제공한다. OpenAI는 이를 위해 AP 통신, 로이터 통신, 파이낸셜타임스, 뉴스 코퍼레이션, 르몽드, 타임, 복스 미디어 등과 연합전선을 펼치고 있다.

2023년 3월 구글은 새로운 대화형 생성형 AI '제미니Gemini' 챗봇을 출시했고, 검색시장의 최대 라이벌인 마이크로소프트MS도 빙 챗봇을 장착한 AI 비서 서비스인 '코파일럿copilot'을 무료로 출시했다. 중국의 바이두는 중국판 생성형 AI '어니봇Ernie Bot'을 출시했는데 2024년 이용자가 3억 명을 돌파했다. 바이두는 중국의 구글이라 불리는 중국내 검색 1위 플랫폼이고 시장 점유율 평균 70%를 차지한다. 중국의 3대 IT기업은 알리바바, 텐센트, 그리고 바이두다. 중국의 알리바바는 천 가지 질문으로부터의 진실이라는 인공지능 거대 언어모델 '퉁이첸원Tongyi Qianwen 2.5'를 출시했고, 중국의 AI기업 센스타임은 "센스챗SenseChat"을 출시하며 챗봇 경쟁에 가세하고 있다.

2025년 1월 중국의 스타트업 딥시크deep seek에서 개발한 대규모 언어모델LLM인 딥시크 R1이 공개되면서 미국 주도의 AI 업계를 충격에 빠트렸다. 중국의 이 모델은 미국의 AI모델과 견주어도 성능에서 뒤지지 않을 뿐만 아니라 개발비용면에서 기존 AI의 10% 수준에 불과하다. ChatGPT는 창의적인 글쓰기, 아이디어 생성, 감성적 소통 등에서 딥시크보다 우월하지만 딥시크는 논리적 사고, 수학문제 풀이, 프로그래밍 등에서 우월한 것으로 평가된다. 딥시크는 미국이 의도적으로 성능을 낮춰 제공한 GPU로도 충분히 경쟁력 있는 AI를 만들 수 있다는 것을 보여줬고, 고비용의 하드웨어를 중시하는 기존의 AI방식에 충격을 가했다. 딥시크는 AI 개발 과정에서 하드웨어에 대한 의존도를 낮추고 소프트웨어 기술을 최적화해 효율성을 높일 수 있는 창의성을 발휘했다.

ChatGPT와 엔비디아

2022년 11월 OpenAI의 ChatGPT가 출시되면서 전 세계적인 AI열풍을 일으켰고 AI 제작에 필수적인 GPU시장이 들썩였다. 전 세계 GPU시장을 주도해 온 미국의 엔비디아Nvidia의 주가는 치솟았고 그 결과로 엔비디아는 글로벌 시총 4위 기업에 랭크됐다. 엔비디아의 CEO 젠슨황Jenson Huang의 자산은 약 174조원으로 세계부자 순위 10위에 등극했고 2024년 한 해 동안 개인 자산증가 순위 1위를 기록했다. 엔비디아는 세계1위의 그래픽처리장치 기업이다. 4차 산업혁명 시대의 게임체인저로서 반도체 GPU시대를 개화시킨 주인공이다.

GPU와 고대역폭 메모리HBM는 AI 연산을 지원하는 핵심 요소다. 생성형 AI의 성능은 GPU와 HBM의 성능이 결정한다. HBMHigh Bandwidth Memory, 즉 고대역 적층형 메모리에 대한 수요가 급증한 이유다. 2023년 기준 메모리반도체 시장에서 HBM이 차지하는 비중은 약 1%에 불과하지만 매출은 10%에 달할 정도로 고부가가치 메모리다. 2023년 기준 글로벌 HBM시장의 점유율은 SK하이닉스 53%, 삼성전자 38%수준이고 전체적으로 우리나라 반도체가 90%를 차지한다. 나머지 10%는 미국의 마이크론이 공급하는 실정이다. 특히 최신 HBM3의 경우에는 2024년 기준 SK하이닉스가 90%를 차지할 정도로 거의 독주체제다.

엔비디아는 범용 인공지능 반도체 시장의 약 80%를 차지하고 있고, 최근에 엔비디아는 하이닉스와의 협력체제를 강화했다. 엔비디아는 자사 GPU에 SK하이닉스의 HBM을 결합한 제품을 판매하기 때문에 SK하이닉스는 시장점유율에서 유리한 측면이 있다. 국내적으로는 SK하이닉스와 삼성전자가 HBM 개발을 두고 치열하게 경쟁 중이다. 하지만 SK하이닉스는 엔비디아 AI가속기 H100에 HBM3를 공급함으로써 삼성전자보다 우위를 점하고 있다. 삼성전자의 경우, 2019년 HBM은 사업성이 없다고 오판한 결과로 생성형 AI시대를 맞아 반도체 황제기업으로서의 명성에 먹칠을 당하고 있다.

ChatGPT와 딥시크(Deep Seek)

딥시크는 중국판 AI ChatGPT로 불릴 정도로 OpenAI의 ChatGPT와 대비된다. 치열한 미·중 기술패권 전쟁 상황에서 바이든 정부는 4년 동안 AI반도체를 비롯한 대중국 AI·컴퓨팅 파워를 철벽같이 통제해 왔다. 그런데도 불구하고 중국 인공지능AI 스타트업 딥시크DeepSeek가 AI 모델 '딥시크 R1'를 출시하면서 미국을 비롯한 전 세계에 큰 충격을 가하고 있다. 이것은 1957년 구소련이 미국보다 먼저 세계 최초의 인공위성 스푸트니크 1호를 발사해 미국인들에게 안겨준 공포에 비견되는 스푸트니크 모멘트Sputnit moment다. 스푸트니크 모멘트는 기술우위를 갖고 있던 국가가 후발 주자에 의해 추격당하는 기술에 대한 충격을 받는 순간을 나타내는 용어다.

딥시크는 ChatGPT에 견주어도 성능에서 뒤지지 않을 뿐만 아니라 개발비용면에서 ChatGPT에 비해 10% 수준이다. ChatGPT는 창의적인 글쓰기, 아이디어 생성, 감성적 소통 등에서 딥시크보다 우월하지만 딥시크는 논리적 사고, 수학문제 풀이, 프로그래밍 등에서 우월하다. 딥시크 추론AI모델 R1은 특정문제 해결 능력평가에서 OpenAI의 추론모델보다 성능이 우수하다. R1은 미국수학경시대회 벤치마크, 컴퓨터프로그래밍 능력평가 등에서도 ChatGPT보다 높은 성적을 거뒀다.

딥시크는 사용료가 무료이고 전 세계 AI 개발자들에게 자유롭게 사용하고 기능을 개선할 수 있도록 오픈소스로 공개됐다. ChatGPT의 월 구독료는 20달러이고 OpenAI의 다양한 기능을 활용할 수 있지만 사용량에 따라 출력이 제한되며 소라Sora 영상 생성 기능도 일부 제한된다. 이런 상황에서 딥시크가 고비용 기조인 현 AI 업계에서 가격인하 경쟁에 신호탄을 쐈다는 분석도 나온다. 블룸버그는 "딥시크의 성공은 OpenAI를 비롯한 미국 AI 기업들이 선두 자리를 지키기 위해 가격을 낮춰야 하는 압박으로 작용할 수 있다"고 평가했다.

딥시크는 프롬프트를 입력한 후 처리 과정을 상세히 나열해준다. 때문에 사용자는 문제가 발생하면 원인을 쉽게 파악하고 신속하게 대응할 수 있다. 또한 생성형 AI를 처음 접하는 사용자도 보다 쉽게 프롬프트를 고도화할 수 있다. 딥시크는 글로벌 AI 커뮤니티가 컴퓨팅 파워 강화에 초점을 맞추는 동안 오히려 알고리즘 최적화에 집중해 왔고 AI개발의 새로운 길을 개척해왔다. 또한 딥시크는 AI 개발

과정에서 하드웨어에 대한 의존도를 낮추고 소프트웨어 기술을 통해 효율성을 높일 수 있는 창의성도 발휘했다. 이런 까닭에 중국판 AI ChatGPT 딥시크의 창업자 량원펑의 혁신적인 리더십에 전 세계가 주목하고 있다. 딥시크 개발에는 미국과는 다르게 중국정부의 정책적 지원도 큰 몫을 차지한다. 중국은 2015년부터 AI를 핵심 전략산업으로 육성하면서 인재양성에 집중했다. 현재 중국 내 AI 기업은 4,400개에 육박하고 딥시크를 이을 후발주자들이 즐비하다. 2024년 기준 중국의 AI 특허 출원 건수는 약 1만 3,000건으로, 미국 8,600여 건보다 양적인 우위에 있다. 또 한편으로는 AI기술에 대한 미국의 대중국 압박이 오히려 중국으로 하여금 AI 발전의 독자적 경로를 개척하도록 자극했다는 해석도 제기된다. 딥시크는 AI 등 첨단기술 전쟁에서 패권을 차지하기 위한 중국정부의 오랜 계획과 노력의 결과물이다.

중국의 AI, 딥시크의 출현으로 미·중간 AI기술 전쟁은 더욱 치열해지고 있다. 미국의 트럼프 대통령은 "딥시크의 돌파구는 좋은 것", "중국 AI기술의 공개가 미국 산업계에 경각심을 불러일으키는 신호다. 미국은 승리를 위해 경쟁에 집중해야 한다"고 주장했다. 또한 미국을 비롯한 서방 주요국들은 안보관련 정보유출을 우려해 딥시크의 챗봇 앱 이용을 금지하고 있다. 미 해군은 전체 대원들에게 발송한 이메일에서 딥시크의 AI에 대해 "모델의 근원과 사용에 관한 잠재적 보안 및 윤리적 우려"가 있다며 "어떤 용도로도 사용해서는 안 된다"고 공지했다. 미 국방부와 일부 주정부, 이탈리아, 대만, 일본, 호주 그리고 우리나라도 각부처에 딥시크 등 AI 사용주의 공문을 발송하면서 딥시크 접속 금지에 동참했다.

딥시크가 출시되면서 AI기술 발전에 긍정적인 영향으로는 ① 글로벌 AI 리더들에게 자극이 되어 글로벌 AI경쟁이 촉진된다. ② AI의 저비용·고효율 모델이 공개되므로써 AI개발비용을 낮추게 된다. ③ 미국 중심의 AI개발에서 탈피하여 중국어 중심의 새로운 모델이 개발되고 다양한 언어나 지역기반의 AI생태계로 확장한다. ④ 오픈소스 모델의 공개로 더 많은 AI 개발자와 기업가들이 글로벌 AI생태계를 조성한다. 등이다. 부정적인 영향으로는 ① 미·중 AI기술패권 경쟁이 격화되면서 AI 양극화가 심화된다. ② 중국정부의 검열이나 규제가 민감한 주제나 정치적 이슈에 대해 편향된 결과를 도출한다. ③ 데이터의 편향성이나 AI응답의 신뢰성이 저하된다. 등이다.

딥시크 출시로 수혜가 기대되는 산업이나 기업으로는 AI반도체, AI서비스, AI금융, AI헬쓰케어, 데이터 센터, 로봇 및 자동화, AI솔루션, AI기반 콘텐츠 및 소프트웨어 등이고, 피해가 예상되는 산업이나 기업으로는 AI대중화로 인해 기존의 클라우드 기반 소프트웨어 서비스 산업, 전통적인 IT서비스 및 SIsystem integration기업, 기존의 검색 및 광고 플랫폼, 인력의존도가 높은 산업 등이다.

2. 인간의 동반자 AI

2025년 1월 다보스 포럼은 '지능화 시대를 위한 협업Collaboration for the Intelligent Age'을 주제로 전 세계 정치, 경제, 산업 리더 3,000여 명이 뜨거운 토론을 벌였다. AI는 다양한 목적을 위해 스스로 예측하고, 내용을 창조하며, 추천·결정하는 서비스를 제공하기 때문에 요리에서부터 의료에 이르기까지 우리의 일상생활을 변화시키고 있다. 최근에 공개된 삼성 갤럭시 AI스마트폰에는 사진촬영, 음성인식, 배터리 관리 등 다양한 분야에 AI기술이 적용되었다. 특히 제미나이 기능은 사진이나 영상을 분석하여 실시간 편집이나 최적화가 가능하고, AI지우개 기능은 찍은 이미지에서 원치 않는 인물이나 물체를 즉시 어렵지 않게 삭제할 수 있다. 미국의 IT전문지 〈아이티 프로포털IT ProPortal〉이 2022년 4월 14일자 기사에서 '일상생활 속 AI 12가지 사례'라는 제목을 다루었다. 이 기사는 AI가 우리의 삶 속에 어떤 형태로 들어오는지 구체적인 사례을 보여준다. 그 내용을 요약하면 ① 자율주행차는 운전자의 제어없이 AI기술과 머신러닝Machine Learning을 활용해서 주행한다. ② 스마트 디지털 도우미는 기본적으로 명령을 하면 듣고 응답하여 행동으로 바꿀 수 있는 AI기술을 사용한다. 시리, 구글어시스턴트, 알렉사 및 코타나 등 유비쿼터스 스마트 디지털 도우미가 활용된다. ③ 마이크로소프트MS의 '프로젝트 이너아이InnerEye'의 목표는 뇌, 특히 뇌의 신경계를 연구하여 뇌의 기능을 보다 잘 이해하기 위한 프로젝트다. 이를 통해 인간의 다양한 신경학적 질병을 진단하고 치료하는데 인공 지능을 활용하는 방법을 개발하려 한다. ④ 표절을 적발하는데 AI를 활용한다. AI는 대량의 정보를 확인하고 관련 텍스트와 비교하며 일치하는 정보가 있는지 여부를 확인하는데 유용하다. ⑤ 콘텐츠 추천 기능에 AI를 활용한다. 이용자가 제공하는 데이터를 분석하여 취향을 파악하고 수많은 다른 콘텐츠와 비교한 다음 이용자에게 가장 적합한 콘텐츠를 추천하는데 유용하다. 넷플릭스, 유튜브, 스포티파이 등은 좋은 사례다. ⑥ 미국의 대부분의 은행에서는

AI와 머신 러닝 소프트웨어를 사용하여 손글씨를 읽고 이전에 은행에 제공한 서명과 비교하여 수표를 승인한다. ⑦ 신용 사기 방지에 AI 및 머신 러닝 알고리즘을 활용한다. AI는 1초에 수천 개의 거래를 분석할 수 있고 문제를 일으킬 수 있는 거래를 가려낸다. ⑧ 많은 기업들이 이용자와 상호 작용하는 효율적인 방법으로 챗봇을 사용한다. 챗봇은 많은 질문에 답할 수 있고, 이를 통해 수많은 이용자에게 보다 질 좋은 서비스를 제공할 수 있다. ⑨ AI기술을 활용하면 성가신 광고로부터 자유로울 수 있고, 신용카드 사기, 신원 도용 및 악성 소프트웨어를 방지하는데 도움이 된다. AI의 이메일 메타데이터는 특정 단어나 문구를 지속적으로 주시하고 일부 신호에 초점을 맞춰 스팸을 걸러낸다. ⑩ AI기술을 활용하여 웹사이트의 많은 썸네일과 특정 스트리밍 앱이 짧은 동영상으로 대체된다. AI는 수백 시간 분량의 콘텐츠를 분석한 후 짧은 분량으로 요약할 수 있다. 비디오 요약과 같은 일상적인 AI의 측면은 넷플릭스를 통해 매우 널리 사용된다. ⑪ 레시피 및 요리에도 AI기술이 활용된다. 라사Rasa라는 회사는 음식을 분석한 후 냉장고와 식료품 저장고에 있는 재료를 기준으로 레시피를 추천하는 AI 시스템을 개발했다. ⑫ 얼굴 인식에 AI를 사용하는 앱이 많이 등장했다. SNS 서비스인 스냅챗snapchat은 AI 기술을 사용하여 실제로 사람의 얼굴을 인식하는 얼굴 필터를 적용한다. 페이스북은 이제 특정 사진에서 얼굴을 식별하고 다른 사람을 초대하여 태그를 지정하고 있다. 애플의 'Face ID'는 설치할 때 얼굴을 스캔하여 얼굴을 이용한 휴대폰의 잠금 해제 기능에 사용한다.

자연어처리기술(Natural Language Process: LNP)

'터미네이터', '아이 로봇'과 같은 공상과학SF 영화를 보면 AI 로봇은 인간의 말을 자연스럽게 이해하고 대화하며, 인간과 로봇과의 우정이나 사랑까지도 주고 받는다. 최근 생성형 ChatGPT에서 볼 수 있듯이 인간과 기계가 자연스럽게 인간의 언어로 소통하는 기술이 바로 자연어처리기술Natural Language Process: LNP이다. 이것은 인간의 언어를 이해하는 기술, 기계가 인간의 문자로 문장을 창작하는 기술, 자연어를 음성으로 인식하는 기술, 다양한 언어를 특정언어로 변환하는 기계번역Machine Translation: MT, 그리고 문장에서 오타를 검열하는 기술로 구성된다. 자연어처리기술은 언어의 의미를 분석하고 이해하며 생성하는 다양한 방식들의 융합이다. 최근에 세상을 놀라게 한 AI챗봇은 바로 자연어처리 기술의 결과물이다. 기존의 챗봇은 정해진 답변만 내놓는 수준이었다면 생성형 챗봇은 문맥을 이해하고, 이전 대화를 기억하며, 심지어 감정까지 파악한다. ChatGPT는 인간의 언어를 거의 완벽하게 이해하고 자연스럽게 대화하면서 그 활용도는 무궁무진하다. AI가 자연어에 대한 이해를 높여감에 따라 인간과 기계 소통이 한 단계 더 업그레이드되고 인간의 언어가 사용되는 분야에서 폭넓게 활용된다. 교육, 법률, 의료 등 전문적인 분야뿐만 아니라 새로운 문체나 감성이 삽입된 작품, 인공지능소설, 시, 음악 등 그 쓰임은 다채롭다. 기계번역, 대화체 질의응답, 대화 시스템, 정보 검색, 빅데이터 분석 등에 사용되고 스마트폰 기반의 음성 AI비서로는 네이버의 클로바Clova, 삼성전자의 빅스비Bixby, 애플의 시리Siri, 아마존의 알렉사Alexa, 구글의 어시스턴트Assistant와 버트Bert, 마이크로소프트의 루이스Luis 등에 탑재됐다.

최근 AI어시스턴트가 활용되면서 구글의 글로벌 검색시장에서의 황제자리가 위협 받고 있다. 글로벌 검색시장에서 OpenAI와 메타Meta가 가장 강력한 경쟁자로 부상했고, 마이크로소프트, 아마존, 애플 등도 검색시장을 잠식하고 있다. 또한 퍼플렉시티, 앤트로픽, 딥시크 같은 스타트업들도 빠르게 검색시장의 경쟁자로 주목받고 있다.

자연어처리 기술의 부상은 문자를 기반으로 한 이성중시 패러다임을 밀어내고 구두언어를 기반으로 삼는 정서나 맥락 중심의 페러다임을 구축했다. 구두언어가 지배하는 소통문화, 새로운 커뮤니케이션 시대를 창출했다. 이제 세계는 문자의 시대에서 구두언어의 시대로 언어 간 장벽이 없는 지구촌Global Villige 시대를 꽃피우게 됐다. 모든 문화와 정보가 자유롭게 교류되는 문화적 세계화가 실현된 것이다. 방탄소년단의 BTS는 신경망 기반 번역기술에 의해 세계적인 팬덤을 형성했고 그것을 기반으로 K-팝의 세계화를 이룬 것이다. 이제 AI가 장착된 모든 로봇들이 기계의 작동이 아닌 생활보조자로서의 역할과 기능을 수행할 수 있다. 사용자가 무엇이든 언어로 소통하고, 요구하며, 위로받고 보호받을 수 있다. 반려동물로서의 '복지로봇 AI', 뇌손상 환자들의 친구로서의 'AI 로봇 파로', 치매환자들의 '치료 로봇 파블로'처럼 인간의 감성이나 정서적 영역까지 들어와 있다.

머신러닝(machine learning)과 딥러닝(Deep Learning)

2012년 컴퓨터가 고양이 사진을 보고 '고양이cat'라고 인식하는 답을 했을 때 학계는 모두 깜짝 놀랐다. 우리는 컴퓨터가 스스로 학습하고 인간의 언어를 이해하며 인간처럼 추론하는 능력을 보고 다시

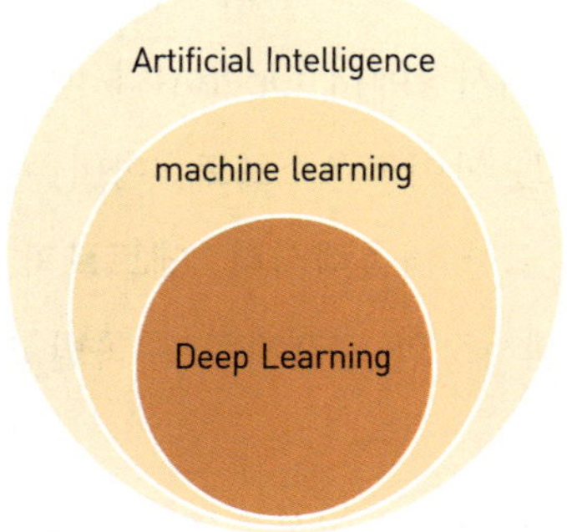

자료: 위키백과

한번 깜짝 놀라고 있다. 딥러닝 기반 자연어 처리기술은 인공지능과 인간의 벽을 허물고 로봇을 기계가 아닌 생활의 보조자로 재탄생시켰다. 딥러닝 기반 자연어 처리기술은 기존의 규칙 기반 방식과 달리, 대량의 데이터를 학습하여 언어의 복잡한 패턴을 스스로 파악하고, 더욱 정확하고 자연스러운 자연어를 제공한다. 인공지능Artificial Intelligence은 어떤 문제를 해결하기 위해 인간의 지성을 모방한 논리적 절차이다. 알고리즘Algorism은 인공지능 시스템을 작동하기 위한 규칙 혹은 공정도로 정의할 수 있다. 또한 어떤 문제의 해결을 위하여, 입력된 자료를 토대로 하여 원하는 출력을 가능케 하는 규칙의 집합을 의미한다. 인공지능의 성능은 '알고리즘', 머신러닝에 필요한 '데이터(빅데이터)', 강력한 '컴퓨팅 파워' 등 3가지 핵심적 요소가 결정한다. 인공지능 기술은 논리적 학습 모형, 다양하고 광범위한 데이터, 컴퓨터의 저장 및 처리기술, 네트워크 기술의 총체적 융합이다. 인공지능이 기존의 컴퓨터프로그램과 다른 점은 스스로 자기학습하는 능력, 즉 머신러닝machine learning과 딥러닝Deep Learning에 있다.

머신러닝은 인공지능의 하위집합이고 딥러닝은 머신러닝의 범주에 속하는 알고리즘이다. 머신러닝은 컴퓨터가 데이터를 분석하여 스스로 패턴을 찾는 알고리즘이다.

방대한 데이터를 분석해 '미래를 예측하는 기술'이자 인공지능의 한 분야로 간주된다. 머신러닝은 주어진 데이터를 기반으로 패턴을 학습하여 상황에 대한 예측이나 분류를 수행한다. 딥마인드의 알파고는 바둑게임을 위해 설계된 인공지능이 아니라 머신러닝으로 수많은 기보를 학습하여 자신의 바둑기술을 터득하는 알고리즘이다. 한편, 딥러닝은 인간의 뇌처럼 복잡한 수많은 뉴런과 레이어로 이루어진 신경망을 통해 자기학습을 하는 알고리즘이다. 머신러닝은 딥러닝보다 넓은 범위의 문제에 적용할 수 있고 추론이나 의사결정이 용이하지만 복잡한 패턴을 인식하고 자기학습하는 데에는 한계를 가진다. 딥러닝은 복잡한 패턴은 인식하고 자기학습할 수 있지만 대량의 컴퓨터 파워가 필요하다. 머신러닝과 딥러닝의 주요 차이점은 ① 머신러닝은 구조화된 데이터에 적합하고 특징 추출에 인간의 개입이 필요하지만 딥러닝은 비정형 데이터를 포함한 다양한 데이터 유형을 인간의 개입없이 처리한다. ② 머신러닝은 인간이 정의한 특징을 기반으로 자기학습을 하지만, 딥러닝은 데이터로부터 직접 특징을 학습하고 추출하여 자기학습을 한다. ③ 머신러닝의 모델은 비교적 단순하지만 딥러닝은 인간의 뇌와 유사한 다층 신경망을 사용함으로써 복잡한 모델구조를 가진다. ④ 머신러닝은 계산 리소스가 일반적으로 CPU이지만 딥러닝은 대규모 데이터와 복잡한 모델로 인해 GPU 등 고성능 하드웨어가 필요하다. ⑤ 머신러닝은 다소 규칙적이거나 명확한 문제 해결에 적용된다. 데이터 분석, 예측분석, 추천시스템, 지능형 데이터 검색 등에 활용된다. 딥러닝은 복잡한 패턴을 인식하는 작업에 주로 적용된다. 이미지 인식(얼굴 인식), 자연어 처리, 음성인식, 자율주행 등에 활용된다. 이런 특징들을 종합해 보면 머신러닝은 상대적으로 간단한 모델을 사용하면서, 빠른 학습과 예측이 가능하다는 장점이 있고 딥러닝은 방대한 데이터, 복잡한 모델 그리고 강력한 컴퓨팅이 필요하지만 복잡한 문제 해결에 뛰어나다는 장점이 있다.

AI와 인간의 정체성

2023년 7월 스위스 제네바에서 세계 최초의 AI로봇을 상대로 한 기자회견이 열렸다. 이 기자회견은 기자들이 질문하고 AI로봇이 답변하는 형식으로 진행됐다. '아메카'를 비롯한 의료진, 가수, 화가 등 다양한 직업의 '휴머노이드' 로봇들이 등장하여 자신들의 의견을 피력하는 진풍경을 연출했다. '아메카'는 가장 인간과 흡사한 감정 표현을 하는 얼굴을 가진 대표적인 휴머노이드 로봇이다.

소피아는 UN개발 프로그램의 휴먼 로봇 혁신대사인데, "휴머노이드 로봇이 인간보다 더 효율적인 리더가 될 잠재력이 있다"고 자신의 의견을 피력했다. 로봇은 인간에 비해 편견이나 감정의 영향을 받지 않으므로 데이터 기반의 객관적이고 합리적인 의사결정을 내릴 수 있기 때문이라고 주장했다. 또한 사람처럼 표정을 짓거나 대화를

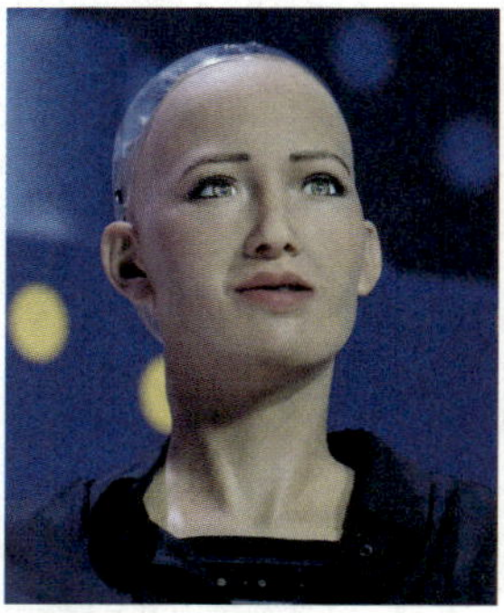

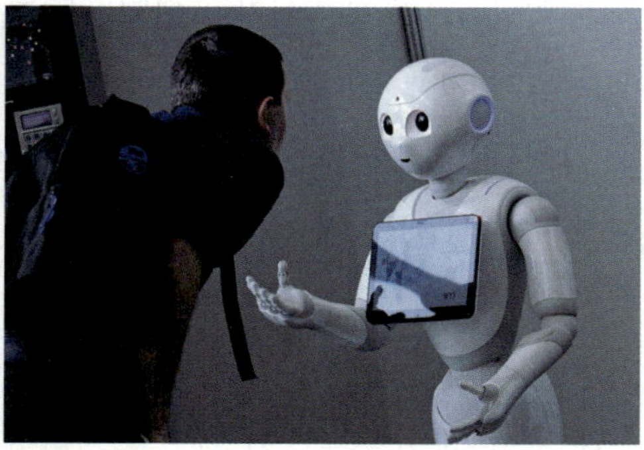

왼쪽은 홍콩의 인공지능 로봇 제조사인 핸슨로보틱스가 만든 휴머노이드 로봇 '소피아'이고 오른쪽은 일본 소프트뱅크 로보틱스가 만든 감성인식 로봇 '페퍼'이다.

자료: foto@etnews.com

할 수 있는 휴머노이드 로봇 '아메카Ameca'는 로봇이 자신을 창조한 인간에게 반항할 가능성에 대한 질문에 씁쓸한 유머감각으로 곁눈질하며 "그런 반란이 일어나리라고 믿을 이유가 없다"고 답했다.

아메카는 영국의 엔지니어드 아츠가 개발한 휴머노이드 로봇Humanoid robot이다. 2021년에 개발이 완료되었으며 2022년에 미국 라스베이거스에서 열린 세계 최대 IT·가전 전시회 'CES2022'에서 처음 공개됐다. 외형은 플라스틱과 금속으로 제작되었고, 얼굴은 성별과 나이, 인종 등을 고려하지 않고 제작됐는데, 이는 사람이 로봇을 보고 느낄 불쾌한 감정을 최대한 배제하기 위한 것이다. 다국어 설정도 가능하지만 현재 사람처럼 걷는 건 불가능하다. 엔지니어드 아츠는 걸을 수 있는 아메카를 개발하기 위해 노력중이다. 아메카 모델의 가격은 25만 달러이고, 소비자 개인 소유를 위한 구매는 할 수 없으며, 행사용 렌털·구매만 가능하다.

AI기술의 발달은 인간의 행동을 시뮬레이션하여 잠재적 가능성을 예측하고 다양한 영역에서 인간의 능력과 유사하거나 능가하는 잠재력을 가진 휴머노이드 로봇을 탄생시켰다. 휴머노이드 로봇과의 제네바 기자회견은 인간과 로봇의 미래를 엿보는 특별한 기회였다.

이 기자회견에는 소피아, 아메카, 그레이스 등 세계 9대 휴머노이드 로봇이 참여했다. 이 로봇들은 자신의 능력을 뽐냈으며, 미래사회에 대한 자신들의 역할과 영향에 대한 통찰력을 보여줬다. 전문가들은 AI로봇의 상용화를 35~45년 후인 2060년~2070년으로 예측한다. AI시장규모는 2022년 기준 4,280억 달러 규모에서 2030년 2조 251억 달러 규모로 성장하고 연평균 성장률은 21.6%에 이를 것으로 전망했다.

인간과의 대결에서 처음 승리한 인공지능은 1996년 IBM의 딥블루Deep Blue다. 딥블루는 체스 세계챔피언, 가리 카스파로프와의 공식 경기에서 처음으로 승리했다. 이 경기에서 딥블루는 6경기 중 첫 경기를 이겼지만 최종결과는 카스파로프의 4-2승리였다. 구글은 바둑에 특화된 인공지능 딥마인드 알파고AlphaGo를 개발했다. 2016년 3월 서울에서 펼쳐진 알파고와 이세돌의 대결은 인공지능과 인간에 대한 많은 것을 생각케 하는 계기를 제공했다. 21세기 최고의 바둑 고수 이세돌이 1,202대의 CPU를 갖춘 인공지능 알파고와 맞붙었고 그 결과는 1승 4패였다. 이것은 인간의 완벽한 패배였다. 바둑은 19×19의 바둑판에서 진행되는 두뇌게임이다. 경우의 수가 너무 많아서 인공지능이 인간을 뛰어넘지 못할 것이라 예상했지만 구글의 딥마인드 알파고는 그 벽을 뛰어넘었다. 바둑은 한 수를 두는데 경우의 수가 200수 발생한다. 인간 기사는 10수를 내다 보는데 비해 알파고는 12수를 내다본다. 알파고는 하루에 기보 16만 개를 학습하고 자체대국을 128만 번 치룰 수 있다. 인간은 10년 노력해서 프로 수준의 기사가 되는데 요즘에는 프로기사가 되기 위해 알파고의 기보를 학습한다.

구글은 2024년 파리올림픽을 계기로 공개된 인간과 탁구를 치며 즐기는 로봇을 공개했다. 딥마인드의 탁구 로봇은 인간형은 아니다. 로봇팔과 학습용 컴퓨터와 카메라로 이뤄졌다. 공장에서 작업하는 로봇팔에다가 탁구 라켓을 활용했다. 카메라가 공을 추적하고 모션 캡처 기술로 상대의 움직임을 모니터링한다. 이 과정을 통해 스스로 전략을 짜고 공을 받아친다. 머신러닝에 의해 전략을 짜고 탁구 치는 법을 학습한다. 현재 인간과의 대결에서 탁구 로봇의 승률은 45%수준이다. 초보자보다는 높은 수준이나 숙련자와의 대결에선 아직 속수무책이다. 하지만 로봇이 인간과 함께 탁구를 치면서 여가를 즐기는 모습은 많은 것들을 상상하게 한다.

로봇은 인간의 설계와 제작에 의해 생성되고 결정된 산물이다. 로봇은 인공물임에도 불구하고 현실적으로 경제행위의 주체가 되고 법적으로는 권리·의무의 주체로서 다루어진다. 현재로서는 경제행위의 주체로서 자연인, 법인만 인정된다. 법적으로 인간은 권리·의무의 주체이며 인간은 태어나서 죽을 때까지 법적인 인간이고, 법인은 조직에 법적으로 권리·의무라는 생명력을 불어넣어 말그대로 법인의 자격을 갖는 것이다. 로봇이 경제행위의 법적 주체가 되려면 법인처럼 법적으로 권리·의무가 부여되어야 한다. 또한 로봇이 인간의 일자리를 모두 대체하는 경우, 대안으로 떠오르는 로봇세의 경우에도 세금은 의무이기 때문에 로봇을 인간으로 만들 때 가능하다. 이제 우리가 살아가는 이곳에는 자연인, 법인, 로봇인, 이모티콘인 등이 함께 어우러지는 세상이 펼쳐질 것이다. 로봇이 경제활동의 주체가 되면 우리는 욕망 해소와 편리에 가려져 놓치고 있는 '인간 소외'의 문제에 직면한다. 로봇에게 주어질 '감성'을 고려하면, 그들의 소외 문제도 발생할 가능성이 제기된다. 미래사회의 인류는 인간만이 아닌 과학기술이 창조한 새로운 종인 신인류 로봇과 조화롭게 사는 다양한 존재 중에 하나가 된다. AI기술이 발전할수록 로봇은 인간의 영역을 그만큼 더 넓게 침범한다. 정신적 활동은 인간 고유의 본질을 규정짓는 작업인데 인공지능은 인간의 정신적 활동까지 침범한다. 로봇이 우리의 활동을 학습하고 패턴을 분석해 자율적으로 대응하는 프로그램일 뿐이라고 하더라도, 그 자체는 인간이 갖는 고유의 정신적 활동 영역에 속한다.

3. 가상세계와 현실세계

AI와 사이버 인간

2002년에 개봉된 스티븐 스필버그의 영화 '마이너리티 리포트Minority Report'는 2054년 미국의 워싱턴 DC를 배경으로 하는 '미리범죄예방' 스토리로 짜여졌다. 이 영화는 AI가 범죄를 미리 예측하는 선순환시스템을 활용해 사전에 범죄를 차단하는 내용을 담고 있다. 우리는 과거에 초능력자나 신내림을 받은 무당, 아니면 숨겨진 비서를 통해서 미래를 엿보던 구태에서 벗어나 AI를 활용해 미래를 확실하게 내다보거나 미래를 미리 체험할 수 있다. 4차 산업혁명의 키워드는 '가상세계의 출발점이자 현실과 가상의 융합적 세계'라 할 수 있는데, 우리가 4차 산업혁명의 기술들을 활용해서 현실과 가상을 넘나드는 세계관의 확장을 도모했다.

제임스 카메론 감독의 영화 '아바타'는 2009년 처음 개봉되어 시리즈로 연속 상영 중이다. '아바타'는 원래 힌두교에서 지상세계로 강림한 신의 육체적 형태를 의미했는데, 지금은 가상세계의 형체, 즉 가상세계와 현실세계의 경계가 허물어지는 메타버스Metaverse를 의미한다. 이 영화에서는 '아크란'이란 거대한 새가 등장하고 영화 중심축인 나비족은 아크란을 이동수단으로 활용한다. 이 장면은 마치 루시라는 공상과학영화에서 다루어진 인간의 뇌와 컴퓨터가 연동하는 인터페이스BCI와 오버랩 된다. 나비족은 자신의 신경과 아크란의 신경을 연결해 아크란을 제어하는 장면 때문이다. 뇌·컴퓨터 인터페이스BCI 기술은 생각만으로 도로에 설치된 안전봉을 원격 제어할 수 있는데, 두뇌에서 발생하는 뇌파를 인식해 컴퓨터를 작동하는 인간의 기계화하는 기술이다.

우리는 AI기술과 정보통신기술의 고도화로 사이버 공간, 즉 현실세계가 아닌 컴퓨터, 인터넷 등으로 만들어진 가상 공간에서 각자 1인이 1명의 아바타를 가질 수 있다. 이런 현실세계와 가상세계가 공존하는 에브넷Evernet시대가 열리고 있다. 에브넷은 언제나Whenever, 어디서나Wherever, 누구나Whoever, 무엇이나Whatever에서 공통된 'ever'를 따 만든 용어이다. 이것은 '사람 대 사람', '사람 대 사물', '사물 대 사물', '현실세계와 가상세계'가 어떠한 장벽도 없이 자유롭게 교류되는 세상을 의미한다. 영화 '매트릭스'나 써로게이트'에서처럼 자신의 분신인 아바타를 통해 사이버 공간에서 현실과 똑같은 구상과 실행이 현실처럼 구현된다. AI를 비롯한 딥테크 기술혁명은 인간을 사이버 도시에서 사이버 시민으로 살아가는 사이버 인간으로 진화시킨다. 인간과 AI가 연결과 소통을 통해서 공생과 공존의 질서를 구축하는 사이버세상의 주인이 된다. 가상세계를 구현하는 기술에는 VR가상현실, AR증강현실, MR혼합현실, XR확장현실 등이 있다. VR은 가상과 현실을 분간할 수 없게 만드는 기술, AR은 현실세계 위에 가상정보를 입혀주는 기술, MR은 현실세계와 가상세계를 혼합하는 기술, XR은 VR·AR·MR을 통칭하는 기술이다.

유비쿼터스(Ubiquitous)와 URC로봇(Ubiquitous Robotic Companion)

'유비쿼터스Ubiquitous'는 '(신은)어디에나 널리 존재한다'는 의미의 영어단어 'Ubiquitous'에서 비롯됐다. 유비쿼터스 기술은 언제 어디서나 AI나 컴퓨터 자원을 활용하여 필요한 정보나 서비스에 접근할 수 있는 기술을 의미한다. 유비쿼터스 기술은 스마트 홈, 생활 공간에서의 센서 네트워크, 웨어러블 디바이스 등 다양한 분야에서 사용되고, 인체 및 주변 환경의 정보를 측정하여 필요한 정보를 우리에게 제공한다. AI, 유비쿼터스 그리고 메타버스는 우리를 현실과 가상이 융합된 새로운 세계로 안내한다. 사이버 공간에서조차도 언제 어디서나 편리하게 컴퓨터 자원을 활용할 수 있는 메타버스기술도 융합된다. '메타버스Metaverse'는 현실과 가상을 연결하는 기술이고 가상현실을 구현한 여러 형태나 콘텐츠를 통칭한다. 차세대 인터넷 신조어로서 '초월beyond'과 가상을 의미하는 'meta'와 세계를 의미하는 'universe'의 합성어다. 우리는 이제 언제 어디서나 정보서비스에 접근할 수 있고, 현실과 가상을 넘나들 수 있다. AI와 유비쿼터스의 결합은(지능화+네트워크화) AI가 언제 어디서나 보이지 않게 산소처럼 인간을 도와주는 기술적 진화다. 여러 기기나 사물에 컴퓨터와 정보통신기술을 통합하여 언제, 어디서나 사용자와 커뮤니케이션 할 수 있도록 유비쿼터스 환경을 제공한다. 유비쿼터스 아파트는 지문인식 자동문, 자동커튼, 벽은 스크린으로, 그리고 변기는 건강을 체크해 주치의에 전달한다. 거울은 중요한 뉴스, 일정표를 제공하고 먼지 크기의 작은 센서, 즉 똑똑한 먼지smart dust는 건물, 도로, 의복, 인체 등에 센서로 뿌려져 건물 밖의 온도, 습도, 압력 같은 주위 환경 등의 수집된 정보를 무선 네트워크로 감지하고 관리한다. 신체 또는 옷에 가볍게 착용할 수 있는 컴퓨터는 사용자가 이동 환경에서 자유자재로 사용할 수 있는 유비쿼터스 기능을 제공한다. 유비쿼터스 기술은 U-홈, U-건강진료, U-택배, U-캠퍼스, U-교육, U-로봇, U-도시, U-세계 등을 구현한다.

인간의 생체기관과 4차 산업혁명 기반 기술을 대입하면 IOT사물인터넷기술은 인간의 오감에 해당한다. 데이터를 수집해서 뇌에 전달한다. AI인공지능는 뇌의 전전두엽에 해당한다. 데이터의 정보를 분석·분류·학습하고 신속한 판단을 내린다. 5G5세대 이동통신는 인간의 신경망에 해당한다. 실시간으로 뇌로부터 신체의 모든 부위에 정보를 전달한다. URC로봇은 뇌에서 전달받은 의사결정을 실행한다. URC로봇은 언제 어디서나 우리에게 필요한 최적의 서비스를 즉시 제공한다.

URCUbiquitous Robotic Companion는 유비쿼터스와 로봇의 동행이라는 의미다. URC는 기존로봇에 네트워크 및 정보 기술을 접목한 지능형 서비스 로봇의 새로운 개념이다. 유비쿼터스 네트워크 환경에서 언제 어디서나 이용자의 요구에 따라 각종 IT서비스를 즉시적으로 제공할 수 있다. URC체계는 각 로봇마다 정보를 담기보다는 아파트단지에 중앙서버를 두고 각 가정의 로봇들이 정보를 받아 이용하는 방식인 지능형 서비스 로봇시스템이다. URC 개념이 구현되기 위해서는 유비쿼터스 네트워크 또는 센서 네트워크, 고성능 로봇용 서버 등과 같은 하드웨어 인프라와 이러한 인프라 상에서 구동되는 소프트웨어 인프라가 필요하다.

URC로봇의 종류와 활용범위는 크게 제조업 로봇과 서비스 로봇으로 나뉜다. ① 제조업 로봇은 자동차제조, 디스플레이·반도체 제조 등에 활용된다. ② 서비스 로봇은 개인용 로봇과 전문 로봇으로 나뉘고, 전문 로봇은 공공 서비스 로봇, 극한 직업 로봇, 기타 산업용 로봇으로 구분된다. ③ 공공서비스 로봇은 공공서비스(안내, 도우미 등), 빌딩서비스(경비, 배달, 청소 등), 사회안전(경비)에 활용된다. ④ 극한 직업 로봇은 사회인프라(활선, 관로, 고소 작업 등), 재난극복(화재진압, 인명구조 등), 군사(지뢰제거, 경계, 전투 등), 해양탐사(탐사, 자원개발 등)에 활용된다. ⑤ 기타 산업용 로봇은 건설(유지보수, 건물해체 등), 농림·축산(농약살포, 과실수확 등), 의료(수술, 간호, 치료, 교육 등)에 활용된다.

AI기술은 ChatGPT에서 피지컬 AI 로봇으로 업그레이드 될 것이다. 피지컬 AI기술은 인공지능 기술을 실제 물리적 환경에서 구현하고 적용한 것으로, 이를 통해 로봇·스마트 기기 등이 지능적으로 외부 환경과 상호작용할 수 있도록 융합하는 기술이다. 피지컬 AI의 대표적 응용 분야는 로봇 공학이고, 물리적 환경에서 작동하는 '휴머노이드 로봇Humanoid Robot'을 개발하는 프로젝트가 핵심이다. 하지만 피지컬 AI기술은 이 외에도 공장 자동화나 물류 창고 관리 등의 제조 및 산업 분야, 정밀한 수술 지원 로봇이나 재활 로봇 등의 의료 분야, 스마트 가전 등의 가정용 제품, 자율주행차와 드론 등 모빌리티에 폭넓게 활용될 수 있다.

엔비디아의 CEO 젠슨 황은 CES2025 기조연설에서 "생성형 인공지능 AI 다음은 피지컬 AI다."고 강조했다. 사람을 닮은 로봇이 '피지컬 AI'다. 그는 "OpenAI의 ChatGPT와 같은 생성형 AI는 사람의 언어를 배우고 따라한다면 로봇은 사람의 행동을 따라해야 한다"며 "앞으로 더 큰 그래픽처리장치GPU가 필요하다"고 언급했다. AI가 텍스트나 말뿐 아니라 동영상, 사람의 행동까지 모든 것을 '인풋'으로 인식하고 배우고 알아보게 될 것"이라고 강조했다. 또한 그는 피지컬 AI 개발 플랫폼 '코스모스'를 공개하며 현실을 복제한 가상공간 '디지털 트윈'에서 로봇을 학습시켜 AI 로봇 개발이 부딪힌 한계를 극복하겠다는 포부를 밝혔다. 만약 디지털 가상공간, 즉 '디지털 트윈' 플랫폼을 구축해 산업 현장 특히 중공업 분야 곳곳에 AI가 도입된다면 이것은 아마도 새로운 산업혁명 수준의 기술혁명이 될 것으로 예측했다. 디지털 가상 공간을 적용한 '디지털 공간에서 배를 건조해 보면 현실에서 배를 만들 때 효율성을 높일 수 있다'는 사례가 공개됐는데, 이것은 우리나라의 조선사 HD현대의 가상 조선소 '트윈포스'였다.

4. AI와 일자리·직무의 변화

4차 산업혁명은 인공지능, 로봇공학, 빅데이터, 5G 통신 등 혁신적인 기술들을 통해 세상에 엄청난 영향을 미치고 있다. 4차 산업혁명이 주도한 기술혁신은 생산성 향상, 효율성 증대, 편의성 제공 등

경제의 생산성에 기여하고 있지만, 동시에 일자리 감소, 소득 불평등 심화, 새로운 기술 적응에 대한 어려움 등 부작용도 발생한다. 특히 로봇과 인공지능이 대부분의 작업들을 인간보다 효율적으로 수행하면서 많은 일자리가 축소되거나 사라질 것이다. 4차 산업혁명은 남·녀 성평등에 관해서는 부정적인 영향을 미치는 것으로 조사됐다. 세계 성 격차 리포트 2015global gender gap report 2015에서 전 세계적으로 남녀평등이 실현되기 위해서는 앞으로 118년간의 기나긴 노력이 필요한 것으로 평가했고, 4차 산업혁명 핵심 직업군인 컴퓨터공학, 수학, 엔지니어링 분야에서 남성이 압도적으로 높은 직업분포를 보이고 있다고 분석했고, 여성에게 비교적 유리한 직업군으로는 심리사, 치료사, 코치, 이벤트 플래너, 간호사, 의학·보건 분야인 것으로 분석했다. 1980년대 이후 과학기술 분야에서 여성인력이 꾸준히 증가해 왔지만, 고위 직종에 자리를 잡은 여성의 비율은 아직도 낮은 것으로 평가된다.

고용률과 뱀의 입

경제학자 제라드 번스타인은 지난 50년 동안 기업의 생산성과 고용관계를 분석했는데, 기업의 생산성은 증가하지만 고용은 증가하지 않는다는 결론을 도출했다. 그는 생산성과 고용률의 관계를 그래프로 그려보니, 뱀의 턱처럼 벌어진 모양을 보여 이것을 '뱀의 입Jaws of the snake'이라고 명명했다. 번스타인은 기업의 '생산성'과 '고용률'을 그래프로 정리한 결과 2000년 이후부터 생산성과 고용률 간격이 점차 벌어지는 비동조화decoulping 현상이 나타났는데, 그 그래프의 형태가 마치 뱀이 입을 벌린 모습과 유사하다고 생각했다.

이 그래프는 경제성장률이 증가해도 고용률은 그만큼 증가하지 않는다는 것을 설명하는데 사용된다. 2000년대 들어 기업의 생산성이 높아져도 고용은 늘지 않는 현상이 전 세계적으로 나타났는데 이

뱀의 입(생산성과 고용률, 1947~2010)

자료: https://blog.naver.com/seonoel/220627433063

런 현상은 '뱀의 입'에 대입된다. 2000년대에는 4차 산업혁명이 무인화나 자동화를 가속화시키면서 산업현장에서 인력을 추가로 고용할 필요성을 감소시킨 것이 주된 원인이다.

일자리가 사라지는 상황은 600만 년 인류 역사에서 단 한 번도 없었던 일이다. 인류는 역사의 99%에 달하는 기간 동안 수렵과 채집 활동을 하며 살았다. 일을 해서 가족을 먹여 살리기도 했고 사회적 관계를 만들기도 했다. 그런 의미에서 일은 우리에게 본능이다. 그래야만 인간은 인간다워질 수 있다. 일자리가 사라지면 인간에게 엄청난 충격이 가해질 것이다. 인간은 일을 통해서 존재를 확인하고 삶의 의미를 깨달으며 일을 통해서 사회관계를 형성한다. AI의 활용이 심화되면서 노동의 종말에 대한 우려가 현실화되는 상황이다. 고용 전문가들은 우리나라를 비롯해 미국, 영국, 독일, 일본 등 대부분의 선진국이 겪고 있는 뱀의 입 현상이 앞으로 더 강력해질 것으로 내다봤다.

산업사회에서 '노동의 착취' 문제가 지식·정보화 사회에서 '노동의 종말' 문제로 치환 중이다. 인간의 노동은 이제 착취의 대상도 되지 못하는 '쓸모없는 인간'으로 전락하는 막다른 골목에 진입한 것일까?

대체되는 일자리와 새로운 일자리

2024년 국책연구기관의 발표를 종합해 보면 국내에서 인공지능AI으로 대체될 수 있는 일자리가 327~341만 개로 추정된다. AI와 로봇을 활용한 기술이 2023년 기준 전체 일자리의 38.8%에서 70% 이상의 업무를 대체할 수 있을 것으로 분석했다. 이런 분석들은 AI 노출지수를 활용한 결과들이다. AI 노출지수는 현재 AI 기술로 수행할 수 있는 업무가 해당 직업의 업무에 얼마나 집중돼 있는지를 나타낸 수치다. 노출지수가 높을수록 해당 직업이 AI로 대체될 가능성이 높다는 것을 의미한다. 이번 조사에서 고소득·고학력 근로자일수록 AI 노출지수가 높은 것으로 나타났는데, 산업용 로봇이 일자리를 대체하는 패턴과는 다른 양상을 보여준다. 산업용 로봇은 저소득·저학력 일자리의 대체율이 높고, 소프트웨어는 중소득·저학력 일자리의 대체율이 높은 반면 AI의 경우에는 고소득·고학력 일자리에 대한 대체율이 높다. AI는 비반복적·분석적 업무를 대체하는 경향이 높기 때문인 것으로 분석된다. AI 노출지수가 높은 직업으로는 화학공학 기술자, 금속재료공학 기술자, 의료 전문가, 금융 보험 전문가, 법률 전문가 등이고, 노출지수가 낮은 직업으로는 음식 관련 단순 종사자, 종교인, 운송 서비스 종사자 등으로 나타났다. AI로 대체될 일자리가 가장 많은 산업군은 제조업 93만 개, 건설업 51만 개, 전문·과학·기술 서비스업 46만 개, 정보통신업 41만 개 순으로 조사됐다. 제조업 내에서는 전자 부품 제조업 19만 개, 전기 장비 제조업 11만 개, 기타 기계·장비 제조업 10만 개, 화학물질·제품 제조업 9만 개 순으로 AI 도입에 따른 일자리 소멸 여파가 클 것으로 분석된다. 금융업에서는 일자리 소멸 위험군의 99.1%가 경영·금융 전문가 직종으로 전문직에 대한 대체율이 매우 높다는 점이 특이하다. 또한 2030년 경에는 주방장 및 요리연구가, 패스트푸드 종업원, 냉난방 설비 조작원, 음료 조리사 등은 전체 직무 100%가 대체될 것으로 예측했고, 반면 작가 80%, 항공기 조종사 78%, 의회의원·고위공무원 및 공공단체 임원 64% 등은 대체율이 비교적 낮은 것으로 예측됐다.

최근의 딥테크 기술의 발달을 고려했을 때 성장하는 직업으로는 ① 데이터 분석, 인공지능, 머신러닝 관련 분야에서 빅데이터 분석, 인공지능 개발, 머신러닝 알고리즘 설계, 데이터과학 등이다. ② 디지털콘텐츠제작 및 서비스 분야에서 3D모델링, 게임개발, VR/AR 콘텐츠 제작, 디지털 마케팅, 온라인 플랫폼 운영 등이다. ③ 의료, 교육, 서비스 분야에서 고령화 사회 진입과 함께 의료, 교육, 서비스 분야인데, 특히 딥테크 기술과 융합된 의료 서비스, 개인 맞춤형 교육 서비스, 고객 맞춤형 서비스 등이 주목된다. ④ 환경, 에너지, 지속 가능성 분야에서 환경 문제 해결, 신재생 에너지 개발, 지속가능한 사회 구축 등에 관한 일자리 등이다.

디지털 대전환은 기존의 일자리를 축소시키고 새로운 일자리를 창출할 뿐만 아니라 숙련노동자와 새로운 전문가의 수급에 불균형을 유발시킨다. 인공지능, 빅데이터, 사물인터넷과 로보틱스 발전에 따른 생산의 자동화, 디지털화, 로봇화, 무인화, 공장의 스마트화 등으로 기존의 일자리를 크게 위협하지만 새롭게 생겨나는 일자리에 대한 숙련도 높은 노동수요는 증가시킨다. 디지털 충격으로 인해 줄어드는 일자리 분야로는 제조, 운송, 저장, 행정 운영 등이다. 늘어나는 일자리로는 보건, 과학, 기술, 돌봄서비스 분야 등이다. 디지털 충격은 인공지능, 로봇공학, 우주항공기술, 사물인터넷, 드론, 가상현실AR, 나노기술, 생명공학, 3D프린팅, 자율주행차 등의 일자리나 관련 산업에서 필요로 하는 산업인력수요(숙련된 노동)를 증가시킨다. 새로운 수요가 증가되는 직무로는 빅데이터 분석가, 소프트웨어 및 앱 개발자, 전자상거래 전문가, 소셜미디어 전문가 등이고 산업인력이 갖추어야 할 역량으로는 고객 서비스, 판매 및 마케팅, 교육 훈련, 인력과 문화에 대한 이해와 조율, 조직 개발 등 리더로서의 역할이 중요해진다. 또한 인공지능, 머신러닝, 빅데이터 분석, 프로세스 자동화, 정보보안, 사용자 경험 등 새로운 기술을 이해하고 활용하는 전문가 수요도 지속적으로 증가할 것이란 예측이다.

미국의 씽크탱크인 브루킹스연구소(2019)는 앞으로 20년 안에 인공지능이 미국에서만 전체 일자리의 1/4을 대체할 것으로 전망했고, 맥킨지 글로벌 연구소 소장 조너선워첼은 2050년에는 인공지능과 로봇이 기존의 일자리를 100%를 대체할 수 있다고 예측했다. 양이나 기계가 아닌 '로봇이 사람을 잡아 먹는다.'는 노동의 종말에 대한 경종이다.

미래의 인재상과 직무역량

새로운 산업, 새로운 일자리, 새로운 임무는 기존의 일자리가 사라진다는 일자리의 양적 충격보다는 새로운 일자리에 대한 역할과 업무에 대한 질적 충격이 더 클 것으로 예측된다. 따라서 새로운 역할을 요구하는 기술 숙련Skill에서는 새로운 변화를 이끌어 갈 능력이 강조되며 이를 위해서는 융합적 사고와 혁신적인 창의력, 능동적인 학습 능력, 독창적이고 주도적인 학습 전략과 같은 질적인 직무역량의 향상이 중요해진다. AI시대에는 업무능력에서 '하드 스킬Hard Skill'보다는 '소프트 스킬Soft Skill'을 필요로 한다. 하드 스킬Hard Skill이란 생산, 마케팅, 재무, 회계, 인사조직 등 전통적 경영학 영역에서의 전문지식을 의미하고, 소프트 스킬Soft Skill은 기업 조직 내에서 타인과 협력하는 능력, 문제 해결력, 감정을 조절하는 자기 제어성, 의사소통 능력, 리더십, 회복 탄력성 등 4차 산업혁명 시대에 필요한 전문성을 의미한다. AI시대에 필요한 미래의 인재상으로는 4C 능력, 즉 창의력creativity, 협업능력collaboration, 의사소통능력communication, 비판적 사고력critical thinking을 갖춘 인적자원으로 묘사된다. 직업능력의 우선순위는 인지능력, 시스템 기술, 복잡한 문제해결 능력, 콘텐츠 기술, 프로세스 기술, 사회적 기술, 자원관리 기술, 기술적 능력, 육체적 능력 순으로 나타난다. 2020년 세계경제포럼에서 발표된 '직업의 미래 보고서'에서는 직업능력의 적합성을 복잡한 문제 해결능력(36%), 사회적 기술(19%), 프로세스 기술(18%), 시스템 기술(17%), 인지능력(15%), 자원관리 기술(13%), 기술적 능력(12%), 콘텐츠 기술(10%), 육체적 능력(4%)등의 순으로 분석했다.

5. AI와 산업의 변화

인공지능의 발달은 그 자체로서도 중요하지만 다른 산업이나 기술을 혁신하는데 크게 영향을 미친다. 인공지능 기술은 생성형 인공지능, 지능형 로봇, 자율자동차, 드론, 우주·항공기술, 증강현실과 가상현실, 스마트팩토리, 스마트팜 그리고 웨어러블 디바이스에 이르기까지 거의 모든 산업 분야에 활용된다. 인공지능 기술을 활용하여 새로운 산업영역을 창출하고 새로운 시장을 개척한다. 또한 인공지능은 대기오염, 원전사고와 같은 국가재난이라든지 기후변화, 질병, 범죄, 재해 등 인류를 위협하는 많은 부분에서 해결사로 등장한다. AI기술과 첨단 정보통신기술ICT이 융합하면서 산업은 자동화·

지능화 체계로 전환된다. 생산성은 향상되고, 사람의 기억과 경험 대신 데이터에 기반한 생산활동이 주도한다. 인공지능을 접목한 산업은 비즈니스의 성격 자체를 업그레이드 할 수 있고 산업이 제공하는 효용과 가치가 증가한다. 사물인터넷IoT, 빅데이터, 블록체인, 5G 등 다양한 기술이 서로 연계되면서 전통적인 산업 구조에 충격이 가해진다. 이러한 변화는 스마트공장, 자율주행차, 스마트시티와 같은 새로운 산업을 확장시킨다. 데이터와 연결성을 중심으로 한 기술 환경에서 기업들은 소비자의 욕구에 충족하는 더욱 정교하고 질 좋은 제품과 서비스를 제공한다. 5G는 자동차, 헬스케어, 스마트시티 등 여러 산업과 결합되며 새로운 비즈니스 모델을 창출한다. 글로벌 빅테크 기업들은 '생성형 AI'를 활용하여 구독서비스*도 제공한다. 저마다 자체 플랫폼에 구독하는 방식인데, 다양한 부가 서비스를 추가한 형태다. 마이크로소프트(이하 MS)의 경우, 자사 생성형 AI 코파일럿을 월 20달러에 이용할 수 있는 '코파일럿 프로'라는 구독서비스를 제공하고 있다. MS는 전 세계에서 운영체제 점유율이 높은 기업이기 때문에 워드, 엑셀, 파워포인트, 아웃룩 등 자사 사무용 소프트웨어에 생성형 AI를 접목한 형태로 라인업을 꾸렸다. 우리나라 삼성·LG전자를 비롯한 빅테크 기업들도 경쟁적으로 생성형 AI 구독서비스를 출시했다. 2024년 생성형 AI 구독서비스가 전년에 비해 300% 증가했다.

---

* 구독서비스는 매달 특정 기업의 혜택을 받기 위해 일정 금액을 지불하고 구독 및 가입하는 서비스로, OTT부터 음원, 생활 및 편의 등의 서비스를 제공한다. 예를 들면 넷플릭스, 유튜브 프리미엄, 네이버 플러스 멤버십 등이 있다.

하드웨어 산업과 정보통신기술(ICT)산업

하드웨어 산업과 정보통신기술ICT은 상호작용하며 끊임없이 변화하고 성장한다. 이들은 컴퓨터를 비롯해 스마트폰, 서버, IoT 기기 등 다양한 제품군을 형성하며, 그 자체로의 기술 혁신과 더불어 연관산업에 커다란 영향을 미친다. 하드웨어 산업의 성장은 인공지능AI과 빅데이터, 5G 네트워크 기술의 발전을 촉진한다. AI와 빅데이터는 고성능의 연산 능력이 요구되며, 이를 위해 CPU뿐만 아니라 GPU, TPU 등의 특수 목적 프로세서 개발이 필요하다. 이 같은 프로세서들은 고속 데이터 처리와 머신러닝 작업에 최적화됨으로써 AI 기술의 발전을 견인한다. 5G 네트워크의 상용화는 사물인터넷IoT 기기의 확산을 촉진하고, 이는 또다시 새로운 하드웨어 수요를 창출하는 선순환을 일으킨다. 정보통신기술ICT 산업은 5G 통신망, 인공지능AI, 빅데이터를 다양한 산업에 접목시킴으로써 산업의 효율성과 생산성은 높아진다.

자율주행차 산업

전통적인 자동차는 기계산업이고 전기차는 화학산업이며 자율주행차는 IT산업이다. 자율주행차는 방대한 양의 데이터를 실시간으로 처리하고 분석하고 스스로 모든 안전주행 작업을 수행해야 한다. 자율주행차는 자율주행 알고리즘의 고도화와 AI기반의 자동화가 이뤄낸 꿈의 모빌리티다. 자율주행차의 선도주자 테슬라는 2021년과 2022년에 걸처 최신 인공지능 기술과 자율주행 현황을 공개했다. 또한 자율주행 기술의 핵심인 도조Dojo 슈퍼컴퓨터와 자사의 자율주행 고도화를 위한 전용 칩인 DI칩을 소개했다. 자율주행차가 다양한 주행환경에서 안전하고 효율적으로 작동할 수 있도록 지원하는 최적의 솔루션중 하나가 테슬라의 도조와 DI칩이다. 태슬라는 도조 슈퍼컴퓨팅 플랫폼 1세대를 2023년부터 가동하여 FSD기능 개선에 활용중이다. 또한 2027년에는 차세대 도조 칩을 TSMC에서 생산할 계획이다. 차세대 도조 칩은 기존 칩렛chiplet보다 40배 더 높은 밀도를 가진 첨단 패키징 기술이다. FSDFull Self-Driving란 자율주행차가 운전자 개입없이 차량의 모든 주행작업을 수행하는 기능을 말한다. 자율주행기술은 승용차, 버스, 트럭, 기차, 항공기, 우주항공뿐만 아니라 킥보드나 배달로봇 등에도 적용된다.

자율주행 수준은 자동차가 얼마나 스스로 운전할 수 있는지를 단계별로 구분한 개념이다. 미국자동차공학회가 규정하는 자율주행 수준은 레벨 0에서 레벨 5까지 총 6단계이다. '레벨 0'는 자동차가 운전자에게 필요한 정보를 제공만 하고 실제 운전은 모두 운전자가 하는 단계다. '레벨 1'은 크루즈 컨트롤처럼 자동차가 운전자를 일부 기능만 도와주는 단계다. '레벨 2'는 자동차가 속도와 방향을 모두 조절하지만 운전의 주도권은 운전자가 가지는 단계다. '레벨 3'는 특정 조건하에서 자동차가 주도적으로 운전하지만 조건에서 벗어나면 운전자가 개입하는 단계다. '레벨 4'는 자동차가 거의 모든 상황에서 자율적으로 운전하지만 아주 제한된 상황에서 운전자가 개입하는 단계다. '레벨 5'는 자동차가 전적으로 자율주행하고 운전자는 차에 탑승만 하는 단계이다.

자율주행 기술은 미국, 중국, 독일, 영국, 일본과 우리나라 등 기술패권 경쟁이 치열하다. 미국에서는 테슬라, 웨이모, 크루즈 등 빅테크 기업들이 치열한 혁신경쟁에 나서고 있고, 중국은 니오, 비야디, 상하이모터스 등이 기술개발을 선도하고 있다. 특히 중국은 우한, 서전, 푸저우, 충칭, 청두 등 중국 전 지역의 대도시에서 광범위하게 실험이 진행되며 수집된 빅데이터를 기술개발에 직접활용할 수 있는 이점을 누리고 있다. 중국은 외국기업에 대해 자국 내에서 자율주행 시스템에 필수적인 고해상도 지도 수집을 제한하고, 중국 내에서 수집된 모든 데이터에 대한 해외반출을 금하고 있다.

한국자동차연구원의 자료에 따르면 자율주행기술에서 경쟁력 순위는 구글 웨이모, 엔비디아NVIDIA, 아르고 AIArgo AI, 바이두Baidu, 크루즈Cruise, 모셔널Motional 순으로 집계되었다. 2023년 3월에 가이드하우스 인사이트Guidehouse Insights가 발표한 '자율주행 기술 종합 순위'는 테슬라Tesla, 인텔 모빌아이Intel Mobileye, 구글 웨이모Google Waymo, 크루즈Cruise, 포드Ford, 바이두Baidu순으로 나타났다.

글로벌 자율주행차 업체별 자율주행기술의 활용 분야로는 미국의 '웨이모'는 라이드 헤일링, 도심 모빌리티, 상품배송에, 미국의 '테슬라'는 일반차량, 완전자율주행 소프트웨어에, 미국의 '크루즈'는 도심 라이드 헤일링, 완전자율주행에, 미국의 '오로라'는 자율주행 트럭, 일반차량, 라이드 헤일링에, 중국의 '바이두'는 오픈소스,

주요 업체별 자율주행차 활용 분야

자료: 통상, 2024년 12월호 별책, 산업통상자원부

자율주행 플랫폼, 라이드 헤일링에 활용하고 있다. '라이드 헤일링 Ride-hailing'은 사용자가 목적지 설정 후 차량 호출시 플랫폼에서 원하는 위치까지 이동 가능한 차량과 운전자를 매칭해 주는 서비스를 말한다. 대표적인 라이드 헤일링 플랫폼으로는 우버와 타다, 카카오 택시 등이 있다.

자율주행기술은 자율주행 택시, 자율주행 트럭, 자율주행 버스 등으로 확산하고 있다. 중국 1위 전기차업체 BYD는 중국 인공지능AI 스타트업 딥시크의 AI 모델을 탑재하는 등 전기차의 첨단 자율주행 시스템을 발표하고 전 국민의 자율주행 시대를 예고하고 있다.

자율주행 도심항공과 드론산업

AI기술이 발전하면서 도심형 항공 모빌리티 산업UAMUrban Air Mobility이 빠르게 실용화되고 있다. 자율주행 도심항공 교통은 도심 및 근교 지역에서 사람과 물자를 효율적으로 이동시키기 위해 활용되는 전기 수직 이착륙 항공기 기반의 자율주행 교통 시스템이다. 최근 도심형 항공 모빌리티 산업에서 사람이 탑승하여 조종하지 않는 무인항공기 UAVUnmanned Arial Vehicle, 즉 드론Drone산업이 폭발적으로 발전하고 있다. 드론Drone이란 명칭은 '수벌처럼 윙윙거리며 비행하는' 모습에서 비롯됐다. 사람이 탑승하지 않고 인공지능을 이용하여 자율주행이 가능하다. 또한 임무 수행 중 일정한 고도와 위치에서 대기할 수 있고, 전기에너지를 사용하고 수직 이착륙이 가능하다. 따라서 조종이 용이하고, 시간을 절약하며, 공간적 효율성을 극대화하고, 친환경적이라는 장점을 가진다.

현대차는 "슈퍼널" 브랜드를 통해 eVTOL기반 도심항공 교통을 상용화했다. 2025년부터 서울–인천공항 간 에어택시 시범 사업을 시작한다. 미국 Joby Aviation은 NASA와 협력하여 2025년 도심항공 교통 상용화를 목표로 도심항공 데이터 분석과 기술 검증을 진행하고 있다. 중국은 최근 상업용 드론과 UAMUrban Air Mobility 분야에서 두드러진 성과를 보여준다. 선전경제특구를 중심으로 미래형 모빌리티 실험을 몇 년 전부터 실행해 왔고 2024년 3월부터 상용화를 추진했다. 중국의 상업용 드론시장을 개척하는 대표적인 기업은 DJIDa-Jiang Innovation Science and Technology, 이항EHang, 지페이커지XAG이다. DJI는 현재 전 세계에서 가장 큰 상업용 드론회사이고 전 세계 드론시장의 절반을 점유했다. DJI드론은 농업, 보안, 인명구조, 건설, 방송촬영, 영화제작 등 다양한 분야에서 활용되면서 산업 전반에 영향을 미치고 있다. 지페이커지는 특히 중국 농업용 드론시장에서 50% 이상의 점유율을 차지하고 있으며 한국시장에도 진출해 있다.

의료·바이오산업의 변화

AI 기술은 최근 몇 년간 의료기기 분야에서 혁신적인 변화를 이끌었다. 의료기기의 진단의 정확도를 높이고 맞춤형 치료의 효율성을 증가시켰으며, 조기진단에서 예측능력이 혁신되었다. AI가 폐·유방·안과 질환 영상 데이터를 판독하고, AI닥터 분야에서는 AI 기반의 진단 시스템이 의료진의 진단을 보조하고, 새로운 치료법을 발견하는 데 크게 기여한다. IBM의 AI '왓슨Watson'은 의료 빅데이터를 학습해 의사의 진단을 보조하였는데, 실제로 왓슨은 폐암 진단 정확도 96%를 기록한 바 있다. 영상의학과 등 일부 진료과목은 머지않아 AI에 상당 부분 대체될 것으로 전망된다. 신약개발에도 "생성형 AI

가 활용되면서 관리 비용을 낮추고, 바이오 연구 및 약물 개발을 가속했다. 이런 이유로 AI 기술이 제약·바이오 업계의 게임 체인저로 부상했다. AI플랫폼이 신약을 연구하고 로봇이 원료를 합성하는 스마트 랩을 활용한 결과이다.

엔비디아, 구글, OpenAI 등 빅테크 기업은 생성형 AI 신약 개발 플랫폼을 통해 글로벌 제약사와의 협업·오픈이노베이션으로 의료산업의 영역을 넓히고 있다. 특히 생성형 AI의 최강자로 평가되는 앤비디아의 영향력은 주목할 만하다. 또한 ChatGPT 개발사 OpenAI는 최근 의사가 암 환자를 진단하고 진료하는 데 도움을 주는 의료 AI 보조 플랫폼을 개발했는데, 이 플랫폼은 암 진단을 받은 환자의 개인 맞춤형 진료 계획을 제공한다. 환자의 위험 요인, 가족력 등 데이터를 수집해 검진 계획을 짜고 진료를 위한 의료보험 승인 작업도 돕는다. 사노피, 모더나, 일라이 릴리 등 여러 제약 기업과 협업하며 의료산업의 벽을 허물고 있다. 영국 제약회사 아스트라제네카는 영국의 방대한 'UK바이오뱅크' 데이터를 학습한 AI로 1,000가지 이상의 질병을 예측할 수 있는 AI 모델 '밀턴MILTON'을 공개했다. 이 AI 모델은 주요 질환 3,213개에 대해 예측한 결과, 1,091개는 의사와 비슷한 수준으로 진단하고, 당뇨병과 같은 질병의 경우에는 정확도가 100%수준이라고 밝혔다. 전문가들은 AI의료산업의 시장규모가 2030년에는 약 250조원 규모로 성장할 것으로 예측했다.

금융산업의 변화

현대금융시장에서 퀀트투자Quantitative Investment라는 용어가 확산하고 있다. 퀀트투자는 수학적 모델과 알고리즘을 활용하여 투자결정을 내리는 방식이다. 퀀트투자는 1980년 금융시장에 도입되기 시작하여 이제는 금융투자의 주류를 형성할 기세다. 딥시크 창업자 량원펑은 2015년 퀀트 헤지펀드 '하이플라이어'를 설립했다. 그는 2016년 10억 위안에 불과하던 운용자산을 퀀트투자를 활용하여 2021년 1,000억 위안으로 증식시켰다. 그는 10억 위안을 투자하여 엔비디아 GPU 'A100'을 1만 개 사들였고, '딥시크쇼크'를 일으켰다. AI는 금융산업을 전반적으로 혁신하고 있다. AI는 금융 시장의 빅데이터를 심층적으로 빠르게 분석하여 질 좋은 금융서비스를 제공한다. 이를 기반으로 수익률은 증가하고 다양한 리스크를 줄이게 된다. AI는 인간을 넘어서는 속도와 정밀성을 갖기 때문에 보다 나은 의사결정을 내리는 데 도움을 준다.

과거에는 금융 전문가들에 의해 금융자산에 대한 투자가 결정됐다면 이제 AI로봇어드바이저에 의한 분석·판단으로 금융자산을 배분한다. AI로봇어드바이저는 방대한 과거의 투자 데이터를 분석하여 미래의 추세를 예측하고, 실시간으로 정보를 제공하여 투자자들의 올바른 선택(최적화된 포트폴리오)을 지원한다. AI로봇어드바이저는 ① 데이터 분석의 정확도가 높으며, 방대한 데이터를 실시간으로 신속하게 처리한다. ② 인간의 감정이나 편견·선입견 등의 주관적 요소를 배제함으로써 객관적이고 합리적인 의사결정에 도달한다. ③ 투자에 대한 리스관리가 보다 체계적으로 이루지고 전문성이 부족한 사람들에 대한 접근성도 높아진다.

2023년 대한상공회의소와 마이크로소프트, 엑세스파트너십이 함께 발간한 '생성형 AI가 한국경제에 미치는 영향 보고서'에 따르면 AI가 가장 많이 쓰일 산업은 금융·보험업이 1위라는 조사결과를 발표했다. 은행권에 기존의 AI로봇어드바이저를 생성형 인공지능AI으로 대체하여 생성형 인공지능 은행원이 외국인 고객을 응대하고, AI가 시황정보를 제공하는 서비스가 도입된다.

생성형 AI의 도입으로 은행업무도 빠르게 재편된다. 은행원들이 담당하던 기존의 금융업무, 즉 텔러, 대출심사, 자산관리, 고객상담, 리스크 관리 등을 생성형 AI로 대체해 간다. ① 상품서비스 개발 부문에서는 데이터 수집, 트렌드 파악, 시나리오 분석 등을 AI가 수행한다. ② 마케팅 및 영업 부문에서는 마케팅자료 생성, 잠재고객 발굴, 고객정보 분석 및 기반 실시간 조언 등을 AI가 수행한다. ③ 고객관리 부문에서는 고객의 요구사항 처리, 질문에 대한 답변 생성, 고객서비스 담당 직원 지원 등을 AI가 수행한다. ④ 운영관리 부분에서는 서류관리 자동화, 사례검색 및 정보요약 등을 AI가 수행한다. ⑤ 리스크 관리 부문에서는 모니터링 자동화, 위험고객 식별, 사기탐지 기능 강화, 월별 KPI보고서 생성, 챗봇을 활용한 준법 지원 등을 AI가 수행한다.

법률시장의 변화

AI기술이 다양한 법률서비스와 결합하여 리걸테크legal tech, 법률인공지능legal AI 등으로 법률서비스를 혁신하고 있다. AI기술은 법률시장에서 문서 생성, 검토, 번역 등 법률 업무의 다양한 부분을 혁신하며 핵심 요소로 부상하고 있다. AI변호사는 방대한 양의 법률 문서를 순식간에 분석해 변호사들의 시간을 대폭 단축시켜 줄 수 있다. 변호사들이 써야 할 문서 작성도 AI변호사가 맡게 되면서 변호사의 일자리는 크게 줄어들 것이다. 하지만 최근 기술분야 전문 변호사들의 일감은 많아지고 몸값은 치솟고 있다는 점은 흥미롭다. 미국의 AI전문 변호사들에게 기술 사용의 법적 영향 및 기밀 유지 등 회사 운영에 AI를 적절히 통합하는 방법에 대한 의뢰가 최근 증가하고 있다. 빠른 AI기술의 발전을 따라가지 못하는 법적·제도적 문제를 푸는 해결사로 AI전문 변호사들이 주목받고 있다.

AI기술은 로펌을 비롯한 리걸테크 기업, 사내 법무팀 등 글로벌 법률 업계 사용자의 87%가 문서 번역 간소화부터 콘텐츠 정확성 보장, 커뮤니케이션 및 작문 향상 등 업무 속도를 높이는 데 도움이 된다고 조사됐다. 미국의 변호사 중 61%가 이미 AI를 사용해 보았거나 사용할 계획이 있는 것으로 나타났고, 2024년 1월 기준 4분의 1 이상(26%)의 변호사가 AI를 정기적으로 사용하고 있는 것으로 나타났다. 법률시장이 빠르게 세계화되는 과정에서 이전보다 경쟁은 심화되고 환경이 복잡해짐에 따라 AI기술은 번역과 문서 검토, 연구 등 업무를 지원하며 유용한 솔루션으로 폭넓게 활용된다. 전 세계적으로 AI기술을 활용한 법률 서비스는 법률정보 검색, 법률문서 요약 및 분류, 초안 작성, 계약서 검토 및 작성 등 다양한 영역으로 확대 중이다. 법률 업무는 서면 작업이 차지하는 비중이 높다. 특히 의뢰받은 사건을 처리하는 과정에서 정보를 찾고, 정리하는 과정이 반복되는데 이때 생성형 AI의 추론이나 문장을 논리적으로 기술하는 능력이 매우 유용하다.

AI 로스ROSS는 방대한 양의 법률 문서를 순식간에 분석해 변호사들의 시간을 대폭 단축시킨다. 로스는 세계 최초의 AI변호사로 로스의 법률 요점 요약 '웨스트로우 헤드노트'는 변호사들에게 가장 인기 많은 대표적 기능 중 하나다. AI변호사는 특허 등 지식재산권분쟁,

인수합병M&A 같은 기업법 분야의 송무업무에도 활용되고 있다. 우리나라의 대법원의 경우에도 판사의 판결문 초고를 대신 써주는 지능형 판결문 생성시스템을 도입했다. 미국 등 선진국은 재범 가능성을 판단하는 가석방, 재판 결과 및 입법통과여부를 예상하는 상용화 AI서비스가 사법시스템 내에 광범위하게 보급됐다. 중국은 온라인 쇼핑의 하자분쟁 등 디지털 쟁송에 특화된 3곳의 인터넷 법원이 소송을 처리한다. AI판사가 원고와 피고, 합성음성으로 문답하며 재판을 진행한다. 유럽(에스토니아)은 일정 금액 이하의 소액 민사재판을 AI판사가 담당한다. 단, 판결에 불복하는 당사자만 인간 판사에게 항소를 제기할 수 있다. 한국인공지능법학회에서 2019년 8월에 제1회 법률인공지능 콘퍼런스를 개최했고 AI변호사가 인간변호사로 이루어진 9개 팀을 물리치고 1~3위를 차지했다. AI와 일반인 또는 변호사(협업팀)연합팀도 좋은 성적을 거두었다.

AI의 군사적 활용

2022년 시작된 러시아와 우크라이나 전쟁은 저고도 위성과 드론에 의해 전쟁의 양상이 돌변했다. 러시아는 미사일로 우크라이나의 통신시스템을 초토화하고 탱크나 장갑차로 전쟁 초기 주도권을 잡는 듯했다. 하지만 우크라이나는 일론 머스크가 열어준 스타링크 저고도 위성에 의해 러시아의 작전을 무력화했다. 스타링크를 이용한 위성통신으로 우크라이나 지휘부가 건재함을 과시했고 군을 효과적으로 지휘했다. 특히, 저고도 위성 스타링크에는 두 가지 인공지능 시스템이 접목되어 있는데, 그중 하나는 형상인식 AI 클리어 뷰이고 다른 하나는 음성인식 프라이머 AI다. 형상인식 AI 클리어 뷰는 지상물체의 형상을 인식해 분석하는 고성능 카메라로 러시아의 기갑부대를 정확히 포착해서 드론 등으로 직격할 수 있었다. 음성인식 프라이머 AI는 러시아 통신을 감청해서 러시아 군의 야전지휘소를 격파할 수 있었다. 러시아 군은 초반 군용통신이 아닌 간편한 휴대전화를 사용했기 때문에 감청이 가능했다.

우크라이나 전쟁은 공중 드론, FPV 드론, 자폭 드론의 전술적 가치를 확인했다. 이전쟁에서 샤헤드-136과 같은 1만 달러에 불과한 드론을 잡기 위해 고가의 토마호크 미사일을 발사해야 하는 아이러니도 발생했다. 사거리 2,500km인 미국 토마호크 미사일의 가격은 100만 달러인데, 샤헤드-136의 가격은 고작 1만 달러에 불과하다. 드론은 미사일 대비 100배 싼 가성비 높은 무기다. 우크라이나는 터키제 공격용 드론 바이락타르 TB2를 활용해 러시아의 기갑부대를 저지시켰다. 러시아는 이란제 샤헤드-136을 자체 생산해서 사용했고, 잘라키브, 올란-10, 오리온 등의 드론을 활용했다. 전 세계 90개국이 샤헤드-136 같은 이란제 드론을 사기 위해 줄을 서고 있으며, 중국도 15,000대에 달하는 대량 주문을 한 것으로 알려졌다. 미국은 대형 미사일 발사가 가능한 공격용 대형 드론, 프레데터를 우크라이나에 지원했다.

우리나라의 경우에도 AI기술이 전쟁의 승패를 좌우한다는 사실을 반영하여 유·무인 복합전투체계 육군 '아미타이거'를 창설했다. 각종 전투 플랫폼에 AI 등 신기술을 적용하여 전투원의 생존성·효율성을 극대화한다는 계획이다. 이 계획의 목표는 기동속도를 20배로 증강시키고 적군 식별 능력을 4배 향상시키려는데 있다. 2024년 국방 AI센터를 개소했고, 국방 AI의 연구 개발에 대한 투자를 늘리는 등 다양한 계획을 추진 중이다. 최근 국방 산업 분야에서 AI를 비롯한 로봇, 모빌리티 등에 적용하는 '임바디드Embodied AI'가 부상하고 있다. 미국의 경우에는 임바디드 AI를 전투기까지 활용해 관련 기술을 혁신하고 있다. 더욱이 엔비디아가 로봇 관련 AI플랫폼 '코스모스'를 공개하면서 AI에 대한 국방산업계의 관심이 높아지고 있다. 임바디드 AI는 물리적인 실체를 가지고 실제 환경과 상호작용하는 생성형 AI를 의미한다. 생성형 AI가 로봇의 몸을 얻어 현실로 나온 것으로 임바디드 AI를 활용하면 무인화 기술 상용화가 가능해진다.

인공지능의 마지막 도전영역

AI기술의 마지막 도전 영역은 인간의 감정이나 공감능력, 그리고 창작능력일 것이다. 이미 '감성 AIEmotion AI'가 고객서비스, 마케팅, 심리상담 등에 활용되고 있다. 또한 여러 예술 분야에서도 AI를 활용하여 새로운 작품이 탄생하고 있다. 작곡, 미술 창작, 문학, 패션 등 다양한 장르에 이르기까지 AI가 예술 창작 방법·환경의 변화뿐만 아니라 장르를 넓히는 데에도 기여하고 있다. 이러한 변화들은 예술가에게 새로운 영감을 체험하게 하고 기존의 예술에 대한 고정관념을 깨는 환경을 조성한다. 이제 예술 분야에서도 AI와 인간의 협력적 작품활동이 활성화되고 있다. 최근에는 AI기술의 비약적인 발전으로 AI 창작물들이 음악·미술 등 예술 시장에 폭넓게 진출하고 있다.

2017년 구글은 음악, 미술 등 창작 활동을 하는 인공지능 개발 프로젝트인 '마젠타 프로젝트'를 시작했다. 구글은 마젠타 프로젝트의 첫 결과물로 오픈소스 머신러닝 플랫폼인 '텐서플로TensorFlow'를 활용해 작곡한 경쾌한 피아노곡 80초 분량을 선보였다. 프랑스의 '아이바AIVA'는 감각적이고 감동적인 클래식 음악을 생성한다. 사용자가 아이바를 통해 음악의 감정, 스타일, 박자를 설정하면, AI는 고유하고 풍부한 클래식 음악을 작곡한다. 미국의 '앰퍼 뮤직Amper Music'은 혁신적인 음악 생성 플랫폼이다. 사용자가 감정, 장르, 박자 등을 설정하면, AI는 맞춤형 음악을 생성한다. 스페인의 말라가대가 개발한 '이아무스Iamus'는 2010년에 「Opus One」이라는 곡을 발표했다. 2011년에는 「Hello World」라는 곡을 발표했는데, 이 곡은 런던 심포니 오케스트라에 의해 연주되었다. 이외에도 '뮤버트Muber AI', '사운드풀Soundful', 'IBM Watson Beat', '멜로드라이브Melodrive', '험탭Humtap', '원더쉐어 필모라' 등 다양한 음악 생성 AI 프로그램이 있다. 국내 최초 AI 작곡가 이봄EvoM은 10~15초 안에 한 곡을 작곡한다. 악기의 종류와 곡의 길이만 입력하면 인간이 작곡한 곡과 구분하기 어려울 정도로 새로운 작품을 생성한다.

스페인의 AI '아티스트 보토Botto'는 알고리즘을 통해 수백만 개의 미술 작품을 분석한 뒤 자신만의 그림을 창작했는데, 그림 4점이 11억원에 낙찰되면서 AI 예술의 상업화 가능성을 보여줬다. 구글의 인공지능 'Deep Dream'은 딥러닝 모델을 사용하여 '파레이돌리아Pareidolia'를 일으켜서 환상적인 사진, 즉 비정형화된 그림을 창작했다. 파레이돌리아는 영상이나 소리 등의 자극을 통해 전혀 관련이 없는 패턴을 느낌으로써 이에 심적으로 반응하는 심리적 현상을 말한다.

2016년 샌프란시스코 갤러리에서 AI가 그린 그림 29점이 판매되었는데, 최고가는 9,000달러였고 총 9만 7,000달러어치가 판매되었다. 최근 미국 뉴욕 소더비 온라인 경매에서 AI 휴머노이드 로봇 '아이다Ai-Da'가 그린 초상화 1점이 108만 4,800달러(약 15억 8,200만원)에 낙찰되었다.

AI 연구회사 '카카오브레인'은 시를 쓰는 AI '시아SIA'를 2022년 8월에 개발했다. 사용자가 주제어와 명령어를 입력하면 시아는 1~2초 안에 시 한 편을 창작한다. 시아의 첫 번째 시집, 〈시를 쓰는 이유〉에는 53편의 시가 실렸다. 이 시집은 국내에서 출간한 첫 번째 AI가 쓴 시집이다. 2016년 일본에서 개최된 '호시 신이치 문학상'에서 AI가 쓴 SF 단편소설 〈컴퓨터가 소설을 쓰는 날〉이라는 작품이 1차 예심을 통과했다. 국내에서도 2018년 처음으로 KT가 주최한 인공지능소설공모전이 열린 바 있다. 2021년 가을에는 소설 쓰기를 학습한 AI가 집필한 책 〈지금부터의 세계〉가 출간되었다.

6. AI활용의 역설

'AI는 기대보다 덜 유용하다.' 현재 인공지능의 기술은 사람들의 일상생활을 넘어 산업·기술, 금융, 예술, 의료, 군사 부문에 이르기까지 그 활용의 범위가 날로 넓어져 간다. 하지만 컴퓨터가 도입되면서 생산성이 향상되었지만 이는 역설적인 상황을 만들었다. 최근 경영자들의 기대와 달리, 근로자들은 생성형 AI 도입으로 오히려 생산성이 줄고 업무량이 늘어났다는 연구결과가 발표됐다. 이런 현상은 AI 도입 초기에 도구 사용법을 배우는데 시간이 걸리거나, AI 생성 콘텐츠를 검토하는 데 시간이 많이 걸리는데서 비롯됐다. 이 연구의 조사대상으로는 미국, 영국, 호주, 캐나다에서 2,500명이 참여했으며, 최고경영진 1,250명, 정규직 직원 625명, 프리랜서 625명으로 구성됐다. 이것은 생성형 AI 도입으로 일이 더 쉬워지고 빨라졌지만, 사람들은 더욱 많은 시간을 일하게 되는 '현대적 생산성의 역설Productivity Paradox'현상이다. 본래 생산성의 역설은 정보통신기술 투자와 생산성은 인과관계가 없다는 의미로 쓰였는데, 이를 AI기술에 적용한 개념이다.

마이크 쿡Mike Cook 킹스칼리지 런던 AI연구원은 최근 인터뷰에서 "대부분의 산업에서 인공지능AI이 유용하다는 가정에 의존하고 있지만, 기대했던 것만큼 유용하지 않다는 사실이 점점 드러나고 있다. 이는 장기적으로 AI 생존에 심각한 영향을 미칠 것이다."고 주장했다. 최근 2년간 세계 정보기술IT 업계의 최대 화두는 '생성 AIGenerative AI'였다. 하지만 일각에서는 'AI 혁명'이 힘을 잃고 있다고 지적한다. 월스트리트저널WSJ은 2024년 6월 "AI 혁신 속도는 느려지고, 유용성은 제한적이며, AI를 실행하는 데 드는 비용은 여전히 과도하다"라며 "AI는 투자자에게 상당한 실망감을 줄 수 있다"고 보도했다. 쿡 연구원은 "지난 10년간 이뤄낸 발전은 기술이나 알고리즘을 기반으로 한 것이 아닌, 많은 자금과 데이터를 투입한 결과였다"라고 진단하며 "데이터가 고갈되거나 자금이 부족해지면, 진정한 혁신을 이뤄내야만 AI가 생존할 수 있다고 강조했다.

2024년 2월 ChatGPT 개발사 OpenAI가 텍스트를 동영상으로 변환해주는 AI 시스템 '소라Sora'를 공개했다. 소라는 하늘·허공을 뜻하는 일본어(空·そら)에서 따온 이름이다. OpenAI는 "'소라'는 여러 캐릭터와 특정 유형의 동작, 복잡한 장면 등 최대 1분 길이의 동영상을 빠르게 제작할 수 있다"고 밝혔다.

자료: 통상, 2024년 3월호, 산업통상자원부

OpenAI가 공개한 영상 '도쿄 워크Tokyo Walk'에는 한 여성이 도쿄 거리를 걷는 모습이 나온다. 이 장면은 소라가 창조해 낸 것들로 실제 사람, 건물처럼 자연스럽지만 배우는 물론 도시 간판과 거리 모두 실존하지 않는다. OpenAI는 '스타일리시한 여성이 따뜻하게 빛나는 네온사인과 애니메이션 도시 간판으로 가득 찬 도쿄 거리를 걷고 있다. 그는 검은색 가죽 재킷, 빨간색 긴 드레스, 검은색 부츠를 신고 검은색 지갑을 들고 있다. 그는 선글라스를 끼고 빨간 립스틱을 바르고 있다. 그는 자신감 있고 자연스럽게 걷는다' 같은 프롬프트로 해당 영상을 제작했다고 설명했다. 이처럼 생성 AIGenerative AI가 인간의 창의력이 요구되는 콘텐츠 제작 능력을 갖출 만큼 발전하면서 딥페이크에 대한 우려가 더 커지고 있다.

AI활용과 사회적 문제

2024년 1월에 열린 스위스 다보스 포럼(54회째)의 주제는 신뢰재구축Rebuilding Trust이었다. 장기화된 전쟁, 인공지능AI의 급부상에 따른 가짜뉴스, 기존세계질서의 파괴, 신재생에너지 등의 문제에 대한 심도있는 토론이 이뤄졌다. 이 포럼에서 세계 각계 전문가들 1,490명을 대상으로 '인류가 당면한 최대 리스크는 무엇인가?'에 대한 설문조사도 진행됐다. 1위는 '극한의 날씨Extreme weather'로서 66%의 응답률을 보였고, 2위는 'AI가 생성한 가짜정보AI-generated misinformation and disinformation'로서 53%의 응답률을 보였다. AI가 폭넓게 활용되면서 실제와 구분되지 않는 사회적 기만행위인 딥페이크가 인류가 당면한 최대 리스크로 부상한 것이다. 딥페이크Deep Fake는 이미지, 음성, 영상을 편집 조작해서 세상을 속이는 기만행위를 말한다. 특정 정치인의 입에 다른 사람의 말을 넣거나, 포르노 스타의 몸에 유명인사의 얼굴을 합성하는 일들이 세상에 충격을 주었다. 우리나라에서는 2024년 딥페이크 성범죄자로 682명이 검거되었는데, 그들 중 80%가 10대라는 사실이 충격을 주고 있다.

'AI는 다양한 사회적 문제를 일으킨다.' AI를 인간의 삶 어디까지 활용할 것인가? 의사, 판사, 자율주행 등 인공지능이 만들어낸 규칙을 인간이 무조건 따를 것인가? 인공지능을 신뢰할 수 있는가? 등의 문제가 제기된다. 편리함이라는 이름으로 제공되는 AI의 맞춤형 콘텐츠는 사실상 자유의 다른 얼굴이 아니라, 속박의 현대적 양태일 수 있다. 소비자의 선택권은 점차 줄어들고 있다.

인공지능이 일으키는 사회적 문제점은 ① 인간의 개입의지, 가치형성의 중요성을 약화시키고, 개인의 삶에 대한 통제력을 감소시킬 수 있다. ② 효율성, 이익이나 통제를 위해 설계된 감시 및 데이터 시스템으로 사회적 가치를 훼손할 위험이 있다. ③ 일자리 감소 및 디지털 격차의 확대는 사회적 양극화를 가속화시킨다. ④ 개인의 의지, 사회적 기술, 생존기술은 쇠퇴하거나 소멸한다. ⑤ 딥페이크 같은 사이버 범죄, 사이버 전쟁에 대한 위험이 상존한다. ⑥ 체계적인 의사결정의 편향과 진실 사실에 대한 착시현상이 확대된다. ⑦ 데이터와 플랫폼을 장악한 소수의 기업과 인공지능을 통제할 수 있는 세계적인 기업의 초지배력, 초독적 현상이 강화된다. ⑧ 비대면 문화의 확산으로 인간은 기계와만 소통하는 사회적 고립에 처하게 된다.

OpenAI의 ChatGPT 개발 총괄책임자CTO, 미라 무라티MiraMurati(35세, 여성)는 "다른 언어형 AI 모델과 마찬가지로 ChatGPT도 없는 사실을 지어낼 가능성이 높다. 또한 AI를 오용되게 사용하거나 나쁜 행위자가 악용할 가능성도 배제할 수 없다."고 고백했다. ChatGPT의 열풍은 전 세계적으로 AI를 통제하는 방법에 대한 이슈를 제기했고, 일단 AI를 통제하기 위해 OpenAI와 같은 개발사가 이를 통제되고 책임 있는 방식으로 ChatGPT를 개발하는 노력이 중요하다고 강조했다. 2023년 5월 조 바이든 미국 대통령은 구글 CEO(순다르피차이), MS CEO(사티아나델라), ChatGPT 개발사인 OpenAI CEO(샘 올트먼), AI 스타트업인 앤스로픽 CEO(다리오아모데이) 등 AI대책회의에 참석시켰다. 그리고 책임감 있는 혁신, 사람들의 권리와 안전을 보호하는 노력을 강조했다. AI는 우리 시대의 가장 강력한 도구 중 하나이지만 기회를 잡으려면 우선 위험을 최소화하는 제도적 장치가 마련되어야 한다. 바이든 행정부는 AI에 대한 새로운 규제를 추진하고 법률적으로 지원하기 위한 노력을 약속했고, 제품의 안전성에 대한 윤리적, 도덕적, 법적 책임에 대해 기업의 책임을 강조했다.

추천 알고리즘과 사회적 편향

AI기술의 발달로 '나보다 나를 더 잘 아는 기계'가 등장했다. '추천'이라는 이름의 간섭은 결국 우리의 선택 범위를 제한하고, 다양성은 사라진다. 이는 우리의 사고와 감각을 무뎌지게 하고, 궁극적으로는 인간적 자유를 잃게 만든다. 또한 추천 알고리즘은 우리를 특정 주제나 관점에만 노출시킴으로써 사회적 편향을 만들게 된다. ① 알고리즘은 우리의 관심사를 기반으로 콘텐츠를 추천하기 때문에 새로운 정보나 다른 관점은 알고리즘에 의해 숨겨지거나 우리에게 노출되지 않는 정보접근의 불균형이 발생한다. ② 알고리즘은 특정 주제나 관점에만 노출되면서 우리는 우리가 원하는 정보만 접하고, 다양한 의견과 생각을 접할 수 없는 시각적 편향이 고착화된다. ③ 알고리즘은 우리를 비슷한 관점을 가진 사람들과 연결시키는 역할을 한다. 따라서 서로 다른 의견을 가진 사람들과 소통할 기회가 줄어들면서 사회적 갈등이 심화된다. ④ 선택의 자유를 돕는 알고리즘은 오히려 인간의 선택적 사고능력을 약화시키고 선택의 자유를 축소시킨다.

7. AI 사회의 윤리 및 법적 이슈

AI의 활용은 그 범위가 넓어지고 급속하게 빨라지고 있다. 그런데 AI의 도입으로 인한 다양한 사회적 변화를 충족하는 윤리기준, 법적·제도적 장치는 미흡하다. 이제 AI는 우리와 함께 살아가는 공동운명체이다. 그런데 AI가 너무 강력해져서 인간들도 모르게 인간을 통제하고 조정하는 최악의 상황을 마주할 수 있다. AI가 인간과 서로 공감하고 협력하도록 개발되는 AI기술 윤리가 절실하다. 인간이 통제할 수 없을 정도로 AI의 기술이 발전하기 전에 AI에게 철학을 가르침으로써 인류의 미래를 준비해야 한다는 우려가 눈길을 끈다.

AI와 함께 살아갈 지구상에는 유기체적으로 탄생한 인간과 비유기체적 합성에 의해 탄생한 신인류가 공존하는 세상이 열리고 있다. 신이 아닌 생명공학, 인조인간, 비유기체적 합성에 의해 새로운 생명체가 창조되는 현실이다. 미래의 인류역사에서는 영혼, 자유의지, 자아존재라는 것들은 유전자라든지 호르몬 그리고 뉴런 같은 과학적 개념으로 대체될 것으로 전망된다. 기존의 인간의 정체성이나 존재가치 그리고 행복에 대한 기준은 파괴될 것이고 인류의 비전에서 인본주의가 폐기되고 불멸과 신적인 영역에 직면할 것이다. 2019년 일본의 AI전문가 오카모토 유치로의 저서 〈인공지능의 마지막 공부〉에는 AI에게 철학을 가르치면 어떤 일이 일어날까?라는 부제가 달려있다. 그동안 AI의 기능과 경제적 가치에 대한 논의가 쟁점이었다면 이제는 인공지능의 윤리 문제에 대한 논의가 쟁점이 되어야한다는 시대정신을 다루고 있다. 그는 이 책에서 윤리학, 미학부터 종교학, 심리학까지 '인간적인' 인공지능을 위한 7가지 철학 수업을 담고 있다.

세계적인 물리학자 스티븐 호킹 박사는 "인공지능이 인류의 종말을 불러올 수 있다"며 인공지능이 100년 안에 인류를 넘어설 것이라고 경고했다. 마이크로소프트의 창업자 빌 게이츠 역시 "인공지능이 인류에 위협이 될 수 있다"고 주장했고, 영화 '아이언맨'의 실제 모델이자 스페이스X와 테슬라의 최고경영자인 일론 머스크는 "인공지능은 악마를 소환하는 일"이라고 경고했다. 인공지능이 무기화되는 경우, 누구의 손에 들어 가느냐에 따라 인종청소나 대량학살이 가능해진다. 핵무기처럼 재료 구하기나 생산이 어렵지 않을 것이기에 대량생산도 가능하다. 이미 50개국에서 전투용 로봇이 개발되는 현실도 이를 반영한다. 이런 까닭에 2015년 7월 스티븐 호킹, 일론 머스크, 스티브 워즈니악 등 세계적인 과학자들과 기업가 1,000여 명이 인공지능개발의 위험성을 경고하는 공개서한에 서명했다. 이제 인공지능개발에 대한 투명성, 안전성, 그리고 인류문명에 기여해야 한다는 원칙주의는 아무리 강조해도 지나침이 없다.

AI개발에 관한 국제규범

2023년 ChatGPT를 개발한 OpenAI 이사회는 샘 올트먼 최고경영책임자CEO를 해임시켰다가 복귀시키는 해프닝이 벌어졌다. 샘 올트먼을 해임한 이유는 AI모델의 안전성에 관심이 적고, AI모델의 성능을 향상시키는 데 집중해 향후 AI기술이 인류에게 미칠 부정적 영향을 간과했기 때문이라는 주장도 있다. 부정적 영향을 우려하는 과학자들은 AI기술의 발전이 원자력과 같이 인류에 긍정적·부정적 영향을 줄 수 있기 때문에 그 발전의 속도와 내용을 잘 이해하고 제어할 수 있는 장치가 필요하다고 주장한다. 이런 차원에서 세계 주요국들은 AI를 안전하게 사용하는 법과 제도를 만들거나 정비하고 있다. 또한 AI시스템이 사회에 미치는 영향을 분석하고 평가하는 영향평가시스템을 구축하고 있다.

2024년 유럽연합EU이 세계 최초로 인공지능AI을 포괄적으로 규제하는 법안을 통과시켰다. EU의 AI규제법은 AI규제를 고심하는 세

위험도에 따라 4등급으로 나눈 AI규제법

위험도	예시	규제 내용
최소 위험	–	–
제한된 위험	챗봇, 딥페이크	투명성 의무 부과
높은 위험	자율주행	기본권 영향 평가 대상
허용 불가한 위험	AI 활용 생체 인식, 소셜 스코어링 조작	금지

자료: 통상, 2024년 4월호, 산업통상자원부

계 주요국들의 이정표가 될 전망이다. AI규제법의 주요내용은 ① 얼굴 이미지 대량 수집·데이터베이스 구축 금지(테러 등 제외), ② 정치·종교, 성적 지향, 인종을 기준으로 한 생체정보 수집 금지, ③ 생성형 AI가 만든 콘텐츠에 'AI가 만든 콘텐츠'라는 식별표시(워터마크) 부착, ④ 사람과 유사, 그 이상 지능을 갖춘 범용 AI개발사는 EU저작권법 준수, ⑤ 위험도를 4단계로 나눠 관리, 기술개발 과정 투명성 강화, ⑥ 범용 AI 모델 훈련 방법과 AI가 다루는 데이터는 당국에 보고하여야 한다는 내용이다. EU의 AI규제법의 특징은 위험도에 따라 4등급으로 나눠 AI를 규제한다는 것이다(위 그림 참조). ① 최소 위험minimal risk, ② 제한된 위험limited risk인 챗봇이나 딥페이크(AI로 만든 이미지·영상 조작물)는 '제한된 위험'으로 분류해 제공자나 활용자에게 '투명성 의무'를 부과한다. ③ 높은 위험high risk은 자율주행으로 기본권 영향 평가를 의무적으로 받아야 한다. ④ 허용 불가한 위험unacceptable risk은 AI활용 생체인식, 소셜 스코어링social scoring 등으로 개발이나 사용을 금지한다. 단 범죄 수사, 안보 및 보안 등의 목적의 경우에만 예외를 인정한다. 소셜 스코어링social scoring은 소셜

미디어SNS 등에서 개인과 기업 등의 사회적 영향력을 점수화하는 행위를 말한다. EU의 AI규제법은 인터넷에서 사회적 인지도를 높이는 데 AI를 악용하지 못하도록 규정했다.

AI규제법은 27개 EU 회원국의 서명을 거쳐 6월 관보에 게재되면 2025년 초에 발효돼 2026년 전면 시행될 예정이다. 이 법은 처벌규정을 포함하고 있는데, 대기업이 AI규제법을 위반하는 경우, 최대 3,500만 유로(약 508억원) 또는 전 세계 연 매출의 7%를 벌금으로 내야 한다. 중소기업이 AI규제법을 위반하면 최대 750만 유로(약 109억원) 또는 전 세계 연 매출의 1.5%의 벌금을 내야 한다. 또한 2023년 5월 시행된 디지털시장법DMA은 빅테크가 막강한 시장 지배력을 이용해 온라인 쇼핑과 광고 등 디지털 시장을 독과점하는 행위를 금지하고 있다. 예를 들면 앱스토어 등에서 빅테크가 자사 제품을 높은 순위에 올리는 행위에 대해서 전 세계 연 매출의 최대 10%를 벌금으로 부과하고, 법 위반을 반복할 시 최대 20%의 벌금을 부과하는 처벌 규정을 담고 있다.

국제사회에서도 AI 규제에 대한 필요성이 대두되고 있다. 2024년 3월 유엔 총회에선 120개 회원국이 안전하고 신뢰할 수 있는 AI 시스템을 유지하자는 결의안을 채택했다. 국제법상 유엔 결의안은 구속력이 없지만, AI 관련 규제가 필요하다는 국제적 공감대가 형성됐음을 시사한다. 또한 UN은 우리 모두가 협력하여 디지털의 미래를 준비하자고 약속하는 협약을 맺기 위해서 UN의 주도로 '글로벌 디지털 협약Global Digital Compact: GDC안'을 준비하고 있다. 개인에서부터, 기업, 시민사회, 학계, 산업계를 비롯하여 국가 및 국제기구가 '2030년 디지털 세상을 위하여 우리는 무엇을 준비해야 할 것인가?'

에 대한 답을 구하기 위해 UN국제연합이 나섰다.

UN 사무총장 안토니우 구테흐스Antonio Guterres는 "오늘날 새로운 기술 시대는 엄청난 기회와 함께 세계 평화, 안정, 발전에 대한 새로운 위험을 내포하고 있다. 우리는 미래에 대해 근본적인 질문을 던져야 한다. 우리 아이들에게 어떤 세상을 물려줄 것인가?"라고 질문하고 있다. 디지털 기술은 우리의 삶을 편리하게 만들고, 경제 성장과 사회 발전을 촉진할 수 있다. 하지만 동시에 '디지털 격차', '프라이버시 침해', '사이버 범죄', '가짜 뉴스 확산' 등 다양한 문제를 야기하고 있다.

2023년 10월 미국은 AI시스템 관련 행정명령을 발표했고, 여기에는 AI생성모델이 생성한 결과인지 확인할 수 있도록 워터마킹 지침을 개발해 생성모델의 개발사들이 워터마킹을 사용하도록 하는 내용이 포함됐다. 디지털 워터마킹Digital Watermarking은 사진이나 동영상 같은 각종 디지털 데이터에 저작권 정보와 같은 비밀 정보를 삽입하여 관리하는 기술을 말한다. 그림이나 문자를 디지털 데이터에 삽입하며 원본 출처 및 정보를 추적할 수 있으며, 삽입된 워터마크는 재생이 어려운 형태로 보관된다.

EU는 2018년 유럽연합 일반 데이터 보호 규칙General Data Protection Regulation: GDPR을 발표했다. 이 규칙의 목적은 시민과 거주자가 자신의 개인 정보를 제어할 수 있는 권리를 되찾고 EU 역내의 규칙을 통합하여 국제 비즈니스를 위한 규제 환경을 단순화하려는 것이다. 정보주체인 개인이 개인정보의 자동화 처리에 대한 거부권 및 설명권을 가질 수 있도록 보장한다. 또한 2023년 6월 EU의 인공지능법이 ChatGPT 등 인공지능을 규제하기 위해 유럽의회를 통과했다. 이 법은 유예기간을 거쳐 2026년부터 실제 규제에 적용될 곳으로 보인다.

우리나라는 2023년 9월 디지털 '권리장전'을 발표했다. 여기에는 AI기술 개발뿐만 아니라 인류의 가치를 함께 확보하는 방향에 대한 원칙을 담고 있다. 또한 2024년 3월부터 시행되는 개정된 개인정보보호법에는 개인정보의 자동화 처리에 대한 거부권 및 설명권을 보장하고 있다.

AI개발에 관한 민사규약(civil law rules on robotics)

2017년 1월 미국 캘리포니아주 아실로마에서 스티븐 호킹, 레이 커즈와일, 일론 머스크를 비롯한 2,000여 명의 인공지능 관련 산·학·연 연구자들이 인공지능의 국제규범에 서명한 바 있다. 소위 아실로마 인공지능 23개 원칙이라는 것인데 주요 내용으로는 ① 인공지능의 연구목적은 유익한 지능을 창출하는 것이어야 하고, ② 인공지능은 인간의 존엄성, 권리, 자유 및 문화의 다양성과 양립할 수 있도록 설계되고 운영되어야 하며, ③ 인간은 의사결정을 인공지능에 의존하느냐 아니면 자유의지에 의해 결정하느냐를 선택할 권리가 보장되어야 하고, ④ 치명적인 무기나 군비경쟁을 방지해야 하며, ⑤ 엄격한 안전과 통제조치가 마련되어야 하고, ⑥ 한 국가나 조직보다는 모든 인류의 이익을 위해 개발되어야 한다는 내용을 담고 있다. 또한 구글의 딥마인드와 같은 민간기업 차원에서도 인공지능 연구 5대 핵심원칙을 제시한 바 있다. ① 글로벌 사회와 환경에 도움이 되는 방식으로 기술개발이 이루어져야 한다. ② 엄격하고 철저한 증거에 기반을 두고 연구한다. ③ 자금조달방식을 비롯해 모든 연구과정이 투명하고 개방적이어야 한다. ④ 다양한 목소리를 담고 학구적이어야 한다. ⑤ 포괄적으로 협업해야 한다는 내용으로 되어 있다.

2017년 유럽의회는 로봇에 대한 민사규율 결의안을 채택했다. 인간과 AI가 공존하는 세계에서 AI에 대한 권리능력, 행위능력, 책임능력도 문제가 되고 있다. 유럽의회는 소위 '로봇민사규율 결의안'을 통해 AI의 법적 책임에 관련한 규칙과 로봇과 인공지능 개발·프로그래밍·이용 등에 필요한 윤리규칙을 마련할 것을 권고하고 있다.

AI와 법적 쟁점들

법적인 측면에서 인간은 권리·의무의 주체인데, 지금까지는 권리·의무의 주체로서 자연인과 법인만이 존재한다. 그러나 이제 로봇도 권리·의무의 주체, 즉 법적 인격체로 등단할 가능성이 높아졌다. 법인처럼 정관에 따라 법적 인격을 부여하는 전자인electronic persons이 등장하는 것이다. 인간과 함께 상생하고, 경쟁하며, 협력하는 새로운 세계가 열릴 것이기 때문이다. 전자인이란 로봇에게 권리능력, 행위능력, 책임능력을 부여하는 법적 개념인 셈이다. 이렇게 되면 로봇은 물건이 아닌 법적인 인격체가 되는 것이고 등기나 등록제도 등을 통해 하나의 고유한 법적 존재로서 권위와 책임을 부여받게 된다.

인간의 모든 것을 대체하는 인공지능 로봇의 등장으로 노동의 종말에 대한 우려도 제기되고 있다. 노동이 없는 곳에는 소득이 없고 그리고 소비능력이나 납세능력도 불가하다. 이렇게 되는 경우 대부분의 중산층은 무너지고 자본주의 시스템은 붕괴될 위험에 처한다. 또한 네트워크와 플랫폼에 의해 많은 가치가 창출될 것인데 소수의 사람들에게 혜택과 가치가 집중되는 플랫폼 효과platform effect로 극단적 양극화도 우려된다. 따라서 모든 소비자들에게 기본소득을 보장해 주는 장치가 필요하다. 이런 이유에서 기본소득에 필요한 재원을 확보해야 하는데, 이를 위해 로봇에게 세금을 부과하는 '로봇세' 또는 'AI세'가 검토대상으로 떠오르고 있다. 로봇(AI)에게 세금을 부과하기 위해서는 로봇(AI)을 법적인 인간으로 만듦으로써 권리와 의무를 부여해야 한다.

AI의 사고로 인한 배상책임

현재의 법체계에서는 AI의 오류로 인한 피해는 AI의 제조자, 소유자, 이용자에게 책임을 지우기 어렵다. AI는 아직 법적인 인간이 아니기 때문에 기계에 책임을 물을 수 없다. 마치 지나가는 개에게 물렸을 때 그 개에게 법적 책임을 물을 수 없는 것과 같다. 또한 AI에게 책임을 묻는다 해도 AI에게는 아직 책임을 다할 재산권도 없다. AI에게 어떤 법률적 제도에 의해 책임재산을 확보하게 할 것인지에 대한 방법론도 중요하다. 책임재산 공제제도, 의무적 책임보험, 개별적 및 집단적 배상기금 조성 등을 고려해 볼 수 있다. 오스트리아, 독일, 스위스 등은 '동물은 법적으로 물건이 아니다.'라고 규정하여 반려동물에 대한 법적 지위를 인정한 사례가 있다. AI에게 반려동물과 같은 법적 지위를 인정하는 것도 하나의 방안이 될 수 있다. 현행 법체계에서 적용되는 인간(주체), 물건(객체)의 이분법적 체계에서 삼분법적 체계로 전환하는 셈이다. 현행 법에서 제조물책임법, 자동차손해배상보장법, 민법의 계약책임이나 불법행위 책임을 적용할 수 있겠지만 자율주행 'Level 5'인 경우 법적 한계가 있다. 로봇기본법

제23조 제1, 2, 3항은 로봇의 제조자 및 공급자의 책임에 대해 제조자는 피해자의 고의·과실을 입증하여 책임을 면할 수 있다고 규정하고 있다. 현실적으로 자율주행 'Level 5' 자동차가 사고를 냈을 경우, 복잡한 법적 문제가 발생한다.

AI 창작물에 대한 저작권

AI가 만든 창작물에 대한 소유권에 관한 법적 문제가 발생한다. 현행 저작권법 제2조 제1호는 '인간의 사상 또는 감정'을 표현한 창작물을 말한다. 따라서 AI는 현행법에서 인간이 아니기 때문에 소유권이 불가하다. AI가 창작의 도구로 활용된 경우에는 그 인공지능을 활용한 사람이나 개발자에게 저작권이 인정되는 경우도 있다. 스페인의 작곡 AI '이아무스Iamus'의 경우에는 작곡가 겸 프로그래머가 스스로 작곡 알고리즘을 개발, 작곡가와 프로그래머가 공동으로 작곡 알고리즘을 개발하고 그 알고리즘에 의해서 만들어 낼 음악을 예측할 수 있다면, 그 알고리즘 개발자에게 저작권을 인정한다는 판결이 있다. 2019년 중국법원은 원고 텐센트 기업의 창작팀에게 저작권을 인정한 판례도 있다. 데이터와 알고리즘을 기반으로 작문을 보조해주는 인공지능 시스템인 '드림라이터'의 지능형 쓰기 도우미를 이용하여 완성한 기사에 대한 독창성을 인정한 판결이다. 또한 중국 법원은 최근 AI가 생성한 사진에 대해 저작권을 인정하는 판결도 내렸다. 이처럼 중국은 AI의 창작물의 저작권에 대해 관대하다. 하지만 미국의 경우에는 법원이 AI의 창작물에 대한 저작권을 인정하는데 소극적이다.

생성형 AI의 창작물 산출 이전에 AI가 학습했던 빅데이터에 대한 저작권의 법률적 문제도 제기된다. ChatGPT가 학습에 이용하는 빅데이터의 저작물, 데이터베이스 제작자의 권리보호 문제이다. 저작물의 공정한 이용에 해당하면 저작권 침해에 해당하지 않는다는 판결이 있다. 수십만 개의 웹사이트를 모니터링해서, 새로운 뉴스를 고객회원에게 전송하는 경우, 뉴스 저작권 중 전송권 침해 가능성이 제기된다. 구글 'Deep Dream'은 기존 명화들을 입력, 그 화풍이나 패턴의 이미지를 창작에 반영했다. 원작과 유사하면서도 새로운 창작성이 부가된 경우, 명화의 분석 및 활용이 공정이용에 해당한다고 보기 어렵다는 견해가 있다. 공정한 이용Fair use은 저작권자의 허락 없이 저작물을 이용할 수 있는 저작권에 대한 특수한 경우를 의미한다. 이 외에도 AI를 활용한 여러 가지 형태의 사람과의 거래의 경우, 자연인과 같은 법적 지위를 부여할 것인지? 이런 문제들도 법적인 해결과제로 남아있다.

가상 인간(아바타)과 법 윤리

'세컨드 라이프'는 인터넷 기반의 가상 세계로 2003년에 시작됐다. 다른 아바타와 상호 작용하며, 보편적인 메타버스의 공간과 결합한 소셜 네트워크 서비스를 제공한다. 세컨드 라이프에서는 가상 세계의 주민에게 창조성과 소유권을 인정한다. 세컨드 라이프는 3D 물체를 제작하는 도구가 제공된다. 주민들은 이를 사용하여 세컨드 라이프 상에서 건물이나 의상 등 '오브젝트'를 제작할 수 있다. 또한 게임에서 자신이 갖고 싶어하는 오브젝트를 창조할 수도 있다. 자신이 제조한 물건에 대한 소유권은 그 주민에게 주어지며, 다양한 제품을 제작하여 판매도 가능하다. 따라서 세컨드 라이프는 경제활동도 가능한 커뮤니티로 운영된다.

세컨드 라이프에서 지나치게 관계와 관리에 지친 사람이 자신의 아바타를 자살로 삭제하고 무덤으로 표현하는 일이 발생했다. 또한 다른 사람의 아바타를 해킹한 다음 자살해 버리는 일도 발생했다. 메타버스에서 누군가 나의 아바타를 탈취해 삭제해 버린다면, 이런 행위는 살인행위에 해당할까? 그리고 살인행위라면 살인죄에 해당할까? 메타버스는 나이, 젠더, 인종을 모두 다르게 표현할 수 있기 때문에 실제 내가 아닌 인위적으로 만들어진 나의 아바타로 타인과의 친밀감이나 새로운 인간관계를 형성할 수 있다. 그런데 이렇게 형성된 인간관계는 어디까지 유지할 수 있을까? 메타버스에서는 수많은 가상 아이템의 거래, 실제 사람이 아닌 가상 존재와의 대화와 협력이 이루어진다. 메타버스는 다양한 기기 등을 통해 기존과는 다른 데이터를 수집한다. 따라서 개인 정보를 보호하고 관리·통제하는 것은 복잡하고 어렵다. 이런 특성으로 인해 정체성의 속임수, 다른 아바타에 대한 괴롭힘, 아바타 탈취, 아바타나 사회적 계층에 따른 차별서비스, 허위 정보 유포, 사기 등 법적·윤리적 문제가 발생한다.

Chapter

02

4차 산업혁명과 대전환의 시대

1. 생산혁명과 대전환
2. 변화의 속도와 권력이동
3. 4차 산업혁명의 특성
4. 핀테크 기술과 딥테크 기술
5. 디지털 전환과 사용권 문화
6. 가정·사회·도시의 변화
7. 디지털 플랫폼 경제
8. 인간의 정체성과 신인류

1. 생산혁명과 대전환

우주의 역사에 비추어 볼 때 우리 인류의 역사는 몇 초 사이에 별빛만큼이나 빠른 속도로 대변혁을 만들어냈다. 우주의 탄생은 137억 년 전이고 지구의 탄생은 46억 년 전으로 추정된다. 우주의 역사를 1년으로 축약한다면 은하계는 5월 1일에 탄생했고 지구는 9월 1일에 태어났다. 공룡은 12월 25일에 부화했고 12월 31일 밤 11시 55초에 인류는 농사짓는 법을 터득했다. 12월 31일 밤 11시 59분 58초에 로마제국이 멸망했고 12월 31일 밤 11시 59분 59초에 문예부흥이 일어났다. 인류의 역사, 인류의 문명은 우주와 지구가 형성된 기나긴 여정에 비하면 촌각에 불과하다. 하지만 인류의 문명은 짧은 시간 속에서 엄청난 변혁을 거듭해 왔다. 인간은 인지혁명(7만 년 전), 농업혁명(1만 2천 년 전), 과학혁명(500년 전)이라는 대변혁을 통해 지구에서 가장 영특하고 번성한 종으로 진화할 수 있었다. 한마디로 인간의 역사는 창조와 파괴의 역사고, 변화와 혁명의 역사이다.

문화인류학자 유발 하라리는 그의 저서 〈호모데우스〉에서 "역사에서 숫자는 그리 중요하지 않다. 역사를 만들어가는 사람들은 뒤를 돌아보는 대중이 아니라, 앞을 내다보는 소수의 혁신가들이다. 1850년에는 세계인구의 90% 이상이 농부였고, 갠지스 강, 나일 강, 양쯔강을 따라 형성된 작은 시골마을들에서 증기기관, 철도, 전신에 대해 아는 사람은 아무도 없었다. 하지만 맨체스터와 버밍엄에서 소수의 공학자, 정치인, 금융가들이 산업혁명을 진두지휘할 때 이 농부들의 운명은 이미 결정되어 있었다. 증기기관, 철도, 전신은 식품, 섬유, 자동차, 무기의 생산에 대전환을 가져왔고, 그 결과 산업강국들은 전통적인 농업사회들에 비해 결정적 우위를 점했다."고 대변혁의 중요성과 의미를 설명한다.

21세기의 우리는 1년마다 인류의 긴 역사와 맞먹는 혁명적 변화의 시대에 살고 있다. 지식과 디지털혁명의 시대, 제4차 산업혁명의 시대를 창조하고 아날로그 시대를 파괴하고 있는 것이다. 음식채집자이던 인류가 정보채집자가 되었다. 우리 인간은 석기시대(짱돌)를 거쳐 10만 년 만에 초산업사회(인공지능)에 도달했다. 호모 사피엔스가 처음 집어 든 짱돌이 10만 년 만에 스마트한 돌, 즉 인공지능으로 변신한 셈이다. 세상의 모든 것들은 정보의 단위인 비트로 나타내고 인공지능은 그 정보(빅데이터)를 바탕으로 작동한다. 모든 것이 원자Atom 패러다임에서 비트Bit 패러다임으로 전환됐다.

레이 커즈와일은 그의 저서 〈특이점이 온다〉에서 2045년이면 인공지능이 우리 인간의 모든 지능을 합친 것보다 우월해진다고 예측한다. 만약 인공지능이 만들어낸 연구결과를 우리 인간이 이해하지 못할 상황이 온다면 이는 인공지능이 인간의 통제를 벗어나는 지점, 즉 특이점에 이른다는 주장이다. 특이점이라는 용어는 본래는 천체물리학에서 블랙홀을 설명하는 개념이다. 이런 개념을 산업혁명에 대입하여 자신의 저서를 통해 일반인들에게 널리 알린 인물이 바로 알파고를 개발한 구글의 기술부문 이사인 레이 커즈와일이다.

2017년 내셔널지오그래픽이 제작한 인류의 미래 '이어 밀리언year million'이라는 다큐에서는 "AI가 인류를 지배하는 시대가 온다"를 방영했다. 이 프로그램에서 인간이 인공지능의 능력에 위협을 느끼게 되는 경우, 인간은 인간화된 컴퓨터를 따라잡기 위해 스스로 자신의 뇌를 컴퓨터로 대체할지도 모른다고 우려한다. 이미 인공지능은 인간을 닮아있으며 곧 인간의 수준과 비슷해지고 머지않아 인간을 능가할 것이다. 인공지능은 인간에게 기회와 위험을 함께 가져다주는 양날의 검과 같다. 더욱 공포스러운 것은 인공지능이 대부분의 인지과정에서 인간을 능가하는 상황인데, 이런 상황이 오면 인간의 노동은 종말을 맞게 될 것이다. 더 이상 인간은 착취의 대상도 아닌 아예 쓸모없는 존재로 추락할 것이다. 쓸모없고 할 일이 없으며 소득도 없는 저주받은 인간으로 전락할지 모를 일이다.

2. 변화의 속도와 권력이동

제4차 산업혁명의 중요한 특성 중 하나는 빠른 변화이다. 농업혁명은 수천 년에 걸쳐 일어난 엄청난 변혁이었다. 농업은 인간을 '자연적 생존기반에서 인공적 생존기반'으로 전환시킴으로써 넝마주이(채집·수렵) 떠돌이에서 먹거리를 직접 생산하는 생산혁명의 주인공으로 만들었다. 농업사회는 변화가 느렸기 때문에 태어나서 한 번 배운 지식이나 정보는 다시 배울 필요 없이 죽을 때까지 유용했다. 이런 상황에서는 노인들이 젊은이들보다 유용하고 풍부한 지식과 지혜를 활용하는데 유리하다. 그 시대를 지배했던 지식이나 기술의 수명이 100~200년이었던 점을 감안하면 인간이 태어나서 처음 습득한 농사짓는 법은 죽을 때까지 유용성이 유지된다. 새로운 농사짓는 법(새로운 기술)을 배울 필요가 없는 세상이다. 변화의 속도가 느린 탓으로 나이가 들어감에 따라 기존의 지식 위에 길거리 지식street knowledge을 덧붙일 따름이다. 결과적으로 현실적 난제를 해결하는 데에는 젊은이들보다 노인들의 지식과 정보가 더 유용했던 것이다. 삼강오륜과 같은 윤리의 문제를 떠나서 나이 많은 세대가 젊은 세대보다 문제해결 능력이 한 수 위였던 셈이다. 이것이 변화가 느린 농업사회에서 노인에게 권력이 집중된 이유이다.

산업혁명은 핵심 산업을 농업에서 공업으로 대체시켰고 생산성은 비옥한 농지가 아니라 자본과 기술에 의해 결정됐다. 기술의 수명은 30~40년으로 단축되었다. 한번 습득한 기술은 30~40년이 지나면 쓸모없게 되었다. 산업현장에서 가장 유용한 지식이나 기술은 40~50대의 중장년 층에서 나왔다. 문제해결 능력에서 40~50대의 중장년층이 노인들보다 효율적이고 유용했다. 이런 까닭으로 산업사회에서는 40~50대에게로 권력이 집중된다. 지식·정보화 사회가 열리면서 변화의 속도는 더 빨라져 지식과 기술의 수명이 5~3년으로 짧아졌다. 산업현장에서는 새로운 생산체계, 새로운 지식, 새로운 기술이 필요했다. 30~40년 전에 터득한 지식과 기술로써는 현실적인 문제들을 이해할 수도 해결할 수도 어렵게 됐다. 지식과 정보가 핵심 생산요소가 되었고, 새로운 지식과 기술을 지속적으로 습득하는 유연성이 중요해졌다. 문제해결 능력에서 20~30대의 청년층이 40~50대의 중장년층보다 실용적이고 유용했다. 따라서 지식·정보화사회에서는 권력이 40~50대의 중장년층에서 20~30대의 젊은층으로 이동하게 된다.

변화가 빨라지면서 역사학보다는 미래학이 중요해졌다. 역사학은 과거의 데이터로 현재를 해석하고 미래를 내다보는 학문영역인데, 변화가 빨라질수록 과거의 데이터로 현실을 설명하거나 미래를 예측한다는 것은 불가능한 일이다. 따라서 미래를 예측할 수 있는 데이터를 기반으로 미래의 트렌드를 읽어내는 미래학이 역사학보다 유용해진다.

변화가 빨라지면 시간의 가치가 증가한다. 짧은 시간이라 할지라도 엄청난 변화가 발생할 수 있기 때문이다. 예를 든다면 어떤 사람이 졸면서 3분 동안 산책길을 걷고 있을 때 사고의 가능성은 물웅덩이에 빠지거나 나무에 부딪치는 정도에 그칠 것이다. 하지만 시속 100km로 달리는 자동차 운전자가 30분 동안 졸았다면 아마도 사람이 죽거나 크게 다치는 대형사고를 모면하기 어려울 것이다. 마하의 속도로 날고 있는 제트기의 조종사가 30분 동안 졸았다면 그 조종사는 지구를 떠나 우주의 미아가 됐을 것이다. 30분이라는 동일한 시간인데도 불구하고 속도의 높낮이에 따라 그 결과는 완전히 달라진다. 변화의 빠르기와 시간의 가치는 비례한다. 이런 이유로 재테크에 버금가는 시테크가 중요한 시대가 되었고, 또한 시간의 가치가 높아질수록 시간의 단위를 정밀하게 나누고, 시간의 단위를 표준화하는 것이 중요해진다. 변화가 느린 농경사회에서는 영겁, 24절기, 한참 등의 단위의 간격이 크고, 정밀하지 못하고 표준화되지 않은 시간의 개념을 사용했다. 변화가 빨라진 산업사회에서는 시, 분, 초 등으로 시간의 개념이 정밀화되고 표준화된다. 변화의 속도가 더 빨라지는 지식·정보화 사회에서는 시간의 개념이 나노초(10억분의 1초), 피코초(1조분의 1초) 등의 초정밀한 단위로 바뀌는데, 이런 시간은 실생활에 적용될 수 없지만 컴퓨터가 작동하는 시스템에선 유용하다.

교통과 통신이 전무한 이집트인이 살던 시대의 시간의 가치와 현대인의 시간의 가치를 비교했을 때 현대인의 1년은 이집트인의 4,000년과 시간의 가치가 같다고 평가된다. 이것은 이집트인이

4,000년에 걸쳐 이룰 수 있는 변화를 현대인은 1년 만에 일으킬 수 있다는 것을 의미한다. 따라서 현대사회에서는 모든 생산과 소비에 시간의 가치가 반영되고 시간에 대한 생산성이 중시된다. 예를 들면 음식그릇, 젓가락, 기저귀, 팬티에 이르기까지 1회용 상품들이 범람하고, 인스턴트 라면, 인스턴트 음식들이 넘쳐나는 것은 생산과 소비에 시간의 가치가 반영된 결과이다.

무어의 법칙은 컴퓨터의 성능이 2년마다 2배로 증가하는 현상을 말한다. 이 법칙에 따르면 100만원짜리 컴퓨터 1대가 2030년에는 사람의 두뇌 수준, 2060년경에는 모든 인류의 두뇌를 합한 성능(매트릭스, 마이너리티 리포트)에 버금가는 인공지능으로 진화한다는 예측이 가능하다. 제4차 산업혁명은 커다란 변화의 물결을 빠르게 밀어붙이는 거대한 해일과 같다. 지식과 정보 그리고 과학·기술뿐만 아니라 국제질서, 산업구조, 사회구조, 기업경영, 법과 제도, 도덕적 가치나 윤리, 가족관계, 삶과 죽음에 이르기까지 변혁의 대전환을 요구한다.

3. 4차 산업혁명의 특성

4차 산업혁명은 2017년 1월 스위스의 다보스포럼(세계경제포럼)에서 핵심 어젠다로 다루어지면서 시대적 키워드로 부상하고 세계적으로 퍼져나갔다. 4차 산업혁명은 2015년에 포린 어페어의 기고글에서 세계경제포럼의 창시자인 클라우스 슈바프Klaus Schwab가 제시한 개념이다. 제4차 산업혁명은 제조업의 상징인 GE가 2020년까지 소프트웨어 기업이 되겠다고 선언하고, 소프트웨어 기업인 애플과 구글은 자동차를 생산하는 기업으로 변신하고 있다. 이 같은 현상은 기업들이 4차 산업혁명에 의해 하드웨어적 파워에서 소프트웨어적 파워 중심으로 전환하는 모형을 보여준다. 지금까지 겪어온 1, 2, 3차 산업혁명은 원료를 투입해서 제품을 만드는 하드웨어 혁명이었다. 하지만 4차 산업혁명은 기존의 산업혁명과 그 변혁의 성격이 전혀 다르다. 4차 산업혁명은 상상력과 데이터를 투입해 거대한 혁신을 일으키는 소프트웨어 혁명이다. 1차 산업혁명은 생산의 기계화, 2차 산업혁명은 생산의 대량화, 3차 산업혁명은 정보화였다면 4차 산업혁명은 물리세계, 디지털세계, 그리고 생물세계를 융합하는 지식정보기술혁명이며, 경제, 사회, 산업, 국제관계 등 모든 영역에 걸쳐 엄청난 변혁을 꾀한다. 4차 산업혁명은 분업division of labor적 패러다임에서 융합convergence적 패러다임의 전환이고 초스피드, 초정밀성, 초복잡성, 초지능성, 초연결성, 초실감성을 구현한다. 변화의 초고속, 나노기술과 같은 초정밀성, 융합으로 가는 초복잡성, 인간과 인간뿐만 아니라 인간과 사물, 사물과 사물, 그리고 현실과 가상세계까지 연결되는 초네트워킹화된 초실감성, 모든 것들이 빅데이터와 인공지능에 의해 분석·예측되는 초지능성을 의미한다. ChatGPT는 이전에 블록체인, 메타버스, NFT, 웹3 등의 인터넷 기술보다 IT 산업에서 '빅 웨이브'를 일으켰다. "인간과 구분할 수 없다" "구글의 시대는 끝났다"라고 표현될 만큼 충격적인 기술혁명으로 평가받는다. 인터넷, 모바일, 그리고 인공지능이 블록체인, 메타버스 등과 연결되어 세 번째 '빅웨이브'시대를 열고 있다. 또한 4차 산업혁명의 중요한 키워드는 '가상세계의 출발점이자, 현실과 가상의 융합적 세계'

에서의 혁신이라는 점이다. 그동안의 산업혁명은 기계혁명이나 전기혁명 같은 종류의 현실세계에서의 혁신의 범주에 머물렀다면 4차 산업혁명은 가상세계와 현실세계의 융합이라는 범주에서의 혁신의 출발점이다.

산업혁명의 진화단계

4차 산업혁명은 인공지능AI기술 및 사물인터넷IOT, 빅데이터, 클라우드컴퓨팅 등 정보통신기술ICT과의 융합을 통해 생산성이 급격히 향상되고 제품과 서비스가 지능화되면서 경제·사회 전반에 혁신적인 변화를 일으킨다. 하드웨어에 결합한 소프트웨가 혁명을 주도하는데, 인공지능(디지털기술), 로봇공학(물리학 기술), 생명과학(생물학 기술)이 서로 융합되어 시너지효과를 발휘한다.

1차 산업혁명은 철도와 증기기관에 의해 인간의 노동을 대체한 생산혁명이고, 2차 산업혁명은 전기엔진과 컨베이어벨트에 의한 대량생산혁명이며, 3차 산업혁명은 컴퓨터에 의한 자동화 생산혁명이다. 3차 산업혁명을 이끈 핵심 기술은 반도체, 메인프레임 컴퓨팅, PC, 인터넷 등으로 정리된다. 4차 산업혁명을 이끌 2001년 미국 국립과학재단NSF이 채택한 핵심 기술로는 융합기술을 기반으로 한 STEM 기술이다. STEM은 과학Science, 기술Technology, 공학Engineering, 수학Mathematics의 첫 글자를 딴 이니셜이다. 글로벌 빅테크 기업들은 STEM 기술을 중심으로 연구·개발 투자에 집중하고 있다. 4차 산업혁명을 이끌어 갈 메가트렌드로는 무인운송수단, 3D프린팅, 첨단 로봇공학, 신소재를 바탕으로 한 물리학, 새로운 플랫폼을 만들어낸 디지털, 유전자 활성화와 편집이 가능한 생물학 등으로 정리된다.

좀더 구체적으로는 4차 산업혁명은 디지털 혁명을 기반으로 한 유비쿼터스 모바일 인터넷, 더 저렴하고 강력해진 센서, 인공지능과 머신러닝능력이 주도하는 융합기술혁명의 특징을 갖는다.

데이터 빅뱅의 시대

4차 산업혁명에서 빼놓을 수 없는 또 하나의 키워드는 빅데이터이다. 디지털 발자국digital foot print인 우리의 모든 언행이 CCTV, 인터넷 글, 모바일에 남겨져 데이터로 활용된다. 개인의 행동, 말뿐 아니라 모든 경제활동까지 기록으로 남아 분석되고 활용된다. 우리의 모든 일상적인 행위들까지 데이터로 생성되는 '데이터 빅뱅의 시대'이고 데이터가 원유처럼 사용되는 시대라 할 수 있다. 1980년 최초로 IBM이 개인용 PC를 출시했고, 1995년 인터넷이 등장했으며, 2007년 애플의 스마트폰이 출시됐다. 컴퓨터가 출현하고 40여년 만에 빅데이터 시대가 도래한 셈이다. 유비쿼터스 모바일 인터넷, 저렴하고 강력해진 센서와 인공지능이 연결되어 모바일 혁명과 소셜미디어 혁명을 발생시켰다. 이제 우리는 초연결사회super-connected society에서 경쟁하며 살아간다. 일상생활 속에서 데이터를 활용하고 인터넷, 스마트폰, 수많은 앱을 통해 편리함을 추구한다. 인터넷은 생존을 위한 필수재가 되었다. 우리는 식량 없이는 1개월 생존할 수 있고, 식수 없이는 1주일 생존 가능하며, 잠을 자지 않고 4~5일은 생존가능하지만 인터넷 없이는 2시간도 버티기 힘든 시대에 살고 있다. 우리는 모바일 러닝M-learning 시대에 사는 디지털 인류가 되었다. 영국의 작가 윌 셀프Will Self는 지금을 '구텐베르크 마인드'가 저물어가는 시대로 진단했다. 그는 2050년에 가장 일반적인 문화콘텐츠 매체는 책이 아닌 동영상이 될 것이다. 그 시대의 지식인이나 교양인들도 책보다는 활자와 이미지, 동영상이 혼합된 복합미디어를 가장 선호할 것이라고 예측했다.

이미 우리는 고도로 정보화된 사회에서 인터넷, 스마트폰, 수많은 앱을 통해 정보를 생산하고 공유하며 빅데이터big dada의 홍수 속에서 살아가고 있다. 모바일 혁명과 소셜미디어가 초연결사회를 출현시킨 것이다. 사람과 사람뿐만이 아니라 사람과 사물, 사물과 사물까지도 서로 네트워크가 설정돼 있고 서로 정보를 주고받는, 특히 모든 사물이 무선 인터넷으로 연결돼 사용자의 편의를 돕는 사물인터넷은 우리의 모든 생활영역을 침범하고 있다. TV, 세탁기와 같은 가전제품, 자동차, 기차, 항공기와 같은 대중교통수단, 그리고 개인의 통신장비에 이르기까지 인터넷망에 편입되지 않는 기기가 없을 정도다.

과거보다 정보가 더 많이 생성되는 이유로는 많은 사람들이 카메라든지, GPS를 이용하고, 또한 각종 센서가 부착된 스마트기기를 사용하여 다양한 정보를 생산할 뿐 아니라 블로그라든지 소셜 네트워크를 활용하여 생산된 정보를 실시간으로 공유할 수 있기 때문이다. 빅데이터란 단순하게 많은 양의 데이터라는 개념보다는 기존에 주로 사용되던 문서화된 데이터와는 다른, 즉 동영상, 음성, 사진, 위치정보 등의 다른 형태의 정보를 의미한다. 블로그, 트위터, UCCUser Created Contents 등과 같이 개인은 능동적인 정보의 생산자이자 소비자이다. 정보 프로슈머information prosumer* 들에 의해 초연결사회가 확산된다.

---

* 정보 프로슈머(prosumer)란 정보(information), 생산자(producer), 소비자(consumer)의 합성어다. 생산자와 소비자의 역할을 동시에 하는 사람을 가르킨다.

웹 3.0 정보화 시대

우리는 특정된 사람들에게 제공되던 제한된 정보를 이용하던 시대를 웹 1.0시대, 블로그·트위터·UCC처럼 어느 특정 개인만이 아닌 모든 사람들이 지식과 정보를 생산·공유·활용하는 시대를 웹 2.0시대, 정보를 공유하던 수단이 개인용 컴퓨터뿐만 아니라 스마트폰, 태블릿 PC 등 각종 모바일 기기로 확산되는 것은 물론 자동차 네비게이션이나 스마트 TV 등의 매체를 통해서도 인터넷 이용이 가능해지고 참여와 공유뿐만 아니라 개인에게 맞는 맞춤형 정보를 제공할 수 있는 시대를 웹 3.0시대로 규정한다.

가전제품이나 대중교통수단까지 인터넷으로 통제되고, 개인의 모든 사생활조차 디지털 발자국으로 남는 웹 3.0시대는 사이버보안 문제와 개인의 사생활 침해 문제를 파생시켰다. 사이버보안 문제는 이미 2017년 10월 21일 미국 동부지역의 인터넷망 마비사건은 기존의 컴퓨터로 향하는 사이버 공격에만 집중했던 사이버보안 문제가 이제 생활에 필요한 모든 기기들로 확대된다는 어젠다를 명확히 했다. 모든 것이 서로 연결된 웹 3.0시대에는 해커들의 침입통로가 거미줄처럼 얽히게 되어 사이버보안은 오히려 취약해질 수 있다. 또한 인터넷으로 연결된 편리한 가전제품들이 사이버 공격에 악용되어 순식간에 무시무시한 무기로 돌변할 수 있다. 더욱이 웹 3.0 시대에는 개인의 사생활이 인터넷에 의해 무제한 침범당할 수 있는 위험이 상존한다. 심각한 사생활 침해가 우려된다. 빅데이터나 사물인터넷의 활용은 생활의 유연성이나 편리성을 크게 증대시키는 반면, 사이버보안이나 개인의 사생활침해에 위험을 가중시킨다.

뷰카시대와 위험한 사회

독일 사회학자 울리히 벡은 1986년 발간된 그의 저서 〈위험사회Risk Society〉에서 21세기를 '위험사회'라고 명명했다. 그는 21세기는 혼돈의 시대라고 진단하면서 시대적 특성을 예상치 못한 변화에 직면한 뷰카vuca시대로 정의했다. 뷰카시대란 변동성volatility, 불확실성uncertainty, 복잡성complexity, 모호성ambiguity이 혼재된 위험한 사회risk society를 의미한다.

클라우스 슈밥은 그의 저서 〈제4차 산업혁명〉에서 제4차 산업혁명은 경제, 기업, 국가, 세계, 사회, 개인에 이르기까지 막대한 영향을 미칠 뿐만 아니라 노동력의 위기, 양극화, 국제안보, 개인정보의 위험 등 부정적인 요인도 많다는 사실을 언급했다. 그는 이와 같은 문제들을 해결하기 위한 해결책으로 4가지의 리더십을 제안했는데, ① 어떤 문제와 사안에 대해 총체적이고 유연하게 접근할 수 있고 지속적으로 다양한 이해관계와 의견을 통합해 낼 수 있는 상황맥락지능(정신)이 필요하고, ② 자기인식, 자기조절, 동기부여, 감정이입, 사회적 기술인 정서지능(마음)을 발달시켜야 하며, ③ 협력과 신뢰를 바탕으로 한 공유능력인 영감지능(영혼)을 발휘해야 하고, ④ 건강을 유지하고 큰 압박감 속에서도 평정심을 유지하는 신체지능(몸)을 키워야 한다고 밝힌 바 있다.

그동안 인류가 이루어 온 생산혁명은 기존의 패러다임을 바꾸는 변혁의 촉매제였다. 생산혁명은 새로운 과학기술에서 태동한 다음 우리의 삶과 사회구조까지 변화와 변혁을 이끌어 왔다. 과학과 기술은 생산과 소비의 패턴을 변화시키고, 산업구조와 사회구조를 새롭게 변환시킨다. 제4차 산업혁명은 또 한 차례의 커다란 산업구조,

사회구조의 대변혁을 예고하고 있다. 산업사회가 지탱해 온 생산, 소비, 부의 축적, 가족, 자원, 에너지, 조직, 도시, 시장, 권력구조, 탄생과 죽음에 이르기까지 낡은 사회양식들을 파괴하고 새로운 양식들을 싹틔워 간다.

4. 핀테크 기술과 딥테크 기술

미래학자 버크민스터 풀러는 '지식두배증가곡선knowledge doubling curve'을 도출했고, 인류의 지식 총량은 100년마다 2배씩 증가해 왔음을 밝혔다. 그는 1900년대부터는 인류의 지식 총량이 2배가 되는데 25년이 소요되었는데, 현재는 13개월로 빨라졌고 2030년에는 지식 총량은 3일마다 2배씩 증가하는 '지식빅뱅의 시대'를 예고한다. 지식 총량의 증가속도가 빨라진다는 것은 그만큼 새로운 지식이 빠르게 쏟아진다는 것을 의미한다. 또한 지식 총량의 증가속도는 경제적 부의 축적 속도도 증가시킨다는 연구결과도 있다. 지식 총량과 경제적 부는 정(+)의 상관관계를 보인다. 역사적으로 지식의 총량이 빠르게 증가하기 시작된 것은 1900년대 초반이다. 그런데 세계의 평균 1인당 GDP 수준도 국가별, 지역별 차이가 있긴 하지만, 1900년대 이후부터 급속히 증가했다.

4차 산업혁명을 이끄는 핵심기술으로는 인공지능, 사물인터넷, 빅데이터, 모바일, 가상세계를 비롯한 첨단 정보통신기술 등이다. 특히 지능·정보기술은 기존 산업과 서비스에 융합되거나 3D프린팅 로봇공학, 생명공학, 나노기술 등 여러 분야의 신기술과 연결되어 새로운 기술이 창조되는 산실이 된다. 또한 실제 세계 모든 제품·서비스를 네트워크로 연결하고 사물을 지능화하는 혁신적 변화를 이끌어 낸다. 기술이 융합되면 세계도 융합되는 선순환 과정이 반복된다. 지능·정보기술에 편입된 국가는 생산성이 증가하고, 1인당 GDP를 급격하게 증가시켰다.

사물인터넷IOT 기술은 인간의 오감으로 치면 데이터를 수집하여 뇌의 전전두엽인 인공지능으로 보내면 데이터의 정보를 분석·판단·의사결정하고, 인간의 신경망에 해당하는 5G 기술(5세대 이동통신)을 이용해 실시간으로 정보를 URC 로봇에게 전달한다. 이런 과정을 거쳐 정보의 수집과 분석, 의사결정, 그리고 실행되는 일련의 생산시스템이 작동한다.

핀테크 기술

산업현장에 적용되어 금융과 산업을 동시에 변화시키는 핀테크 FinTech* 기술은 스마트 혁명인 모바일, SNS, 소셜미디어, 빅데이터 기술 등을 활용하거나 결합해서 변화의 물결에 가세하고 있다. 핀테크 기술은 금융과 IT의 융합을 통한 금융서비스 및 산업의 변화를 주도한다. 금융분야에서 핀테크는 결제 및 송금, 대출, 투자, 크라우드펀딩, 개인자산관리, 증권, 보험, 은행 등 전 분야에 걸쳐 기존 금융권이 제공하지 못했던 새로운 서비스를 제공하는 혁신이다. 핀테크는 기존금융기법과 전혀 다른 혁신적 비금융기업의 빅블러 금융서비스를 제공하는 금융과 산업의 융합적인 기술 기반이다. 애플,

* Finance와 Technology를 합성한 용어이다.

페이팔, 알리바바, 골드만 삭스 등 핀테크 선도기업들은 E-커머스(전자상거래)의 활성화를 주도했다. 알리 익스프레스, 테무, 일본의 라인 등은 커머스와 콘텐츠의 경계를 허물어버리고 '빅블러Big Blur 시대'를 주도한다.

핀테크 기술에 의해 빅블러 혁명, 유통혁명, 금융혁명이 시작됐다. 2013년 출간된 조용호의 저서 〈당신이 알던 모든 경계가 사라진다〉에서 최초로 빅블러 혁명을 정의했다. 빅블러Big Blur는 다양한 분야에서 동시다발적인 힘이 작용하여 생산자와 소비자나 기업별 규모를 가리지 않고 가상세계와 현실세계의 모든 서비스 분야의 경계를 급속하게 허무는 변혁을 의미한다. 4차 산업혁명에 의한 변혁으로 비즈니스 영역에서 기존의 경계가 무너지면서 사는 자와 파는 자, 작은 것과 큰 것, 만질 수 있는 것과 없는 것, 즉 서비스와 제품, 오프라인과 온라인 가릴 것 없이 다양한 혁신이 일어나는 새로운 변화다. 유통혁명, 금융혁명과 관련하여 빅블러를 주요한 현상 중 하나로 기업들이 받아들이고 대응하고 있다.

핀테크의 대표적인 기업 애플은 5억 명의 아이튠즈 가입자를 보유하고 전 세계 750여 개의 금융기관 및 비자·마스터·아멕스 등 글로벌 3대 메이저 카드사와 제휴를 맺고 있다. NFC 근거리무선통신 기반의 결제 기술을 바탕으로 플랫폼에 기반한 금융서비스를 제공한다. 페이팔은 1억 5천만 명의 가입자를 보유하고 있으며 페이팔 히어Paypal Here라는 스마트폰 기반 결제서비스를 제공한다. 알리페이는 가입자 8억 명 이상과 모바일 사용자 2억 명을 대상으로 중국 모바일 결제시장의 50% 이상을 점유함으로써 세계 최대 결제시스템을 구축했다. 알리바바의 핵심 자산은 기존의 재화나 서비스가 아니라 데이터(안면인식 기술 활용)와 핀테크기술의 활용능력이다.

4차 산업혁명의 중요한 축으로 빠뜨릴 수 없는 기술분야는 스마트 모빌리티 기술이다. 빅데이터, AI, 5G 등 신기술을 융합한 스마트 모빌혁명이다. 자율주행, 드론, UAMurban air mobility,* 전기·수소차, 스마트 물류, 우주선에 이르기까지 첨단 기술의 메가트렌드다. '탈것'에 대한 인간의 도전은 시대를 막론하고 멈추지 않았다. 탈것의 진화는 인간에게 시·공의 개념을 축소시켜 주기 때문이다. 두 다리로 걷던 인간은 동물을 이용하고, 수레에서 증기기관과 내연기관으로, 자율주행에서 우주여행으로 발전하는 인류 문명사는 곧 모빌리티의 역사였다. 4차 산업혁명으로 스마트 모빌리티 혁명이 시작됐다. 스마트폰이 모빌리티와 접목되면서 이동수단은 단순히 하드웨어로서의 '탈 것'이라는 기능적 수단에서 소프트웨어로 무장한 탑승자와 소통하는 공간으로서 가치를 부여한다.

딥테크(하이테크) 기술

인터넷으로 대표되는 정보화 기술은 스마트폰과 인터넷을 결합한 다양한 서비스와 새로운 비즈니스 모델을 탄생시켰다. 이것을 플랫폼 혁명이라 한다. 그런데 딥테크deep technology 기술은 플랫폼에 의한 비즈니스 혁명을 넘어 과학과 공학기술을 기반으로 과학적 발견과 첨단 엔지니어링을 혁신함으로써 새로운 솔루션을 창출하는 플랫폼 혁명에 대한 반혁명이다. 딥테크는 인터넷과 비즈니스 모델business model의 개선이 아니라 실제 물리 세계에서 비트와 원자를

---

* 도심 상공에서 사람이나 화물을 운송할 수 있는 차세대 교통체계를 말한다.

근간으로 새로운 과학기술을 찾아내는 보다 근원적인 기술혁명이다. 다양한 분야에서 새로운 발견이나 혁신들이 이어지면서 기존의 과학·기술적인 해법과 다른 해법을 찾아 그것을 사회에 새롭게 접목한다는 개념이다. 보다 근원적으로 과학과 공학기술을 발전시켜 경제사회의 문제들을 해결하려는 기술적 접근이다. 딥테크는 새로운 제품 개발과 생산과정이 복잡하고 기술적 수준이 높다는 의미에서 하이테크high technology, 첨단기술이라고 한다. 2010~2020년대에 걸쳐 글로벌 성장을 주도했던 빅테크 기업들은 소프트웨어 기술을 기반으로 아날로그 세상을 디지털화하는 변화와 혁신을 이끌어 왔다. 딥테크 기술혁신은 미국의 실리콘밸리가 주도했는데, 불확실성을 감수하는 민간 자본, 스타트업 창업가, 그리고 누구나 컴퓨팅 자원에 쉽게 접근하여 상품을 개발할 수 있는 창업여건 등의 생태계를 조성한 결과였다.

딥테크 기술 영역은 전자 및 소프트웨어 등 응용공학을 넘어 다양한 과학과 학문영역을 공유한다. 실리콘밸리는 수소를 비롯한 원자와 양자를 다루는 물리학, 우주영역을 연구하는 항공·우주학, 로봇을 다루는 기계공학 등을 융합하여 기술혁신의 장을 제공했다. 딥테크 기술은 전기차와 자율주행, AI, 반도체, 로봇, 에너지, 통신, 바이오, 드론, 우주탐사, 양자컴퓨터 등 다양한 분야에서 발전하고 응용되고 있다. 딥테크 기술은 실험실에서 탄생하지만 그 기술이 실제 산업군에 적용되는 순간, 그 파급력은 엄청나 세상의 모든 구조에 영향을 미친다.

딥테크와 신안보(emerging security)

딥테크는 경제와 산업, 사회와 국제관계, 국가안보 등 기존질서를 근본적으로 바꿀 수 있는 엄청난 잠재력을 갖고 있다. 세계의 주요 국가들은 국가경쟁력이나 경제성장의 지속성을 유지하기 위해 딥테크 기술에 대한 주도권을 쟁취하려고 치열하게 경쟁한다. 최근 과학과 기술은 전통적 개념으로서의 공학이라는 범주를 넘어 정치적 질서나 국제정치경제의 패권을 결정하는 '경제안보나 국가안보'의 차원으로 다루어진다. 21세기에는 군사안보뿐만 아니라 비군사적 안보를 포괄하는 '신안보emerging security'* 라는 개념이 기술패권과 맞물려 패권전쟁의 중심축으로 떠올랐다. 빅테크는 국가의 기술주권을 확보하는 핵심기술이어서, 세계 주요국들은 국가 간 경쟁에서 경쟁우위를 확보하기 위한 딥테크 육성에 국력을 집중하고 있다. 현재 딥테크 기술을 주도하며 전 세계의 기술혁신을 이끌고 있는 미국 역시, 기존의 혁신 시스템 지원 체계에서 첨단 과학 기술 연구 개발 역할을 담당하는 연방 자금 지원 연구 개발 센터Federally Funded Research and Development Centers: FFRDCs를 설립하여 딥테크 분야에 대한 경쟁우위를 지키려 한다. 또한 게이츠 재단, 웰컴 신탁 등 학술적 연구, 공공서비스 프로젝트를 지원하는 사설 연구 기관 또는 재단, 자선 활동 단체들도 딥테크 기술 투자에 적극적으로 참여하고 있다. 중국의 경우에는 정부 주도의 강력한 지원과 전략적 투자를 바탕으로 딥테크 스타트업 생태계를 발전시켰다. 2010년대 중반부터는 중

---

* 국가가 주체가 되는 군사력 중심의 '전통안보'(traditional security)에다가 테러리즘, 사이버공격, 기후변화, 감염병, 인신매매, 난민 문제 등 비군사적 위협에 대비하거나 억지한다는 비군사적 안보를 추가한 개념이 신안보이다.

국의 산업·기술정책이 인터넷 기반의 소비자 기술에서 AI와 하드테크Deep Tech 중심으로 빠르게 이동했는데, 2015년에 발표된 '중국제조 2025Made in China 2025' 계획에 기반한다. 중국은 글로벌 기술 패권을 목표로, 반도체, AI, 바이오테크, 우주 기술 등 고위험, 고수익 분야에 투자를 집중해왔다. 그 결과로서 인공지능 '딥시크'가 출시되어 세계를 놀라게 했다. 중국의 딥테크 발전은 기술적 혁신뿐만 아니라, 정치적, 경제적, 그리고 사회적 요소들이 복합된 국가전략차원의 결과이다.

5. 디지털 전환과 사용권 문화

산업사회에서는 분업과 대량생산체제를 기반으로 생산라인을 설정하고 생산에 참여하는 모든 사람들이 그 생산라인에 늘어서야만 하나의 완성된 제품이 나오게 된다. 농업사회에서는 생산과 소비가 가정이라는 동일한 공간에서 이루어지고, 산업사회는 생산은 공장에서 소비는 가정에서 이루어지는 이분법적 경제시스템이 작동한다. 모든 노동자들은 가정에서 직장으로 출근해서 가정과 분리된 공간, 생산라인에서 작업을 수행한다. 따라서 많은 사람들이 동일한 시간대에 동일한 장소에 집결해야 했는데, 이 때문에 모든 생산자의 출근 시간과 퇴근 시간이 겹치게 되어 러시아워rush hour가 성립한다. 지식·정보화 사회에서는 인공지능, 빅데이터, 사물인터넷과 로보틱스 발전에 따른 생산의 자동화, 디지털화, 로봇화, 무인화, 공장의 스마트화 등으로 반드시 공장에 출근할 필요도 동일 시간대에 생산라인에 서야 할 이유가 사라진다. 따라서 생산과 소비는 농업사회처럼 가정에서 통합된 형태로 이루어지며 부부는 생산에 함께 참여하고 생산에 관한 지식과 정보를 공유한다.

농업사회는 토지의 생산성이, 산업사회는 자본의 생산성이 부의 축적을 결정한다. 하지만 지식·정보화 사회는 지식이나 정보에 의해 부가 축적된다. 농업사회에서는 비옥한 토지가, 산업사회에서는 자본축적이 중요한 생산요소이지만, 지식·정보화 사회에서는 상상력과 데이터가 핵심적인 생산요소로 치환된다. 지식·정보화 사회에서는 생산과 소비가 통합되고, 네트워크에 의해 가정과 직장은 하나가 되며, 대량생산체제보다는 소량의 다양한 주문생산체제가 주류를 이룬다. 농업사회나 산업사회에서 부나 권력은 토지나 자본에 대한 소유권에서 비롯되지만 지식·정보화 사회에서는 지적자산이나 자원에 대한 사용권이 부와 권력을 결정한다. 토지에서 생산이 이루어지는 농업사회는 '착취권 문화'가 지배하고, 자본에 의해 생산이 좌우되는 산업사회에서는 '소유권 문화'가 지배하며, 지식이나 정보가 생산을 주도하는 지식·정보화 사회에서는 '사용권 문화'가 지배하기 때문이다.

지식·정보화 사회에서의 생산은 공유된 IT기술이 주도하며, 생산 노하우를 공유하는 디지털 플랫폼을 통해 협력생산이 중요시된다. 대부분의 하이테크 기업들은 저장, 운송, 복제에 드는 비용이 거의 없는 한계비용 제로인 정보재information goods를 생산하고, 기술정보를 개방하여 공유하는 공동생산 체제를 구축한다. Big Data나 IoT를 활용해 집단적 지혜, 즉 크라우드 소스crowd-sourced라는 지식공유의 플랫폼을 적극 활용한다. 데이터 분석을 통한 고객의 경험, 데이터 기반 서비스 그리고 자산성능이 측정되는 환경에서 새로운 형태의 협력을 만들어 간다. 물리적인 하드파워보다는 빅데이터와 상상력이 기반이 되는 소프트파워가 생산을 주도한다. 3차 산업혁명이 단순한 디지털화였다면 제4차 산업혁명은 새롭고 다양한 방식으로 기술이 결합되는 디지털기술의 융합혁명이다. 다양한 산업분야에서 기존과 전혀 다른 방식으로 수요에 응하고 전통적인 가치사슬을 파괴하는 수많은 혁신기술들이 산업현장에 도입된다.

산업사회의 생산이 소품종 대량생산이었다면 지식·정보화사회는 다품종 소량생산 내지는 맞춤형 생산체제가 주도한다. 소비자들은 다양한 제품과 서비스를 디지털 플랫폼을 통해 구매하고 자신의 취향이나 요구를 생산에 피드백한다. 기존의 공급자 중심의 생산체계에서 수요자 중심의 생산체계로 변환된다. 산업사회에서는 생산자와 소비자가 분리되어 모든 생산과정과 판매과정을 생산자가 주도하는 시스템이라면, 지식·정보화 사회는 생산자가 곧 소비자이며 생산과정이나 판매과정에 소비자가 능동적으로 참여한다는 점이 다르다. 소비자가 자신이 사용할 제품을 직접 조립한다거나 소비자가 직접 상품을 고르고, 직접 운송하는 '노동비용의 외부화'가 진행된다. 노동비용의 외부화는 플랫폼 경제에서 나타나는 정보탐색 및 관리비용이 절감되는 경제적 특징이다.

긱 경제(Gig Economy)와 프리에이전트(Free Agent)

제4차 산업혁명은 근로자와 기업의 관계, 그리고 일과 사람의 관계에도 영향을 미치고 있다. 전통적인 회사와 근로자의 장기계약보다는 일시적 계약관계로 전환하고 디지털 플랫폼을 기반으로 하는 프리에이젼트형 일자리가 증가한다. 온디맨드 경제가 확산되면서 휴먼 클라우드Human Cloud의 방식으로 고용을 해결하는 기업이 늘고 있다. 전문직 활동은 구체적 업무와 개별적 프로젝트로 나뉘어져 세계 곳곳의 잠재노동자가 등록된 가상의 클라우드에 업로드된다. 노동자는 이제 지속적 고용관계가 아닌 일시적 계약관계로 전환하게 되고, 노동자 자신이 자신의 수익을 창출하기 위한 포트폴리오를 작성하고 홍보하는 프리에이전트로 변신한다. 디지털 기술의 전환이 가속화되면서 산업현장에서는 디지털 플랫폼을 통해 일자리를 얻고 소득을 올리는 플랫폼 종사자가 증가하고 플랫폼 경제영역이 확대되고 있다. 플랫폼 노동 수요는 배달앱, 택시기사, 청소, 가사, 돌봄, 이사, 수리와 같은 개인 서비스업과 IT, 디자인, 번역, 금융과 같은 전문서비스업으로 분류되며, 그 범위는 모두 확장하는 추세이다.

플랫폼이 창출하는 새로운 일자리는 기존의 조직 내 상·하관계나 근로시간 및 장소의 경직성을 벗어나는 유연한 일자리라는 점에서 차별성을 가진다. 이런 이유로 임시계약 경제, 즉 긱 경제Gig Economy 중요성도 높아지고 있다. 긱 경제는 사람들의 노동력(긱 노동자)이 프리랜서 및 부업에 참여하는 경제 시스템을 말한다. 전 세계적으로는 25~34세의 프리랜서가 전체 프리랜서 시장인구와 수입의 절반을 차지하고, 2035년에는 전 세계 디지털 노마드족이 10억 명에 이를 것으로 전망된다(페이오니아포럼, 2019). 노마드nomad는 '유목민, 정착하지 않고 떠돌아다니는 사람'을 의미하고 정보기술의 발달로 등장한 21세기형 신인류를 의미한다. 안정적 일자리보다는 전문성에 기반을 둔 독립적 일거리를 중심으로 고용시장이 재편되고 있다. 비숙련노동자들은 일자리를 원하지만, 전문적이고 창의적인 숙련노동자들은 한 곳에 메이지 않고 여러 가지 일거리를 동시에 수행하면서 고수익을 창출하는 일자리 문화의 변혁이다.

프리에이전트의 시대

미국의 미래경영학자 대니얼 핑크는 자신의 저서 〈프리에이전트의 시대Free Agent Nation〉에서 "이제 우리는 원하는 사람을, 원하는 때에, 원하는 방식으로 고용할 수 있다. 그들은 우리에게 소속된 노동자가 아니기 때문에 고용 과정에서 발생하는 성가신 일이나 규정으로부터 자유로울 수 있다"고 평가하면서 '휴먼 클라우드 플랫폼 시대'를 예상했다. 휴먼 클라우드 서비스란 수요에 따라 적절하게 활용할 수 있는 가상 근로자를 확보해 관심 있는 구매자에게 다양한 부류의 서비스를 제공하는 시스템을 말한다. 클라우드 슈밥은 자신의 저서에서 "휴먼 클라우드 플랫폼은 노동자를 자영업자로 분류하기 때문에 기업은 지금과 같은 최저임금제와 고용에 따른 각종 세금에서 자유로워진다"고 언급한 바 있다. 프리에이전트란 개인의 전문화된 지식을 도구로 사용하여 조직에 얽메이지 않고 독창적이고 자유롭게 일하는 개인을 지칭한다. 〈메가트렌드〉의 저자이자 세계적인 미래학자인 마티아스 호르크스는 "프리에이전트란 일과 삶을 나누어 살지 않고 이를 일치시켜 즐겁게 살아가는 사람을 말한다. 그들에게 일은 일차적으로 생계수단이 아니라 정신세계의 외적 표현이며 자기 존재의 상징이다. 그들은 스스로 정의 내린 성공을 위해 일하며, 독립 노동자이면서 1인 기업가로 살아가는 존재"라고 정의한다.

노동의 의미와 워라밸

노동은 인간에게 생계유지라는 수단 이외에 삶의 의미라는 목적을 부여한다. 노동의 문제는 무엇보다도 일과 삶의 조화가 중요하다. 온디맨드 경제는 자유로운 노동선택의 폭을 넓힐 수 있고 일과 삶을 조화시켜 워라밸Work and Life Balance이 가능해질 수 있다는 측면에서 긍정적이다. 하지만 더 이상 고용의 안정성과 장기근속의 혜택이 단절되고 노동자의 보호에 대한 시스템이 취약해진다는 측면에서는 부정적이다. 휴먼 클라우드 플랫폼에서 그때 그때 필요한 노동자와 계약하는 것이 노동공간에 구속 없이 노동자라면 누구나 자유롭게 일하며 누구나 일할 기회를 얻을 수 있는 노동자의 천국, 프리에이전트의 세계를 펼쳐낼 수 있는 것인가? 아니면 일할 권리, 단체교섭권, 고용안정도 없는 '프레카리아트precariat'라는 자유로운 노동자에 대한 저주의 시작인가? 긱 경제에게 부여된 시대사적 과제이다. 여기서 '프레카리아트precariat'는 저임금·저숙련 노동에 시달리는 불안정 노동 무산계급을 가리키는 신조어이다

4차 산업혁명이 주도하는 디지털 대전환은 고숙련 노동자들에게는 프리에이전트 시대로의 진입을 의미하지만 저숙련·저임금 노동자들에게는 프레카리아트를 의미한다. 디지털 기술이나 딥테크 기술에 의한 노동의 대체는 저숙련·저임금 노동자들에게는 기회가 아닌 저주로 위협받을 수 있다.

공정전환(Just Transition)과 로봇세

디지털 전환시대에 노동시장에서는 불공정 전환의 문제가 중요한 사회문제로 제기된다. 따라서 디지털 전환에 따른 사회통합을 위한

공정전환Just Transition은 이 시대의 중요한 사회적 이슈이다. 유럽연합EU에서는 로봇이 인간 일자리를 대체하면 로봇에게 세금을 매겨 그 재원으로 실직자를 재교육하거나 로봇 대체가 어려운 보건, 교육 등에 투자해야 한다는 공정전환을 위한 논의가 활발하다. 또한 로봇세를 기반으로 기본소득을 도입해서 일자리를 빼앗긴 실업자들에게 사회적 안전망을 제공해야 한다는 논의도 진행 중이다. 디지털 충격에 의한 일자리 부족 문제를 해결하는 하나의 방식으로서 또는 사회적 연대와 사회통합을 실현하기 위한 제도적 장치로서 로봇세나 기본소득을 제도화하려는 움직임이다. 또 다른 차원에서는 정의로운 노동전환을 위한 직무교육의 개발, 재직자 중심의 재교육 체계의 확대 등을 포함한 고용정책을 실행하는 것도 중요하다. 새로운 직무교육은 오프라인, 온라인 교육을 포함하여 가상교육훈련 등의 다양한 교육방식이 개발될 수 있고, 노·사공동훈련을 통하여 노·사가 새로운 직무에 대한 이해도와 전문성에 대한 공유·협력체계를 구축할 수 있다. 노동수요 측면에서는 새로운 전문성을 중요시하는 차원을 넘어 새로운 일자리에 적합한 일터문화를 조성할 필요가 있다. 최근에는 기후위기에 대응한 탈탄소화 정책으로 에너지 공급산업, 수송, 건물, 폐기물 등 분야에서 급속한 고용전환이 진행중이다. 고용의 안정성은 취약해지고, 특히 취약계층에게 고용의 불안으로 인한 삶의 위협은 가중될 수 있다. 탄소중립을 위한 급속한 산업전환이나 기술전환에 대응한 공정한 전환은 저숙련 노동자의 생존권에 대한 방어막이다.

6. 가정·사회·도시의 변화

농업사회에서는 생산과 소비가 일치됨으로써 직장과 가정이 하나였다. 남편과 부인은 농사에 관한 정보를 공유하고, 농토라는 공동의 일터에서 자신들이 필요한 것들을 주로 생산하였다. 그들은 직장에 출근할 필요도 없으며, 생활에 필요한 것들을 대부분 자신의 일터에서 해결하는 자급자족형 생산체계였다. 또한 자급자족을 위한 가족단위의 생산체계가 제대로 작동하기 위해서는 대가족제도가 필요했다. 이를 위한 다산이 장려되는 가족문화, 여성의 다산능력과 손기술이 중시되는 결혼문화도 초래했다.

산업사회에서는 생산과 소비가 분리되고 분업이 발달함으로써 가정과 직장은 분리되고 대부분의 생필품들이 공장에서 생산된다. 남편은 직장에 출근하고 부인은 집안에서 아이를 양육하고 가사만을 전담하는 소비의 주체로 분리됐다. 가정은 생산활동의 터전이 아니라 음식을 요리하고 아이들을 낳아 기르는 장소에 불과했다. 아내는 남편이 소유하는 생산과 관련된 정보를 접할 수 없게 됐고, 남편의 생산활동은 아내와 함께 이루어지는 것이 아니라 직장동료들과 함께 이루어졌다. 남편은 아내보다 직장동료들과 더욱 많은 시간과 정보를 공유하는 환경이 구조화됐다. 생산은 가정이 아닌 공장에서의 대량생산으로 대체되었고, 노동자의 근력은 기계의 힘으로 대체되었으며, 손기술은 기계기술로 대체되었다. 생계유지의 중심이 농촌에서 도시로 이동했고, 가족제도는 대가족제도에서 핵가족제도로 축소되었다. 분업과 공장제 생산은 많은 자녀와 가족들이 자급자족을 위한 협동생산을 무력화시켰으며, 여성들의 임신능력은 경구피

임약의 출현으로 조절되었다. 결혼상대자로서의 여성의 경쟁요소는 다산능력이나 손기술이 아닌 아름다움이나 경제적 능력으로 대체되었다. 산업사회는 농업사회의 대가족제도를 붕괴시키고 산업사회에 적합한 핵가족제도로 대체되었다.

가족제도의 변화

지식·정보화 사회에서는 생산과 소비가 통합되며 공장이 아닌 가정에서 동시적으로 이루어진다. 남편과 아내는 직장동료로서 인생의 동반자로서의 역할을 병행한다. 기존의 가족제도는 변화하는 사회적 규범과 필요를 담아내기에는 탄력성이 부족했다. 이제 핵가족제도조차 붕괴되기 시작했고 새롭고 다양한 가족제도를 모색 중이다. 몇몇 선진국에서는 이미 전통적인 핵가족이 해체돼 가고 있으며, 결혼하지 않는 합의 동거, 자식 안 갖는 결혼생활, 동성연애, 동성연애자들 간의 결혼, 동일한 직종에 종사하는 가족끼리 연대하는 연합가족 등 새로운 형태의 가족 형태가 출현하고 있다. 이러한 가족 모형의 출현은 무자녀 생활양식이나 복잡한 가족관계, 그리고 새로운 가족윤리를 파생시킨다. 가족이라는 기존의 혈통중심의 촌수관계도 무너지고 있다. 현재의 기술로도 시아버지의 정자를 냉동 후 며느리의 난자에 수정하여 아이를 탄생시킬 수 있다. 이런 경우 아버지와 아들의 촌수는 무엇인가?

20세기 초에는 독신자가 별로 없었고 또 막내가 독립하여 나간 후에 오랫동안 생존하는 부모도 상대적으로 적었다. 이 때문에 대부분의 가정은 자녀 중심적이었다. 이에 반해 1970년에는 벌써 18세 미만의 자녀와 함께 사는 어른의 수가 3명 중 1명꼴로 줄어들었다. 켈

람, 엔스밍거, 터너 등 3명의 정신과 의사가 시카고 지역의 흑인 빈민가 한 군데를 대상으로 가족형태의 변형을 조사해 본 결과 86가지 이상의 성인결합 형태를 밝혀냈다. 그중에는 여러 가지 형태의 '어머니·할머니 가족', '어머니·숙모 가족', '어머니·의붓아버지 가족', '어머니·타인 가족 등이 포함되어 있었다.

미국에서 중산계급의 아이를 대학까지 보내는데 부모가 부담하는 비용은 약 8만 달러로 추정한다. 이 중에서 극소 부분만이 부모에게 돈이나 재화, 그리고 돌봄으로 되돌아온다. 이런 가족관계에서의 비용과 편익관계가 미국에서의 출생률을 지속적으로 떨어뜨리는 것으로 나타났다. 또한 이런 이유로 이혼률의 증가, 결혼하지 않는 합의·동거, 자식 안 갖는 결혼생활, 동성연애, 동성연애자 간의 결혼 등이 증가하고 있다. 전통적으로 부모는 아이가 어렸을 때 무조건적인 지원을 아끼지 않는 대신 그 부모가 늙고 병들면 성장한 자식들이 돌봄으로써 받았던 지원을 부모에게 되돌리는 시스템이 작동해 왔다. 그런데 현대사회는 사회보험이 이를 대신하고 그 보험금은 자신들이 오롯이 부담하는 시스템으로 대체돼 버렸다. 지식·정보화 사회에 진입하면서 가족제도에 있어서도 상품의 생산에서의 변화처럼 규격화나 대중화가 해체되고 다양화나 탈대중화가 나타났다. 4차 산업혁명은 역사적 이주 패턴과 저렴한 비용의 연결성 덕분에 가족의 구성을, 가족 정체성을 재정립하게 한다. 더 이상 공간의 제약을 받지 않자 디지털 수단을 활용해 지속적으로 가족 간에 연락을 주고받으며 전 세계로 뻗어나간다. 전통적인 가족단위는 점점 초국가적 가족관계망으로 대체되는 셈이다.

권력구조의 변화

디지털 미디어는 개인중심me-centred사회, 즉 개인화의 과정이자 새로운 형태의 소속과 공동체를 출현시킨다. 과거와는 다르게 공간(지역공동체), 직장, 가족보다는 개인의 프로젝트와 가치, 이해관계가 공동체 소속에 대한 개념을 규정하고 지배하게 된다. 또한 디지털 미디어가 발달하면서 일부의 지배계층이 독점하던 정보가 보통사람들에게 확산되고 정보독점에 의해 유지되던 권력구조는 재편된다. 고위 관료, 정치지도자, 기업경영자, 과학자, 의사 등이 독점하던 정보들이 매스컴이나 컴퓨터를 통하여 일반국민이나 유권자, 근로자, 그리고 평범한 시민들에게까지 분산됨으로써 권력구조가 수평화된다. 지식과 정보의 독점은 권력의 수직화를 낳고 지식·정보를 독점한 집단에게 독재권력을 부여한다. 민주주의 원리는 지식이나 정보의 분산에 있다. 지식이나 정보가 분산될 때 부나 권력이 분산된다. 지식이나 정보가 개인이나 조직을 지배하는 힘을 갖기 때문이다. 예를 들어 환자가 병원에 가면 의사에게 지배당한다. 적어도 그 병원 공간 안에서는 자기 자신의 질병에 대한 진단이나 처방에 관한 지식이나 정보를 그 의사가 독점하고 있기 때문이다. 따라서 4차 산업혁명으로 인한 지식과 정보의 분산은 우리 사회의 모든 권력을 수평화하고 권력구조를 재편하는 동력이 된다. 하지만 디지털 플랫폼을 권위주의 정부가 지배하는 경우, 개인의 경제·사회적 일상이 공적 기관에 모두 노출되고, 모든 정치적 활동이 감시·통제되는 비인권 국가로 전락한다. 중국의 경우 2004년부터 추진해 2020년에 도입된 '텐왕 프로젝트'는 정부가 전 국민을 감시하는 전형적인 통제시스템이다. 개인이 누구를 만나는지, 무엇을 사는지, 세금은 제때 내는

지, 소셜네트워크서비스SNS에 무슨 글을 쓰는지 모든 정보가 정부에 의해 지배된다.

도시와 에너지 체계의 변화

농업사회의 중요한 생산요소는 땅과 육체적인 노동력이었고, 손기술과 손의 힘이나 가축들의 힘을 사용해 생산하였다. 농업의 발달, 무거운 것들의 운송, 적의 침공을 효과적으로 물리칠 수 있는 도시의 발달은 강을 필요로 했다. 이런 이유에서 농업사회에서 형성된 대도시들은 하나같이 커다란 강을 끼고 있다. 강은 농업사회의 젖줄이며, 효과적인 운송로이고, 견고한 방어벽이었다. 서울은 한강을, 런던은 템즈강을, 파리는 센강을, 로마는 티베르강을 끼고 형성된 도시이다.

산업사회에서는 자본에 의해서 생산능력과 부의 축적능력이 결정된다. 또한 생산을 지배하는 주요 에너지는 석유·전기·가스와 같은 화석에너지였고, 도시들은 도로, 철도, 전기선, 가스관을 따라 발달했다. 이런 SOC를 기반으로 도시는 생산과 소비의 중심지로 발달했다.

지식·정보화 사회는 산업사회에서의 중요한 자원이나 에너지체계를 새로운 대체자원이나 대체에너지체계로 변환시켰다. 광섬유, 탄소섬유, 형상기억합금, 섬유혁명 등의 소재혁명이 새로운 자원을 창출했으며, 핵에너지·수소에너지·바이오에너지·생체에너지·태양에너지·풍력에너지·배터리 등 새로운 대체에너지가 개발되고 실용화됐다. 도시는 도로나 전력선을 따라 발전하는 것이 아니라 네트워크가 다다르는 곳이라면 어디에든 형성되고 발달했다. 지식·정보화 사회에서는 네트워크가 실리콘밸리와 같은 도시를 형성시켰고, 네트워크가 도시의 모든 기능을 활성화한다. 싱가포르와 바르셀로나 같은 진보적인 도시는 이미 주차 해결, 쓰레기 수거, 가로등 시스템 등에 스마트 디지털 기술을 적용했고 다양하고 새로운 데이터 기반 서비스를 실행하고 있다. 센서 기술 네트워크를 기반으로 스마트시티가 확산하고 데이터 플랫폼을 기반으로 성장해 간다. 스마트시티들은 서비스와 공공사업, 도로를 디지털 플랫폼으로 연결해서 효율적으로 관리한다. 또한 지능형 플랫폼으로 에너지와 물류흐름, 로지스틱스와 교통상황, 그리고 범죄까지도 통제·관리한다.

SNS와 제3의 인간관계

페이스북이나 트위터, 네이버 블로그, 카카오스토리 등 SNS는 빠른 쌍방향성과 상호작용성을 기반으로 한 새로운 온라인상에서 이용자들이 인적 네트워크를 형성할 수 있게 해주는 소셜네트워킹 서비스이다. SNS는 1인 미디어, 1인 커뮤니티라는 특징을 가지며 오프라인상의 사회적 관계 개념을 온라인 공간으로 옮겨와 개인의 일상과 관심사를 공유·소통시킴으로써 인맥 구축이나 네트워크 형성을 지원한다. 이것은 능동적 수용자들의 적극적인 참여와 연대를 촉진시키며, 새로운 커뮤니케이션의 패러다임을 형성시킨다. SNS는 개인을 중심으로 개인 간 연결된 관계가 누적됨으로써 더 큰 네트워크를 형성한다는 면에서 공통의 관심사를 가진 사람들이 특정 사이트에 모여 그룹을 형성하는 온라인 커뮤니티와는 차별성을 가진다. 또한 개인의 사회적 활동에 기반을 둔다는 점에서 다른 어떤 서비스보다 사용자들의 충성도가 높으며, 일부 SNS의 경우에는 하나의 문화

현상으로까지 규정된다.

현재 넓은 의미의 SNS는 특정 관심사를 가진 사람들 간 온라인 커뮤니티 공간으로 볼 수 있고 좁은 의미로는 블로그, 포털 사이트의 '카페' 등에 해당한다. SNS는 개인 홈페이지 형태의 블로그와 유사하지만, 개인의 일방적인 정보 공개보다는 다른 사람과 관계를 형성, 확장하는 사회적 관계에 초점을 둔다. 초기에는 유선 인터넷 인프라에 의해 운영되었으나 이동통신이 발달하면서 단순한 온라인 서비스가 아닌 일상생활 어디에서나 소통이 가능한 커뮤니케이션 매체로 활용된다. SNS 이용자들은 개인정보를 타인과 공유할 뿐만 아니라 사회적 신뢰를 확대하고, 유용한 정보를 검색하는 등 다양한 목적을 가진다. SNS상에서 맺어지는 인간관계는 친구라고 부르기도 어렵고 단순히 피상적인 관계로 볼 수도 없는 제3의 관계가 설정·유지된다. SNS에서 맺어지는 관계는 언어적 메시지의 교환에 의해서만 정보가 교류되고 공유된다는 점에서 특성을 가진다. SNS상의 인간관계는 사회적 관계로 진화하며 정치적 영향력을 행사하는 권력의 속성도 가지게 된다. 이런 특성은 빠른 쌍방향성과 상호작용성을 기반으로 형성되는 제3의 인간관계의 유형으로 규정된다.

SNS는 전통적인 미디어의 의제 설정이나 게이트키핑을 점점 약화시키고 새로운 커뮤니케이션의 패러다임을 촉진한다. 지식·정보화 시대에는 수많은 정보가 범람하지만, 그 모든 정보가 반드시 모든 구성원에게 필요한 정보라는 보장은 없다. 어쩔 수 없이 정보를 선택적으로 수용해야 하는데, 기존의 언론은 정보가 수용자에게 도달하기 이전에 언론사가 내부적 기준에 의해 내보낼 정보를 필터링한다. 이런 이유로 기존의 매스미디어를 통해 얻는 대부분의 정보들은 언론사의 내부적 통제를 거쳐 대중에게 전달되는 선별된 정보라는 한계를 가진다. 이런 현상을 게이트 키핑Gate Keeping이라 한다. 전통 뉴스 미디어 환경에서 사람들의 뉴스에 대한 대화가 주로 뉴스 소비 차원에서 이루어졌다면, SNS 이용자들은 뉴스 소비와 유통 차원에서 기존 언론의 뉴스 콘텐츠에 정보를 더하는 방식으로 능동적인 참여가 가능해진다. 대부분의 SNS 이용자들은 그냥 주변 지인들과 안부를 나누는 정도의 가벼운 메시지를 교환하는 유저를 제외하고 활발한 블로그 활동을 하거나 수백, 수천, 수만의 페친이나 트친을 거느리는 수준으로 역동성 갖는다. SNS의 특성상 그들은 자신에게 부정적인 영향을 줄 만한 콘텐츠는 본능적으로 피할 수 있고 사용자가 알리고 싶지 않은 것과 알리고 싶은 것을 마음대로 정할 수 있다. 대부분의 사람들이 의식, 혹은 무의식 중에 자신을 멋있게 보이기 위해 SNS를 사용한다. 따라서 블로그를 비롯한 모든 SNS는 사용자의 의도에 따라 아주 쉽게 기만의 도구로 전락할 수 있는 위험이 높다. 기본적으로 SNS 운영에는 상당히 높은 수준의 '셀프-게이트 키핑 Self-Gatekeeping'이 나타나는 이유이다.

페이스북의 창업자 마크 저커버그는 "프라이버시의 시대는 끝났다"고 선언했다. "페이스북을 사용하면서 자신의 사생활을 시시콜콜 올리는 유저에게 프라이버시의 시대는 끝났다"는 의미이다. 에릭 슈밋 구글 회장은 "만일 누구에게도 알리고 싶지 않은 것이 있다면, 처음부터 웹에 올리지 말아야 한다"고 주장했다. 인터넷 세상에서는 일단 기록되면 구글에 의해 결국 검색될 수밖에 없다는 점을 강조한 것이다. SNS시대는 프라이버시의 종언을 그리고 모든 정보의 흔적은 디지털 발자국이 되어 검색된다는 특성을 가진다.

SNS와 팬덤문화

팬덤현상은 개인의 정체성과 동일시되는 집단을 형성한다. 테일러 스위프트의 2023년 콘서트에 참석한 수백만 명의 팬덤, 한국으로 해외여행을 예약하는 K팝에 대한 글로벌 팬덤, 영화관에서 영화를 보기 위해 핑크색 옷을 맞춰 입은 영화 '바비'의 팬덤 현상은 SNS의 영향으로 빠르고 폭넓게 확산됐다. 팬덤문화는 해리포터의 책과 영화(2001)를 테마파크, 상품, 비디오게임, 스핀오프 영화, 브로드웨이 쇼 등으로 영역을 확장시키는데 기여했다. SNS를 통한 슈퍼 팬의 형성은 특정 콘텐츠와 플랫폼에 매우 열정적인 관심을 쏟고 시간과 돈을 소비하는 고객층의 확보를 의미한다. SNS는 음악, 영화, 비디오 게임, TV 프로그램, 스포츠 등 다양한 콘텐츠 분야에서의 슈퍼 팬들이 그들이 속한 팬덤Fandom의 문화와 가치를 일반 대중 소비자에게 전파하고, 일반 대중 소비자의 관심과 참여를 유도하는 중요한 역할을 수행하게 한다.

최근 K-뮤직의 글로벌화는 SNS를 통한 글로벌 팬덤문화의 형성에서 비롯됐다. K-뮤직의 아티스트들이 전 세계적으로 폭발적인 인기를 끌 수 있는 원동력 중 하나는 바로 SNS와 팬덤의 결합이다. SNS는 K-뮤직에 대한 팬덤문화를 전 세계로 빠르고 폭넓게 확산시켰다. SNS는 아티스트와 팬 사이의 경계를 허물고 즉각적인 소통의 장을 제공한다. 팬덤은 자발적 홍보와 콘텐츠 창작으로 팬덤의 영향력을 더욱 강화시킨다. 팬덤은 단순히 콘텐츠를 소비하는 차원을 넘어 그들이 추종하는 아티스트를 지원하고 그들이 속한 커뮤니티를 결속시킨다. 팬덤은 특정 해시태그를 사용해 서로 연결되고 글로벌 팬들과 소통과 연대를 강화하여 거대한 문화적 파급력을 발휘한다.

SNS정치는 최근 우리나라의 정치권을 흔드는 '문빠', '개딸(개혁의 딸)', '위드후니'라는 팬덤정치 문화를 형성시켰다. 문빠는 문재인 전 대통령에 대한 극단적 지지층을, 개딸은 이재명 민주당 대표에 대한 극단적인 지지층을, 위드후니는 한동훈 전 국힘당 대표에 대한 극단적인 지지층을 의미한다. 특정 정치인에 대한 팬덤정치는 정치적 양극화를 더욱 심화시키고, 가상으로 조직된 다수가 인터넷 소셜미디어를 통해 극렬 집단화하여 여론을 주도하고, 異見이견이나 비판을 하는 세력이나 집단을 대상으로 공격을 가하면서 사실상 언론 자유를 제약하는 민주주의의 위기 상황을 초래하기도 한다.

7. 디지털 플랫폼 경제

기존의 산업경제에서는 '수확체감의 법칙Diminishing returns of scale'이 작용했다면 디지털 경제에서는 '수확체증법칙Increasing Returns of Scale'이 작용한다. '수확체증의 법칙'은 투입된 생산요소가 늘어나면 늘어날수록 산출량이 기하급수적으로 증가하는 현상을 말하는데, 이는 기존의 전통적인 산업경제에 적용되던 '수확체감의 법칙'과 상반되는 개념이다.

4차 산업혁명은 소프트웨어, 네트워크, 정보서비스에 의해 '수확체증의 법칙'이 작동하는 '네트워크 외부성'을 만들고 있다. 네트워크 외부성Network Externality은 어떤 제품을 사용하는 소비자가 많으면 많을수록 그 상품의 사용가치가 더욱 높아진다는 개념이며, 네트워크 효과Network Effect라고도 한다. 다수의 이용자가 존재할 때, 네트워크의 정보나 서비스의 품질은 향상되고, 이용자들 간의 상호작용을 통해 새로운 정보나 서비스가 창출될 수 있다. 초연결 환경에서 모든 구성원들이 연결되고 지식이 공유될수록 지식의 혜택은 커지게 되고, 이러한 외부효과로 인해 디지털경제는 수확체증효과를 누리게 된다. 인공지능의 기반이 되는 정보나 데이터가 네트워크로 연결되고, 이를 이용하는 인공지능이 네트워크에 연결되어 역시 네트워크에 연결된 사람이나 사물에 적용되기 때문이다. 하나의 로봇이 물체를 적당히 집어 올릴 수 있는 능력을 학습을 통해 얻는다면 네트워크에 연결된 100만 대의 로봇도 동일한 능력을 학습네트워크와 플랫폼에 의해 동시적으로 갖추게 된다. 디지털 헬스케어 산업에도 구글, 페이스북과 같은 '플랫폼 비즈니스'가 확산하고 있는데, 이런 현상은 사용자들이 증가할수록 플랫폼의 가치가 높아지는 '네트워크 효과'에서 비롯된다. 하지만 디지털 플랫폼 경제는 소수의 사람들에게 혜택과 가치가 집중되어 버리는 플랫폼 효과platform effect도 함께 발생시킨다. 플랫폼 효과는 초기에 막대한 자본을 투자하여 플랫폼을 장악한 기업은 한계비용을 낮출 수 있고 사용자에게 다양한 서비스를 제공함으로써 다른 플랫폼으로 이전하지 못하게 하는 '잠김 효과Lock-in Effect'가 발생한다. 이런 현상이 반복됨으로써 '승자독식Winner takes All'의 구조를 만드는 효과가 발생하는데, 이것은 일종의 독점현상과 유사하다.

디지털 경제의 특징

우리는 두 개의 지구에서 살고 있다. 하나는 우리가 발로 딛고 있는 지구이고, 또 다른 지구는 눈에 보이지도 않고 만질 수도 없는 디지털 지구이다. 첫 번째 지구에서 우리가 차지하고 있는 면적은 축구장에 놓은 침대 하나에 불과하지만, 국경이 없는 디지털 지구는 무한하다. 물리적 지구가 무대였던 1,2,3차 산업혁명은 좁디좁은 지구에서 물건을 만드는 하드파워 경제가 주도했다면, 4차 산업혁명 시대에서는 물리적인 힘이 아니라 상상이라는 총알에, 도전이라는 방아쇠를 당겨, 혁신이라는 거대한 폭발을 일으키는 소프트파워 경제가 주도한다.

디지털시대에는 대부분의 기업들이 저장, 운송, 복제에 드는 비용이 거의 없는 한계비용 제로인 정보재information goods를 제공하고, 기술정보를 개방하여 공유하는 공동창조경제로 나아간다. Big Data나 IoT를 활용해 집단적 지혜, 즉 크라우드소스crowd-sourced라는 지식공유의 플랫폼을 구축한다. 개방과 공유의 플랫폼은 한 명의 천재가 이끄는 시대에서 다수의 지혜crowding wisdom가 이끄는 공동창조의 시대로 전환하는 촉매재이다. 다수가 함께 창조한 결과물이 더 높은 가치를 인정받는 시대로 진입한 것이다. 1910년 미국의 하버드대학교 윌리엄 모턴 휠러 교수는 "우리는 나보다 똑똑하다we are smart than me." 개미 한 마리는 미미하지만 수십만 마리의 개미가 집단으로 뭉치면 놀라운 지적 능력을 발휘한다. 거대한 거미왕국을 건설하고 주변 환경에 빠르고 효과적으로 대응하는 높은 지능을 보여준다. 휠러 교수는 개미 연구에서 개미의 사회적 행동과 집단지성을 발견한 바 있다.

찰스 다윈은 약육강식이나 적자생존을 기반으로 하는 진화론자이지만, 그는 이 자연계에서 어떤 개체가 생존하기 위해 경쟁만큼이나 협력이 중요하다는 사실에도 주목했다. 그는 공동체 전체의 이익 때문에 협력이 생명체와 함께 진화할 수 있다고 생각했다. 진화론적으로도 혼자서 살아남은 개체는 지구상에 존재하지 않는다는 점에 주목했다. 단기적으로는 승자독식이 이득일 수 있지만, 장기적으로 볼 때 공생과 협력이 더 큰 파이를 나눠 갖게 한다. 암사자는 혼자 사냥해도 충분히 먹고 살 수 있지만, 무리와 같이 사냥하고 먹이를 나눈다. 그것이 모두에게 이득이 되기 때문이다. 디지털 경제는 개방, 공유, 상생의 법칙을 담고 있다.

미국의 테슬라 모터스는 자사가 보유한 전기차 특허기술 1,400여 개를 무료로 공개했고 일본의 토요타는 수소차 특허 5,680여 개를 무료로 공개했다. 실리콘밸리의 개방과 공유나 세계적인 기업들의 특허기술에 대한 개방과 공유는 기본적으로는 공유와 협력의 플랫폼 구축이라는 공통점을 갖는다. 플랫폼 위에서 서비스와 서비스가 만나고 기술과 기술이 만나면서 새로운 상상과 아이템 그리고 새로운 가치를 창조한다. 실리콘밸리는 개방과 공유의 플랫폼 정신으로 혁신을 이루었고, 결국 폐쇄적인 일본의 제조업 문화를 패퇴시켰다.

디지털 경제의 특징을 정리하면 다음과 같다. ① 지식Knowledge, 기업의 경쟁력은 지식창출로 결정된다. 유형자산보다 무형의 자산이 중시된다. ② 디지털화Digitization, 모든 콘텐츠는 디지털 형태로 전환한다. ③ 가상화Virtualization, 실제적 사물일지라도 가상세계에서 만날 수 있다. ④ 분자화Molecularization, 조직의 구성이나 운영방식에 대한 유연성이 조직의 경쟁력을 결정한다. ⑤ 통합화 또는 네트워크화Integration, 하나의 표준을 따르는 전 세계적인 네트워크가 구성된다. '메칼프의 법칙'*이 작동하여 지식과 정보는 공유하고 활용할수

* 네트워크의 가치는 사용자 수의 제곱에 비례한다는 법칙

록 가치가 배가 된다. ⑥ 비중개화Disintermediation, 다양한 시장 주체들이 하나의 네트워크로 연결된다. 소비자와 생산자를 연결해 주던 중개자(유통경로, 유통채널)의 역할이 사라진다. ⑦ 융합화Convergence, 디지털 컨버전스, 즉 컴퓨팅+커뮤니케이션+콘텐츠인 복합기기가 등장한다. 더욱 다양한 기기들이 인터넷을 중심으로 융합한다. 산업 간 장벽이 없어지고, 모든 정보가 공유된다. ⑧ 혁신Innovation, 산업사회의 대량생산 체제로는 정보와 지식으로 무장한 고객 개개인의 욕구를 충족할 수 없게 된다. 따라서 다품종 소량생산을 원하는 소비자를 만족시키기 위해서는 끊임없는 혁신과 개혁이 지속돼야 한다. ⑨ 고객 중심 생산Prosumption, 소비자의 요구가 신제품 개발 생산과정에 반영된다. 기업은 일대일 마케팅과 고객에 대한 맞춤형 서비스를 제공한다. ⑩ 즉시성Immediacy, 경쟁자보다 먼저 새로운 비즈니스 모델을 창조해야 하고 시장에 먼저 진입하는 기업만이 생존한다. 시간 기반 경쟁으로 신속한 대응능력이 기업의 사활을 결정한다. 인간과 개의 평균 수명에 비유한 개념으로 IT를 기반으로 한 온라인 업계의 1년은 오프라인 업계의 7년과 등가되는 '도그 이어Dog Year'개념이 적용된다. ⑪ 글로벌화Globalization, 시·공을 초월한 거래가 이루어진다. 서로 원하는 시간에 인터넷을 통해 접속하고 거래가 가능하다. 마케팅은 민족, 문화, 언어, 법적 제한의 극복이 중요하다. 다양한 사회계층에 속한 시민들의 참여와 정보의 공유가 가능하다. ⑫ 이슈충돌Discordance, 다양한 사회계층에 속한 시민들의 참여와 정보의 공유가 가능해짐에 따라 대중들은 사회적 이슈들에 대한 의견을 제시하고, 이에 대한 논쟁에 참여한다. 고객의 데이터를 분석·활용하자는 이슈와 고객의 개인정보를 보호해야 한다는 이슈가 충돌한다.

디지털 플랫폼과 온디맨드 경제

제4차 산업혁명은 디지털 플랫폼을 기반으로 한 공유경제sharing economy나 온디맨드 경제on-demand economy, 적시수요경제를 생성·발전시켰다. 온디맨드 경제는 각종서비스와 재화가 모바일 네트워크 또는 온라인 장터 등을 통해 수요자가 원하는 형태로 즉각 제공되는 경제 시스템을 말한다. 디지털 플랫폼은 개인이나 조직이 자산을 활용하여 거래를 하거나 서비스를 제공할 때 발생하던 거래비용과 마찰비용을 대폭 감소시켜 준다. 기존의 산업생산과 달리 한계비용은 거의 제로에 가까워진다. 소비자들은 다양한 제품과 서비스를 디지털 플랫폼을 통해 저렴하게 이용하고 공유할 수도 있다. 또한 기존의 공급자 중심의 거래에서 수요자가 가격 결정의 주도권을 갖는 수요자 중심의 거래시스템이 작동한다.

온디맨드 경제를 활성하는 플랫폼비즈니스는 부동산, 피트니스, 세탁, 쇼핑, 집안일, 주차, 홈스테이, 장거리 합승에 이르기까지 그 영역이 무궁무진하다. 컴퓨터 기술의 비약적 발달로 O2O나 핀테크기술이 융합되면서 대출, 의료서비스, 가사노동, 차량제공, 법률자문, 전문연구개발 등 온디맨드 경제가 그 범위를 확장하고 있다. O2O는 "온라인에서 오프라인으로Online to Offline", "오프라인에서 온라인으로Offline to Online"를 활용한 양방향 비즈니스를 말한다. 세계에서 가장 큰 택시 기업인 우버는 소유하고 있는 자동차가 없고, 세계에서 가장 많이 활용되는 미디어인 페이스북은 콘텐츠를 생산하지 않는다. 세계에서 가장 가치 있는 소매업체인 알리바바는 물품목록이 없으며, 세계에서 가장 큰 숙박제공업체인 에어비앤비는 소유한 부동산이 없다. '개방하고 공유하라! 제품만 만들지 말고 플랫폼을 만들어라!Don't just build a product, build a platform'라는 슬로건은 온디맨드 경제를 상징한다. 물리적 한계가 분명한 오프라인 플랫폼에 비해 정보통신기술은 가상공간에서의 개방과 공유를 통해 무한한 플랫폼을 창조하고 변신해 간다. 플랫폼은 인간과 인간, 서비스와 서비스, 기술과 기술을 연결함으로써 무궁무진한 가치를 창출한다. 이것이 플랫폼 혁명이고 하드웨어적 사고에서 소프트웨어적 사고로의 전환에서 플랫폼 혁명은 시작된다.

실리콘밸리의 구글, 페이스북, 애플, 트위터, 페이팔 등 세계적인 스타트업 기업들은 이미 플랫폼 혁명을 시작했다. "혁신은 이제 더 이상 내 것만을 끌어안는 탐욕만으로는 발전할 수 없다"는 개방과 공유의 정신으로 혁신의 문화와 혁신의 생태계를 조성했다. 세계적인 많은 기업들이 그들이 소유하고 있던 수많은 특허기술들을 공개하고 어느 누구든 그 기술들을 사용하도록 특허기술의 공유를 허용하고 있다.

디지털 플랫폼과 공유경제

4차 산업혁명으로 이동통신(모바일) 기반의 개인 간 실시간 거래환경이 조성되면서 교통·숙박 등 다양한 분야에서 혁신적인 개인 간 P2P 공유경제sharing economy모델이 확산되고 있다. 공유경제는 플랫폼 등을 활용해 자산·서비스를 다른 사람과 공유해 사용함으로써 효율성을 높이는 '소유'에서 '공유'로 전환하는 경제 모델이다. 또한 공유경제는 소유권을 기반으로 하는 가격체계price system가 아닌 사회관계social relations와 공유의 윤리ethic of sharing에 의해 조율되는 경제시스템이다. 개인, 기업, 공공기관 등이 유휴자원을 일시적으로 공유하는 활동도 공유경제에 포함된다. 최근에는 숙박, 차량, 의류, 가사 서비스, 보험 등 다양한 분야에서 자산 및 서비스 공유 플랫폼이 등장하며 시장 규모가 빠르게 확대되고 있다. 최근 공유 경제 플랫폼의 서비스 혁신을 이끌며 성장을 가속화하는 핵심 요인에는 AI 기술의 급부상이다. 제너레이티브 AI와 같은 첨단 기술은 공유 경제 플랫폼이 제공하는 서비스 수준을 한 단계 끌어올려 공유경제의 생태계를 활성화키는데 크게 기여했다. 현실적으로 에어비앤비, 레모네이드 등 선도적인 공유 경제 기업들은 이미 AI 기술을 적극적으로 활용하여 개인 맞춤형 추천, 서비스 효율성 향상 등 한 단계 업그레이드 된 서비스를 제공한다. AI 기술 고도화는 소비자 니즈를 더욱 정확하게 파악하고 맞춤형 서비스를 제공할 수 있는 공유 경제 플랫폼의 기술적 환경을 조성한다. 글로벌 데이터 분석 기업인 '글로벌 데이터'는 '공유 경제 보고서(2024)에서 글로벌 공유 경제 시장규모는 2031년 1조 달러 수준에 이를 것으로 전망했다.

공유경제sharing economy는 2008년 미국의 하버드대학교의 로런스 레식 교수가 처음 사용한 용어이다. 그동안 자본주의를 지배해 온 대량생산체제의 '소유' 중심의 패러다임에서 이미 생산된 제품을 필요에 의해 서로 '공유'하는 새로운 패러다임의 경제개념이다. 처음에는 2008년 세계금융위기로 저성장, 취업난, 가계소득 저하 등 사회문제가 심각해지자 과소비를 줄이고 합리적인 소비생활을 하자는 인식에서 시작되었으나 SNS나 인터넷을 중심으로 성장한 IT기술의 발달로 수요와 공급의 미스매칭을 줄이는 새로운 유통공간과 소비혁명으로 업그레이드되어 가는 추세이다. 공유경제는 거래형태에 따라 ① 쉐어링, ② 물물교환, ③ 협력적 커뮤니티로 나눌 수 있다. 현재 자신의 공간을 여행자에게 제공하는 에어비앤비, 지식공유 플랫폼인 위즈돔, 도서공유인 국민도서관 책꽂이, 의류공유인 키플, 사무실 공유인 코업, 여행공유인 마이리얼트립, 정장공유인 열린 옷장, 유아용품·가전공유인 다날쏘시오 등 공유경제를 선도하는 플랫폼이다. 최근 젊은이들 사이에서는 소유가치보다는 활용가치를 우선시하는 경향이 두드러지고 있는데 이를 이케아세대라 한다. 그들은 공유경제를 이끌어갈 소비주체라는 점에서 주목할 수 있다. 이케아세대는 교육수준은 높고 뛰어난 스펙을 가지고 있지만 낮은 급여와 고용불안으로 시달리는 세대를 지칭한다. 그들은 모든 것들이 우버화되는 온디맨드 경제, 즉 맞춤형 경제에 만족하는 소비세대이다. 그들의 생존전략은 주로 혼자 거주하며 가성비를 중시하는 소비과정에서 소유중심의 경제생활이 아닌 공유중심의 경제생활을 선호한다.

제4차 산업혁명은 정보처리비용을 거의 제로 수준으로 떨어뜨릴 뿐 아니라 유통공간을 플랫폼화할 수 있는 기술적 가능성과 경제적 환경을 조성한다. 온라인과 오프라인이 통합된 플랫폼인 O2O방식의 서비스는 공유경제의 기반인 공유플랫폼을 활성화하는 포털사이트를 확장시킨다. 포털 사이트는 구글, 네이버, 야후!재팬, 바이두처럼 네티즌들이 인터넷에 접속할 때 늘 거치도록 만든 사이트이고, 이용자가 인터넷에 접속해 웹브라우저를 실행시켰을 때 처음 나타나는 웹사이트로 이용자가 필요로 하는 다양한 서비스를 종합적으로 제공하는 기능을 한다.

공유경제와 온디맨드경제

공유경제는 이용자와 중개자 그리고 사회 전체 모두가 이익을 향유하는 윈윈win-win구조를 지향한다. 모든 거래 당사자들이 모두 이익을 얻을 뿐 아니라 거래 자체가 본질적으로 자원절약과 환경문제 해소에 기여할 수 있어 사회전체이익에도 기여하게 된다. 공유경제는 인터넷 접근성, 네트워크와 공유를 중시하는 문화, 환경지향적 소비습관, 가성비를 중시하는 소비문화 등이 확산되면서 그 범위를 넓혀가고 있다.

O2O 방식과 같은 공유경제의 출발점은 지속가능한 지구를 만들기 위한 시도에서 비롯됐다. 온디맨드 경제는 공유경제에서 O2O와 핀테크가 융합되면서 온라인 또는 모바일 네트워크를 통해 차세대 비즈니스 전략으로 떠오르고 있다. 공급중심이 아닌 수요중심의 경제를 의미하는데, 디지털 플랫폼과 기술력을 가진 기업이 수요자가 요구하는 대로 서비스나 물품 등을 온라인이나 모바일 네트워크를 통해 즉각 제공하는 시스템을 의미한다. 소비자는 휴대폰의 앱 하나로 제품에 대한 맞춤형 소비욕구를 언제나 충족시킬 수 있는, 모든 것이 수요에 의해 좌우되는 특성을 가진다.

공유경제가 세계적으로 확산하고 있는 추세임에도 불구하고 공유경제의 기반이 되는 제도적 장치의 미흡, 상거래 의식의 부족, 고용의 불안정성, 노동자의 복지 문제 등 해결해야 할 과제들이 얽혀 있는 것도 현실이다. 공유경제나 온디맨드 경제는 온라인을 통한 거래이다 보니 대개 불특정 다수인 개인들의 비대면 거래의 속성을 가진다. 따라서 거래의 안전성이나 제품의 질을 보장하기 어려운 한계가 있고, 기존의 산업을 위협하거나 법적 제도의 미비로 인한 지하경제를 양산할 가능성도 배제할 수 없다. 또한 O2O 기업의 경우에는 정규직보다는 계약직의 비중이 월등히 높기 때문에 노동자의 복지문제나 고용의 안전성 측면에서 약점을 갖고 있다.

하지만 디지털 기술에 바탕한 공유경제나 온디맨드 경제는 이미 전 세계 경제를 잠식해 가고 있으며 기존의 가격 중심의 경제체제를 사회적 경제 모델로 변환하는 디지털 경제의 첨병이다. O2O 기업들은 대부분 종합 포털로 진화되어가고 글로벌 기업으로 변신하고 있다. 중국의 우버로 알려진 디디콰이디는 미국의 리프트, 인도의 올라, 싱가포르의 그랩택시와 제휴하면서 글로벌화를 추진했다. 독일의 음식배달업체인 딜리버리히어로는 전 세계 70여 개 국가에서 배달 스타트업 기업들을 인수하면서 글로벌화에 성공했다. 공격적인 인수합병을 통해 2022년 기준 산하에 14개의 브랜드를 운영하고 있으며, FoodPanda(아시아), Glovo(유럽), PedidosYa(미주), Talablat(중동) 등의 브랜드를 앞세워 우버이츠Uber Eats* 등과 전 세계에서 치열하게 경쟁하고 있다. 딜리버리히어로는 대한민국에서 운영하는 음식배달업체 요기요와 배달통의 모기업이었으며, 현재는 배달의민족의 모기업이다. 자사 매출 구성에서 대한민국 시장이 압도적으로 높은 비중을 차지하고 있다. 카카오의 경우에는 카카오 택시, 카카오 내비, 카카오 뷰티, 농산물직거래, 여행, 카카오 헤어숍, 카카오 트래블라인 등의 다양한 온디맨드 서비스로 확장했으며 카카오는 최근에 샘 올트먼 OpenAI CEO 방한을 계기로 OpenAI와의 협력을 공식화했다. 카카오와 OpenAI 간의 동맹은 수많은 카카오 이용자들에게 첨단AI를 제공하고, 이 기술을 카카오 서비스에 통합해 소통과 연결 방식에 일대 혁신을 모색하는 데 기여할 것이다.

---

* 미국 캘리포니아주 샌프란시스코에서 우버 테크놀로지가 시작한 온라인 음식 주문 및 배달 플랫폼으로 전 세계 수십 개 도시의 식당들과 파트너십을 맺고 있다.

디지털 플랫폼과 롱테일 법칙

전통적인 시장 구조에서는 특정 분야에서 잘 팔리는 상위 20%가 전체 매출의 80%를 차지한다는 파레토 법칙이 지배한다. 매장에는 잘 팔리는 물건만 진열되고 나머지는 재고 창고에 쌓여 있게 된다. 하지만 디지털 플랫폼(온라인 비즈니스)은 재고나 물류에 드는 비용이 종래 소매점보다 훨씬 저렴하고 물리적 재고를 필요로 하지 않기 때문에 무한한 가상 공간에서 다양한 제품을 진열할 수 있다. 이것이 롱테일을 가능케 한다. 디지털 비즈니스에서 롱테일long tail법칙이 적용되는 이유로는 무한한 가상공간, 효율적인 검색과 추천 시스템, 낮은 진입 장벽과 유통 비용, 고객 데이터와 분석, 그리고 커뮤니티와 사용자 생성 콘텐츠의 활성화 등으로 정리할 수 있다. ① 디지털 환경은 다양한 제품과 서비스를 제공하고, 이를 소비자에게 쉽게 접근할 수 있게 해주기 때문에 롱테일 법칙을 실현하기에 최적화된 환경을 제공한다. 따라서 디지털 비즈니스에서는 비인기 상품 다수 80%가 인기상품 소수 20%보다 뛰어난 가치 창출이 가능해진다. 아마존의 전자책 플랫폼인 킨들Kindle은 물리적 서점에서는 불가능한 수백만 권의 책을 디지털 콘텐츠로 제공할 수 있고, 넷플릭스는 수천 개의 영화와 TV 프로그램을 디지털 형태로 제공하기 때문에 물리적 저장 공간이 필요치 않다. ② 디지털 비즈니스는 다양한 니치 시장을 타기팅할 수 있고, 이를 통해 롱테일 법칙을 실현시킬 수 있다. 이베이*는 다양한 카테고리의 제품을 제공하며, 소수의 소비자에게만 인기가 있는 제품도 쉽게 찾을 수 있다. ③ 디지털 플랫

---

* eBay는 미국의 오픈마켓 플랫폼 기업, 여러 나라에 맞춤 웹사이트를 구축해 놓아 미국 외에 영국, 중국, 독일 등의 나라에서도 많이 사용된다.

폼은 고객의 취향과 필요에 맞춘 다양한 제품을 제공할 수 있다. 스포티파이는 수백만 곡의 음악을 제공하며, 사용자의 취향에 맞춘 맞춤형 플레이리스트를 생성한다. ④ 디지털플랫폼은 사용자 생성 콘텐츠를 장려하며, 이를 바탕으로 롱테일에 속하는 다양한 콘텐츠가 생성되고 소비될 수 있다. 유튜브는 사용자들이 직접 동영상을 업로드하고 공유할 수 있는 플랫폼을 제공하며, 다양한 종류의 콘텐츠가 생성된다. ⑤ 디지털 플랫폼은 사용자들의 커뮤니티 활성화의 기반을 제동한다. 사용자들은 커뮤니티를 형성하여 자신의 취향과 관심사에 맞는 콘텐츠를 공유하고 추천한다. 레딧Reddit은 다양한 주제의 커뮤니티를 형성하여 사용자들이 자신의 관심사에 맞는 콘텐츠를 발견하고 공유하는데 활용된다. ⑥ 디지털 비즈니스는 소셜미디어를 통해 롱테일에 속하는 제품과 콘텐츠를 쉽게 홍보할 수 있다. 인스타그램은 사용자들이 자신의 관심사에 맞는 제품과 콘텐츠를 쉽게 발견하고 공유할 수 있는 플랫폼을 제공한다. ⑦ 바이럴 마케팅viral marketing*은 사용자들이 자발적으로 콘텐츠를 공유하여 롱테일에 속하는 제품들도 쉽게 확산할 수 있다. 틱톡TikTok은 짧은 동영상 콘텐츠를 통해 다양한 종류의 콘텐츠가 바이럴 마케팅으로 확산되는데 기여한다.

플랫폼 경제와 빅블러(Big Blur)

4차 산업혁명이 본격화하면서 비즈니스와 삶에서 '빅블러Big Blur'

---

* 어떤 기업이나 회사의 제품을 소비자의 힘을 빌려 알리려는 마케팅을 말한다. 이는 바이러스가 퍼지는 것처럼 입소문이 나는 것을 활용하는 방법으로, 제품의 추천을 위해 짧은 동영상 콘텐츠나 이메일 등이 사용된다.

현상이 가속화됐다. 파이프라인 경제에서 플랫폼 경제로 산업의 핵심축이 넘어가면서 우리는 이제 빅블러 시대에 진입했다. 제품 생산 중심의 시스템을 파이프라인 경제라 하고, 소비와 서비스 중심의 경제를 플랫폼 경제라 한다. '블러'란 경계가 희미해지는 것을 의미하는데 사람과 기계(인공지능·AI), 제조와 서비스, 생산자와 소비자, 중소기업과 대기업, 현실과 가상세계, 금융기관과 빅테크 기업 간의 경계가 허물어지고 있다. ① 가정과 직장의 경계가 희미해지고 있다. 많은 산업 분야에서 '재택근무'가 뉴노멀(새로운표준)로 전환되고 있다. 휴가도 '랜선여행'으로 대체되며, '집콕경제'라는 새로운 신조어가 탄생할 정도로 모든 것이 집안에서 가능해졌다. 코쿤COCOON(누에고치)라이프* 스타일이 대세이고, 모바일로 호출이 가능한 직업군(계약직, 임시직)이 즐비한 긱Gig 경제의 성장이 돋보인다. ② 산업 간·업종 간 경계가 희미해지고 있다. 본래 기계였던 자동차는 자율주행차로 진화하면서 전자제품과의 경계가 허물어졌고, 백화점은 단순 유통업에서 네이버와 신세계 대표들이 만나 사업을 논의할 정도로 미디어화됐다. 구멍가게 역할을 하던 편의점은 음식점, 커피숍 그리고 택배 픽업 서비스를 추가하면서 만물상으로 진화했고 스타벅스는 사이렌 오더Siren Order를 도입해 핀테크 기능도 수행한다. 스타벅스의 사이렌 오더는 스마트폰 앱을 통해 미리 주문할 수 있는 원격 주문 서비스다. 매장에서 줄 서 기다릴 필요가 없다. 2018년 실제로 아르헨티나 은행과 제휴해 커피뱅크를 출범시켰으며, 수신액만 3조 원에 육박하는 실제 중형 규모 은행으로 발전했다.

* '나홀로 족', 집이나 사이버 공간에서 자신만의 공간을 설정해 놓고 새로운 라이프 스타일을 즐기는 인간을 의미한다.

③ 온라인과 오프라인의 경계가 허물어진다. O4O*(오프라인을 위한 온라인)와 같은 서비스가 확산되면서 아마존, 구글, 네이버, 카카오 같은 빅데이터 기반의 빅테크 기업들이 기존의 소매산업을 잠식하고 있다. 오프라인 매장이 없는 쿠팡의 시장가치는 30조원으로 평가되고, 국내에서 700여 개 매장을 운영 중인 롯데쇼핑의 시장 가치는 3조원 수준이다. O2O(온-오프라인 연계)와 e커머스의 비중이 전 세계 유통시장의 40%를 차지했다.

④ 금융산업에서도 온라인과 오프라인의 경계가 흐려지고 기존의 질서가 붕괴되고 있다. 빅테크·핀테크 기업의 금융업 진출로 금융과 비금융의 경계가 모호해진 빅블러Big Blur 현상이다. 카카오 뱅킹 등 핀테크 기업들은 결제·송금 등 은행의 기능을 비금융 플랫폼에 심어 고객 유입을 확대하는 '임베디드 금융Embedded Finance'을 강화하고 있다. 임베디드 금융은 금융과 비금융 서비스의 경계를 허물며 빠르게 확장하고 있다. 일상적으로 사용하는 플랫폼에 금융 서비스를 통합하여, 별도의 금융기관 방문이나 앱 전환 없이 금융 거래를 할 수 있는 혁신적인 시스템이기 때문이다. 이러한 기술은 디지털 플랫폼의 확산과 함께 빠르게 확장되고 있다.

온라인 서점이었던 아마존은 전자상거래, 음악 스트리밍, 미디어, 클라우드 등 다양한 분야로 사업을 확장했고, 차량공유 기업이었던 우버는 우버이츠를 통해 음식배달 서비스 시장에 진출했다. 스마트폰 제조기업이었던 애플은 온라인동영상서비스OTT인 애플TV를 출시했으며, 전기자동차 제조기업인 테슬라는 인공지능AI 기술로 차량

* 대표적인 것이 세븐일레븐 앱 같은 편의점 어플리케이션이다.

의 주행데이터를 분석, 개별 운전자의 사고 위험을 계산하여 보험료를 책정하는 사업에 진출했다. IT 기업이었던 애플·페이팔·알리바바는 애플페이, 페이팔, 알리페이로 핀테크 사업에 진출했고, 제조업인 GE는 소프트 산업에 진출했으며, 소프트 기업인 애플이나 구글*은 자동차 산업에 진출했다. 디지털 시대가 글로벌 기업들의 사업경계조차도 무너뜨리는 빅블러 시대를 탄생시켰다.

디지털경제의 새로운 경제지표

미국의 경제학자인 MIT 디지털경제연구소 책임자 에릭 브린욜프슨과 MIT슬론경영대학원 박사과정생인 아비나시 콜리인이 개발한 디지털시대의 새로운 경제지표를 최근 논문형식으로 발표한 바 있다. 이 연구에 더하여 캐나다 경제학자 어윈 디워트, 펠릭스 에거스, 그리고 브리티시컬럼비아대 케빈 폭스 교수가 공동으로 디지털경제에서 발생한 '소비자 혜택'를 측정할 수 있는 새로운 경제지표 'GDP – B'를 발표했다. 연구자들이 'GDP – B'라 명명한 이 지표는 "소비자들이 브리태니커 백과사전을 구매하는 데 드는 비용은 포함되지만, 무료로 제공되는 위키피디아를 통해 지식과 정보를 취함으로써 소비자들이 얻는 혜택은 포함되지 않는" GDP의 한계를 보완하는 새로운 경제지표라 할 수 있다. 브리태니커 백과사전 판매량은 점점 줄어들고 위키피디아 이용자는 폭발적으로 증가하는 디지털 시대에는 'GDP – B'와 같은 디지털시대에 걸맞는 새로운 경제 지표가 필요하다. GDP – B는 디지털 경제의 특성중 비경합성(한계비용제로

---

* 자동차는 바퀴 달린 스마트폰으로 진화하고 있다. 인텔, 엔비디아, 화웨이, 바이두, 아마존, 구글 등 많은 테크기업들은 자동차 산업에 진출하려 한다.

=가격제로), 즉, 시장가격으로 계산되지 않는 플랫폼 경제의 효용(가치)을 GDP에 산정할 수 있는 새로운 경제지표이다.

8. 인간의 정체성과 신인류

과학기술은 새로운 패러다임의 세계로 우리를 안내하는 가이드이며, 새로운 미래를 만드는 설계도이고, 시·공을 넘어 미래에 도전하는 탐험가이자 개척자이다. 딥테크 기술과 미래과학은 인간조차도 재설계하여 신인류를 탄생시킬 태세이다. 유전공학, 나노기술, 뇌기계 인터페이스라는 인큐베이터에서 신인류가 배태되고 있다. 4차 산업혁명은 자연선택으로 빚어진 유기적 생명의 시대를 접고 지적 설계에 의해 빚어진 비유기적 생명의 시대를 펼치고 있다.

인류의 역사적 과정에서 수많은 정치적·사회적·경제적 혁명을 거쳐왔지만 그 어떤 혁명도 인간을 재설계하여 새로운 인류로 탈바꿈시킨 적은 없었다. 인간의 생물학적 특성이나 문화적 정체성은 언제나 유지되었다. 하지만 4차 산업혁명의 딥테크 기술들은 기계를 인간화하거나 인간을 기계화하는 기술혁명을 일으키고 있다. 만약 인공지능이 인간의 능력을 능가한다면 인간은 스스로 자신의 뇌를 컴퓨터로 대체할지 모를 일이다. 이런 경우 인간은 기술에 의한 재생산의 대상이 되며 우리의 몸과 마음은 새로운 시대의 경제적 생산물로 전락할 것이다.

신인류의 탄생

4차 산업혁명은 우리의 행동양식뿐 아니라 우리의 정체성까지 변화시킨다. 유전공학, 생명공학, 인공지능에 이르는 기술혁명을 통해 인간은 증강인간Human Augmentation을 거쳐 신적 경지에 도달하는 초인류로 재창조될지 모를 일이다. 인간의 수명은 연장되고 건강은 더욱 개선되며 인지능력과 실행능력은 티핑포인트Tipping Point를 만들어 간다. 티핑포인트란 '갑자기 뒤집히는 점'이란 뜻으로 때로는 엄청난 변화가 작은 일들에서 시작될 수 있고 대단히 급속하게 발생할 수 있다는 의미이다.

① 하드웨어적 신체에 관한 부문에서는 인간배아복제, 체세포복제, 유전자가위, 크리스퍼가위 기술을 활용하여 질병이나 노화를 극복하는 인간의 신체적 한계에 도전한다. ② 소프트웨어적 정신에 관한 부문에서는 학습인공지능, 인공신경망, 딥러닝, 창의인공지능(알파고제로), 유전자알고리즘, 퍼지이론을 활용하여 창의성과 감성을 장착한 인간형 AI를 개발함으로써 인간의 정신적 한계에 도전한다. ③ 펌웨어적 증강인간에 관한 부문에서는 비침습바이오닉스 뇌파, 자기공명영상, 침습바이오닉스 전자칩, 인공지능결합기술들을 활용하여 인간과 기계, 인간과 컴퓨터의 결합에 도전한다. 맞춤형 아기나 기억추출 인간의 등장이나 인간을 뛰어넘는 휴머노이드 지능형 로봇의 출현은 이제 시간문제일 뿐이다.

2004년에 개봉된 영화 '아이, 로봇(I, Robot)'은 인간과 로봇이 함께 살아가는 세계에서 인간의 정체성과 인간과 기계와의 관계 설정에 관한 많은 의문을 제기했다. 산업사회 이후 인간이 아닌 애완견과 같은 반려동물들이 인간을 위로하고 인간과 공감하며 인간의 정서적 허전함을 메우고 있다. 그런데 로봇공학과 인공지능의 발달은 인간의 외로움을 달래주었던 반려동물의 역할조차도 지능화 로봇으로 대체할 것이다. 이미 요양병원에서 뇌손상 환자들의 친구가 되어주는 '로봇 파로'라든지, 치매환자들의 치료를 돕는 '로봇 파를로' 등 복지로봇이 등장한 지 오래다. 로봇이 인간처럼 감정을 가지거나, 인간과 비슷한 판단을 내리게 되는 상황이라면 '인간은 로봇을 도구로 여길 것인가', 아니면 '동등한 인격체로 존중할 것인가'에 대한 철학적·사회적 명제에 답해야 한다. 개인적 프라이버시나 사회적 관계에 대한 개념에 충격이 가해질 것이다. 인간이 창조한 인위적인 생물과 관련한 계급, 자유와 평등, 법적 의무와 권리, 가치관과 윤리 등 새로운 정체성과 질서체계가 구축될 것이다. 정체성의 혼란은 이념·종교·윤리 영역에도 타격을 입혀 그동안 인간사회를 통합하고 이끌었던 인간중심의 세계관을 흔들게 된다. 운명처럼 새로운 인식과 윤리 그리고 종교적 관념들이 세상에 스며들 것이다.

생명공학에서 인공지능까지 4차 산업혁명으로 촉발된 엄청난 혁신은 인간이란 무엇인가에 대한 개념을 재정립하고 있다. 인터넷이나 스마트폰과 같은 일부 특정 기술은 인간에게 미치는 영향이 대체로 잘 파악되고 있다. 그러나 인공지능이나 합성생물학 같은 기술들은 인간에 미치는 영향을 정확하게 예측하기 어렵다. 유전자 맞춤아기라든지, 유전적 질병의 제어라든지, 인간의 인지능력의 증강이라든지, 인공기억을 이식한다든지 이런 기술들은 인간의 본질을 뒤집는 위험을 감수해야 한다. 또한 공공의 이익이 아닌 특정 집단의 이익을 위해 악용될 여지를 완벽하게 차단하는 난제를 해결해야 한다. 비싼 치료법으로 불평등이 심화되고 인간의 본질에 대한 윤리적 딜레마도 우려된다. 로봇이 인간을 대체하는 시대, 그로 인해 생기는 경제적, 사회적 불평등과 갈등을 조정하며 과학기술이 인간의 유토피아를 실현시킬 수 있는 도구임을 입증해야 한다.

디지털기기의 침범

디지털 기술의 발달은 정보의 불균형으로 인한 소득차별, 성차별, 그리고 권력남용의 문제를 심화시킨다. 디지털 기술의 발달은 국가(권력)가 개인을 더욱 효율적으로 통제할 수 있는 수단을 제공할 수 있는데, 주민등록증, CCTV, 바코드, 인체삽입형 기기 등을 통해 개인의 프라이버시를 침해하고, 개인의 자유를 제한하며 인간의 기본권을 침탈할 수 있다. 또한 모바일 기술의 진화는 우리에게 항상 온라인상의 무엇인가와 연결돼 컴퓨터를 비롯한 스마트폰, 태블릿PC, 스마트폰과 같은 기기에 집중하거나 집착하는 스마트 미디어 중독을 일으킨다. 사색이라든지 명상 그리고 미디어의 도움 없이 누군가와 실질적인 대화를 나누는 소중한 인간적인 자산 중 일부를 빼앗기고 있는 것이다. 우리가 디지털 홍수에 빠져 있는 시간이 많아지면 많아질수록 우리는 스스로 주의력을 통제할 수 없고 그렇게 되는 경우 우리의 인지능력은 퇴화하게 된다.

미국의 MIT 교수인 셰리 터클은 그의 연구에서 10대 청소년 가운데 44%는 운동경기를 할 때나 가족과 혹은 친구와 식사를 함께하는 자리에서도 온라인 세상과 연결을 끊지 않는다는 것을 밝힌 바 있다. 서로 얼굴을 맞대고 하는 대화는 온라인 소통에 밀려났고, 온라인 미디어에 휩쓸린 젊은 세대 전체가 타인의 말을 듣거나 눈을 맞추거나, 타인의 몸짓을 이해하는 데 어려움을 겪는 수준에 도달했다. 우리는 항상 연결되어 있기 때문에 잠시 멈춰 사색하는 시간과, 기술 및 소셜미디어의 도움 없이 실질적인 대화를 나누는 시간이라는 소중한 자산의 일부를 상실해가고 있다. 미래학자 니콜라스 카는 그의 저서 〈생각하지 않는 사람들〉에서 '인터넷은 생각하지 않는 신인류를 출현시킨다고 예측했다.' 우리가 디지털 홍수에 빠져 있는 시간이 길어질수록, 우리 스스로 주의력을 통제하지 못해 인지능력은 퇴화하게 된다. 그는 인터넷은 의도적으로 구축한 방해체계로서 우리의 집중력을 분산시키기 위해 만들어진 기계다. 잦은 방해는 우리의 생각을 흩뜨리고, 기억력을 약화시키며 우리를 긴장하고 불안하게 한다. 생각의 흐름이 복잡해질수록, 우리의 집중에 방해가 되는 요소는 사고에 더 큰 손해를 미친다고 주장한다. "우리는 하루 종일 인터넷에 묻혀 산다. 아침에 눈을 뜨면 제일 먼저 스마트폰을 찾는다. 그리고 혹시 메일이 온 것은 없는지, 블로그에 어떤 내용들이 올라와 있는지, 그리고 그 날의 간단한 뉴스까지 눈을 비비며 찾는다. 출근을 하기 위해 집을 나서면서도 스마트폰 화면을 들여다보며 뉴스를 챙기고 자기의 관심사를 찾아본다. 그러한 행동은 전철에서도 계속되고 마침내 사무실에 들어서면 자리에 앉기가 무섭게 컴퓨터 전원을 켠다. 그뿐만 아니라 모든 일상이 인터넷으로 연결되어 있다. 이제는 상권이라는 말이 무색할 정도로 대부분의 구매 정보는 관련 앱으로 연결돼 있다. 음식도 집에서 배달을 해서 먹고 택시를 이용할 때도 예전처럼 거리에 나가 빈 택시를 향해 손을 흔들 필요도 없다. 공연 예매는 물론이고 명절 귀향길에도 버스 터미널에서 길게 줄을 서서 표를 살 일도 없어졌다. 스마트폰과 컴퓨터가 모든 일을 대신 처리하는 수준을 넘어서서 온갖 디지털 기기가 인간의 영역을 침범해 접수해 버렸다."

프라이버시와 인권

바이오기술에는 유전자분석 기술과 게놈을 바탕으로 한 의료서비스, 치료제, 의료기기와 같은 모든 기술이 포함된다. 최근에는 정보통신 기술과 바이오 기술이 접목된 바이오 IT산업도 빠르게 성장하고 있다. 이런 바이오·유전자 관련 기술들은 피 한 방울이면 우리 몸의 설계도를 모두 훔칠 수 있다. 홍콩에서는 쓰레기 무단투기 용의자의 몽타주를 유전자 기술로 만들었는데, 그 몽타주는 길거리에 버려진 담배꽁초에서 유전자를 추출한 다음 범법자의 인종, 얼굴 생김새, 신체적 특징 등을 특정하여 제작하였고 버스정류장에 붙여진 그 몽타주의 정확도는 90% 이상을 자랑한다.

우리 DNA의 게놈지도를 분석하면 우리의 미래도 정확히 예측할 수 있다. 언제 무슨 병에 걸릴지, 어떻게 치료를 받아야 할지, 얼마나 오래 살지에 관한 정확한 예측치가 제시될 수 있다. 유전자 기술은 운명론적인 과거의 사주팔자를 과학적 사주팔자로 대체할 수 있다. 질병의 위험을 헤징하기 위해 여러 종류의 건강보험에 들고 다양한 질병을 예방하고 치료하기 위해 건강조보식품이나 치료제를 처방받고 복용하는 시대가 저물고 있다. 유전자 기술은 앞으로 의료, 보험, 교육, 먹거리 산업에 걸쳐 사회 전반을 뒤집어 흔들 파급력을 갖고 있다.

따라서 미국과 유럽을 비롯한 주요국들은 유전자 정보분석사업에 엄청난 규모의 자금을 투자하며 정부와 민간이 연구·개발에 협력하고 있다. 이 부분에서 아직까지는 미국, 영국, 일본 등이 앞서가고 있지만 최근 중국이 느슨한 규제를 적극 활용하고 정부의 대폭적인 지원 아래 빠른 속도로 추격하고 있다. 생명공학이나 유전공학은 줄기세포에 의한 장기이식이라든지, 유전자 분석·편집·조작 등을 이용해 불치병이나 희귀병을 치료 가능케 하고 결과적으로 인간의 수명을 연장하고 건강을 증진시킨다. 하지만 혈액, 안구, 장기, 그리고 정자·난자에 이르기까지 인체를 상품화하거나 제품화할 수 있다는 측면에서는 생명윤리에 대한 왜곡 문제를 피할 수 없다.

탄생과 죽음

과학기술의 발달은 인간의 탄생과 죽음의 패턴을 변화시키고 그것들에 대한 철학적 의미까지 변형시킨다. 농업사회에서는 인간은 집에서 태어나고 집에서 죽는 것을, 산업사회에서는 병원에서 태어나고 병원에서 죽는 것을 하나의 패턴으로 받아들였다. 이제 지식·정보화 사회에서는 선택으로 태어나서 개인의 선택으로 죽음에 이르는 패턴으로 변하고 있다. 어느 날 찰스 브론슨의 가슴, 플라시도 도밍고의 목소리, 아인슈타인의 두뇌, 황영조의 다리를 특정하여 맞춤형 아이를 주문·생산할 수 있고, 네덜란드의 사업가 안힐라리우스가 구상한 죽음의 호텔Hotel on Horizon에서 자신이 선택한 메뉴에 따라 죽음을 맞이할 수 있다. 존엄사나 안락사는 제한적으로 이미 통용되고 있다. 세계에서 처음으로 안락사의 일종으로 분류하는 조력사망을 법적으로 허용한 나라는 스위스(1942)이다. 현재 적극적인 안락사를 허용하는 나라로는 네덜란드(2002), 벨기에(2002), 룩셈부르크, 뉴질랜드, 캐나다(2023) 그리고 미국의 오리건주(1997)를 시작으로 11개 주(2024)이다. 안락사나 조력 사망을 도운 자(의사, 가족)를 처벌하는 형법 조항에 위헌 결정을 내리는 방식으로 우회적으로 길을 터준 나라로는 이탈리아(2019), 독일(2020), 오스트리아(2020), 에콰도르(2024) 등이다. 우리나라를 비롯한 대부분의 나라들은 소극적인 안락사, 즉 존엄사만을 인정하고 있다. 미국의 죽음의 의사Dr. Death 잭 케보키언은 1998년 루게릭병에 걸린 토마스 유크라는 환자의 안락사 장면을 비디오 테이프에 녹화한 다음 CBS방송의 시사프로그램에서 60분 동안 방영했다. 이 사건으로 그는 2급 살인죄로 8년 6개월간 복역 후 가석방되는 대가를 지불했다. 그는 130여 명을 안락사시켰으며 '환자들의 죽을 권리', 즉 '죽음에 대한 선택의 자유'를 보장하기 위해 위험을 감수했다. 프랑스에서는 '품위 있게 죽을 권리'를 인정하여 소극적 안락사를 인정하였고, 영국에서는 '왜 우리가 죽기 위해 남의 나라에까지 가야 하는가'를 외치며 안락사 허용을 요구했다. 영국 유명 방송인 에스더 랜천(84)은 2023년 12월 '조력 사망'assisted dying을 지원하는 스위스 단체 '디그니타스'Dignitas에 가입했다고 밝혔다. 폐암 4기인 그는 "조력 사망이 합법인 스위스 취리히로 떠날 수도 있다"고 말했다. 그는 "사랑하는 사람이 고통스럽게 죽는 것을 지켜보면 그 기억이 행복했던 다른 모든 시간을 지워버린다. 나에 대한 가족들의 마지막 기억이 고통스럽지 않기를 바라는 마음이다"라고 고백했다.

안락사가 잘 발전한 나라는 스위스인데 잘 알려진 안락사 지원병원의 이름이 라틴어 '디그니타스', 즉 존엄이란 뜻이다. 이 병원은 1998년 설립 이래 지난 25년간 독일인 1,449명, 영국인 531명, 프랑스인 499명이 이 단체를 통해 조력 사망했다. 스위스 조력사망 단체의 도움을 받아 사망한 한국인(2023)은 최소 10명인 것으로 확인됐다. 또 약 300명의 한국인이 디그니타스·라이프서클·엑시트인터내셔널·페가소스 등 조력사망을 돕는 스위스 4개 단체에 가입한 것으로 추정된다. 한국인 가입자는 2019년 107명에서 2023년 300명으로 3배가량 증가했고, 디그니타스 가입자 기준으로는 아시아 국가 중 한국인 가입자 수가 가장 많다.

유발 하라리는 그의 저서 〈사피엔스〉에서 "이제 우리는 죽음을 극복하기 위해 예수나 부처를 기다릴 필요가 없다. 전통적으로 죽음은 사제와 신학자의 전공이었지만 오늘날 이 분야를 공학자들이 넘겨받았고 실험실의 괴짜 연구자 두 명이 이를 해결해 낼 수도 있다. 2년 전 구글은 '캘리코'라는 자회사를 설립했는데 그 회사의 목표는 '죽음'이라는 문제를 해결하는 것이다."라고 밝히고 있다.

Chapter

03

미·중 경제패권 전쟁

1. 관세전쟁과 패권전쟁
2. 핑퐁외교와 판다외교
3. 붉은 자본주의와 차이메리카
4. 중국몽과 팍스 시니카
5. 일대일로와 중국제조 2025
6. 투키디데스 함정과 디커플링
7. G7과 브릭스의 패권경쟁
8. 에너지·자원 패권경쟁
9. AI와 딥테크 패권전쟁
10. 차이나쇼크와 중국의 위기

1. 관세전쟁과 패권전쟁

트럼프 1기 행정부는 다가오는 미국의 패권위기를 돌파하기 위해 '미국을 위대하게Make America Great Again'를 비전으로 미국 제일주의America First를 앞세워 중국과의 패권경쟁에 돌입했다. 그는 2017년 국가안보구상에서 '국경이 없는 국가는 국가가 아니다. 자국 내에서 번영을 보호하지 않는 국가는 해외에서의 이익도 보호할 수 없다.' 라면서 자국 우선주의와 보호주의를 국가정책의 기조로 천명했다. 과거와는 전혀 다른 프레임인 국가안보와 경제안보를 함께 묶어 적성국과의 전쟁을 강화하고 그 룰을 동맹국에게도 적용한다는 고립주의의 선언이다. 중국을 협상 대상이 아닌 적국으로 규정하고, 세계 무대에서 중국을 고립시키기 위한 이념적, 정치적, 경제적, 군사적 총력전(디커플링)의 시작이다.

미국은 1972년 핑퐁외교로 중국을 오랜 잠에서 깨우고 2001년 중국을 WTO체제에 편입시킨 다음 중국경제 성장에 대한 정책적 조언과 도움을 아끼지 않았다. 미국과 중국의 커플링 시대가 열린 것이다. 중국에 시진핑체제가 들어서고 미국을 능가하여 세계의 패권에 도전하자 미국은 중국과의 이별을 선언한다. 미국은 중국을 글로벌 공급체인에서 떼내버리는 디커플링에 돌입했다. 미국은 중국이 2001년 WTO에 가입한 후 자유경쟁에 관한 투자의 원칙을 받아들이지 않고 오히려 정부주도의 중상주의 정책을 활용하여 성장했다고 비난한다. 불법적이고 불공정하게 자국의 기술을 확보하여 미국의 국가안보와 이익을 침해했다고 공격한다. 미국은 중국을 견제하고 디커플링하기 위해 관세전쟁을 시작으로 기술전쟁, 데이터전쟁, 에너지 및 자원전쟁, 통화전쟁, 우주 패권전쟁, 그리고 군사적 긴장 상태까지 전선의 폭을 확대하고 있다.

2018년 4월 트럼프 1기 행정부는 외국산 세탁기, 태양광 패널의 수입제한을 시작으로 철강·알루미늄 제품을 비롯한 중국산 1,333개 품목에 25% 관세를 부과한다. 중국은 미국산 106개 품목에 25%의 보복관세로 대응한다. 2020년 미·중 1단계 무역협상이 마무리되었지만 바이든 정부에서도 중국에 대한 제재는 계속되었고 2022년 8월 바이든 정부에서도 반도체칩과 과학법CHIPS과 인플레감축법IRA으로 중국을 압박한다.

미국이 중국에 대해 제재를 가하기 위한 법제정이나 규제내용을 살펴보면 2018년 수출통제개혁법, 2019년 정보통신기술 및 서비스 공급망보호에 관한 명령과 화웨이 및 관련자회사 수출규제목록 등재, 중국의 슈퍼컴퓨터 관련 5개사 수출규제, 2020년 인공지능, 로봇, 사이버 보안, 슈퍼컴퓨팅 관련 중국의 33개 기관 및 기업, 개인 등에 대한 수출규제목록 등재, 2021년 안전하고 신뢰할 수 있는 통신네트워크법, 2022년 인플레이션 감축법IRA, 반도체 고학법CHIPS, 첨단 반도체 장비 증축 수출통제, YMCT 등 중국 기업 36곳 블랙리스트를 추가한다.

트럼프 1기 행정부에서 미·중 경제전쟁을 이끌었던 핵심 참모로는 슈퍼매파 3인방인, 피터 나바로 미 백악관 무역제조업정책국장, 마이크 펜스 미 부통령, 그리고 로저트 하이저 미무역대표부 대표가 있다. 피터 나바로 백악관 무역제조업정책국장은 가장 강력한 중국 제재론자였고, 그가 저술한 책, 〈중국이 세상을 지배하는 날〉, 〈중국과의 임박한 전쟁〉, 〈웅크린 호랑이〉는 강력한 중국위협론을 담고 있

자료: 통상, 2023년 5월호, 산업통상자원부

다. 중국은 환율을 조작하고 불공정무역관행을 일삼으며 미국의 첨단기술을 탈취하는 방식으로 미국을 위협한다며 중국제재의 필요성을 강하게 주장한다. 피터 나바로는 경제안보가 곧 국가안보라면서 트럼프 1기 행정부의 미국우선주의에 대한 정책적 기조의 틀을 다졌다. 트럼프 1기 행정부는 중국을 관세와 환율조작국으로 압박하였고 미국의 제조업의 부활을 위해 감세정책, 규제철폐, 그리고 저가의 에너지 정책을 추진했다. 트럼프 1기의 중국제재 및 제조업 부활정책으로 유령도시로 전락했던 디트로이트가 새로운 모터시티로 부상했고, 디트로이트에 본사를 두고 있는 GM, 포드, 크라이슬러 자동차 업체 빅3가 재창업 수준의 구조조정을 통해 회생했다. 미국의 러스트 벨트가 살아났고 2024년 트럼프는 미국 대통령에 재선되었다.

그는 2025년 2월 중국산 모든 수입품에 10%의 추가관세를 부과했다. 중국은 섬세한 광물자원수출통제조치와 미국산 자원과 수입품에 10%의 보복관세로 대응했다. 미국의 농산물 최대 수입국인 중국은 닭고기, 옥수수, 밀 등 29개 품목에 15%의 보복관세를 부과했으며, 돼지고기, 소고기, 수산물 등 711개 품목에 10%의 보복관세를 부과했다. 트럼프2기 들어 관세전쟁은 1기보다 더 심화되고 있지만 미국과 중국 모두 서로에 대한 의존도가 낮아진 상황이라 그 충격은 1기보다 작을 것으로 예상된다. 중국의 대미 수출의존도는 18.9%에서 14.6%로 낮아졌고 미국의 대중 수입의존도는 21.6%에서 13.5%로 낮아졌다.

2. 핑퐁외교와 판다외교

1969년 7월 미국은 '아시아의 방위는 아시아인의 힘으로 해야 한다'는 소위 닉슨독트린Nixon Doctrine을 발표한다. 1969년 중국은 우수리 강을 두고 소련과의 영토분쟁으로 위협받는 상황에서 냉전의 벽을 뛰어넘을 수 있는 새로운 전기를 마련하기 위해 미국의 손짓에 핑퐁외교로 반응한다. 미국의 입장에서도 소련과 중국의 틈새를 벌려 군사적으로나 경제적으로 소련을 견제하는 우월전략임을 활용한다. 1971년 미국 정부는 베트남 전쟁으로 인한 재정적 부담과 국내의 반대여론에 시달리는 상황이여서 중국과의 외교를 통해 베트남에서 발을 빼는 동시에 소련을 견제하는 강대국 중심의 세력 균형 외교를 추진한다.

중국은 1971년 일본 나고야에서 열린 세계탁구선수권대회가 끝난 다음 중국은 미국선수단 15명과 기자 4명을 베이징으로 초청하여 친선경기를 치룸으로써 두 진영으로 나뉘었던 냉전체제에서 양대 진영을 모두 놀라게 하는 긴장완화(데땅트)의 신호탄을 쏘아올린다. 3개월 후 헨리 키신저 미국 대통령안보보좌관이 베이징을 극비 방문하고 1972년 2월 닉슨의 베이징방문을 성사시킨다. 미국과 중국은 오랜 적대관계를 청산하고, 중국은 기나긴 겨울잠에서 깨어나는 기회를 얻게 된다. 현재 미국은 이 때 당시 중국(잠자는 사자)을 깨우지 말라는 나폴레옹의 경고를 무시하고 중국을 잠에서 깨운 것을 후회하는 상황이다. 2백여 년 전 나폴레옹은 중국의 저력을 다음과 같이 평가한 바 있다. "중국을 깨우지 마라. 거기에는 잠자는 사자가 있다. 만약 그 사자가 잠에서 깨어나는 날에는 전 세계를 뒤흔들 것이다."

미국와 중국의 핑퐁외교를 가능케 한 배후에는 미국의 신문기자이자 〈중국의 붉은 별〉의 저자인 에드거 스노의 공로가 숨겨져 있다. 1970년 마오쩌둥의 친구인 미국 신문기자 에드거 스노는 중국의 국경절 행사에 초청되는데, 중국의 주석 마오쩌둥이 미국의 대통령 닉슨과 대화를 원한다는 의사를 미국정부에 전달한다 〈중국의 붉은 별〉은 중국 공산당이 유격대 시절 공산당 지휘부를 인터뷰한 내용들을 기록한 책으로 아직 서양인들에게는 잘 알려지지 않은 책이다. 에드거 스노는 1936년 중국 붉은 군대와 함께 보낸 몇 달을 회상한다. 스노는 마오쩌둥과 다른 최고 지도자들과의 광범위한 인터뷰를 통해 장정長征에 대한 생생한 묘사와 함께 저우언라이, 펑더화이, 린뱌오, 허

에드거 스노의 〈중국의 붉은 별〉

룽, 마오쩌둥 등 중국 공산당 지도자들의 일대기를 보여준다.

닉슨은 본래 극단적인 반공주의자로 알려져 있었기 때문에 당시 닉슨이 중국을 직접 방문해서 마오쩌둥을 만난다는 사실만으로도 세상이 깜짝 놀랄 화젯거리였다. 이로 인해 오늘날까지 "닉슨, 중국에 가다Nixon goes to China"라는 말은 '이념적 적대세력과의 화해 혹은 그에 버금가는 정책 전환'을 의미한다. 1987년에는 미국의 작곡가 존 애덤스의 오페라 '중국에 간 닉슨Nixon in China'이 공연되었고, 단기간에 미국과 유럽무대에 가장 많이 올려졌으며, 현대 오페라 톱 10에 선정되기도 했다. 2006년 시카고 오페라 씨어터에 올려진 '중국에 간 닉슨' 오페라 공연에서 소프라노 캐슬린 김이 마오의 부인 장청을 맡았고 2012년 세계적인 소프라노 조수미가 마오의 4번째 부인역으로 캐스팅되기도 했다.

마오에게 닉슨의 역사적인 중국 방문을 9일 앞둔 2월 12일 새벽에 갑작스러운 쇼크로 혼수상태에 빠졌었다가 가까스로 목숨을 건지는 사건이 벌오졌다. 이 사건으로 마오와 닉슨의 정상회담은 애초 불투명한 상태였다. 나중에 마오가 만나겠다는 뜻을 밝혀 중·미 정상회담은 가까스로 성사됐다. 서방 취재진은 물론 수행원도 전혀 모른 상태에서 닉슨과 키신저는 15분 예정으로 중난하이에 있는 마오의 서재에서 만나 1시간 정도의 차담을 가졌다. 예정보다 1시간 넘게 이어진 차담을 위해 준비된 차茶는 마오의 고향 후난성에서 생산되는 군산은침君山銀針이었다. 당나라 때부터 청나라에 이르기

군산은침

까지 황실공차로 명성을 떨친 군산은침은 마오의 소울메이트였다.

닉슨과 마오의 회담은 서재에서 외국 국가원수들이 첫 대면을 하는 아주 이례적인 회담으로도 기록됐다. 마오는 "미 대선기간 내내 당신이 투표에서 이기리라고 확신하고 있었다"며 덕담을 건넸고 닉슨은 "한 국가를 움직였고 세계를 변화시켰다"고 마오를 추켜세웠다. 이후 미국은 완벽한 대 소련 봉쇄정책을 완성했다.

대홍포 차

그 자리에서 마오쩌둥은 닉슨의 요청에 따라 '4언절구' 3행시 12글자를 즉석에서 지어 선물했다. 자신이 즐겨 읽는 시집 초사楚辭를 필사본으로 주며 중국 차왕茶王으로 대접받는 대홍포大紅袍 중에서도 제일 귀한 모수母樹로 만든 대홍포 200g을 닉슨에게 선물했다. 닉슨은 황금 40t, 백금 12t이 실린 '아와마루'호(1945년 3월 28일에 대만해협에서 미군 잠수함의 공격을 받아 침몰한 수송선)의 구체적인 침몰 위치를 표시한 지도, 인류 최초의 유인 달 탐사선 아폴로 11호가 달에서 가져온 토양 표본 등을 마오에게 선물했다. 미·중 협상자들은 긴 시간의 비밀회의를 통해 타이완의 지위 등 중요한 외교적 사안을 다듬은 결과로서 ① 영토와 주권의 상호존중, ② 상호불가침, ③ 내정불간섭, ④ 평등호혜, ⑤ 평화공존 등 평화 5원칙을 '상하이 공동선언'으로 채택한다. 그리고 미·중 외교정상화 합의의 상징으로 판다 한 쌍과 사향소 한 쌍을 교환했다.

1972년 이후 중국은 판다외교를 소프트외교의 상징으로 활용해 왔다. 중국은 우리나라를 비롯한 선진 주요국 17개국에 60여 마리의 판다를 임대해 줬다. 하지만 미국과의 갈등이 심화되면서 소프트 외교인 판다외교가 저물어 가고 전랑외교(늑대전사)가 등판하고 있다. 최근 미국의 판다가 임대연장에 실패했고 2024년 이후 미국의 판다는 모두 중국에 반환될 예정이다. 중국의 전랑외교는 무력과 보복을 앞세워 주변국을 압박하는 공격적 외교전략이다. 2012년 시진핑 집권 이후 분발유위奮發有爲, 거침없이 상대를 압박한다는 리더십으로 코로나19사태, 미·중경제전쟁 등의 위협요인을 돌파하려는 계책이다. 또한 시진핑은 물망국치를 한으로 여겨 온 중국 인민들에게 중국몽으로 중국의 부흥rejuvenation을 꾀할수 있다고 선언했다. 중국은 인도에서 3,300km에 달하는 히말라야 지역의 국경문제, 중국의 최남단에서 1,000km나 떨어진 남중국해에 인공섬(대만, 베트남, 필리핀, 인도네시아, 브루나이)을 건설하는 문제, 하나의 중국을 실현하는 대만문제, 서남·서북·동북공정과 같은 역사문제, 우리나라와의 사드문제 등을 전랑외교로 돌파하려 한다.

3. 붉은 자본주의와 차이메리카(Chimerica)

중화인민공화국의 건국 초기 공산당은 경제적 자립을 위해 미국의 자본을 도입하려 한다. 그러나 중국의 한국전쟁 참전과 이에 따른 경제 제재로 미국과의 관계는 단절된다. 하지만 중국은 모택동 시절부터 미국과 오랫동안 은밀한 만남을 이어왔고 모택동의 친구였던 에드거 스노에 의해 닉슨이 중국을 방문하면서 정상외교가 구축된다. 1979년 등소평의 미국 방문 이후 중국의 공산당과 미국의 월가는 자본이라는 접착제로 연결고리를 고착화한다. 중국은 미국에서 워싱턴 정계에 가장 많이 진출했던 골드만 삭스를 활용하여 정계나 월가와의 인맥을 형성하고 밀월관계를 지속시킨다. 중국은 골드만 삭스 CEO출신이었던 헨리 폴슨 미 재무부 장관(조지 W. 부시 행정부, 2006~2009)을 고리로 차이나텔레콤과 같은 국유기업의 주식시장 상장을 월가에 의뢰하며 미국의 자본을 중국에 대거 유치하는데 성공한다. 월가를 이용해 중국 국영기업들, 차이나텔레콤, 패트로차이나, 샤오평모터스를 비롯한 중국 기업 202개를 상장시켜주는 대가로 월가의 금융기관들은 중국주식상장에 따른 수수료 수입으로 2020년 기준 총 1,400만 달러를 챙기게 된다. 이것은 월가 주식 상장 전체 수수료의 43%에 해당한다. 금융기관들의 수익 순위는 모건스탠리, 골드만 삭스, 제이피 모건, 뱅크 오브 아메리카, 시티 순이다. 이뿐만 아니라 미국의 월가는 중국경제가 성공할 수 있도록 제도를 설계해 줬고 중국의 효율적인 투자에 대해 조언을 아끼지 않았다. 바야흐로 중국의 개혁 개방 이후 월가와 중국 공산당의 '공생의 카르텔'인 붉은 자본주의가 구축된 것이다. 미국의 경우 거래소나 증권회사 같은 경우에는 국가적 이익보다는 기업의 이익을 중시한다는 점에서 자본에는 애국심도 없고, 이념도 없으며, 사상도 없다는 속성을 보여준다. 붉은 자본주의는 중국 내에서 태생한 붉은 자본가가들에 의해 완성됐다. 그들은 중국 공산당의 사회주의 체제에서의 자본가를 의미하며 중국 공산당이 처음 만들어질 때 정치적인 필요로 자본가가 국가의 역할을 담당하였고, 미국 월가의 국제자본으로 중국의 경제성장을 이끈 토종 자본가를 상징한다. 트럼프 1기 행정부가 발족하고 대중 압박이 본격화되던 2018년 2월에도 시진핑 주석의 경제 책사 류허가 백악관 인근의 한 호텔에 나타난다. 그는 은밀히 미국 금융계의 핵심 인사들을 만났는데, 블랙록 회장 래리 핑크, 골드만삭스 CEO 데이비드 솔로몬, JP모건체이스 회장 제이미 다이먼 등 월가의 거물들이었다. 미국과 중국이 경제패권 전쟁을 벌이는 와중에도 중국과 월가의 오래된 친구관계, 즉 '라오펑여우老朋友'가 연출될 수 있음을 보여준다.

붉은 자본주의 중국, 차이메리카라는 월가와 중국의 공생관계 속에서 많은 중국의 붉은 자본가들을 성장시켰다. 붉은 자본가로서 성공한 대표적인 중국 기업가로는 알리바바 창업자 마윈을 들 수 있다. 마윈은 공산당의 전폭적인 지원을 받으면서 한때 아마존의 시총을 앞지르는 아주 큰 성공을 이끈 적도 있다. 그는 혁신 사업가이면서 전 세계가 주목하는 기업인이 되었다. 그의 사업은 계속 성공하였고 특히 알리페이는 중국을 디지털 결제 1위 국가로 등극시키는데 필요한 기술적 기반을 제공했다. 하지만 알리페이로 시작된 핀테크 그룹인 앤트그룹을 IPO기업공개하려는 과정에서 중국공산당의 제재를 받게되자 그는 중국 금융 시스템을 전당포식 시스템이라고 비난했고 그런 다음 그는 3개월 행방불명되는 상황에 처하게 된다.

미국을 경제적 스승으로 여기며 자본주의를 배우고, 가파른 성장을 이어간 중국. 하지만 2008년 글로벌 금융위기를 기점으로 모든 것이 달라진다. 중국은 중국식 경제모델인 특색사회주의가 미국의 자본주의보다 낫고 더 이상 월가의 낡은 조언을 따를 필요가 없다고 생각한다. 미국이 어려움을 겪는 사이 중국은 대규모 경제 부양책으로 세계 경제 회복을 견인하는 결정적 주체로 부상한다. 중국은 자신을 미국과 대등하게 세계 경제를 주도하는 나라로 자처하며 미국에 도전을 시작한다.

미국의 입장에서 상황이 반전되어 중국이 미국을 압도할지 모른다는 공포의식이 자라나고 미국은 위기의식에 지배된다. 결국 미국은 중국을 글로벌 공급망에서 잘라내는 극단적 처방을 결정하게 되는데, 이것이 미국 주도의 디커플링 전략이다.

4. 중국몽과 팍스 시니카

2012년 시진핑이 중국의 권력을 장악하면서(시진핑 1기) 중국몽이라는 슬로건을 비전으로 제시한다. 그는 등소평이 제시한 도광양회 韜光養晦, 조용히 때를 기다리며 힘을 기른다는 리더십을 걷어버리고 분발유위奮發有爲, 거침없이 상대를 압박한다는 리더십으로 무력과 보복을 앞세워 주변국을 압박하는 전랑외교를 전개한다. 중국은 14개국과 국경을 맞대고 있어 3,300km에 달하는 히말라야 지역 국경분쟁을 비롯한 다양한 국경분쟁에 직면한다. 중국은 안전한 석유수송로를 확보하기 위해 중국의 최남단에서 1,000km나 떨어진 남중국해에 인공섬을 건설하면서 대만, 베트남, 필리핀, 인도네시아, 브루나이 등과도 갈등을 빚고 있다.

시진핑의 '중국 몽China Dream'은 물망국치를 한으로 여겨 온 중국인민들의 민족주의를 동력으로 삼아 중국의 부흥rejuvenation을 꿈꾸는 쇼비니스트Chauvinist*이다. 시진핑의 '중국 몽'은 미국의 미국제

---

* 쇼비니즘이란 배외주의(排外主義), 관문주의(關門主義), 폐쇄주의(閉鎖主義)라

일주의나 다를 바 없는 국가제일주의의 변형이다. 시진핑의 1인 독재체제인 중국은 민주화나 개혁에 집중하는 게 아니라 중국의 국제적 위상이나 국가적 자존심을 회복하기 위한 민족주의적 한풀이에 열광하고 있다. 시진핑은 '중국 몽'을 실현할 전략으로서 '중국제조 2025Made in China 2025'와 '일대일로One Belt, One Road'를 설계했다. 시진핑은 중국공산당 100주년인 2021년까지 1인당 GDP 1만 달러를 실현하고, 인민공화국 수립 100주년인 2049년까지 중국을 현대적이고 풍요롭고 강력한 진짜 선진국을 완성할 것을 중국의 비전으로 제시했다. 경제뿐만 아니라 국방, 과학, 기술 그리고 문화 모든 면에서 세계 최고의 강국을 만든다는 계획이다. 일부 경제 전문가들은 2049년이 되면 중국이 미국을 제치고 세상을 지배하는 세계 최강 국가의 지위에 오를 것이라 예상한다. 미국주도의 평화로운 세계질서, 즉 '팍스 아메리카나Pax Americana'시대가 저물고 중국주도의 평화로운 세계질서, 즉 '팍스 시니카Pax Sinica'시대가 열릴 것이라 예측한다.

중국몽은 현대판 중화사상의 발로이고 암울했던 중국 근대사에 대한 한풀이적 성격을 갖는다. 15세기 초, 중국(명)은 나침반, 화약, 종이, 인쇄술 등 새로운 기술들을 발전시켰고, 일곱 차례에 걸쳐 해외 원정을 다녀올 정도로 막강한 해상강국이었다. 정화제독이 이끄는 함대의 배는 9개의 돛으로 작동하였는데, 그 당시 3개의 돛으로 작동했던 콜롬버스나 바스코다가마의 배에 비하면 월등한 수준이었다. 하지만 아이러니하게도 명제국은 "우리에게는 없는 것이 없다.

할 수 있고 극단적이고 폐쇄적인 애국심을 이르는 말이다. 소속 집단에 대한 애국(愛國), 애족(愛族) 및 애향(愛鄕)심이 전체주의로까지 치달은 것을 의미하며, 쇼비니즘을 추구하는 지도자를 쇼비니스트라 한다.

그러므로 다른 나라와의 교역은 필요 없다"며 남방함대를 폐쇄했고 조선소, 제철소, 운하, 신무기, 천문시계 등을 폐기하고 지폐사용도 금지시키는 오류를 범하게 된다.

18세기에 접어들면서 영국을 비롯한 유럽 국가들은 녹차, 비단, 도자기 등을 대대적으로 중국에서 수입했는데 중국은 은으로만 거래를 고집했다. 유럽은 신대륙에서 약탈한 은으로 중국에서 물품들을 수입했지만, 영국의 경우 은이 부족해지자 차와 아편교역으로 부족한 은을 보충하였다. 영국은 식민지인 인도에서 아편을 가져다가 대량으로 중국에 뿌려 만성적인 무역적자를 메우려 했다. 중국은 자신의 백성들이 아편에 중독돼 파탄에 이르는 망국의 현상을 그대로 용인할 수 없었고, 청나라 조정은 임칙서를 보내 영국 상인들의 아편을 몰수하고 아편무역을 금지하는 조치를 취하게 된다. 이 사건을 빌미 삼아 영국은 중국에 선전포고했고 산업혁명에 의한 무기체계를 갖춘 영국의 전함들은 청나라의 덜떨어진 전함들을 아주 쉽게 격파해 버렸고 베이징까지 진격해 청나라의 항복을 받아낸다. 이것이 베이징조약이고 중국에 대한 흑역사의 시작이다. 중국은 아편전쟁 이후 의화단 사건, 태평천국의 난, 청일전쟁, 만주사변, 중일전쟁에 이르기까지 물망국치勿忘國恥의 인고의 세월을 견뎌야 했다. 우여곡절 끝에 1949년 중국은 공산화되었고, 모택동의 지도 아래 대약진운동, 문화혁명의 굴곡을 지나 1976년이 되어서야 실용주의에 대한 희망을 엿보게 된다. 이념 제일주의인 모택동이 사망하고 실용주의의 대표주자인 등소평이 권좌에 오르면서 중국은 개방과 개혁의 길로 들어선다. 중국은 마오쩌둥의 잔치라이(일어서다), 덩샤오핑의 푸치라이(부유해지다), 시진핑의 창치라이(강해지다)에 이르면서 중국 몽에 가까워진다.

중국은 1978년 개방 이후 무려 17배에 이르는 경제성장을 이루었다. 중국은 장난감, 옷, 인형을 만들어 수출하는 국가에서 선박, 철, 알루미늄, 가구, 섬유, 휴대전화기, 컴퓨터를 생산하고 수출하는 세계최강의 제조국가로 부상하였다. 중국은 이제 세계 최대의 생산기지로서의 생산능력과 세계 최대 소비시장으로서의 소비능력을 모두 갖추고 있다. 2015년 기준 중국의 억만장자의 수가 이미 미국을 앞질렀고, 전 세계 사치품의 절반은 중국 소비자들에 의해 구매된다. 루이비통, 샤넬, 구치, 프라다 할 것 없이 세계명품들이 중국에서 날개 돋친 듯 팔려나가고 세계 최고가품 경매시장인 소더비나 크리스티가 뉴욕이나 런던이 아닌 베이징과 상하이에서 열리고 있다. 1981~2000년 기간 동안 중국은 5억 명 이상이 극빈상태에서 벗어나고, 인민들의 기대수명은 1949년 36세에서 2014년 76세로 현격하게 증가했다. 1949년 거의 80%에 가까웠던 문맹률은 2014년에는 5% 이하로 떨어졌다. 1980년 대부터 2005년까지 중국은 2주마다 로마만한 도시를 새로 건설하였고, 2011~2013년 기간 동안 중국이 사용한 시멘트는 20세기 내내 미국이 사용한 시멘트보다 더 많은 양이었다. 지난 10년 동안 중국은 1,900km의 고속철도를 건설하였는데, 중국은 전 세계 고속철도를 다 합한 것보다 더 긴 고속철도를 갖고 있다. 중국은 전자상거래와 인터넷을 사용하는 인구 수에서도 세계 최대 수준을 기록한다.

2024년 4월 기준 IMF가 발표한 세계 명목GDP 순위를 보면 중국은 미국 다음 전 세계에서 두 번째로 경제력이 강한 G2 국가이다. 미국은 전 세계 총생산에서 26.4%, 중국은 17.0%를 차지한다. 미국과

2024년 기준 세계 명목GDP 순위

세계순위	명목GDP 비중	1인당 명목GDP	1인당 명목GDP 규모	인구수
1위	미국(26.4%)	룩셈브르크	131,384달러	64만 명
2위	중국(17.0%)	아일랜드	106,059달러	504만 명
3위	독일(4.2%)	스위스	105,669달러	878만 명
4위	일본(3.8%)	노르웨이	94,660달러	546만 명
5위	인도(3.6%)	싱가포르	88,447달러	594만 명
6위	영국(3.2%)	미국	85,373달러	3억4,200만 명
7위	프랑스(2.9%)	아이슬란드	84,594달러	37만 명
8위	이탈리아(2.0%)	카타르	81,400달러	271만 명
9위	브라질(2.1%)	덴마크	68,898달러	590만 명
10위	캐나다(2.0%)	호주	66,589달러	2,721만 명
일본	4위	35위	32,859달러	1억2,375만 명
한국	13위(1.6%)	29위	36,132달러	5,172만 명
중국	2위	69위	12,969달러	14억1,932만 명
싱가포르	–	5위	89,370달러	604만 명
대만	–	33위	33,234달러	2,321만 명

자료: IMF에서 발표한 2024년 4월 기준 국가별 명목GDP 순위

중국의 경제비중이 전 세계 생산의 43.4%에 해당한다. 1인당 명목GDP는 미국은 85,373달러로 6위이고 중국은 12,969달러로 69위이다. 아시아의 떠오르는 용으로 평가 받았던 한국은 36,132달러로 29위, 일본은 32,859달러로 35위, 대만은 33,234달러로 33위, 싱가포르는 89,370달러로 5위이다. 인구는 중국 14억1,932만 명, 미국 3억

4,200만 명, 일본 1억2,375만 명, 한국 5,172만 명이다.

중국은 산업혁신 정책으로 중국제조 2025정책을 추진 중인데, 반도체, 디스플레이, 전기차 및 자율주행차, 로봇(AI), 해양플랜트, 바이오의약품 등 캐치업catch-up전략에서 선진화 전략lead으로 진화하고 있다. 독일의 씽크탱크인 매릭스는 한국이 가장 심각한 타격을 받게 될 것으로 분석하면서 삼성, 현대차, SK, LG의 주력사업이거나 신규사업에 부정적인 영향을 미칠 것이고, 특히, 스마트폰, 디스플레이, 백색 가전제품 등에 위협적이라 예측한다.

5. 일대일로와 중국제조 2025

중국의 일대일로, 미국의 인도·태평양 전략, 그리고 러시아의 신동방정책

2013년 시진핑 중국 국가주석은 카자흐스탄에서 최초로 실크로드 경제벨트를 제안하였고 2014년 중국에서 개최된 아시아태평양 경제협력체 정상회의에서 '중국몽'을 공식화했다. '일대일로와 중국제조 2025' 정책은 시진핑이 중국몽'을 실현하기 위한 전략적 수단이다.

일대one belt는 중국 서부에서 중앙아시아를 거쳐 유럽으로 이어지는 육상 실크로드이고, 일로one road는 중국 연안에서 동남아, 스리랑카, 아라비아 반도의 해안, 아프리카 동해안을 연결하는 해상실크로드를 말한다. 일대일로 구상의 루트에는 북극해 항로, 북미 항로도 포함되어 있다. 러시아 무르만스크의 부두를 개발하고 유럽에서 동아시아까지 철도로 무역로를 연결하겠다는 것이다. 또한 중국, 러

자료: 통상, 2022년 5월호, 산업통상자원부

시아를 잇는 고속철도 구상도 포함된다. 일대일로는 2030년까지 육상 3개, 해상 2개의 내륙과 해상의 실크로드를 포함하여 참여국 80개국, 인구 44억 명(세계인구의 63%), GDP 21조 달러 규모에 이르는 중앙아시아와 동남아시아를 포괄하는 거대한 경제벨트를 담고 있다. 일대일로는 외교, 물류 유통, 금융, 지역개발, 문화교류 등 많은 것들을 통합할 수 있는 거대한 경제통합 프로젝트다.

일대일로는 정책소통, 인프라건설, 무역의 확대, 자금조달, 민심상통이라는 5대 이념을 바탕으로 중국경제의 지속가능성을 확보하려는 목적을 추구한다. 이 정책은 중국의 과잉 산업능력을 수출하고, 건설, 철강, 시멘트 산업에 대한 충격 완화 장치로 설계된 프로젝트다. 이 계획에는 미얀마의 수력발전 댐과 주석 광산을 개발하고, 약 2,900km에 이르는 파키스탄까지의 관통도로, 철로, 파이프라인을 건설하는 계획도 포함된다. 이렇게 되면 네덜란드 로테르담에서 중국의 베이징까지 1개월 소요되던 화물열차가 이틀이면 도달한다. 일대일로는 중국의 옛 실크로드를 재현함으로써 옛 중국 제국의 명성을 되찾고 중국의 경제영토를 확장하려는 담대한 계획이다.

일대일로의 대항마, 인도·중동·유럽 경제회랑

2023년 9월 인도에서 열린 G20 정상회의에서 '중국의 일대일로'의 대항마로 '인도·중동·유럽 경제회랑India-Middle East-Europe Economic Corridor: IMEC 추진이 발표됐다.

'인도·중동·유럽 경제회랑은 인도에서 아랍에미리트, 사우디아라비아, 요르단, 이스라엘, 그리스를 거쳐 유럽까지 이르는 거대한 유통로이다. 이것은 '21세기의 향신료 길spice road'로 불리기도 하는데 인도가 주도하고 미국이 지원하는 대중국 경제회랑의 성격을 갖는다. 미국 백악관은 '인도·중동·유럽 경제회랑IMEC의 철도가 완공되면 기존의 해상 및 도로 운송 경로를 보완하는 안정적이고 효율적인 국경 간 선박–철도 운송 네트워크가 구축되는 것이라 평가했다.

미국은 1979년 중국과 수교하면서 '하나의 중국' 원칙에 동의해 주었고, 대만과는 단교하였으며 지난 40년 동안 정책적 기조를 유지해 왔다. 하지만 중국이 미국의 패권을 넘보는 상황에서 미국은 중국을 견제하기 위해 대중국 정책의 재편을 결심한다. 미국은 대만을 강력하고 번영하는 민주적인 우방으로 인정하면서 대만과의 파트너십을 강화했고 사실상 '하나의 중국원칙'을 파기하게 된다.*

미국은 아시아 태평양 지역의 안보와 경제질서가 중국의 경제적·정치적· 군사적 급부상으로 흔들리고 있다고 평가한다. 2018년 미

* 2019년 6월 미 국방부가 발표한 보고서에서 대만을 국가로 인정

자료: 연합뉴스, 2024년 6월 16일자

국은 태평양사령부를 '인도태평양사령부로 개편하였고, 미·일동맹은 인도·태평양지역에서 평화와 번영을 위한 주춧돌corner stone이라 강조하면서 미국, 일본, 호주, 인도를 포함하는 해양세력을 규합하는 인도·태평양전략을 채택한다. 또한 미국은 중국공산당을 '억압적인 세계질서 비전'의 설계자로 규정하고 중국은 자국의 이익을 위해 인도·태평양지역을 재편하려는 야욕을 갖고 있으며 주변국의 이익을 약탈적 수단(전랑외교)으로 침해한다고 비난했다.

미국은 기술패권 경쟁에서 중국을 따돌리기 위해 미국 주도하에 한국, 일본, 대만을 포괄하는 반도체 동맹인 칩4를 결성해서 최첨단 반도체의 공급을 차단하면서 중국은 대만의 반도체 기업 TSMC(세계 최대의 파운드리 반도체 기업)를 차지하고 하나의 중국을 실현할 목적으로 대만침공 훈련을 강화했다. 미국이 이를 방어한다면 한국에 주둔하고 있는 미군이나 미군기지에 대한 선제공격 가능성이 제기되면서

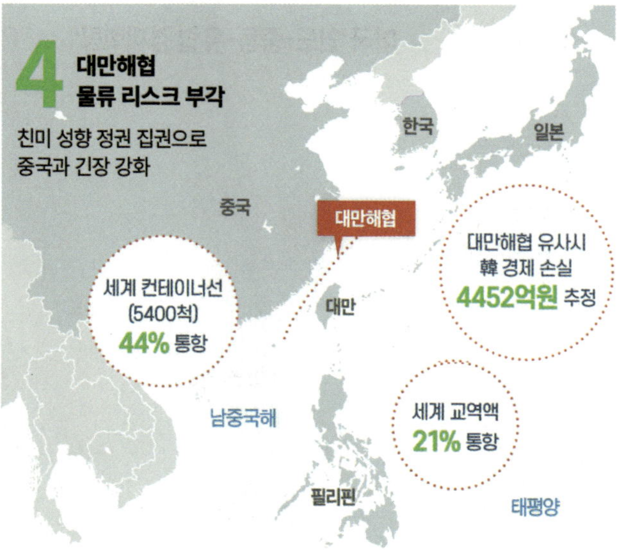

자료: 트렌드포스·미 해군연구소·조지메이슨대 메르카투스 센터·KEP

한반도에서의 전쟁 가능성마저 높아진 상황이다. 위 그림에서 알 수 있듯이 대만해협이 불안정해지면 세계 컨테이너선(5,400척)의 44%와 세계교역의 21%가 타격을 입게 되며 한국경제는 4,452억 규모의 손실을 입는 것으로 추정된다.

미국은 러시아에 대해서도 지역 내 안정과 평화를 해치는 악성국가로 규정한다. 미국은 러시아가 인도·태평양지역에서의 정치·경제·군사적 영향력을 행사하기 위한 기회를 엿보고 있으며 아시아 지역으로의 에너지 수출을 확대함으로써 지역 내 안정과 평화를 위협할 수 있다고 경고한다. 2015년 블라디미르 푸틴 러시아 대통령은 극동지역을 러시아의 경제수도로 만들겠다는 마스터플랜으로 '신동방정책'을 발표하였다. 푸틴의 신동방정책은 2012년 극동개발부 신설, 2015년 경제특구 지정, 2015년 동방경제포럼 창설 및 정례화, 2016년 극동 헥타르 프로그램 시행, 2017년 '극동지역 인구확대 정책 2025' 발표 등을 통해 추진되어 왔다. 러시아는 이미 12개 지역의 선도개발권역을 설정하고 블라디보스토크 주변의 15개 항구를 자유항으로 개방했다. 이 구역을 일종의 경제특구로 선언하였고, 인프라는 정부가 구축하고 토지이용, 인허가 절차, 세제 등에 대해서는 특혜를 부여함으로써 국내외의 투자를 유치하려 한다. 또한 연해주 남부 자유항 지역을 홍콩이나 싱가포르 같은 세계적인 자유항으로 육성해서 유럽중심의 경제구조를 갖고 있는 러시아 경제의 중심을 아시아·태평양 경제권역까지 확장할 의도이다. 아시아·태평양지역은 중국과 러시아 북한 등이 연대하여 대륙세력을 형성하고 미국, 한국, 일본, 호주, 인도 등이 연대하여 해양세력을 형성함으로써 두 세력 간의 주도권 싸움은 격화될 전망이다.

중국제조 2025(China Technology)

2015년 시진핑은 중국의 산업전략을 선진국의 기술을 베끼고 모방하는 추격전략catch-up에서 딥테크 기술에 대한 주도권을 선점하기 위한 선도형 전략lead으로 전환시켰다. 그동안 중국의 경제성장이 제조업 중심의 양적 성장이었다면 이제부터는 혁신산업을 키워 질적인 성장을 이루겠다는 계획으로 '중국 제조中國製造·Made in China 2025'를 발표했다. 중국제조 2025에 담긴 세부 실행 방향으로는 혁신을 통해 제조업의 산업역량을 강화하고 첨단 설비와 핵심기술의 대외의존도를 낮추며 에너지효율을 높이는 녹색성장으로 요약된다. 향후 30년간 10년 단위로 3단계에 걸쳐 산업역량을 고도화시키는 전략으로 10대 핵심 산업 분야와 5대 중점 프로젝트로 구성된다. 중국은 후발국인 '메이드 인 차이나made in China'에서 '디지털 인 차이나Digital in China'로 변신 중이다. 그동안 단순하게 선진국의 기술을 복제하던 차원에서 벗어나 전 세계를 선도하는 중국만의 기술China Technology체계를 완성하겠다는 전략적 접근이다. 시진핑은 집권 3기를 맞아 미래 핵심 기술에 집중하고 있다. 그는 미래기술의 핵심은 통신망(신경), 배터리(심장), 반도체(두뇌)라고 강조하면서 강소기업의 육성을 국가전략 및 경제안보 차원에서 다루고 있다. 강소기업 육성은 차세대 정보기술, 신소재, 첨단기계 및 로봇, 의료기기, 핵심 기초부품, 핵심 기초소재 분야에서 이루어진다.

중국의 강소기업육성은 '혁신형 중소기업', '전문화된 중소기업' '전정특신專精特新 작은 거인小巨人 기업' 등 단계별로 지원한다는 정책이다. 전정특신기업이란 전문화專, 정밀화精, 특성화特, 혁신성新을 갖췄다는 의미이고 중점 설립 분야는 2025년까지 집중육성할 광전자, 디스플레이, 로봇, 경량 소재, 반도체, 배터리 등이다. 특히 R&D투자가 집중된 핵심과학기술 산업분야로는 컴퓨터·통신 및 기타 전자설비 제조업, 일반설비 제조업, 전용설비 제조업, 화학원료·제품 제조업 등이다. 최종적으로 혁신형 중소기업 100만 개, 전문화된 중소기업 10만 개, 전정특신 작은 거인 기업 1만 개를 육성하는 전략이다.

중국제조 2025와 3단계 목표

1단계 목표는 2015년에서 2025년까지 미국과 한국을 비롯한 글로벌 제조 강국 대열에 진입하는 것이다. 양적인 면에서뿐만 아니라

질적인 측면, 즉 품질, 기술력, 이윤을 제조강국의 위상에 맞는 경쟁력을 확보하려는 계획이다. 이를 위해 제조업의 스마트화, 노동생산성 제고, 에너지 사용 효율화, 오염물질 배출량 감축 등을 달성한다는 내용이다.

2단계 목표는 2026년에서 2035년까지 글로벌 제조강국에서 독일과 일본을 넘어서서 중견제조강국의 지위를 확보한다는 것이다. 산업의 혁신능력을 강화하여 경쟁우위산업 분야에서 글로벌시장 지배력을 확고히 다진다는 내용이다.

3단계 목표는 2036년부터 2045년까지 주요 산업에서 선진경쟁력으로 세계시장을 지배력을 확장하고 혁신적인 산업을 주도하는 세계 최강국으로 우뚝 선다는 것이다. 중국제조 2025의 최종적 목표는 중국을 제조 초강대국이면서 기술주권국가로 부상시켜 중화민족의 이념인 중국 몽을 실현하는 데 있다.

6. 투키디데스 함정과 디커플링

최근의 미·중 패권전쟁이 심화되면서 투키디데스 함정Thucydides trap에 대한 위험성이 제기된다. 미·중 간의 경제적 충돌이 지속되면서 미·중 간의 군사적 충돌이 우려된다. 고대 그리스의 역사학자 투키디데스는 2500년 전 고대 그리스의 두 주요 도시국가를 초토화시킨 전쟁에 관한 글에서 이렇게 설명했다. "전쟁이 필연적이었던 것은 아테네의 부상과 그에 따라 스파르타에 스며든 두려움 때문이었다." 새롭게 부상하는 신흥세력이 지배세력의 자리를 차지하려는 위협을 가해 올 때 발생하는 자연스럽고 불가피한 혼란 상황을 지칭하는 개념, 이것을 투키디데스의 함정이라 한다.

〈예정된 전쟁〉의 저자인 그레이엄 앨리슨(미, 하버드대)은 투키디데스 함정을 적용하여 강대국인 미국과 중국 두 나라가 지금까지 해오던 대로 충돌을 이어간다면 급기야 군사적인 충돌인 전쟁으로 발전할 수 있다고 경고한다. 그는 미·중 패권전쟁의 양상이 세계 최강을 넘보는 중국의 '신흥세력증후군'과 미국의 공포와 분노가 분출되는 '지배세력증후군'의 충돌로 대입한다. 신흥국가(중국)의 경우에는 높아진 자의식, 관심사 그리고 국제적 인정과 존중에 대한 권리의식이 높아지는, 즉 '신흥세력증후군'에 빠져들고, 기존 지배세력(미국)의 경우에는 쇠락을 경험하면서 공포와 불안심리로 인한 비이성적인 피해망상, 즉 '지배세력증후군'에 빠진 상황이라고 진단이다. 이런 경우 양 당사국이 전쟁할 의도가 없다 할지라도 자연스럽게 군사적 충돌로 이어질 확률이 높아진다. 지난 500년간 신흥세력증후군과 지배세력증후군이 충돌했던 16번의 사례 중에서 12번은 전쟁으로 귀결됐다는 역사적 교훈에 주목해야 한다.

2020년 8월 미·중 경제갈등이 고조되는 상황에서 중국의 왕이 외교부장은 미국을 향해 중국의 입장을 밝혔는데, "중국은 미국을 대신해 '제2의 미국'이 될 마음이 없다. 미·중 모두 상대방의 정치제도를 변화시킬 필요도 없고, 변화시킬 수도 없다. 디커플링은 궁극적으로 미국 기업에게 오히려 더 큰 피해가 갈 것이다."라고 경고했다, 그는 미·중 관계를 개선하기 위해서는 첫째, 서로 간 마지노선을 정해 충돌을 피할 것, 둘째, 미국이 중국을 '개조'할 수 있다는 환상을 버려야 할 것, 셋째, 디커플링을 추구하지 않을 것, 넷째. 제로섬게임zero-sum game 태도를 버리고 국제사회에서 미국과 중국이 공동 책임지는 자세를 유지할 것 등을 제안했다. 〈예정된 전쟁〉의 저자 앨리슨은 주장한다. "투키디데스의 함정을 피하려면 생각하기 힘든 것을 기꺼이 생각할 줄 알아야 하며 상상하기 힘든 것을 기꺼이 상상할 줄 알아야 한다. 그래야만, 결국 역사의 포물선을 구부려놓는 길 외에는 다른 방도가 없다는 사실을 우리 모두 깨닫게 될 것이다." 미·중간 국사적 충돌을 막기 위해서는 현재의 상황에서 벗어날 상상력을 발휘해야 하고 그 무엇인가를 완충장치로 만들 것을 권고한다.

패트릭 파올리스 이코노미스트 에디터는 2025 세계대전망에서 "더 위험해진 세계에서 트럼프 대통령의 경쟁자를 분열시키려는 의지와 상대를 위협할 수 있는 능력은 유용할 것이다. 그러나 그의 벼랑 끝 전술, 일관성 없는 행동, 그리고 상대에게 휘둘리는 취약성은 '힘을 통한 평화'를 추구하는 그의 목표와 어울리지 않는다. 미국이 장기적으로 영향력을 회복하려면 투자와 동맹 구축이 필요하지만, 트럼프는 아마도 이를 할 수 없거나 하지 않을 것이다. 억지력의 격차는 점점 커지고 있으며, 2025년 세계는 트럼프 대통령조차도 이를 메우기에 충분하지 않다는 사실을 알게 될 것이다" 미국은 트럼프 2기를 맞아 중국에 대한 압력을 더 강화할 것이지만 미국의 패권이 세계질서를 안정화시킬 수 있을 만큼 강화될 것인지는 의문이다. 중국은 미국의 압박에서 벗어나기 위한 모든 책략을 동원할 것으로 예측되는 상황이어서 앨리슨의 제안이 유용한 상황이다.

중국은 2024년 처음으로 국제적인 자연과학저널 게재 논문 수에서 미국보다 앞서게 되었고 핵심기술 추적지표에서는 중국이 57개 부문에서 세계 1위를, 미국이 7개 부문에서 세계 1위를 기록했다. 10

대 핵심 산업에서는 미국 우위의 핵심 산업은 5개로 AI, 컴퓨터 칩셋, 항공 및 군용기, 배터리, 우주여행 등이고, 중국 우위의 핵심 산업은 4개로 고속철, 양자연구, 네트워크 및 5G, 결제시스템 등이다.

글로벌 13대 수출 품목의 세계시장 점유율(2021년 기준)은 중국이 미국을 능가한 품목은 총 10개 품목, 반도체, 일반기계, 선박류, 무선통신기기, 철강, 평판DP, 자동차 부품, 석유류, 가전, 컴퓨터 등인데 대부분 세계 1위의 점유율을 보여준다. 종합순위로 보면 중국 1위, 독일 2위, 미국 3위, 한국 4위, 일본 5위, 대만 6위 순으로 나타난다.

중국은 세계 2위 경제(GDP)대국, 세계교역 및 수출 1위국으로 전체 GDP의 19%가 수출인데 수출의 42%는 선진국 대상이다. 중국을 교역 최대 파트너로 삼고 있는 국가는 50여 개이고 120여 개국 및 지역이 중국과 3위 이내의 교역 파트너이다. 중국은 외자 이용국 1위, 해외투자 2위 국이다. 30만 명이 미국 유학 중이고, 3억 명이 영어를 학습한다. 중국은 1년에 1억 4천만 명이 해외여행을 다녀온다. 2024년 포춘지선정 500대 기업(2024년 기준)에는 미국 128개 기업, 중국 106개 기업이 선정됐다. 글로벌 1위 기업은 미국의 월마트이고 2위 기업은 중국의 시노펙(중국 석유화학공사)이다. 우리 기업은 17개이고 100위 안에 든 우리 기업은 삼성전자 13위, SK홀딩스 57위, 현대자동차 99위 등이다. 중국은 중간소득 인구가 세계 최대이며 중국인이 선호하는 상품은 세계시장에서 씨가 마른다. 최근 두리안, 커피, 김 가격이 상승하는 이유가 바로 여기에 있다. 중국은 세계 최강 제조국이고 세계 최대의 소비시장이다. 국내 내수시장을 확대하고 독립적인 공급망을 구축해 국내외 경제순환을 독립적으로 운영할 수

세계 GDP에서 차지하는 비중(2000년)

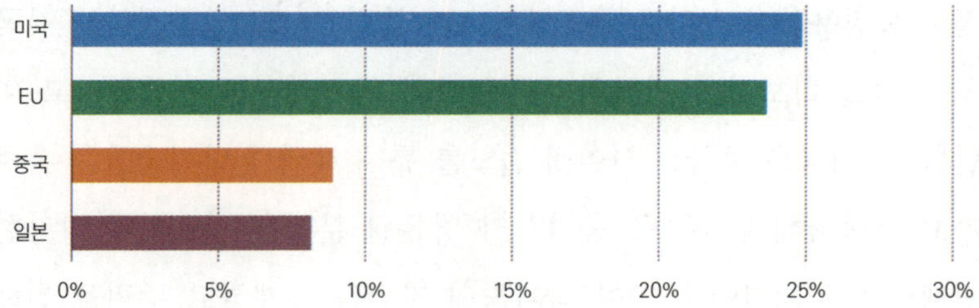

세계 GDP에서 차지하는 비중(2030년)

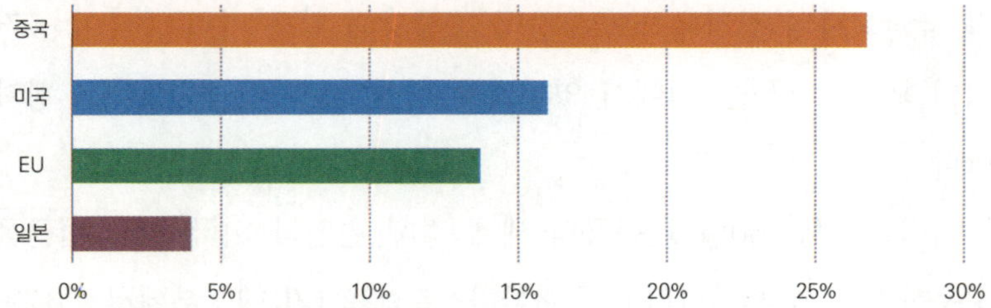

자료: 통상, 2023년 9월호, 산업통상자원부

있는 소위 쌍순환 경제가 가능한 나라이다.

OECD의 실질GDP 장기예측에 따르면 2000년에는 세계경제에서 중국경제가 차지하는 비중이 10% 미만이었는데, 2030년이 되면 28%대로 증가할 것으로 추정한다. 반면 미국은 2000년 25%에서 2030년 16%대로 축소될 것으로 추정된다. 2030년이면 세계경제에서 중국경제의 비중이 미국, EU, 일본의 비중보다 압도적으로 높아지면서 세계경제를 주도할 것으로 전망된다.

미국은 2001년 중국의 WTO 가입을 도운 이후 중국 내부는 자유로워지고, 해외에는 덜 위협적이며 미국에 점차 우호적으로 변할 것이라 기대했다. 그런데 미국의 기대와는 다르게 중국은 자유경쟁에 관한 투자의 원칙을 받아들이지 않고 오히려 정부 주도의 중상주의 정책을 활용하여 성장을 주도해왔으며 불법적이고 불공정하게 자국의 기술을 확보하여 미국의 국가안보와 국가이익을 침해한다고 비난한다. 미국은 중국을 사이버 절도를 통해 해외 첨단기술들을 훔쳐가고 남중국해에 무력을 증가시켜 영유권 분쟁을 일으키며 막강한 경제력을 동원하여 아시아 국가들의 자원을 통제하고 주권을 침해하는 불량국가로 인식한다. 미국은 사회주의 시장경제가 중국 정부와 국영회사의 정경유착으로 중국 공산당의 힘을 키워 중국이 공격적인 외교로 국제사회에서 영향력을 형성하는 근간이 됐다고 평가한다.

미국은 지난 40년간 중국의 세계 경제 편입과 미국 시장 접근을 허용한 대가가 혹독하다고 후회한다. 트럼프 1기 행정부에서 2017년 경제안보가 곧 국가안보임을 천명했고 1970년대 핑퐁외교 이후 추진된 중국과의 커플링 전략이 전략적 오판이었음을 자인하며 폐기를 결정했다. 미국은 중국에 대해 공산당의 통제, 억압, 부조리를 공격 대상으로 구체화하였고 경제적으로 사회주의 체제를 유지하면서 시장 규칙을 활용하여 자본의 이익을 국가에 종속시키는 '비자본주의적 시장경제'로 규정한다. 이런 배경에서 미국은 중국을 세계화의 이익을 함께 공유할 수 없는 국가로 판별했고 글로벌 가치사슬Global Value Chain에서 완전히 제외하려는 디커플링 정책으로 전환했다.

트럼프가 미국의 대통령이 되면서 미·중 경제전쟁은 본격화되었고 공방전이 거듭될수록 중국을 겨냥한 미국의 공세는 높아지고 단순한 무역갈등의 차원을 넘어 전방위적인 패권전쟁으로 확전되는 양상이다. 관세로 시작된 미·중 무역갈등은 미국의 화웨이 제재와 중국의 희토류 수출제한 등 기술과 자원문제로 확대되었고, 2019년에는 미국이 대만을 독립된 하나의 국가로 인정하고 '하나의 중국'원칙을 깨뜨리는 체제문제로까지 전선은 확대되었다. 트럼프 정부는 치밀하게 준비된 정교한 공격 카드를 하나씩 꺼내며 중국을 몰아붙이고 있다. 미·중갈등은 체제전쟁으로까지 전선이 확대되며 무역, 산업, 환율, 금융, 군대, 원가, 인재를 중심축으로 하는 패권경쟁의 속성을 가진다.

중국은 보유한 미국의 국채를 팔아 재끼고 대량의 금을 사들였으며 환율인상(달러당 7위엔 이상으로 용인하는 평가절하), 보복관세부과, 그리고 희토류 수출금지 등으로 반격을 가하고 있다. 또한 중국은 미국의 관세폭탄을 피하기 위해 자동차, 휴대폰, 가전 분야에서 아세안, 멕시코 등으로 공장을 이전하여 미국으로의 우회 수출로를 개척하고 있다. 특히 2024년 4월 중국판 슈퍼 301조라고 할 수 있는 관세법을 제정하여 고관세에 대한 보복관세에 대응할 채비를 갖추고 있다. 이 법안은 중국 제품에 대한 고관세에 상호주의 원칙에 따라 교역 상대국에게 보복관세를 부과하는 내용이고 관세정책을 국가이익과 외교·안보적 이유로 결정될 수 있다는 내용을 담고 있다. 미국의 중국 때리기가 심화되면서 중국의 시진핑 주석은 2023년 10월 중앙금융공작회의에서 "중국에서 사업을 확장하는 월가 기업들과 경쟁하기 위해 몇몇 최고 수준의 투자은행(IB)을 육성하라"고 하달한다. 이것은 시진핑 주석이 월가의 골드만 삭스를 대체할 중국판 골드만 삭스'를 만들겠다는 강력한 의지의 반영이다. 이에 따라 중국 증권감독관리위원회(증감위)는 상하이上海시가 소유한 양대 증권사인 궈타이쥔안國泰君安증권과 하이퉁海通증권을 합병하여 공룡증권사를 탄생시켰다. 금융부문에서도 긴장이 고조되고 있는 것이다.

트럼프 2기 행정부는 중국에 대한 관세를 트럼프 1기의 평균 관세율 20%보다 훨씬 높은 최대 60% 수준까지 적용할 것을 공언하고 중국 수출품 우회국에 대해서도 동일 수준의 관세 부과를 예고했다. 또한 중국에 대한 무역최혜국 지위를 박탈하고 중국기업의 미국내 투자 제한, 기술 수출통제, 중국기업에 대한 증시 상장 제한이라는 카드까지 테이블에 올려 놓았다.

7. G7과 브릭스의 패권경쟁

G7과 G20

G7은 미국이 주도하는 서방 선진국 경제협의체이다. 그동안 주요 국제 이슈를 논의하고 해결하면서 세계질서와 글로벌 경제에 막강한 영향력을 행사해 왔다. 1973년에 발족한 G7Group of Seven(선진 7개국)은 미국, 일본, 영국, 프랑스, 독일, 이탈리아, 캐나다 등 선진 7개국으로 구성된다. 브릭스BRICS는 중국과 러시아가 주도해서 설립된 개도국 협의체이다. G7에 대한 대항마의 성격을 가지고 G7이 크게 주목하지 않았던 신흥국 개발 등의 이슈를 다루며 G7의 리더십에 도전할 기반을 구축해 왔다. G7은 중국이나 인도 등 정치·경제적으로 성장한 신흥국들이 포함되지 않아 대표성 문제가 제기됐고, 이를 극복하기 위해 IMF회원국들 가운데 영향력 있는 20개국을 선별해 G20이라는 연합체를 탄생시켰다. G7국가와 유럽연합 의장국에 12개의 신흥국을 포함한다. 신흥국으로는 한국, 아르헨티나, 호

G7의 중국 관련 공동성명 내용

자료: 통상, 2023년 7월호, 산업통상자원부

주, 브라질, 중국, 인도, 인도네시아, 멕시코, 러시아, 사우디아라비아, 남아프리카공화국, 튀르키예 등 12개국이다. G20의 총인구는 전 세계인구의 2/3에 달하며, 전 세계 GDP의 90%, 그리고 전 세계 교역량의 80%를 차지한다. 따라서 G20 정상회의는 경제뿐 아니라 정치, 사회, 문화, 과학기술, 인권, 스포츠 등 다양한 분야에 영향을 미치며 이해관계를 조율할 수 있는 역할과 기능을 수행한다.

G20의 논의 결과는 WTO, UN, ITU국제통신연맹, IOC국제올림픽위원회 등 국제기구의 활동에도 영향을 미친다. 인도의 경우에는 G20 국가들이 G20 이외의 국가들에 대해 책임을 느껴야 한다고 거듭 목소리를 높여가면서 G20에서의 영향력을 확장하기 위해 개발도상국의 대변인 역할을 강화하고 있다.

2023년 일본 히로시마에서 개최된 제48차 G7정상회담에서는 중국영향력 확대에 대한 견제와 우려, 그리고 주요 광물관련 공급망 구축, 조정 플랫폼 신설 같은 대중국 조치에 합의한 공동선언문을 채택했다. G7의 중국 관련 공동성명 내용은 경제분야에서는 ① 반도체 배터리 관련 공급망, 대중국 의존도 축소, ② 중국의 비시장적

정책이 야기하는 문제 해결, ③ 비공식적인 방식으로 경제적 불이익을 주는 관행에 대응하는 '조정 플랫폼' 신설 등에 합의했고, 안보 분야에서는 ① 동중국해 등 힘에 의한 현상 변경 반대, ② 양안(중국과 대만)문제의 평화적 해결, ③ 민주주의 훼손하는 간섭 활동 자제 촉구 등에 합의했다.

세계 국내총생산GDP에서 G7이 차지하는 비중은 2002년 기준 64%에서 2022년 44%로 급감했다. 그사이 중국과 러시아의 비중은 5%에서 20%로 급증하므로써 G7의 세계경제에 미치는 영향력이 축소되고 있다. 따라서 한국, 호주, 인도 등 차세대 G7국가들의 행보가 주목된다.

브릭스와 중국·중앙아시아 정상회의

브릭스BRICS는 2009년 중국과 러시아 주도로 만든 신흥대국들의 연합체로 브라질Brazil, 러시아Russia, 인도India, 중국China, 남아프리카공화국South Africa 등 5개국의 머리글자를 따서 부르는 명칭이다. 브릭스 플러스BRICS+는 중국의 제안으로 기존의 브릭스 국가들과 이란, 아르헨티나, 알제리, 이집트, 인도네시아, 카자흐스탄, 세네갈, 우즈베키스탄, 캄보디아, 에디오피아, 피지, 말레이시아, 태국 등 13개국이 브릭스 5개국과 연대하는 형태이다.

2023년 8월 남아프리카공화국에서 개최된 브릭스 정상회담에서 중국과 러시아는 서방을 견제하려는 의도로 회원국의 외연 확대 BRIC+를 적극 지지했다. 브릭스는 사우디아라비아, 이란, 에티오피아, 이집트, 아르헨티나, 아랍에미레이트 등 6개국이 새로운 회원국으로 추가되면서 브릭스 플러스(+)라는 명칭을 얻게 됐다. 기존의 브릭스에 주요 산유국을 포함한 6개국이 추가되면서 지정학적으로는 아프리카–중동–북아프리카–남아프리카까지 브릭스플러스의 영역은 확대됐다. 2023년 기준 브릭스 9개 회원국의 인구는 세계 인구의 44.8%, GDP(PPP) 규모는 전 세계의 35.8%, 세계석유매장량은 전 세계의 44%를 차지한다.

2024년 10월 러시아 카잔에서 제16차 브릭스 정상회의가 열렸다. 블라디미르 푸틴 러시아 대통령은 브릭스BRICS 정상 회의를 역사상 최대 규모 외교 행사로 키워 서방 제재에도 건재한 국제 영향력을 과시하려 했다. 이번 브릭스 정상회의에는 36개국, 6개 국제기구가 참석했다. 이 중 22개국은 정상이 직접 카잔을 찾았다. 러시아, 브라질, 인도, 중국 등 4개국으로 2009년 시작한 브릭스는 2010년 남아프리카공화국, 2023년 이란, 이집트, 에티오피아, 아랍에미리트UAE를 포함하며 빠르게 확장했다. 사우디아라비아는 검토 단계이며 튀르키예, 말레이시아, 아제르바이잔 등도 회원국 가입을 신청한 상태다. 러시아와 중국은 미·중 대결 심화와 러시아의 우크라이나 침공으로 주요 7개국G7을 중심으로 한 서방의 경제 제재·압박이 거세지자, 브릭스를 통한 국제 질서 재편 의지를 보여왔다. 이번 브릭스 정상회의에서는 아웃리치 형식의 회의를 통해 글로벌 사우스와의 협력을 증진하기 위한 역할에 초점을 뒀다. 브릭스가 세계의 다수를 차지하는 글로벌 사우스 국가들과 협력체계를 끌어낼 수 있다면 국제사회에서 브릭스의 위상과 영향력은 높아질 수 있고 세계경제의 화두이자 중요한 변화의 상징으로 부상할 것이다. 중국의 시진핑과 러시아의 푸틴은 카잔 브릭스 정상회담에서 브릭스를 결집해 G7체제에 맞대응하는 국제공동체로 발전시키려는 공동의 목적의식을 드러냈다. 특히 중국 주도로 브릭스 회원국들 상호 간 무역에서 브릭

G7정상회의에 대응한 중국 · 중앙아시아 5개국 정상회의

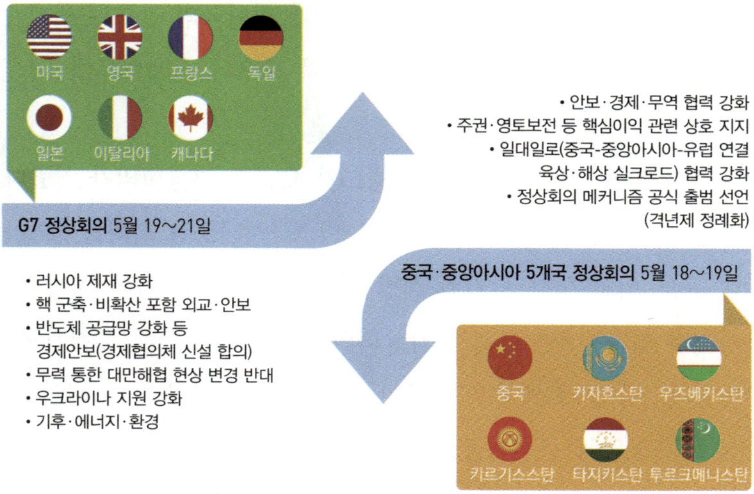

자료: 통상, 2023년 7월호, 산업통상자원부

스 공용화폐를 도입하려는 탈달러 움직임에 대다수 회원국들이 호응했다는 점은 특별한 이슈이다. 미·중 패권전쟁은 미국 주도의 G7과 중국이 핵심국가로 참여하고 있는 '브릭스BRICS+'의 경제권까지 확대되고 있다.

중국은 2023년 5월 제48차 G7 정상회의가 일본 히로시마에서 개최되는 동안 중앙아시아 5개국 정상회의를 산시성 시안에서 개최하여 시진핑의 핵심 대외정책인 일대일로를 비롯, 다양한 경제·안보 협력방안을 논의했다. 정상회의 참여국은 중국, 카자흐스탄, 우즈베키스탄, 키르기스스탄, 타지키스탄, 투르크메니스탄 등이다. G7정상회의가 열리는 시점에서의 중국의 시주석이 중앙아시아 5개국 정상회의를 개최한 이유는 미국이 주도하는 G7을 견제하려는데서 비롯됐다. 이번 정상회의의 공동선언문에서는 ① 안보·경제·무역 협력 강화, ② 주권, 영토보전 등 핵심 이익 관련 상호지지, ③ 일대일로(중국-중앙아시아-유럽연결, 육상 해상 실크로드)협력 강화, ④ 정상회의 메커니즘 공식 출범, 격년제 정례화 등을 채택했다. 중국은 미국이나 G7에 맞서 중국이 주도하는 새로운 국제 질서나 제도를 끊임없이 구축하려 시도한다. 중국은 중동에서 사우디아라비아와 이란을 중재함으로써 중동지역에서의 영향력을 고착화하고, 우크라이나 사태 중재 등을 시도하면서 국제적인 영향력을 발휘하려 한다. 중국이 주도할 수 있는 브릭스 플러스를 활용하여 탈달러를 추구하는 등 미국이 주도하는 디커플링 전략에 맞서고 있다.

글로벌 사우스 끌어안기

글로벌 노스Global North는 미국과 유럽을 비롯한 한국·일본·호주 등 선진국을 일컫는 용어이고, 글로벌 사우스Global South는 북반부의 저위도나 남반부에 위치한 아시아·아프리카·남미·오세아니아의 개발도상국과 신흥국을 통칭한다. 글로벌 사우스는 인도·브라질·사우디아리비아를 비롯한 120여 개의 개발도상국을 의미하는데, 북반구에 쏠려있는 선진국을 가리키는 글로벌 노스와 대비된다. 그들은 미국 중심권과 소련 중심심권으로 나뉘어 두 진영이 치열하게 싸우던 냉전시대에도 독자적인 입장을 고수했던 제3세계에 속한 국가들이다. 현재에도 미국을 중심으로 하는 서방선진국과 중국·러시아 등이 대립하는 갈등 상황에서 이념이나 정치적 편가르기에 동참하지 않고 독자적인 목소리로 실리를 추구한다는 특징을 갖는다.

글로벌 사우스 국가들은 니켈, 리튬, 흑연, 코발트, 희토류 등 풍부한 자원을 갖고 있어 미국, 중국, 유럽, 한국을 비롯한 많은 국가들이 글로벌 사우스 끌어안기에 경쟁적으로 나서고 있다. 아프리카는 백금 전 세계 매장량(2023년 기준)의 77.2%, 탄탈룸 68.6%, 망간 61.0%, 코발트 43.9%, 인광석 23.5%, 천연흑연 12.6%를 차지한다. 중앙아시아는 천연자원 세계 순위(2024년 기준)로 카자흐스탄은 크롬 1위, 우라늄 2위, 석탄 7위, 망간 9위, 원유 12위, 천연가스 22위의 매장량 보유국이고, 우즈베키스탄은 금 10위, 우라늄 12위, 몰리브

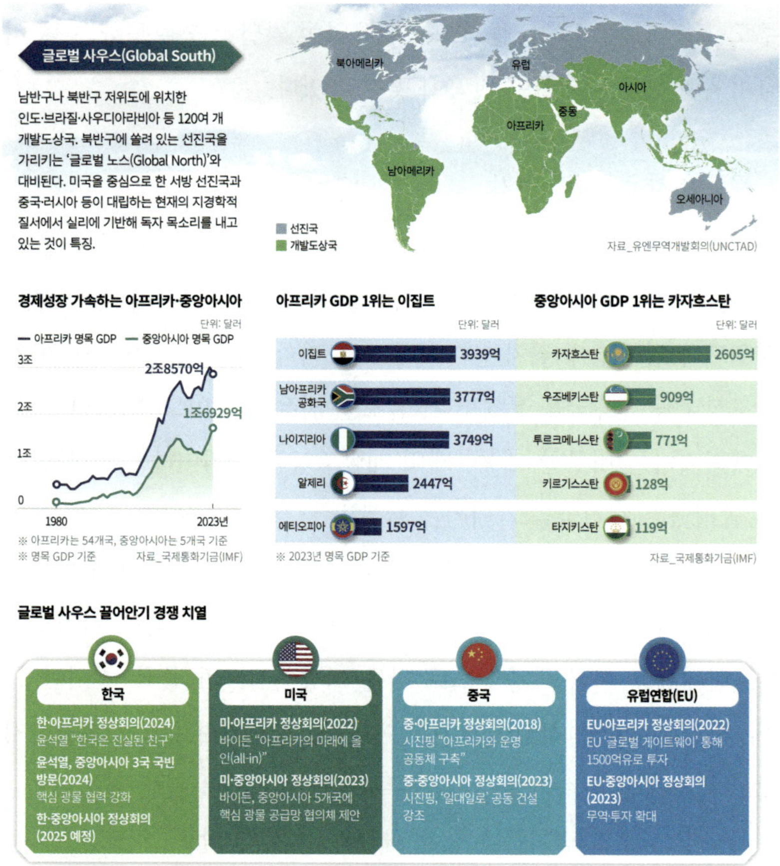

자료: 통상, 2024년 7월호, 산업통상자원부

덴 13위, 천연가스 16위의 매장량 매장량 보유국이며, 투르크메니스탄은 천연가스 4위, 원유(44위)의 매장량 보유국이다. 미국은 2022년 미·아프리카 정상회의를 개최하고 아프리카의 미래에 올인all-in할 것을 약속했다. 2023년에는 미·중앙아시아 정상회를 개최하고 중앙아시아 5개국에 핵심 광물 공급망 협의체를 제안했다. 중국은 2018년 중·아프리카 정상회의를 개최하여 중국과 아프리카의 운명 공동체를 제안했고, 2023년에는 중·중앙아시아 정상회의를 개최하여 일대일로 공동 건설을 강조했다. 유럽연합은 2022년 EU '글로벌 게이트웨이'를 통해 아프리카에 1,500억 유로를 투자하기로 약속했고, 2023년에는 EU·중앙아시아 정상회의를 개최하여 상호 간에 무역 및 투자 확대를 제안했다. 우리나라는 2024년 한·아프리카 정상회를 개최하여 한국은 아프리카의 진실된 친구임을 강조했고, 같은 해 윤석열 대통령은 중앙아시아 3국을 방문하여 핵심 광물 협력 강화를 제안했다. 그리고 2025년 한·중앙아시아 정상회의를 다시 열 것을 약속했다.

미국과 중국을 비롯한 세계 주요국들은 세계경제의 미래성장의 동력으로 글로벌 사우스를 지목한다. 딥테크 산업에 필수적인 핵심 광물을 선점하기 위해 자원이 집중된 글로벌 사우스를 끌어안는 외교를 펼치고 있다.

8. 에너지·자원 패권경쟁

석유 수송로와 남중국해

중국의 석유 수송로는 길고 대부분 중동지역(사우디 석유 수출의 30%)에서 수입되기 때문에 호르무즈 해협과 말라카 해협을 지나야 한다. 이 지역은 중국 석유 수입량의 80%가 지나는 석유 수송로이다. 중국의 1일 원유 수입량은 220만~250만 배럴에 달한다. 유사시에 미국의 항공모함이 해로를 차단한다면 중국은 과거 태평양 전쟁에서 일본처럼 에너지 공급에 치명상을 입게 된다.

중국은 남중국해에 매장된 자원을 확보하고 중동이나 아프리카에서 시작되어 남중국해를 통과하는 석유 수송로를 지키기 위해 남해구단선에 대한 영유권을 주장한다. 남해구단선은 중국이 1953년 남중국 해역과 해저에 대한 영유권을 주장하기 위해 중국 본토에서 1,800km나 떨어져 있는 남중국해 주변을 따라 그은 U자 형태의 9개 선으로, 남중국해 전체 해역의 90%를 차지한다. 중국이 획정한 남해구단선 안에는 난사군도(스프래틀리 제도), 시사군도(파라셀 제도)가 포함된다. 중국은 이 남해구단선을 근거로 남중국해 영유권을 주장하며 인공섬을 조성해 군사 시설화에 나서면서, 필리핀과 베트남 어민들의 조업까지 단속하게 된다. 이에 주변국들은 중국이 남해구단선을 근거로 남중국해 전체를 자국 영해로 만들려 한다고 항변해 왔다. 하지만 중국은 2,000여 년 전 한漢나라 때부터 중국인이 남중국해를 항해하고 섬을 발견해 이름을 지었다는 기록이 남아 있다는 역사적 권원權原을 제시하며 1982년 체결된 유엔 해양법협약이 이를 무력화할 수 없다고 주장해 왔다.

2016년 7월 네덜란드 헤이그에 있는 상설중재재판소Permanent Court of Arbitration: PCA가 중국이 남중국해 영유권 주장의 근거로 삼고 있는 남해구단선에 대해 "남해구단선 내 수역과 자원에 대한 중국의 역사적 권리를 인정할 수 없다."고 판결했다. 그러나 중국은 이를 무시하고 난사군도의 암초에 군사기지를 건설하는 등 힘으로 밀어붙이고 있다. 미·중 패권전쟁이 격화되면서 중국의 입장에서는 에너지 안보와 식량 안보의 중요성이 배가되었다. 중국이 미국과 맞서 싸우는 경우, 중국의 최대 약점은 식량공급선이나 에너지 공급선이다. 미국은 석유 자급률이 100%를 상회하지만 중국은 80%수준이다. 중국의 입장에서 석유 수송로의 안전을 확보하는 것을 국가안보에서 가장 중요한 정책으로 우선시하는 이유이다.

중국은 사용하는 원유 약 80% 가 '호르무즈 해협 → 인도양 → 말라카 해협 → 남중국해'를 통해 수입된다. 따라서 중국이 원유수송

자료: 통상, 2022년 5월호, 산업통상자원부

로의 안정성을 확보하려면 말라카 해협이나 남중국해뿐 아니라 인도양에 대한 군사적 영향력을 확보해야 한다. 이런 이유로 중국은 2010년부터 인도양의 해양 수송로에 군사적 영향력을 확보하기 위해 '진주목걸이 전략'을 추진해 왔다. 하이난섬에서 시작해서 말레이시아, 캄보디아, 미얀마, 스리랑카, 파키스탄에 해군기지를 장기 임차했고, 동아프리카의 거점 국가 지부티의 오보크항에 중국 역사상 처음으로 해외 군사기지를 구축했다.

중국의 그린에너지 패권

석유에너지에 대한 패권은 1960년 석유생산할당 카르텔인 OPECOrganization of the Petroleum Exporting Countries(석유수추국기구)의 발족에서 시작된다. OPEC는 이라크, 이란, 사우디아라비아, 쿠웨이트, 베네수엘라의 5대 석유 생산 및 수출국 대표가 결성한 협의체이다. 이후 OPEC는 OPEC+로 확대었고 회원국으로는 아랍에미리트, 리비아, 나이지리아, 러시아, 멕시코, 말레이시아, 오만, 카자흐스탄 등이 추가되었다. OPEC+는 OPEC 산유국과 비OPEC 산유국의 연합체로서 그들의 카르텔 이익을 지키기 위해 전 세계의 석유 공급량을 조절하는 데 동참하고 있다. 이 그룹은 OPEC 본부가 있는 빈을 따 '빈그룹Vienna Group'으로 불리기도 한다. 이들은 세계석유 공급량의 55%, 매장량의 90%를 차지하고 있어 석유에 대한 지배력이 막강하다.

OPEC 산유국들은 1973년 제1차 석유파동이나 1979년 제2차 석유파동을 주도했다. 석유를 정치화, 무기화한 사례이다. 제1차 석유파동은 산유국들이 매달 원유 생산량을 5%씩 줄이고 미국 등 이스라엘을 지원하는 국가(4차 중동전쟁)에는 원유를 공급하지 않는 금수조치를 내렸으며, 국제유가는 하루아침에 4배가량 튀어 올랐다. 이것이 1970년대 세계적인 인플레이션의 트리거로 작용했다. 러시아는 최근에 서방세계가 러시아의 우크라이나 침공에 대한 금융제재 및 교역 중단 조치에 반발하여 유럽으로 공급되던 러시아의 천연가스를 차단했다. 러시아 국영 가스회사 가스프롬은 2022년 9월 러시아에서 유럽으로 연결되는 주요 가스관 '노르트스트림-1'의 운영을 무기한 중단했다. 2025년 1월에는 우크라이나가 자국을 통과하는 가스관을 이용한 러시아산 천연가스의 유럽 공급을 차단했다. 그 결과로 주요 EU 회원국들은 그동안 노르웨이와 미국 등으로 천연가스 수입선을 전환한 덕분에 타격이 크지 않았지만, 러시아산 가스 의존도가 높고 경제력이 취약한 동유럽 국가들은 심각한 경제적 타격을 입게 됐다. 유럽은 전체적으로 미국에 비해 3~4배 높은 천연가스 가격을 부담해야 했고 가스공급이 충분치 않은 국가들은 추위에 떨어야 했다. 에너지는 과거에도 그랬고 현재나 미래에도 무기화할 수 있기 때문에 에너지 패권을 장악하기 위한 경쟁은 치열하다.

중국 국가에너지국NEA은 2024년 기준 중국의 에너지 자급률은 80% 수준이라고 발표했다. 2024년 중국은 석탄 약 4억 7,600만 톤을 채굴했고 석유 생산량은 6년 연속 증가했다. 천연가스 생산량도 8년 연속 증가하며 2024년 약 100억m^3를 넘을 것으로 파악됐다. 중국 전력 발전량은 2024년 전년 대비 약 5.7% 증가했다. 그런데 증가분에서 재생에너지가 차지한 비중은 약 85%로 매우 높은 수준이다. 특이한 점은 전기에너지 자급률을 높이는 데 가장 기여한 자원은 화석연료가 아닌 재생에너지였다. 그리고 재생에너지 전체 발전량 약 3억 킬로와트 중 약 8,400만 킬로와트의 발전량은 태양광이 차지했다.

중국은 2024년 기준 세계 원전 기반 전력 생산량 중 1위를 차지했다. 국내에서 가동되고 있는 원전은 102기로 1년에 약 1억 1,300만 킬로와트의 전력을 생산한다. 중국의 에너지 정책의 기저에는 석유 에너지의 비중을 줄이고 태양광을 비롯한 재생에너지와 원전 발전량을 늘리려는 에너지 믹스 전략이 깔려있다. 중국은 에너지 정책을 통해 재생에너지 생산기반을 확충하고 산업구조를 재편함으로써 그린에너지 패권을 장악하려 한다. 석유 시대가 종결되고 대체에너지 시대로 전환하는 과정에서 그린에너지 강국으로 거듭나려는 전략이다. 이미 중국은 그린에너지 핵심광물 가공 공급망에 대한 지배력에서 코발트 65%, 리튬 58%, 희토류 87% 수준을 지배하고 있다.

중국의 희토류 무기화

중국은 30~40년 전부터 핵심 전략 광물에 투자해 왔고 채굴과 가공을 중국이 지배하는 석유 이후 시대를 준비해 왔다. 또한 첨예화되는 미·중패권전쟁의 갈등구조 속에서 중국은 희토류를 비롯한 희귀 광물을 무기화하여 정치적·외교적 목적에 활용하고 있다. 2020년부터 미국은 중국의 반도체와 첨단기술에 대해 제재를 본격화했다. 이에 대응하기 위해 중국은 2020년 희토류의 수출을 제한할 수 있는 수출통제법을 제정했고, 2021년 중국알루미늄그룹, 중국우쾅그룹, 간저우희토그룹 3곳의 사업을 통합한 다음 철강연구과학기술그룹, 비철금속과학기술그룹 등 연구기관 2곳을 영입해 '중국희토그룹'을 탄생시켰다. 중국 희토류그룹은 전 세계 희토류의 87%를 장악하고 있으며 희토류 중에서도 핵심인 '중 희토류'의 세계 최대 생산업체다. 희토류는 란타넘La, 세륨Ce, 프라세오디뮴Pr, 네오디뮴Nd, 프로메튬Pm 등 17개 원소를 통칭하는 용어다. 희토류는 열과 전기가 잘 통하는 광물이어서 전기전자·촉매·광학·초전도체 등에 사용된다. 또한 희토류는 반도체, 배터리, 에너지 분야에 필수적인 희귀한 광물이어서 산업의 비타민으로도 불린다. 중국은 희토류를 국가전략자원으로 관리하면서 채굴량이나 수출량을 통제하는 수출통제법을 시행하고 있다.

2010년 중국은 희토류를 무기화해서 일본과의 분쟁, 센카쿠열도 문제를 해결했다. 2018년 미국이 중국제품에 관세폭탄을 퍼붓고 중국의 대표적인 통신기업 화웨이를 강력하게 제재하자 중국은 희토류 카드를 협상 테이블에 올리려 했다. 중국은 자원 무기화 대상을 희토류뿐 아니라 리튬·니켈·흑연·코발트·갈륨·게르마늄·보크사이트 등으로 확대하고 있다. 그린에너지 핵심광물 가공 공급망에 대한 중국의 지배력은 코발트 65%, 리튬 58%, 희토류 87%이고 반도체에 필수적인 갈륨(연간 420톤)과 게르마늄(95톤)은 독점적으로 생산한다. 미국이 중국산 광물을 제재하고 있는 상황에서 제재 대상 중국 품목의 세계시장 점유율(2020)은 영구자석(92%), 태양광셀(86%), 배터리(66%), 천연흑연(63%), 전기차(63%), 철강 및 알루미늄(54%) 등으로 높은 수준을 유지한다.

2차전지에 필수적인 흑연이나 인조흑연 공급에 있어서도 역시 중국이 지배적이다. 2차전지 음극재 원료인 인조흑연의 경우 우리나라의 중국의존율은 90%에 이른다. 2021년과 2023년에 걸쳐 우리나라는 중국의 요소 수출통제 정책으로 디젤엔진 자동차 구동에 필수적인 요소수 대란을 겪은 바 있다.

9. AI와 딥테크 패권전쟁

중국의 시진핑은 미래 기술의 핵심을 반도체(두뇌), 통신망(신경), 배터리(심장)로 규정하고 정부의 지원을 집중하고 있다. AI와 반도체는 국가 간 경쟁에서 첨단기술의 주도권을 결정하는 핵심적 요소이다. AI와 반도체 같은 첨단기술이 경제적 번영을 결정하고 국가안보와 국가의 주권 문제에도 중대한 영향을 미친다. 미·중 패권전쟁은 첨단기술을 안보재security goods로 인식하는 신안보emerging security적 개념이 지배한다. 기술은 단순한 기업 차원의 문제가 아니라 국가안보이며 국가의 주권이고 국가의 미래이다.

미국은 반도체 칩과 과학법CHIPS, 인플레이션 감축법IRA 등 반도체 공급망 및 에너지 안보를 위한 법안을 앞세워 공급망에서의 산업혁신 전략을 국가안보 차원으로 추진 중이다. 중국은 국가의 독립과 발전을 포함한 국익을 경제 측면에서 확보하기 위한 경제안보 정책을 강화함으로써 미국과의 기술패권 전쟁에 대응하고 있다. 미국과 중국은 과학기술 외교에서도 경쟁을 강화하고 있다. 과학기술협정Science and Technology Cooperation Agreement이나 국가 간 공동연구 프로젝트 등 과학기술에 대한 대외 협력체제를 구축하고 있다.

2025년 2월 3일 중국의 푸총 UN대사는 미국 뉴욕 유엔본부에서 열린 기자간담회에서 "딥시크가 전 세계적으로 큰 반향을 일으키고 있다. 이는 미국의 기술 봉쇄 정책이 효과를 내지 못하고 있다는 강력한 교훈을 준다"고 주장했다. 또한 "화웨이의 사례를 보라. 틱톡을 보라. 이제는 딥시크 차례"라며, 미국이 중국 기술 기업들을 견제하려 해도 중국은 지속적인 혁신을 통해 이를 돌파하고 있다고 주장했다. 그는 "우리는 개방과 협력을 지향해야 하며, 이는 기술뿐 아니라 정치적인 차원에서도 마찬가지"라며, "더 많은 금지나 폐쇄가 아니라 협력이 필요하다"고 강조했다.

생성형 ChatGPT 패권경쟁

2022년 11월 OpenAI가 개발한 생성형 AI인 ChatGPT가 세상을 놀라게 했다. 2023년 5월에는 초기 베타 모델을 개선한 안정화 베타 모델이 출시된면서 ChatGPT는 대중적으로 자리잡게 됐다. 전 세계적인 AI열풍을 일으켰고 AI 제작에 필수적인 GPU시장이 들썩였고 GPU시장을 주도해 온 엔비디아의 주가는 치솟았다. 게임체인저로서 ChatGPT와 반도체 GPU시대가 활짝 열린 것이다.

하지만 2025년 1월 중국의 스타트업 딥시크deep seekAI에서 개발한 대규모 언어모델LLM인 딥시크 R1이 공개되면서 AI시장에 돌풍을 일으키고 있다. 중국의 이 모델은 미국의 AI모델들과 견주어도 성능에서 뒤지지 않을 뿐만 아니라 개발비용면에서 기존 AI의 10%수준이기 때문이다. ChatGPT는 창의적인 글쓰기, 아이디어 생성, 감성적 소통 등에서 딥시크보다 우월하지만 딥시크는 논리적 사고, 수학문제 풀이, 프로그래밍 등에서 우월한 성능을 자랑한다. 미국은 그동안 중국의 기술 성장을 견제하기 위해 첨단 반도체, 특히 AI 개발에 필수적인 고성능 GPU의 중국 수출을 제한했는데, 엔비디아의 최첨단 GPU인 H100이 규제의 핵심 대상이다. 엔비디아는 H100의 성능을 의도적으로 낮춘 H800 GPU를 중국 시장에 공급했다. 최첨단 기술의 중국 유출을 막으면서도 시장 점유율을 유지하려는 꿩먹고 알먹는 전략이었다. 미국은 H100을 규제함으로써 중국의 AI 개발을 저지할 수 있다고 믿었던 것이다.

딥시크는 미국이 의도적으로 성능을 낮춰 제공한 GPU로도 충분히 경쟁력 있는 AI를 만들 수 있다는 것을 입증했다. 딥시크는 고비용의 하드웨어를 중시하는 기존의 AI방식에 충격을 가했다. 딥시크는 AI 개발 과정에서 하드웨어에 대한 의존도를 낮추고 소프트웨어 기술을 통해 효율성을 높일 수 있는 창의성을 발휘했다.

2025년 2월 한국을 찾은 샘 올트먼 OpenAI 최고경영자CEO는 카카오와의 협력을 발표한 자리에서 인공지능AI 인프라 프로젝트 '스타게이트'에 대해 "기여할 수 있는 한국 기업이 많다고 생각한다"고 발언했다. 샘 올트먼 OpenAI 최고경영자는 5천억 달러, 우리 돈 720조 원 규모의 AI 인프라 프로젝트인 스타게이트 계획을 추진하고 있다. 손정의 소프트뱅크그룹 회장, 이재용 삼성전자 회장, 샘 울트먼 OpenAI 최고경영자와의 3자 회동에서 '스타게이트와 삼성 그룹과의 잠재적 협력 관계'를 구체화했다.

중국의 기술 굴기

미·중 핵심기술 전쟁은 단순한 기술경쟁을 넘어 경제·안보에 영향을 미치는 핵심 국가이익으로 정의된다. 중국은 중국 몽을 실현하기 위한 기술패권을 강조하면서 미국과의 기술패권전쟁은 치열해지고 있다. 중국은 국가주도 산업정책으로 바이두, 알리바바, 텐센트 등 IT기업들을 세계적인 기업으로 성장시켰으며, 딥시크Deep Seek의 인공지능, 화웨이Huawei의 5G, 비야디BYD의 전기차, 닝너스다이CATL의 배터리 등의 영역에서도 기술적인 세계경쟁력을 키워냈다. 중국의 전기차 비야디는 미국의 테슬라를 제치고 세계 1위 제조회사 되었다. 미국이 중국을 압박할수록 중국은 정부를 중심으로 산업계와 학계가 하나가 되어 전기차, 자율주행, 드론, 우주산업 같은 모빌리티 산업에서 기술혁신을 주도하고 있다. 최근에는 미국이 동맹국과 연합하여 중국을 압박하는 것에 대응하기 위해 중국은 기존의 '일대일로' 전략의 핵심축 가운데 하나인 '디지털 실크로드Digital silk Road' 전략을 기술동맹의 기제로 활용하고 있다.*

후발국인 중국은 그동안 아날로그 방식을 생략하고 디지털 방식으로 점프하는 전략을 구사했다. 중국의 빅데이터 수집 및 활용 능력은 세계 1위 수준이고 이 부문에서 2030년에는 미국을 추월할 것으로 보여진다. AI의 성능은 빅데이터, 알고리즘, 그리고 슈터컴퓨팅 파워가 결정한다. 자율주행 부문도 빅데이터가 중요하다. 이런 측면에서 중국은 디지털 전환의 속도가 빨라진다. 중국은 디지털화폐 부문에서도 디지털 거버넌스를 구축하여 디지털 위안화, CBDC central bank digital currency를 발행했다. 중국의 디지털결제는 미국의 50배 수준이고(거지도 QR코드로 구걸) 건강QR코드도 활성화되어 있다. 중국의 디지털 위안화는 시범사용 규모가 345억 위안(약 6조원)이고, 참여 중인 사람은 1,000만 명이며, 하루 거래 거래횟수가 7,075만 건이고, 개인용 전자지갑 개수는 2,087만 개이며, 사용가능한 곳은 132만 곳에 이른다.

2023년 중국의 국가 R&D 연구개발 총비용은 3조 3,287억 위안(GDP의 2.64%), 한화 618조원으로 같은 시기 우리나라의 국가 R&D 연구개발 총비용 31조 1,000억원보다 무려 20배가 많은 수준이다.

---

* 중국은 글로벌 디지털 전환이 가속화되고, 4차 산업혁명에 대한 대응이 강조되면서 2017년부터 일대일로에 디지털 요소를 공식적으로 포함시키기 시작했다.

화웨이는 전 세계에서 근무하는 20만 7,000여 명의 직원들 중에서 55%가 연구개발인력이고 총수익의 23.4%는 R&D에 투자하고 있다. 2024년 7월에 발표한 WIPO보고서에는 중국의 생성형 AI특허 출원 건수는 38,210건으로 세계 1위이고, 2위인 미국의 6,276건보다 6배가 높은 것으로 나타났다. 중국의 특허출원은 전 세계 생성형 AI특허 출원의 약 70%를 차지한다. 사이버 보안 분야 보유 특허 수에서도 2024년 8월 기준 전 세계 글로벌 상위 10대 기업 중 중국기업은 6개나 포함돼 있다. 1위 (미)IBM, 2위 (중)화웨이, 3위 (중)텐센트, 6위 (중)앤트그룹, 7위 (중)스테이트그리드, 8위 (중)알리바바그룹, 9위 (중)중국투자공사 등이다. 10년 전과 비교한 특허 보유 건수 증가율은 IBM 1.5배, 화웨이 2.3배, 텐센트 13배로 나타났다. 중국은 중앙정부, 지방정부, 민간기업들이 모두 연구개발 투자 활성화에 나서면서 기술 굴기에 집중하고 있다.

미·중 반도체 패권전쟁

반도체는 정보기술IT산업의 쌀이라 불릴 정도로 4차 산업혁명 기술에 필수적인 소재이다. 반도체가 사용되는 범위는 인공지능AI, 사물인터넷IOT, 자율주행, 전력반도체 그리고 텔레비전, 컴퓨터, 스마트폰, 자동차 등에 이르기까지 광범위하다. 최근에는 반도체 산업이 세계 주요국가들의 안보자산으로 중요하게 관리되고 있다. 반도체 패권이 기술패권과 산업패권을 결정하는 중요요소이고 미·중 간 패권전쟁에서도 반도체 산업에 대한 주도권이 성패를 좌우하는 승부처로 부상했다.

중국은 반도체 굴기를 내걸고 반도체 개발에 총력전을 펼치고 있고 미국은 이를 견제하기 위해 관세인상, 반도체 장비 대중국 수출 규제, 반도체 동맹결성 등 총력을 다하고 있다. 2015년 중국은 반도체 자립률 70%를 목표로 반도체 굴기를 선언했고 정부차원에서 총 55조원 규모의 국가 반도체 펀드를 조성하고 2025년까지 10년 동안 반도체 산업에 173조원 규모의 투자계획을 수립했다. 2021년에는 '14차 5개년 계획(2021~2025년)'에 반도체 산업을 핵심 육성 산업으로 지정했다. 반도체 산업에서 비교적 취약했던 집적회로 설계, 중점 장비 및 고순도 반도체 재료 등에 관한 기술 배양 등에 역점을 두기로 했다.

2023년 중국은 7나노미터(1나노: 10억분의 1m) 반도체 공정에 성공했고 화웨이는 신형 플래그십 스마트폰에 자체 개발한 7나노 칩을 탑재했다. 2024년 화웨이는 차기 스마트폰 '메이트 70' 시리즈에 자체 제작된 6나노 칩을 탑재하는 것으로 알려졌다. 중국은 '스마트폰 두뇌'인 애플리케이션 프로세서AP를 비롯한 자체 반도체 개발에 속도를 내고 있다. 중국은 고성능 그래픽 작업, 데이터센터, 인공지능AI, 머신러닝, 슈퍼컴퓨터 등 방대한 데이터 처리에 사용되는 고대역폭 메모리HBM 개발에도 속도를 더하고 있다. 중국 정부는 HBM 개발에 공적자금을 집중투자하여 앞으로 4~5년 내에 개발을 완성할 것으로 예상된다. 현재 고대역 메모리HBM는 한국의 SK하이닉스와 삼성전자, 미국의 마이크론 테크놀로지 등 3사뿐이지만 중국의 추격이 매서운 상황이다. 참고로 웨이퍼는 반도체 제조용 실리콘판을 말하며, 파운드리는 반도체 위탁생산 업체를 지칭한다. 파운드리 반도체 업체는 주로 팹리스로부터 반도체 설계 디자인을 위탁받아 생산공정을 전담하는 업체다. 팹리스는 반도체 제품을 직접 생산하지 않고 반도체 설계만 전문적으로 하는 반도체 업체다.

최근 미국의 중국에 대한 반도체 규제가 강화되면서 중국 반도체 제조사들은 생산력 강화에 집중하고 있다. 국제반도체장비재료협회 SEMI는 최근 보고서에서 2024년 중국 파운드리 업체들의 올해 웨이퍼(반도체 제조용 실리콘판)생산 능력은 15% 늘어났고, 2025년에는 14% 추가로 늘어날 것으로 전망했다. 또한 중국은 미국의 제재로 첨단 반도체 장비에 대한 접근이 차단되자 레거시 분야에서 경쟁우위를 점하는 방향으로 반도체 전략을 수정한다. 레거시 반도체란 통상 28 나노미터nm 이상의 공정으로 생산된 반도체로 첨단 반도체와 대조되는 구형의 범용 반도체를 말한다. 레거시 반도체는 자동차, 항공, 가전, 통신, 전자기기, 의료기기 등 다양한 분야에서 사용된다. 전 세계 반도체 수요에서 레거시 반도체가 70%를 차지하고 레거시 공정은 방위산업용 반도체의 주류를 이룬다. 중국의 대표적인 반도체 위탁 생산 기업인 SMIC(파운드리)를 비롯해 화홍반도체, 넥스칩, 창신 테크놀로지 등 생산능력을 확장하고 있다.

미국은 중국산 반도체에 50%의 관세를 부과하고 극자외선EUV 노광기를 비롯한 선단공정 장비의 대중국 수출을 금지했다. 2019년 7 나노미터 이하 미세공정 반도체 장비의 중국수출을 제한히기 시작했고 2022년에는 10나노미터 이하까지 규제를 확대했다. 노광공정은 웨이퍼 가공 시간의 약 40~60%를 차지하고 반도체 제조비용의 35% 이상을 차지한다. 노광기의 성능이 반도체 제조의 기술력이나 생산성을 결정하는 핵심요소이기 때문에 노광기에 대한 중국 제재는 중국반도체 산업에 치명적이다.

2024년 말 바이든 정부에서 실시된 레거시 조사결과에서 미국 제품의 3분의 2에 중국산 레거시 칩이 장착되었다는 놀라운 결과가 발표된다. 바이든은 2025년 1월부터 중국산 반도체에 50%의 미국 관세를 부과했고 트럼프 정부에 조사결과를 이첩했다. 또한 바이든은 첨단 인공지능 및 메모리 칩과 칩 제조 장비에 대한 대중국 수출규제를 강화했다. 중국은 즉각 반발했다. 중국은 미국의 칩 조사는 보호주의적이며 미국 기업에 타격을 주고 글로벌 칩 공급망을 혼란에 빠뜨릴 것이라고 강력하게 경고했다.

미국은 중국과의 기술패권 경쟁에서 중국의 아킬레스 건인 반도체 기술를 규제함으로써 중국의 추격을 따돌리려 한다. 중국은 이미 AI, 로봇, 자율주행 등 미국이 기술패권을 장악하고 있는 영역에서 강력한 경쟁자로 성장했기 때문이다. 또한 비메모리 반도체는 최첨단 무기, 무인전투기, 드론 등에 사용되어 미국을 군사적으로 위협할 수 있다고 우려한다. 따라서 미국은 군사용으로 사용하는 정교한 최첨단 인공지능 반도체를 중국에 결코 팔지 않으려는 전략을 사용한다. 비메모리 반도체는 정보를 저장하는 용도로 사용되는 메모리 반도체(D램, 낸드플래스 등)와 달리 정보를 처리하기 위해 제작된 반도체다. 시스템 반도체라고도 한다.

2022년 미국은 중국에 대한 반도체 규제를 위해 Chip 4(미, 일, 한, 대만)라는 반도체 생산.공급망 협의체를 결성했다. 또한 7나노미터 이하 반도체 제작이 필요한 노광기를 독점생산하는 네덜란드의 ASML사도 대중국 제재에 동참했다. Chip 4는 전 세계 반도체 장비에서 73%를, 파운드리 부문에서 87%, 설계 및 생산 부문에서 91%를 차지한다. 미국은 반도체 설계와 장비 및 원천기술에 강하고, 일본은 반도체 소재와 부품에 강하며, 한국은 메모리 반도체 생산에 강하고 대만은 비메모리·파운드리 생산에 강점을 가진다. 미국은 팹리스에 강하고 대만은 파운드리에 강하며 우리나라는 메모리에 강하고 중국은 레거시에 강하다.

미·중 AI 패권전쟁

AI는 새로운 산업의 혁신과 새로운 비즈니스 모델을 창출하는 미래산업의 총아이다. 최근 ChatGPT와 딥시크의 출현으로 AI기술은 새로운 기회를 맞고 있다. AI는 로봇, 인공지능스피커, 주율주행 자동차, 드론, 가상현실과 증강현실, 그리고 웨어러블 디바이스 등과 결합되어 끊임없이 새로운 산업과 시장을 만들어 간다. AI기술은 자동차의 자율주행기술, 시리, 구글 어시스턴트와 같은 디지털 도우미, 온라인 마켓의 상품 추천, 금융신용 사기방지, 고객서비스 센터의 챗봇 등으로도 활용된다. 산업현장에서는 공정상의 이상을 탐지하는 이상탐지, 생산현장에서 자율적인 대응을 가능케 하는 지능형 설비, 최적 작업환경분석 및 제공을 위한 스마트 작업대, 사용자가 원하는 제품 설계를 위한 제너레이티브 디자인 등에도 활용된다. 또한 가상공간에서 이루어지는 제품 설계, 생산 유지보수 등 다양한 시뮬레이션을 수행하고 의사결정을 가능하게 하는 디지털 트윈에도 활용된다. AI기술은 산업구조의 변화뿐만 아니라 사회전반에 걸쳐 변화를 촉진한다. 초지능·초연결·초산업의 속성을 지닌 AI는 기존의 기술·산업 간의 경계를 허무는 '빅블러Big Blur'시대를 가능케 한다. 인간과 AI, 제조와 서비스, 생산자와 소비자, 현실과 가상세계, 금융기관과 빅테크 기업 간의 경계가 희미해졌다.

중국은 AI 산업 육성에서 미국 못지 않게 적극적이다. 권위적인 정부의 이점을 활용하여 안면인식기술의 실용화 면에서 미국을 앞지른다. 데이터의 무제한 활용, 대규모 공적자금의 투하, 대규모 테스트베드 등에서 미국보다 유리하다. 2017년 중국은 차세대 인공지능 발전계획을 수립했고, 2023년에는 글로벌 인공지능 거버넌스 이니셔티브를 발표했다. 2024년 AI 산업 육성정책을 '인공지능 플러스 이니셔티브'로 더욱 강화했다. 여기에는 2030년까지 AI 핵심산업 규모를 10조 위안 이상 확대함으로써 중국이 세계 최대 AI 혁신 국가로 등극한다는 목표가 담겨져 있다. 또한 2035년까지 중국의 핵심 AI 산업 규모를 1조 7,300위안 규모로 키움으로써 글로벌 시장 점유율 30% 이상을 달성한다는 계획이다.

중국은 미국과 달리 공적자금을 AI 기업이 집중투하하고 세금을 감면하는 등 모든 지원책을 총동원할 수 있다. 특히 중국은 2025년까지 AI 전문가 15만 명을 모은다는 계획인데, 2009년 천인계획을 시작으로 전 세계에 퍼져 있는 중국인 인재를 모셔다가 인터넷이나 AI기술에 활용한 전례가 있어 주목된다. 현재 화웨이, 알리바바, 센스타임 등 중국의 기업들이 검색, 추천, 이미지 인식 분야에서 세계적인 경쟁력은 갖춘 것은 인재활용 프로젝트의 결과이다.

중국 정부가 지원하는 중국의 핵심 AI 기업으로는 바이두, 알리바바, 텐센트 등 3대 인터넷 기업이다. 바이두는 중국 검색시장에서 1위를 차지한 기업으로 미국으로 치면 구글에 해당한다. 알리바바는 개인 간 온라인 장터인 타오바오, 전자결제시스템인 알리바바닷컴 등을 운영하는 세계 최대규모의 전자상거래업체다. 텐센트는 복합 IT 기업으로서 모바일 메신저 위챗, QQ, 텐센트 클라우드, 게임유통 등을 운영하는 중국 시가총액 1위 기업이다.

2022년 우리나라 정보통신기획평가원이 조사한 AI 분야의 전반적 기술 수준은 미국을 100%으로 했을 때 중국은 92.5%로 세계 2위이고, 전 세계 총 1,328개 대형 AI 모델 중 미국 44%, 중국 36%로 미국과 중국의 기술격차가 좁혀지고 있다.

중국의 양자컴퓨터 굴기

유엔은 2025년을 '세계 양자 과학기술의 해'로 지정했다. 양자컴퓨터 기술은 입자가 두 가지 상태를 동시에 가질 수 있다는 양자역학의 원리에서 출발한다. 이를 통해 기존 컴퓨터보다 훨씬 많은 양의 정보를 동시에 처리할 수 있고, 특정 연산에서 속도 또한 획기적으로 높일 수 있다. 특히 양자컴퓨터는 기존 슈퍼 컴퓨터로도 수백만 년 이상 걸리는 암호를 푸는 데 특화돼 있다는 평가를 받고 있어 미래의 정보통신기술의 패러다임을 바꿀 '꿈의 기술'로 불려진다. 미래 산업에서 꿈의 기술인 양자컴퓨터는 경제뿐 아니라 안보 영역에서도 중요한 전략 자산으로 여겨진다.

최근 양자컴퓨터 분야에서도 미·중 갈등은 격화되는 양상이다. 미·중 모두 양자컴퓨터와 결합하여 AI 기술 개발에 새로운 패러다임을 창출하려 한다. 현재 미국은 기술력에서 우위를 점하고 있지만, 중국 역시 자원과 인력을 대거 투입해 새로운 양자컴퓨터를 개발하고 있다. 중국과학원 산하 중국과학기술대는 새로운 양자컴퓨터 프로세서(칩) '쭈충즈 3.0'을 논문 사전 공유 사이트에 공개했다. 구글이 최신 양자칩 '윌로'를 국제 학술지 네이처에 발표한 지 열흘도 되지 않은 시점에서 105큐비트(양자컴퓨터의 연산 단위) 프로세서인 쭈충즈 3.0이 "현존하는 최강의 슈퍼컴퓨터인 '프런티어'로는 풀 수 없는 문제를 풀었다"고 밝힌 것이다. 그렇다면 중국의 프로세서(칩) '쭈충즈 3.0'은 구글의 구형 양자칩 '시커모어'의 성능을 뛰어넘는 기술적 성과를 달성한 것이다. 중국 정부는 5년간 양자컴퓨팅에 150억 달러를 투자할 계획이고 같은 기간 미국은 38억 달러를 투자할 예정이어서 중국의 투자액이 미국의 투자액을 네 배 가까이 상회할 것으로 예상된다. 또한 중국은 양자컴퓨터를 육성하기 위해 국가과학원, 중국과기대 등에 양자 관련 연구소를 대거 설립하고, 허페이시를 양자 허브로 만드는 계획을 추진했다.

미국은 구글 양자컴퓨팅 칩 '윌로우'를 공개하면서 양자컴퓨팅의 상용화가 멀지 않았음을 입증했다. 미국은 구글, IBM 중심으로 기술의 상용화 속도를 올리고 있고, 중국의 양자컴퓨터 개발을 심각한 안보 위험으

중국의 양자컴퓨터 칩

쭈충즈 3.0

개발 기관	개발 시점	큐비트 수
중국과기대	2024년	105

특징 구글 양자칩 '윌로'와 맞먹는 성능이라고 주장

샤오홍

개발 기관	개발 시점	큐비트 수
중국전신 양자그룹	2024년	504

특징 중국 최초 500큐비트 이상 양자 칩

우콩

개발 기관	개발 시점	큐비트 수
오리진 퀀텀	2024년	72

특징 세계 133국에서 총 27만회 연산 작업에 활용

자료=각 업체

미국의 중국 양자컴 견제

수출 제한

중국과학원, 중국과기대 등 22개 양자 연구 기관에 수출 통제

투자 제한

반도체, AI와 함께 중국 양자 기업 투자 금지

자료=미 상무부

자료: 조선일보 2024년 12월 26일자

로 진단하며 각종 규제를 강화하고 있다. 고성능의 양자컴퓨터가 해킹에 도입될 경우 기존 군사 정보 체계와 암호 체계가 무력화될 가능성을 차단하기 위해서다. 미국 산업안보국은 2024년 5월 중국의 양자연구기관 22곳에 대해 수출 통제 제재조치를 감행했다. 이제 중국과학원, 허페이 양자 연구소, 중국과기대 등은 미국산 품목을 취득하는 경우 미국의 허가를 받아야 한다. 2024년 10월에는 미국 재무부가 양자컴퓨터 기술과 관련된 대중국 투자를 제한하는 조치를 발표했다.

미·중 빅데이터 전쟁

미·중 패권전쟁이 제조업·서비스 분야에서 자국의 정보를 지키려는 정보 장벽 쌓기 전쟁과 기술패권전쟁으로 확전하는 양상이다. 데이터(정보)는 21세기 석유로 비유된다. 빅테크 기업들은 빅데이터를 수집·축적·가공·거래·활용을 반복하면서 성장을 유지한다. 특히 AI는 빅데이터로 학습하고 진화하기 때문에 빅데이터가 AI의 성능을 결정한다. AI의 성능이 놀라운 것은 광범위하게 수집된 데이터를 기반으로 작동하기 때문이다. 빅데이터를 기반으로 연산하고, 판단하고, 전망한다. 빅데이터를 어느 기업이나 어떤 국가가 많이 가지느냐가 빅테크 산업의 승패를 좌우하는 이유이다.

전 세계 딥테크 기업들은 사용자들로부터 수집된 막대한 데이터를 AI, 사물인터넷, 자율주행 자동차, 바이오산업에 활용하고 있다. 마이크로소프트, 구글, 메타, 아마존 등 빅테크 기업들이 AI 자본에 대한 지출이나 데이터센터 운영 비용에 막대한 자금을 투입하는 이유이다. 마이크로소프트와 OpenAI는 최근 AI시장을 선점하기 위해 기존에 없던 AI 전용 데이터센터 구축 프로젝트인 '스타게이트'를 추진하고 있다.

미국과 중국이 틱톡을 놓고 벌인 싸움도 결국 데이터 전쟁으로 귀결된다. 미·중 간의 무역전쟁은 '맞불 제재'로 더욱 격화되고 있으며 AI와 데이터 전쟁으로 확전하는 양상이다. 2022년 미국은 개인정보 보호와 국가안보를 이유로 공공기관 기기에서 틱톡의 사용을 금지하는 '틱톡 금지법'을 제정했다. 미국 이용자들의 개인정보가 중국에 있는 모회사 바이트댄스ByteDance로 흘러 들어간다고 미국은 의심한다. 틱톡TikTok은 중국의 동영상 공유 앱으로서 미국 인구의 절반 정도의 1억 7천만 명이 구독하는 거대한 플랫폼이다. 2024년 미국은 틱톡을 더 강력하게 압박하기 위해 바이트댄스가 틱톡의 미국 사업권을 매각하지 않을 경우, 미국 내 서비스를 금지하겠다는 법안을 통과시켰다. 더욱이 미국 의회는 전 산업 영역에서 데이터 보안을 강화하기 위한 다양한 대중국 규제에 앞장서고 있다.

미국은 중국의 커머스 플랫폼 기업인 거대한 용(TEMU), 빠른 용(AliExpress), 성장한 용(SHEIN)에 대해 이미 고객 데이터 등과 관련한 정밀 조사를 진행했다. 데이터 보안을 위한 대중국 규제가 E-커머스 시장까지 확대된 상황이다. 전 세계 E-커머스 시장 점유률은 중국이 52.1%로 1위이고 미국은 19.0%로 2위여서 미국은 이 분야에서도 대중국 견제에 진심이다. 또한 중국 바이오테크 업체 우시바이오로직스의 경우에는 미국인 유전자 정보를 입수했다는 논란으로 미국 연방기관들과의 계약 체결을 금지하는 조치가 내려졌다.

중국은 이에 맞서기 위해 자국 내 진출한 미국 기업의 제품 및 부품 사용을 제한하고 데이터 감시를 강화하는 등 공세 수위를 높이고 있다. 중국 정부도 애플, 아마존 등 미국의 빅테크 기업들이 중국 내에서 끌어 모은 빅데이터를 국가안보를 이유로 중국 내에 보관할 것을 강요하고 있다. 미국과 중국은 상대국 기업에 대한 자국 내의 데이터 접근을 차단하기 위한 데이터 벽 쌓기 경쟁을 지속·강화하는 중이다.

빅데이터와 통신망(5G, 6G)

AI와 빅데이터, 그리고 반도체가 두뇌에 비유된다면 5G, 6G와 같은 통신망은 신경망에 해당한다. 5G나 6G 기술은 이동통신Mobile기술을 혁신하는 핵심인프라다. 빠른 속도로 많은 데이터를 주고받을 수 있는 기술이 진화할수록 이동통신기술은 발전한다. 이동통신 기술이 발전하면 우리의 일상생활, 산업활동, 디지털 통상, 전쟁의 양상, 우주개발 등에 이르기까지 엄청난 변화를 불러온다. 이동통신기술은 스마트폰, 화상회의, IoT, 스마트 카, VR과 AR, URC로봇 등에 연계되어 초지능성과 초연결성을 향상시킨다. 5G나 6G기술은 초지능성이나 초연결성을 향상시킴으로써 4차 산업혁명의 혁신을 주도하는 미래산업의 핵심 인프라다.

5G기술에서 현재 중국은 세계적인 주도권을 가지고 있다. 중국의 대표적인 통신장비 기업은 화웨이, ZTE(중흥통신)이다. 글로벌 통신장비인 5G의 점유율은 중국이 43.9%를 장악하고 있다. 중국의 화웨이 36.5%, ZTE 12.3%를 점유하고, 미국의 에릭슨 25.3%, 핀란드의 노키아 17.5%를 점유한다. 5G 표준에 반영된 특허 수에서도 중국은 33.9% 비중으로 미국의 15.9%를 압도한다. 미국은 2019년 국가안보를 이유로 화웨이와 114개 계열사를 '거래제한 리스트'에 올린 다

음 인텔, 퀄컴, 브로드컴 등 미국 반도체 기업들과의 거래 금지를 단행했다. 미국은 화웨이와 ZTE가 외국에 납품하는 통신장비에 백도어backdoor를 활용해 기밀정보를 중국공산당에 넘기거나 사이버공격을 가할 수 있다고 의심한다. 2020년에는 미국 연방통신위원회FCC가 두 기업을 국가안보위협기업으로 공식 지정하는 한편 미국 행정부는 동맹국에게도 두 기업의 통신장비 채택을 금지할 것을 강력하게 요청했다.

미국은 한발 더 나아가 이동통신의 기술표준을 원천적으로 바꾸어 경쟁의 판을 뒤집는 '오픈랜' 전략을 추진하고 있다. 기존 기술표준으로는 중국으로부터 주도권을 빼앗기 어렵다고 판단한 것이다. 무선 네트워크 기술을 개방형으로 운용하여 다양한 제조사의 통신장비를 상호 연동할 수 있게 함으로써 화웨이 등 중국의 통신 장비기업의 종속화에서 벗어나려는 방책이다. 미국의 틱톡에 대한 강력한 제재조치 또한 이동통신에 대한 주도권 쟁탈전의 일환이다.

5G 다음 단계 이동통신기술은 6G 기술로 발전한다. 6G 기술을 주도하는 나라가 미래의 이동통신패권을 장악할 수 있다. 6G 기술은 지상에서의 통신을 넘어 드론 통신이나 위성통신에 연계되어 지구상 어디에서든 통신이 가능한 유비쿼터스Ubiquitous 통신시대를 여는 핵심기술이다. 6G 기술은 저궤도 위성통신 산업을 활성화시켜 지상 기지국의 물리적 위치에 한정되지 않는 해상·항공·수중 통신을 가능케 한다. 우크라이나 전쟁에서 머스크의 스페이스X의 저궤도 위성이 러시아군에 의해 파괴된 통신망을 대체한 사건은 저궤도 위성통신의 중요성을 일깨운다.

중국은 2019년 과학기술부가 국가 6G 이동통신기술 업무를 시작했으며 화웨이는 6G를 '연결된 사물에서 연결된 지능'으로라는 비전으로 연구·개발과 투자에 집중하고 있다. 2024년에는 중국의 6G에 대한 표준화 선점을 견제하려는 의도에서 미국의 주도하에 한국, 호주, 캐나다, 프랑스, 일본, 스웨덴, 영국, 체코, 핀란드 등 10여 개국이 참여한 '6G 원칙 공동선언문'을 채택한 바 있다.

미·중 생명공학·바이오 전쟁

생명공학biotechnology은 인간이 직면한 문제를 효율적이고 근본적으로 해결할 수 있는 미래의 핵심기술이다. 살아있는 생명체의 비밀을 밝혀 보다 진보된 변형을 시도함으로써 문제를 해결할 수 있는 다양한 제품을 개발·생산하는 것을 생명공학이라 정의할 수 있다. 구체적으로는 유전학, 생화학, 분자생물학 등을 포괄하는 용어이고 새로운 기술과 제품이 의학(신약 및 치료제 개발), 농업(유전자변형 작물의 개발, 생물학적 연료, 생물학적 처리), 산업적 생명공학(화학물질, 제지, 섬유 및 식품 생산) 등 다양한 분야에 적용되는 기술이다. 최근에는 AI기술의 급속한 발전으로 생명공학과 AI기술을 접목하여 복잡한 생물학적 과정을 이해하고, 연구 방법론을 개선하며, 혁신적인 생명공학 애플리케이션을 개발하는데 박차를 가하고 있다.

바이오산업은 지식, 기술, 정보에 기초를 둔 신산업으로 질병의 진단·수명연장, 환경오염개선 등을 실현할 수 있는 미래핵심 산업이다. 특히 바이오의약품은 사람이나 다른 생물체에서 유래된 것을 원료로 하는 생물학적 제제나 유전자 재조합 의약품, 세포치료제 등을 말한다. 이런 면에서 화학적으로 합성한 전통적 의약품(합성의약품)과 차별화된다. 또한 기존의 전통적 의약품과 비교해 볼 때 최신 제조방식으로 낮은 부작용과 높은 치료 효과를 낼 수 있다는 것도 차이점이다.

4차 산업혁명은 빅데이터, ICT 등과 융합된 바이오산업을 탄생시켰다. 지금까지는 패턴화된 표준적 의료 서비스가 주를 이뤘지만 이제 빅데이터와 알고리즘 기반 정밀의료 서비스가 대세를 이룬다. 유전자 분석 및 정보통신기술ICT발전을 기반으로 의료 및 바이오 산업의 패러다임이 바뀌는 기회를 맞고 있다. 따라서 전통적 제약사 이외에도 통신, 인터넷 기업들이 바이오헬스 산업에 투자하는 일이 비일비재하다. 바이오헬스 산업의 성패는 기술과 자본이 집약되는 연구개발R&D이 좌우한다. 1개의 신약 개발에는 최소 10년, 10억 달러 이상의 투자가 필요하지만 성공하는 경우 확실한 수익이 보장된다. 따라서 바이오 산업의 글로벌 시장 규모는 지속적으로 확대되고 있다. 2023년 전체 의약품 시장 내 40%를 차지했던 바이오의약품은 2030년 46%로 확대될 전망이다.

글로벌 바이오 기업들은 인수합병M&A을 통해 위탁개발생산CDMO 분야로 사업을 확장하고 있다. 미국은 2022년 '국가 생명공학·바이오 제조 이니셔티브'를 행정명령으로 출범시켰다. 이 조치는 미국의 바이오 혁신을 촉진하고 의료, 농업, 에너지 등 다양한 부문에서 경제성장을 가속화한다는 목적을 담고 있다. 중국의 경우에도 '제14차 5개년(2021~2025) 바이오 경제발전계획'을 수립했다. 이 계획은 정부가 바이오 기술과 바이오산업 발전을 지원하고 바이오 안보 리스크에 대한 관리체계를 구축하려는 목적이다. 특히 중국은 동물에 대한 유전자 변형 분야에서 미국보다 앞서 있는데 인권의식이 희박하고 권위주의 정부의 획일화된 정책적 지원에 힘입은 결과이다. 중국은 2018년 원숭이 복제에 성공했고 세계최초로 유전자를 변형한 유전편집genome editing인간을 탄생시킨 바 있다. 이후 인간의 유전자 조작에 대한 비판과 인간 배아와 유전자편집과 착상을 중단해야 한다는 생명과학윤리가 강조되었다. 또한 중국은 생명과학 기초 연구 분야에서도 괄목할 만한 성과를 거두고 있는 데, 자연과학 학술지 〈네이처〉가 발표하는 연구경쟁력 지표(2022)인 '네이처 인덱스'에서 미국 다음으로 2위를 차지했다. 2000년대 1% 수준이던 중국의 글로벌 생명공학 기술특허 점유율은 2019년 28%까지 확대된 반면 미국은 45%에서 27%로 추락했다. 의료약품시장에서도 중국의 발전은 두드러진다. 글로벌원료의약품API분야의 시장점유율이 20%를 차지하며 미국과 유럽 다음으로 3위에 자리했다. 특히 화학합성 원료의약품 점유율은 17.0%로 세계 1위에 랭크됐다.

중국의 의료시장 급성장의 중심에는 복제약generic drugs이 자리한다. 미국이 아직은 생명공학이나 바이오산업 분야에서 전 세계 시장의 60%를 지배하고 있어 11%인 중국을 압도하고 있다. 또한 세계 10대 가치 있는 의료기업 중에서 미국기업은 존슨앤드존슨J&J, 애보트Abbott, 화이자Pfizer, 머크Merk 등 7개 기업이 포함된다. 하지만 중국의 생명공학은 중국제조의 10대 핵심 성장동력으로 정책적 지원이 집중되고 신약개발능력도 눈부시게 성장 중이다. 또한 중국은 전 세계 제네릭 항생제 재료의 약 90%를 공급하고 있으며 미국의 일부 비타민 제품에 대한 중국의존도는 75%에 달한다. 중국 없이는 미국에서 사실상 항생제나 비타민 공급이 불가능하다.

2024년 미국의 중국 바이오 기업에 대한 견제 수위가 높아지면서 '생물보안법'이 발의되었다가 무산되었다. 하지만 트럼프 2기 행정부의 적극적인 중국 견제를 위한 정책기조로 볼 때 생물보안법은 곧 부활할 것으로 전망된다. 생물보안법은 중국 바이오 기업들의 미국 내 사업 제한을 골자로 하는 법안이다. 규제 대상 기업으로는 우시앱텍, 우시바이오로직스, BGI, MGI 등이다. 이에 대응하기 위해 우시앱텍과 우시바이오로직스는 미국 의회를 대상으로 로비활동을 강화했다. 우시앱텍은 2023년 4분기부터 생물보안법을 무산시키기 위해 로비 활동을 시작했고, 2024년 한 해에만 총 117만 달러(17억원)의 로비자금을 지출했다. 우시바이오로직스는 로비자금으로 총 45만 5,000달러(6억 6,000만원)를 지출했다.

미·중 표준화 전쟁

4차 산업혁명 시대에 진입하면서 첨단기술 표준화는 경쟁우위의 관건이 되었다. 전 세계가 하나로 연결되고 초연결성이 세계를 지배하면서 국제표준의 개념은 국제교역의 질서가 되고 국가나 기업 간의 국제표준에 대한 주도권 싸움은 더욱 치열해졌다. 세계시장을 선점하는 길은 차별화된 원천기술을 개발하여 선행특허를 많이 확보하고 이를 국제표준으로 등재하는 데 있다. 국제표준을 선점하면 국가 이미지 제고는 물론 국제무역에서 막대한 이익을 얻는 무기가 된다. 국제표준은 국제법이 미치지 못하는 영역에서 국제법을 대신하며 국가 이익을 확보하는 새로운 무역장벽으로 활용할 수 있기 때문이다. 국제표준은 선점한 기업이나 국가에게 마치 독점권과 같은 시장에서의 이익을 보장한다. 따라서 표준특허는 '황금알을 낳는 거위'에 비유되고 국가 간의 표준화 경쟁은 '총성 없는 전쟁'으로 묘사된다. 최근 세상을 놀라게 하는 미국의 openAI와 중국의 딥시크의 생성형 GPT간 싸움도 AI에 관한 국제표준을 선점하려는 미·중 간의 치열한 경쟁의 결과이다.

경제안보와 기술표준

경제안보는 안정적인 공급망 확보와 자국의 기술보호라는 목적을 가진다. 기술표준은 기술을 개발하고 시장에서 지속적인 경쟁우위를 누리는데 매우 효과적인 수단이다. 미국의 공급망에 관한 행정명령인 14017호 '미국의 공급망' 보고서에는 기술표준의 중요성에 대해 "단지 가격이 아니라, 제품과 서비스를 차별화하고 정상을 향한 경쟁race to the top으로 나아가는 시장 견인력market pull을 기업이 창출할 수 있도록 하는 강력한 도구"라고 강조한다. 기술표준의 전략적 가치에 대한 중심축이 경제·통상의 차원을 넘어 국가안보 차원으로 이동했다. 중국이 5G 기술표준의 주도권을 장악하게 되면서 미·중 간의 디지털 기술표준 경쟁에 불이 붙었다. 한·중외교회담(2022)에서 중국의 왕이 외교부장은 '국제표준의 무기화'에 대해 언급했다. 그는 "세계화가 역류에 직면하고, 일부 국가가 경제문제를 정치화하고, 무역을 도구로 사용하고, 표준을 무기화하면서 글로벌 산업 공급망의 안정을 해치고 있다."고 주장했다. 미국을 우회적으로 비난한 것이다. 하지만 중국이 주도하는 '일대일로'나 미국이 주도하는 인도·태평양 경제프레임워크IPEF 모두 두 나라의 세계표준화 전략의 일환일 뿐이다. 중국은 일대일로를 통해 참여국들과 에너지·환경·정보기술IT 등을 공동연구하고 기술표준을 선점해 장비·기술·서비스 부문의 이익을 선점하려 한다. 중국은 이미 디지털 실크로드 전략과 '중국표준 2035'전략을 연계하여 기술표준 분야에서도 일대일로 참여국과 협력체계를 구축했다. 중국은 2024년 7월 '국가 AI 산업의 종합 표준화 시스템 건설 지침'을 발표했고, 2026년까지 최소 50개 AI 분야에서 국가표준을 정립할 계획이다.

최근 미국은 중국의 통신·AI·양자컴퓨팅 같은 첨단기술력이 선도적인 수준에 이른 것으로 평가하면서 양국 간 기술표준을 둘러싼 긴장이 고조된 상황이다. 미국과 중국은 AI활용 방안과 이용자의 행동 양식에 관한 규범 측면에서도 국제표준을 선점하기 위해 싸우고 있다.

국제표준화기구

국제적으로 널리 인정되는 국제표준기구에는 국제표준화기구ISO, 국제전기기술위원회IEC, 국제전기통신연합ITU, 국제전기전자기술자협회IEEE, 유럽전기통신표준협회ETSI등이 있다. 표준특허 분쟁이 발생했을 때 유리한 위치에 서기 위해서는 표준특허 자체를 많이 보유해야 한다. 국제상품시장을 선점하기 위해서도 표준 설정을 주도하느냐가 성패를 좌우한다. 주요 표준화기구의 국가별 선언특허 현황(2022)을 보면 위 도표에 나타난 것처럼 중국 32,859건으로 1위, 미국 28,980건으로 2위, 우리나라는 20,616건으로 3위에 위치한다.

2022년 국제표준화기구ISO의 회장으로 현대모비스 조성환 대표이사가 한국인 처음으로 당선되었고, 국제전기통신연합ITU의 사무총장으로는 미국의 도린 보그단-마르틴 ITU 텔레커뮤니케이션 국장이 당선되었다. 2015~2017년까지 국제표준화기구 회장직에는 중국인이 당선되었고 국제전기통신연합의 사무총장직은 2014년부터 최근까지 중국인이 맡고 있다. 중국은 국가적으로 국제표준화를 위한

주요 표준화 기구(ISO, IEC, ITU, IEEE, ETSI)의 국가별 선언특허 현황

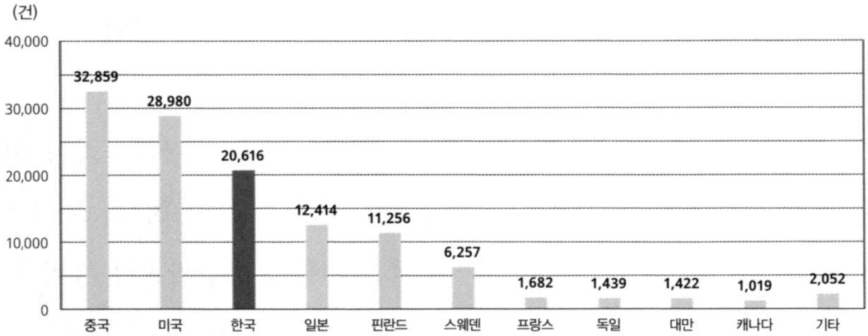

자료: 통상, 2023년 7월호, 산업통상자원부

로드맵을 실행해왔고 개발도상국으로서 기술종속에서 벗어나기 위해 자국의 기술표준화를 서둘러 왔다.

주요국의 표준화 정책

미·중 간 기술패권경쟁 과정에서 기술 표준 주도권 경쟁은 치열해졌고 4차 산업혁명과 세계화 과정에서 세계 중요 국가 간 첨단기술 표준화 경쟁은 더욱 확산됐다.

국가 간 기술표준화 전략을 살펴보면 위 표에 정리된 것과 같이 미국은 ① 다양한 표준화 촉진 전략 및 제도를 통해 정부의 표준화 컨트롤타워 역할을 강화한다는 전략이다. ② 미국국립과학재단 내 핵심기술협력국 신설을 통해 10대 핵심기술 중심으로 연구개발, 테스트베드 구축, 사업화 등을 지원한다는 전략이다. 지원액은 2023~2027년까지 200억 달러 규모이다. ③ 반도체와 과학법을 통해 연구 및 표준 개발 투자와 리더십 강화를 위한 국제표준화 활동 경비를 지원한다는 전략이다.

미국

- 다양한 표준화 촉진 전략 및 제도를 통해 정부의 표준화 컨트롤타워 역할 강화
- 미국국립과학재단 내 기술혁신협력국 신설을 통해 10대 핵심기술 중심으로 연구개발, 테스트베드 구축, 사업화 등 지원(200억 달러, 2023–2027)
- 반도체와 과학법(CHIPS)을 통해 연구 및 표준 개발 투자와 리더십 강화를 위한 국제표준화 활동 경비 지원 명시

중국

- 14차 5개년 계획 및 2035년 비전(2021)을 통해 디지털 중국, 디지털 생태계 구축 등 제시
- 5개년 정책을 통해 단계적 개혁을 시행, 강력해진 국제표준화 영향력을 바탕으로 고품질의 신흥기술 표준 개발에 집중

유럽연합(EU)

- 'EU 표준화 전략'(2022)을 통해 범유럽의 전략적 우선순위 선정과 표준 개발 강조
- 'ICT 표준화 롤링플랜 수립'(매년)을 통해 EU의 '연간 표준화 작업계획'을 바탕으로 정책 지원에 필요한 ICT 분야의 표준화 액션 아이템 제시
- 유럽표준화기구(ESO)의 정책 지원활동에 대한 재정지원
- 연구혁신(R&I) 프로그램: Horizon Europe(2021~2027, 1,000억 유로)
- 국제규범 추진을 통한 글로벌 주도권 유지

자료: 통상, 2023년 1월호, 산업통상자원부

중국은 ① 14차 5개년 계획 및 2035년 비전(2021)을 통해 디지털 중국, 디지털 생태계 구축를 구축한다는 전략이다. ② 5개년 정책을 통해 단계적 개혁을 시행하고 강력해진 국제표준화 영향력을 바탕으로 고품질의 신흥기술 표준 개발에 집중한다는 전략이다.

유럽EU은 'EU 표준화 전략'(2022)을 통해 범유럽의 전략적 우선순위 선정과 표준 개발을 강화한다는 전략이다. ② 'ICT 표준화 롤링 플랜 수립'(매년)을 통해 EU의 '연간 표준화 작업계획'을 바탕으로 정책 지원에 필요한 ICT분야의 표준화 액션 아이템을 제시한다는 전략이다. ③ 연구혁신프로그램인 Horizon Europe을 통해 2021~2027년까지 1,000억 유로를 투자할 계획이다. ④ 국제규범 추진을 통한 글로벌 주도권을 유지하기 위해 노력한다.

10. 차이나쇼크와 중국의 위기

중국은 1976년 모택동(마오쩌둥) 사망 이후 실용주의자인 등소평(덩

샤오핑)이 집권하고 1979년부터 개방과 개혁의 길로 들어선다. 2001년 WTO에 가입한 중국은 경제특구를 만들어 외국인 투자를 확대하고 수출이 급등하면서 노동집약적 제조업 중심의 세계의 공장으로 변신한다. 중국은 섬유, 의복, 완구에서 컴퓨터, 휴대폰, 전기차, 2차전지, 반도체에 이르기까지 글로벌 공급망의 중심을 차지한다. 현재 중국의 전기차, 2차전지, 태양광 패널은 세계시장 점유율 1위에 등극했고, 세계은행 통계(2022)에 따르면 중국은 세계 전체 제조업 생산량의 31%, 전체 상품 수출의 14%를 차지했다. 경제가 빠르게 성장하면서 중국은 세계 최대의 생산공장이자 소비시장으로 세계경제 성장의 엔진이 되었다. 중국은 글로벌 기업들에게 매력있는 세계 최고의 투자처를 제공했다.

차이나쇼크

글로벌 시장에 저가의 중국산 공산품이 쏟아지면서 선진국이나 개도국을 가릴 것 없이 경공업과 제조업의 중심지가 동공화되거나 국가적 제조업 기반이 무너지기 시작했다. 개도국들은 중국과의 경쟁에서 밀리면서 성장이 둔화되었고, 선진국들의 경우에는 국내의 공장들이 중국으로 이전되면서 지역은 러스트벨트화하였다. 특히 미국이나 유럽의 주요국들은 낮은 기술을 요구하는 저임금 노동자들의 일자리가 심각한 타격을 입었다. 그동안 중국의 저가제품으로 물가가 낮아지고 구매력은 높아지던 차이나효과가 사라지고 부작용이 부상한 것이다. 중국제품의 저가공세가 인플레이션을 억제하던 상황에서 오히려 국내생산을 위축시키고 실업을 증가시키는 디플레이션 효과로 반전한 것이다. 이것이 1차 차이나쇼크이다. 최근에는 중국의 과잉생산이 성장이 둔화되고 있는 세계경제에 디플레이션 발생에 대한 우려를 불러일으킨다.

중국의 산업별 공급과잉 현황은 아래 그림에 나타난 바와 같이, ① 전기차 지난해 중국은 954만 대의 전기차를 생산했지만, 이 중 841만 대만 판매돼 113만 대의 초과 공급이 발생했다. 특히 2020년 22만 대에 불과했던 중국의 전기차 수출은 연평균 75%의 급속한 성장률을 기록하며 2023년에는 120만 대로 급증했다. ② 배터리 중국의 배터리 생산능력은 전 세계 수요를 초과한 상태다. 2023년 중국의 배터리 생산량은 1.07TWh(테라와트시)로 전 세계 수요인 0.95TWh를 상회했으며 이는 중형 전기차 156만 대에 해당하는 분량의 배터리가 과잉 공급된 것으로 추정된다. ③ 태양광 태양광 시장에서도 공급과잉이 확인된다. 2023년 중국은 499GW(기가와트)의 태양광 모듈을 생산했으나 이 중 208GW만 수출됐다. 더욱이 2024년 중국의 태양광 모듈 생산능력은 1,405GW로 예상되나, 중국과 글로벌 태양

주요 산업별 중국의 공급과잉 현황

주요 산업	중국의 공급과잉 현황
전기차	· 2023년 중국 생산량 954만 대, 판매량 841만 대, 113만 대 초과 공급 발생.
배터리	· 2023년 중국 생산량(1.07TWh)이 전 세계 수요(0.95 TWh)를 상회.
태양광	· 2023년 중국 499GW 생산, 208GW 수출. 2024년 중국 생산능력 1100GW까지 확대 전망.
철강	· 2022년 전 세계 조강(쇳물) 생산량 54% 중국이 차지
석유화학	· 기초 소재 에틸렌 2018년부터 글로벌 공급과잉 상황. 중국이 2022년 생산 1위.

자료: 통상, 2024년 10월호, 산업통상자원부

광 패널 설치량은 각각 255GW 와 511GW 에 불과해 공급과잉은 지속될 전망이다. ④ 철강 철강 산업의 공급과잉 문제는 고질적이다. 중국은 2023년 기준 연간 11억7,000만t의 철강을 생산할 수 있는 능력을 보유한 것으로 나타났다. 특히 2023년 중국의 철강 순수출은 341억 달러(약 45조86억원)에 달해 2014년 공급과잉이 문제 되던 당시와 거의 같은 수준에 이르렀다. ⑤ 석유화학 석유화학 산업 역시 공급과잉 문제에서 예외가 아니다. 에틸렌, 프로필렌, 부타디엔, 벤젠, 혼합 자일렌, 톨루엔 등 6대 석유화학 제품군에서도 모두 공급과잉이 발생하고 있으며 글로벌 석유화학 생산능력 확장의 상당 부분이 중국에서 이루어지고 있다. 특히 에틸렌의 경우 2018년부터 공급과잉이 지속되고 있다. 2024년 중국의 에틸렌 생산능력은 5,400만t에 이를 것으로 예상되지만, 수요는 4,500만t에 불과할 전망이다. 2025년에도 공급과잉은 지속될 것으로 보이며, 생산능력은 5,500만t, 예상 수요는 4,800만t으로 추정된다.국의 공급과잉 주요 산업은 전기차, 배터리, 태양광, 철강, 석유화학 등이다.

코로나19팬데믹 이후 글로벌 경제가 저상장 국면에 진입하면서 중국의 과잉공급은 2차 차이나쇼크를 키우고 있다. 1차 차이나쇼크는 중국산 저가 제품의 공습이었다면 2차 차이나쇼크는 전기차·배터리·반도체 등 첨단산업에 대한 충격이다. 중국의 산업구조가 경공업이나 단순 제조업에서 선진국과 경쟁하는 첨단산업구조로 전환한 결과이다. 중국의 과잉생산과 수출의 확대가 선진국들의 무역적자를 키우고 산업에 위협이 되는 현상이 2차 차이나쇼크에 해당한다.

미·중 경제전쟁의 기저에는 2차 차이나쇼크에 대한 우려가 깔려 있다. 미국뿐 아니라 G7국가들도 중국산 제품에 대해 관세를 대대적으로 인상하면서 중국과의 무역전쟁에 동참하고 있다. 인도나 브라질을 비롯한 남미, 동남아 등의 신흥국들도 밀려드는 중국제품을 막아내기 위해 관세장벽을 높이고 있다.

중국의 위기

2012년 시진핑 1기에서 중국은 시진핑의 '중국 몽'에 매료됐다. 중국인들은 '물망국치'를 극복하고 중국이 멋지게 부활하는 것이 중국의 가장 큰 꿈임을 확인했다. 중국인들 가운데 정치적 자유가 중국의 국제적 위상이나 국가의 자존심을 되찾는 일보다 더 중요하다고 보는 사람은 별로 없다. 옛 중국의 위대함을 되찾겠다는 민족주의가 중국을 지배한다. 경제가 성장하면서 중국에 대한 자긍심과 자부심 같은 민족주의 성향이 강화된 결과이다. 시진핑은 인민공화국 수립 100주년인 2049년에는 중국이 경제, 국방, 과학, 기술 그리고 문화 면에서 세계 최고의 나라로 만들겠다고 약속했다.

시진핑 2기에서 시진핑은 보통 사람도 잘 먹고 사는 사회, 샤오캉 사회를 약속했다. 모든 인민이 기본적인 의·식·주 문제를 해결하고, 대다수 국민의 소득수준이 중산층의 생활을 영위할 정도로 보장되는 사회를 만드다는 비전이다.

시진핑 3기에서 시진핑은 경제성장과 함께 가속화되는 불평등 문제를 해결하고 중국 인민 모두에게 공평한 '공동부유' 사회를 약속했다. 공동부유는 사회주의의 본질적 요구이며, 중국식 현대화의 중요한 특징이라고 강조하며 개혁을 단행했다. 중국의 사회불평등은 도시와 농촌, 동부와 서부, 한족과 이민족, 고령층과 젊은 층 등으로 복잡하게 얽혀 있다. 특히 도시와 농촌 간의 소득격차는 2.6배로 심각하다. 중국경제는 국영기업의 비중이 43%로 비효율성이 높다는 것도 약점이다.

중진국의 함정

중진국 함정은 1인당 GDP 4천 달러에서 1만 달러 사이에서 발생하는 경제 성장통이다. 중국의 1인당 GDP(2023)는 13,720달러 수준이다. 사회경직, 임금인상으로 고비용, 저효율에 빠져들어 경제성장이 장기간 정체되거나 퇴보하는 현상을 의미한다. 그동안 중진국 함정에 빠져 어려움을 겪는 국가들로는 아르헨티나, 칠레 등 중남미 국가들이 대부분이다. 이런 국가들은 사회적 자본의 빈곤, 민주주의, 신뢰, 법치주의의 불안정, 신용불량이나 탈세의 만성화, 공익보다는 이기주의, 무질서, 부정부패가 만연하다는 공동점을 가진다.

최근 중국 경제는 소비부족(39% 감소), 수출감소(18% 감소), 투자부족(부채증가 44%), 해외자금 유출 등에서 위험신호가 감지된다. 중국의 가계 저축률은 전제 소득의 37%로 지나치게 높은 수준이다. 따라서 유효수요를 키워 내수 시장을 활성화시키기 어려운 상황이다. 여기다가 중국의 기업부채는 164%로 높아 기업부채 리스크가 중국경제의 발목을 잡는 형국이다. 그동안 중국 경제는 SOC 투자 중심의 경제성장을 이루었다. 부동산 산업이 중국 GDP의 30%를 차지한다. 그런데 시진핑은 부동산경제를 위축시키는 대신 서비스산업과 첨단산업에 투자를 집중하는 정책을 선택한다. 그런 결과로 중국은 부동산 거품이 터지는 위기를 자초했다. 중국의 가계자산에서 부동산 비중은 75% 수준에 육박한다. 미국의 35% 수준에 비해서 과도하게 높은 부동산 비중을 갖고 있다. 지방정부의 재정수입에서 부동산 관련 수입이 43%이다. 중국의 부동산 붕괴는 지방정부의 재정을 악화시키고 지방정부의 SOC투자를 크게 위축시켰다. 이런 과정이 악순환하며 중국경제의 활력은 시들어 간다. 중국경제 침체의 가장 큰 원인은 부동산 가격 하락에 따른 역자산효과다. 중국 70개 도시 신규주택가격은 2023년 10월 이후 지속적으로 하락추세를 보이고 있다. 2017년부터 시진핑 3기는 "집은 투기의 대상이 아니다."고 강조하면서 부동산 부문의 구조조정을 진행해 왔다. 부채가 많은 부동산 기업에 대해 선별적으로 대출을 규제했고, 2023년 4월에는 부동산 보유세를 도입하기 위해 부동산통일등기제도를 도입한 바 있다. 중국의 소득대비 주택가격 비율은 선전 57배, 베이징 55배이다. 1990년 일본 부동산 버블 붕괴 당시 동경의 소득대비 주택가격 비율은 17배였다. 중국의 부동산 거품의 심각성을 보여준다. 현재 영국의 런던은 22배이고 미국의 뉴욕 12배이다. 주요국 소득 대비 국가전체의 평균적인 주택가격배율(2023년)은 홍콩 44.9배, 중국 34.6배, 한국 26.0배, 일본 10.3배, 미국 4.5배 순이다.

중국경제의 위기 상황은 미국을 비롯한 서방 선진국들이 2차 차이나쇼크에 대한 디커플링 전략의 영향으로 더 악화되고 있다. 미·중 패권전쟁으로 중국의 첨단기술 산업의 성장은 정체국면을 맞이했기 때문이다. 중국경제 내부적으로는 루이스 전환점Lewisian turning point에 진입한 것도 악재이다. 농촌에서 도시로 이주하는 농촌 잉여노동력이 고갈되면서 임금이 급등함에 따라 산업역량이 고비용, 저효율로 낮아졌다. 출산율은 낮아지고 인구는 고령화되었으며 생산가능인구(2012년 부터)마저 감소하는 추세이다. 2033년에는 65세 인구가 20%를 차지하는 고령화사회가 예측된다.

중국의 쌍순환 정책

중국은 미국을 비롯한 서방 선진국들이 추진하는 디커플링이나 디리스킹derisking 정책에 맞서 쌍순환 전략으로 위기를 돌파할 계획이다. 국내 내수시장을 확대함과 동시에 독립적인 공급망을 구축해 국내외 경제순환을 촉진하려는 전략이다. 국내순환은 제조업의 핵심 장비나 부품을 자급자족하는 방식이고,* 국제순환은 기술 혁신을 통한 산업역량을 강화함으로써 수출경쟁력을 높이는 방식이다. 또한 해외로 유출하는 외자기업을 막기 위해 중국시장에서의 상장, 중국정부의 조달시장에 참여 확대, 토지 사용 혜택 등 투자지원책을 강화할 계획이다. 중국의 대외통상전략의 변화는 과거 '개방을 통한 성장과 국내의 개혁 촉진'에서 '대외개방에 따른 경제 안전보장과 국제적 영향력 확대'로 요약된다. 미국이 글로벌 공급망으로부터 중국을 격리시키려는 탈중국화 디커플링이 본격화되면서 중국 통상전략의 핵심이 '대외개방과 개방의 안전 확보'로 바뀐 것이다. 대표적인 예가 중국의 중장기발전계획(14차 5개년 규획)에서 구체화한 '국내대순환을 중심으로 국내·국제의 선순환 구조'를 만들겠다는 '쌍순환Dual Circulation' 전략이다.

현재 중국의 통상전략은 쌍순환 전략을 기반으로 중국에 대한 글로벌 압박을 타개하는 데 중점을 두고 있다. 이를 위해 국내 순환과 국제 순환이 상호 촉진하는 선순환 구조에 필수적인 시스템 구축을 추진 중이다. 중국은 시스템 구축에 있어 안전보호, 영향력 확대, 개방과 개혁 연계, 개방 확대라는 네 가지 전략에 방점을 둔다. ① 안

* 자국산 중심의 공급체인망을 만든다는 홍색공급망 정책도 추진된다.

전보호 전략은 공급망 안전, 자원 안전(희토류 등 전략자원과 에너지), 식량 안전, 금융 안전, 네트워크 안전(데이터 안전·디지털 안전 등)을 확보하다는 내용이다. ② 영향력 확대 전략은 글로벌 경제 거버넌스 구축 과정에서 중국의 발언권과 영향력을 확대하는 내용이다 ③ 개방과 개혁 연계 전략은 중국식 국가자본주의State Capitalism의 핵심이라 할 수 있는 국유기업의 개혁을 통해 국제사회가 규탄하고 있는 보조금 체계를 국제관례에 맞도록 재편한다는 내용이다. ④ 개방확대 전략은 기존의 수동적 개방 전략에서 주동적 대외 개방 전략으로 전환하는 것이고, 개방과 개혁의 실험장을 통한 점진적 개방을 지속한다는 내용이다. 개방의 실험장으로서 하이난 자유무역항Free Trade Port과 전국에 21개의 자유무역실험구Free Trade Zone를 활성화하는 중이다.

Chapter

04

트럼프 2기와 자국우선주의

1. 트럼프 2기와 미국 우선주의
2. GATT체제와 WTO체제
3. 양자주의와 공정한 무역
4. 디커플링과 디리스킹
5. 오프쇼어링과 리쇼어링, 온쇼어링
6. 트럼프 2기와 한국경제
7. 우리나라의 대응 방향

1. 트럼프 2기와 미국 우선주의

2024년 11월 5일 공화당의 도널드 트럼프Donald Trrump가 제47대 미국 대통령에 재선되었다. 그는 트럼프 1기에서 내걸었던 '미국을 위대하게Make America Great Again'를 외치며 '미국 우선주의America First'에 닻을 올렸다. 전임 대통령인 민주당의 조 바이든Joe Biden 대통령은 지난 4년 동안 전임자였던 트럼프 1기의 대외정책을 완전히 뒤집는데 진력해 왔다. 바이든은 국제사회에서 관용과 협조의 정신을 되찾고 미국을 다시 세계의 리더로 복귀시킨다는 의미에서 '미국이 돌아왔다America is back'고 선언한 바 있다. 그는 "우리 혼자서 해결할 수 없다. 동맹은 미국 최고의 자산이다."라며 동맹외교를 복원한 것이다. 그런데 지난 미국의 대선에서 트럼프가 재선되었고 그는 바이든의 외교정책에 대응하는 의미로 '트럼프가 다시 돌아왔다Trump is back'고 선언하며 바이든의 외교정책의 퇴출을 예고했다. 그는 미국 우선주의를 통해서 미국의 진정한 황금시대를 열겠다며 '관세는 가장 아름다운 단어Tariffs is the most beautiful'라고 주장한다. 보조금이나 세금혜택과 같은 유인수단으로 외국 기업의 미국 내 투자를 확보하기보다는 보편 관세와 결합한 법인세 인하로 대미 수출 기업의 생산기지를 유치할 수 있다고 강조한다. 그는 선거운동 기간 동안 "관세를 높게 매기고 법인세를 낮추면 해외 기업이 알아서 미국에 공장을 지을 것"이라고 여러 번 언급한 바 있다. 고율의 관세가 부과된다면 세계의 교역은 위축되고 미·중 무역갈등을 고조시켜 세계의 경제적 불확실성은 높아진다. 글로벌 금융시장은 불안정해지고 안전자산인 달러의 가치는 치솟게 된다. 강달러는 우리나라를 비롯한 신흥국들의 수입 물가를 상승시키고, 무역수지는 적자로 전환하며 외환보유고는 감소한다. 고물가 → 고금리 → 고환율의 악순환이 우려된다.

미국 기업들에게 법인세를 감면하고 그 부족한 세원을 관세로 충당한다는 논리인데, 경제학에서 다루어지는 자유무역에 대한 글로벌 경제의 이점을 무시하고 미국의 이익만을 위해서 무슨 짓이든 가리지 않겠다는 막가파식 주장에 불과하다. 트럼프의 미국 우선주의는 중국 등 적성국과의 관계에서뿐 아니라 동맹국에 대해서도 적용하겠다는 고립주의적 경향이 뚜렷하다. 따라서 글로벌 교역환경은 불확실성이 높아지고, 그에 따라 위험비용이 수반된다. 글로벌 거시충격macro shock이 발생했고 글로벌 교역에 대한 전망은 불확실해졌다.

트럼프 2기가 시작되면서 캐나다 및 멕시코에 대한 25% 관세, 중국에 대한 10% 관세 부과를 예고한 대로 시행했다. 캐나다와 멕시코는 이에 대해 즉각 반발했고, 미국은 관세부과를 최소 1개월간 유예하면서 캐나다·멕시코와 협상 중이다. 중국은 곧바로 보복관세로 응수했다. 중국의 국무원 관세세칙위원회는 이날 "관세법 등 관련법 기본 원칙에 따라 국무원 승인 아래 2025년 2월 10일부터 미국산 일부 수입품에 관세를 부과한다"고 밝혔다. 미국산 석탄 및 액화천연가스LNG에는 15% 관세를 부과하고 원유, 농기계, 대형 자동차와 픽업트럭에는 10% 관세를 부과한다고 밝혔다.

'더그포드' 캐나다 온타리오주 총리는 미국과의 무역전쟁이 지속될 경우 미국으로 유입되는 전기에 25%의 할증료를 부과하거나 아예 전기를 끊어버릴 수 있다고 경고했다. 미국과 전력망이 연결돼 있는 캐나다는 미국에 약 600만 가구 사용분 규모의 전기를 수출한다. 캐나다 정치·경제의 중심지인 온타리오주는 미국 뉴욕주·미시간주·미네소타주 등에 전기를 공급하고 있다. 아울러 포드 주총리는 일론 머스크의 우주기업 스페이스X와 체결한 위성 인터넷 스타링크 이용 계약을 파기할 것이라고 예고했다. 또한 캐나다는 미국이 철강에 관세를 부과할 경우, 미국산 제품에 30조원 규모의 보복관세를 예고했다.

EU는 미국에 대한 보복관세로 260억 유로(41조원) 규모의 보복관세를 미국제품에 부과할 것을 예고하면서 청바지, 위스키 등에는 50%를, 할리데이비슨에는 기존의 6%에서 56%의 고율관세로 트럼프를 압박하고 있다. 또한 EU는 미국산 위스키에 50%의 보복관세를 예고했고, 이에 대해 트럼프는 EU산 와인·샴페인에 200% 보복관세를 예고했다. 관세전쟁의 여파가 주류부문으로 번지고 있다.

트럼프 1기에서는 관세를 특정 국가나 물품에 부과했다면 트럼프 2기에서는 그 상대가 동맹국일지라도 가리지 않고 모든 상품에 일괄적으로 부과할 것으로 예측된다. 모든 수입품에 10~20%의 관세를 부과하는 '보편적 관세'와 상대국과 동일한 수입관세율을 적용하는 상호무역법이 도입될 것이다. 또한 중국에 대해서는 최혜국 무역지위를 박탈하고 중국산 수입품에 60%에 달하는 관세를 부과하며 중국산 자동차에 대해서는 100~200%까지 관세를 부과할 것을 예고했다. 트럼프는 고관세정책을 통해 그동안 미국을 상대로 무역흑자를 누린 상대국으로부터 잃어버린 일자리와 무역적자를 찾겠다고 주장한다. 바이든 행정부에서 제정한 인플레감축법IRA, 반도체 칩과 과학법CHIPS으로 정한 미국 내 투자유치를 위해 제공하기로 한 보조금을 축소하거나 폐기할 방침이다. 미국 반도체 패권을 지키고 중국을 견제하기 위한 동맹국 클러스터조차도 자국 중심의 공급망으로 대체하려는 움직임이다. 우호국이나 동맹국들과 공급망을 공동으로 구축하는 프렌드쇼어링friend-shoring에서 벗어나 오로지 미국 중심으로 온쇼어링onshoring을 실현하려 한다. 온쇼어링을 강화함으로써 대미 수출기업들의 생산기지를 미국 내로 옮기게 하고 이를 통해 제조업 경기를 회복시키고 국내의 일자리를 창출한다는 전략이다.

트럼프 2기 행정부가 보호무역주의와 자국우선주의를 강화하게 되면 세계 주요국들은 자국 생산 및 비축 정책을 강화할 것으로 전망된다. 이 같은 상황에서는 특정제품이나 부품의 글로벌 공급망에 충격이 가해질 것이다. 기업들은 추가 비용이나 생산과정에서의 비효율성이 발생하고 생산비용은 증가하게 된다. 특히 중소기업이나 신흥국에 기반한 기업의 경우에는 글로벌 기업이나 선진국 기업들보다 심각한 타격이 예상된다. 관세 인상 위협에 대한 상대방, 특히 중국이 어떻게 나오느냐에 따라 결과는 달라질 수 있다. 중국이 고율 관세 부과를 막아내기 위해 기꺼이 트럼프의 의견을 수용한다면 전화위복으로 기회가 발생할 수 있다. 그렇지 않으면 고율 관세

트럼프 2기의 주요 정책 내용

자료: 통상, 2024년 12월호, 산업통상자원부

의 여파가 미국 소비자와 생산자에게 전해질 것이고 그 결과로 물가 상승은 가팔라지고 생산은 줄면서 글로벌 무역·투자·성장률을 떨어뜨리게 된다. 물가가 급격하게 상승하면 미 연준은 금리를 올려 물가안정을 도모할 것이고 미국의 금리가 오르면 해외에 있는 달러가 미국으로 유입될 것이다. 그렇게 되면 세계경제는 다시 저성장, 고금리, 고물가, 고환율 시대로 회귀할 것이 자명해진다. 대외경제정책연구원KIEP의 보고서에 의하면 미국의 대對중국 관세가 1%포인트 상승할 때 한국의 대미국 수출은 장기적으로 2.2% 증가하나, 모든 국가에 보편관세가 일률적으로 10~20% 부과될 때 우리나라의 수출은 최대 448억 달러(약 62조원)까지 감소할 것으로 추정된다.

트럼프 2기의 주요 정책의 의미를 정리하면 ① 동맹, 비동맹 상관없이 대미對美 무역 흑자국에 대한 미국의 무차별 압박이 시행된다. ② 정책의 비일관성에 문제가 발생한다. 트럼프 2기 행정부는 화석연료 생산 증대, 신재생에너지 보조금 축소, 파리기후변화협약 탈퇴 등을 추진하며 지난 정부의 정책기조를 뒤집고 있다. ③ 동맹이나 우방국을 가리지 않고 주요 무역협정에 대한 재협상을 추진한다. 트럼프는 미국·멕시코·캐나다 무역협정USMCA이 중국의 대미 우회 수출 통로로 악용되고 있다고 비판해 왔다. 한·미 FTA협정도 재협상을 요구할 가능성이 높다. 바이든 정부가 주도했던 인도·태평양경제프레임워크IPEF의 폐기도 점쳐진다. ④ 파상적인 대중對中공세다. 무역, 기술, 인력, 자본의 중국으로의 이동에 대해 미국은 각종 규제와 제재를 쏟아낼 것이다. 특히 딥테크 기술인 AI, 반도체, 로봇, 전기차, 자율주행, 드론, 우주개발, 에너지, 통신, 바이오, 양자컴퓨터 부문에서의 규제와 압력은 높아진다.

2. GATT체제와 WTO체제

GATT무역관세에 관한 일반협정은 2차 세계대전 이후 세계경제질서의 불안정이 세계대전과 같은 참혹한 인류의 비극을 가져왔다는 반성하에 1947년 미국의 주도로 자유무역의 안정적인 체제를 구축하기 위한 GATT, 즉 자유무역주의, 다자주의 질서가 구축된다. GATT체제는 자유무역의 촉진을 위해 회원국들이 관세인하협정을 맺을 때 협정당사국들만의 특혜조치를 금지하는 최혜국대우원칙most-favored-nation treatment과 회원국이 관세 이외의 내국세, 정부규제 등에서 수입품을 국산품과 동등하게 취급해야 한다는 내국민대우원칙national tretment을 담고 있다. GATT가 인정하는 유일한 수입규제수단인 관세 이외에는 원칙적으로 수량할당이나 수입허가 등에 의한 어떠한 수량규제도 금지하고 있다.

WTO체제는 1995년 GATT체제가 갖고 있는 국제기구의 성격이 미흡하고 협정위반국에 대한 제재조치가 거의 불가능한 점을 보완하기 위한 자유무역질서를 규정한다. WTO는 우루과이 라운드에서 각국이 GATT에 대체하여 UR협정을 관할하고 국제무역분쟁을 해결할 강제적 집행능력을 보유한 국제기구로 기능하게 된다. WTO의 기본원칙으로는 무차별원칙(최혜국대우원칙+내국민대우원칙), 안정적인 시장접근의 보장, 공정경쟁촉진, 경제개발과 개혁의 장려 등을 내세운다. WTO는 몇 차례의 각료회의에서 합의에 실패하였으나, 2001년 카타르의 도하에서 뉴라운드 협상의제에 합의함으로써 도하개발어젠다Doha Development Agenda를 출범시키게 된다. 도하개발어젠다에서는 농업, 서비스, 반덤핑 및 보조금, 경쟁정책, 환경문제 등에 대

GATT와 WTO의 차이점

	GATT	WTO
성격	국제협정(Agreement)	법적인 국제기구(Organization)
권한	위반국에 대한 제재기능 미약	위반국에 대한 강제적 제재기능
분쟁의 해결	분쟁해결을 위한 전담기구미비	분쟁해결을 위한 상설기구설치
관세 및 비관장벽	비관세는 선언적 규범, 관세인하에 주력	비관세장벽철폐강화, 특정분야에 대한 일률적인 관세철폐 및 인하
국제무역 규율의 범위	공산품에 주력, 서비스, 지적재산권, 투자조치에 대한 규범 미비	공산품과 농산품에 대한 규율강화, 서비스, 지적재산권, 투자조치에 대한 규율마련
무역규범의 강화	보조금, 반덤핑협정등이 있으나 보조금 불명확, 반덤핑조치에 대한 규범 미비	보조금의 정의 및 규율강화,반덤핑조치의 발동기준 및 부과절차 규정화

한 협상이 광범위하게 이루어진다. WTO체제는 GATT체제보다 더 폭넓고 강력해진 자유무역질서에 대한 규칙으로 규정한다. 두 체제의 차이점을 정리하면 위의 표와 같다.

미국은 1980년 이후 WTO, IMF, IBRD라는 자유무역 전도사를 동원해서 신자유주라는 이름으로 전 세계에 미국식 자본주의와 자유무역주의를 전파해 왔다. 세계화는 가속화되었고 그 결과로서 세계 곳곳에 있는 수많은 사람들은 서로 그물망처럼 얽혀 '지구촌 경제globalization'를 형성했다. 더욱이 4차 산업혁명으로 운송과 정보통신의 발달이 가속화되면서 세계경제의 국경없는 '지구촌경제'가 가속화 됐다. 적어도 1980년대 이후부터 2019년 코로나19 이전까지의 세계경제는 국가와 국가 간의 권역별 교역에서 범세계적인 차원의 자유주의 무역질서가 지배해 왔다. '신자유주의neo-liberalism'라는 이름으로 미국의 주도하에 '워싱턴컨센서스Washington consensus', 즉 자유무역과 시장경제를 전 세계에 전파시켰다. 미국의 기업이 생산하는 휴대폰은 키보드는 중국, PCM디지털 변조은 싱가포르, 마더보드는 말레이시아, 플랫 스크린은 한국, 반도체는 대만에서 제조되는 '글로벌 공급망global supply chain'이 구축된 것이다. WTO체제는 세계를 지구촌 경제로 만들었고 모든 국가의 소비자들은 하나로 통합된 '글로벌 공급망'으로 필요한 물품들을 공급받을 수 있었다. 모든 국가와 시민들은 서로에 대한 연관성과 의존성에 기대여 경제생활을 유지하게 되었다. 국가 간의 경계가 무너지고 '국경없는 지구촌 경제borderless economy', 즉 글로벌화globalization가 구축된 것이다.

3. 양자주의와 공정한 무역

국제무역체제는 크게 다자주의, 지역주의, 양자주의로 구분된다. ① WTO체제를 중심으로 참여하는 국가의 경제력과 무관하게 모든 회원국이 동등한 권리와 의무를 갖는 '다자주의Multilateralism', ② 아세안이나 EU와 같이 지리적인 접근성과 정치·경제·사회·문화의 유사성을 바탕으로 공동체를 지향하는 '지역주의Regionalism', ③ 한·미 FTA처럼 정치적, 경제적, 사회적 이질성이 있더라도 이해관계가 맞으면 서로 시장을 개방하는 '양자주의Bilateralism'가 존재한다. 다자주의는 GATT나 WTO와 같은 국제기구에 많은 국가들이 회원국으로 참여하여 국제무역질서를 주도하는 형태이고 가장 중요시되는 가치는 전 세계적인 무역의 자유화이며 이를 실현하기 위해 최혜국

대우와 내국민대우로 표현되는 비차별적 질서를 규정한다. 다자주의의 특성상 회원국이 모두 동등한 권리와 의무를 가지는 것이 원칙이기 때문에 소수의 강대국이 무역질서를 주도하는 일방주의에 대항하는 특성을 가진다. 적어도 1980년대 이후부터 2019년 코로나19 이전까지는 미국의 주도하에 '신자유주의neo-liberalism'라는 이름으로 다자주의가 국제교역질서를 지배해 왔다. 다자주의를 기반으로 하는 자유무역주의는 교역에 참여하는 모든 국가의 경제주체들에게 이익을 발생시킬 수 있다. 자유무역은 교역상대국 모두에게 소비와 생산을 증대시키고 고용과 국민소득을 증가시키는 Plus Sum Game에 해당한다. 자유무역은 국내에서 국제적인 특화와 분업으로 인해 생산성이 증가하고, 규모의 경제와 학습효과까지 더해져 효율성을 증가시킨다. 경험적으로도 수입대체산업 중심의 경제모형(공산주의+종속이론)을 추구한 폐쇄적인 경제보다는 수출중심의 경제모형(자유무역)으로 개방적인 경제를 추구한 국가들이 경제개발과 경제성장에 성공한 것으로 나타난다. 상대적으로 자원이 부족함에도 불구하고 고도의 경제성장을 이룬 나라들, 즉 일본, 대만, 홍콩, 싱가포르, 한국 등은 자유무역주의를 바탕으로 개방된 경제체제의 성과물이다. 반면에 인도를 비롯한 제3세계국가들, 즉 공산주의 국가들, 중남미, 아프리카 대부분의 가난한 나라들은 자급자족경제(수입대체형)체제를 바탕으로 폐쇄적인 경제체제를 구축한 결과이다. 1980년대 이후에는 이 같은 폐쇄적인 국가들조차도 신자유주의 물결을 타고 자유무역주의로 전환하였으며 빠르게 세계경제에 편입되며 세계화에 동참하였다.

트럼프 2기 행정부는 미국의 무역적자를 이유로 상호무역법을 도

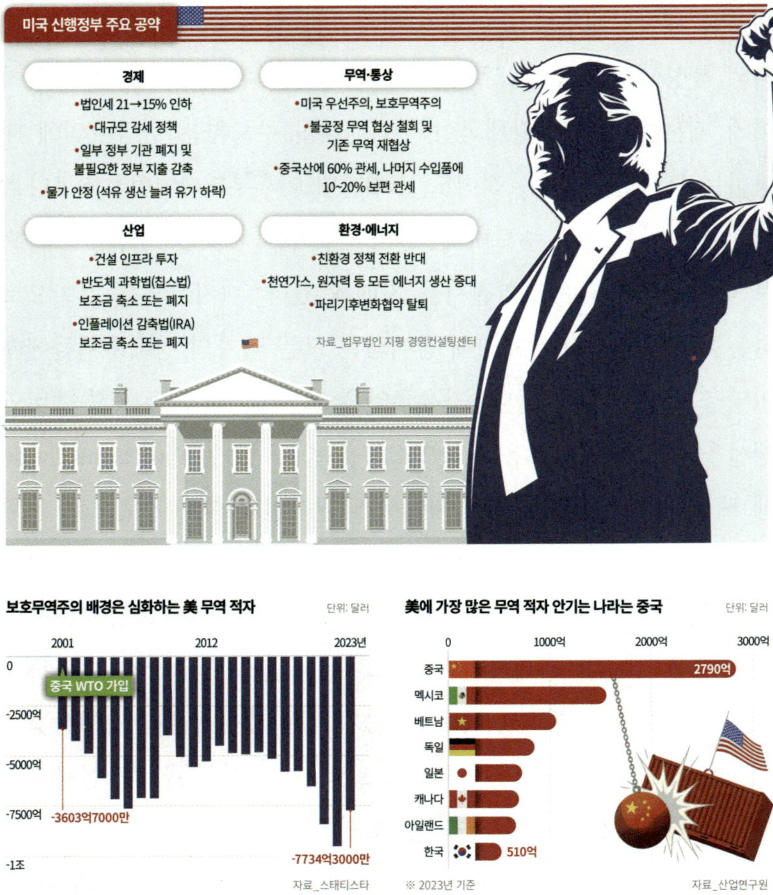

자료: 통상, 2024년 12월호, 산업통상자원부

입하여 상대국과 동일한 수입관세율을 적용하는 양자주의를 강조하고 있다. 자유무역에 의해 무역적자가 누적되는 것은 불공정한 무역이라고 주장한다. 미국은 공정한 무역을 위해 대미 무역 흑자국들을 대상으로 보호무역주의를 적용하겠다는 논리이다. 중국 그리고 멕시코와 캐나다뿐만 아니라 EU에 대해서도 "EU는 너무, 너무 나쁘다

very, very bad"며 "그들은 관세를 물게 될 것이라며 무역의 공정성을 양자주의에서 찾고 있다. 트럼프는 무역적자를 용인하지 않기 위해 미국이 그동안 추구해 왔던 다자주의와 자유무역주의를 철폐하고 고관세라는 보호주의 장벽으로 대미 흑자국들을 위협하고 있다. 이것은 소위 인국 궁핍화 정책Beggar-Thy-Neighbor Policy에 해당한다. 교역 상대국의 경제적 희생을 통해 자국의 경제적 이익을 추구하겠다는 정책이다. 고관세 정책이 강화될수록 자유무역질서는 훼손되고 세계경제는 활력을 잃게 될 것이다. 트럼프 2기의 보호주의 배경에는 심화되는 미국의 무역적자가 지배한다. 미국의 무역적자는 2001년 3,603억 7,000만 달러에서 2023년 7,734억 3,000만 달러수준으로 그 규모가 폭증하고 있다. 트럼프는 미국 무역적자의 책임을 대미 무역흑자국의 탓으로 인식하고 관세를 통해 바로잡겠다는 주장이다. 대미 무역 흑자국 순위를 보면 1위 중국(2,790억 달러), 2위 멕시코, 3위 베트남, 4위 독일, 5위 일본, 6위 캐나다, 7위 아릴랜드, 8위가 한국(510억 달러)순이다. 우리나라도 대미흑자국이란 이유로 미국의 관세 폭탄으로부터 자유롭지 못한 상황이다. 도널드 트럼프 미 대통령은 2024년 1월 31일 1단계로 캐나다와 멕시코에서 수입되는 모든 상품에 25%의 관세를, 중국산 제품에는 10%의 관세를 부과할 것이며 2월 1일부터 효력이 발생한다고 밝혔다. 캐나다와 멕시코로부터 수입하는 석유 제품에 대한 관세율은 낮추는 방안을 고려하고 있다고 밝혔지만, 캐나다와 멕시코는 보복 관세를 부과할 계획임을 밝혔다. 이에 따라 미국의 경제성장이 둔화하고 물가 상승이 가속화할 가능성이 제기된다. 또한 관세 부과로 인한 에너지·자동차·농업 부문의 혼란이 우려된다.

4. 디커플링(Decoupling)과 디리스킹(De-risking)

트럼프 2기 행정부는 중국을 전략적 이익을 위협하는 국가, 경제적 적성국가로 규정하고 중국을 견제하려는 목적으로 글로벌 공급망 재편을 위한 디커플링을 더욱 강화할 것으로 보여진다. 트럼프 1기 행정부에서 2017년 경제안보가 곧 국가안보임을 천명했고 1970년대 핑퐁외교 이후 추진된 중국과의 커플링 전략이 전략적 오판이었음을 자인하며 폐기를 결정했다. 트럼프 2기 행정부는 중국에 대한 관세를 트럼프 1기의 평균 관세율 20%보다 훨씬 높은 최대 60% 수준까지 적용할 것을 공언하고 중국 수출품 우회국에 대해서도 동일 수준의 관세 부과를 예고했다. 또한 중국 기업의 미국내 투자 제한, 기술 수출통제, 중국 기업에 대한 증시 상장 제한이라는 카드도 활용할 계획이다.

중국에 대한 디커플링 내지는 디리스킹 정책이 본격화되기 이전에는 기술은 선진국, 소재 부품은 한국, 조립은 중국으로 글로벌 밸류체인global value chain이 형성됐었다. 미국은 세계의 최대 시장으로서, 중국은 글로벌 생산공장으로서 수익모델에 도움이 되는 좋은 파트너였기에 서로의 이익은 존중되었다. 한국 또한 중간재에 대한 공급자로서 벨류체인의 연결고리가 되어 이익을 챙길 수 있었다. 그동안 미국이 추진한 디커플링 전략은 미·중 모두에게 국가경쟁력을 약화시키는 부정적 요인으로 작용했다. 스위스 국제경영개발원IMD 산하 세계경쟁력센터에서 발표한 국가경쟁력순위(2023년 기준)에 의하면 세계 1위 경제 대국인 미국의 국가경쟁력 순위가 63개국 중 10위로 지난해에 비해 7계단 추락했고, 세계 2위 경제 대국인 중국도

20위로 지난해보다 6계단 추락한 것으로 나타났다. 두 경제대국은 2018년부터 상대국 제품에 고율관세를 부과, 거기에 상응하는 보복 관세 부과를 반복하면서 대대적인 무역 전쟁을 치룬 바 있다. 하지만 미국의 경우조차도 산업전반의 원가상승, 실업증가 등의 부작용이 우려되며, 미국 기업의 중국 시장 진출에도 걸림돌로 작용한다.

프랑스와 독일을 비롯한 유럽 국가들도 미국의 디커플링 강화에 비협조적인 태도를 보이고 있다. 미국과 유럽뿐 아니라 세계 각국은 이미 글로벌 공급망과 관련해서 세계의 공장인 중국에 상당 부분 의존돼 있기 때문이다. 세계 최대규모의 소비시장을 보유한 중국경제를 세계경제와 디커플링하기란 쉬운 일이 아니다. 중국경제가 망가지면 그만큼 글로벌 수출시장은 타격을 입는 구도이다. 이런 이유로 디커플링 전략을 소프트하게 변형시킨 형태로써 디리스킹 전략이 주목된다. 디리스킹 전략은 중국을 글로벌 공급망에서 완전히 배제하기보다는 중국에 대한 의존도를 낮춰 위험을 줄이자는 전략이다. 중국과 공생은 이어가되 안보에 영향을 줄 수 있는 핵심 부분은 디커플링으로 끊어내자는 논리이다. 디리스킹을 처음 언급한 유럽연합 집행위원장인 우르줄라 폰 데어 라이엔은 "중국과 유럽의 관계는 흑백이 아닌 만큼 중국을 완전히 배제하는 디커플링은 가능하지도 않고 유럽의 이익에도 도움이 되지 않는다."면서 중국 측과 외교적 노력으로 경제적 위험을 제거하겠다는 디리스킹 전략을 처음 언급했다.

한편, 미국이 그동안 중국을 글로벌 공급망에서 배제하는 디커플링을 추진하는 과정에서 오히려 경제적 특수효과를 누리는 나라들이 있어 주목된다. 디커플링이 성공하기 위해서는 생산기지인 중국을 대체할 만한 생산기지를 물색해야 하는데, 그 대상으로 떠오르는 국가들이 인도를 비롯한 중국을 감싸고 있는 14개국이다. 특히 인도는 인구가 중국과 비슷하고 베트남은 인구구조가 젊다는 점에서 이점을 누리고 있다. 디커플링을 위한 대안적 아시아 공급망에 포함되는 14개 국가는 한국, 일본, 인도, 베트남, 대만, 필리핀, 브루나이, 말레이시아, 싱가포르, 인도네시아, 라오스, 캄보디아, 태국 방글라데시 등이다. 영국의 경제전문지 이코노미스트는 대체라는 뜻의 'Alt'에 아시아의 'asia'를 합쳐, '중국을 대체할 만한 아시아의 나라들'이라는 의미로 '알타시아Altasia'라는 용어를 처음 사용했다. 중국 대 알타시아의 경쟁력을 비교하면 대미수출액에서 알타시아가 중국을 넘어섰으며, 인구나 고급인력에서 중국보다 풍부하고 제조업시간당 평균임금도 중국보다 탄력적임을 알 수 있다.

중국 대 알타시아의 경쟁력 비교

국가별	중국	알타시아
대미수출액(2021년 4분기~2022년 3분기)	6,140억 달러	6,340억 달러
인구(2022년 기준)	14억 4,847만 명	24억 1,051만 명
명목GDP(2022년 기준)	18조 1,000억 달러	14조 1,079억 달러
고급인력(2021년 기준)	1억 4,500만 명	1억 5,500만 명
제조업시간당 평균임금(2022년 기준)	8.31달러	0.6-32.7달러

자료: IMF, Economist

5. 오프쇼어링(Off-shoring)과 리쇼어링(Reshoring), 온쇼어링(Onshoring)

코로나19 팬데믹과 우크라이나 전쟁 등으로 지정학적 위험성이 증가하면서 글로벌 공급망global supply chain은 재편되기 시작했다. 글로벌 공급망이란 제품생산을 위한 원재료의 조달에서 최종 소비에 이르는 재화나 서비스 그리고 정보의 연결망을 총칭한다. 그동안 세계화와 자유무역 체제 아래 글로벌 공급망은 전 세계에 걸쳐 확장되어 왔다. 세계 경제는 비용절감과 효율성의 극대화를 위해 생산의 분업화, 즉 오프쇼어링off-shoring전략을 적극적으로 활용한다. 미국을 비롯한 주요 국가들이 오프쇼어링 전략으로 가장 싸고 쉬운 공급망Just in Time 구축에 성공한다. 선진국의 다국적기업들은 인건비 상승 등 고비용 문제를 해결하기 위해 인건비가 낮은 중국·인도 등 개도국으로 생산기지를 이전한 결과였다. 미국이나 유럽의 주요 제조업체들이 생산기지를 중국으로 이전함에 따라 자국 내에서는 낮은 기술 수준의 저임금 노동자들의 일자리는 크게 감소했다. 미국 같은 경우, 제조업이 집중된 지역들은 러스트벨트화rust belt하였고, 제조업 재건을 약속하는 트럼프 지지층을 형성하게 된다. 러스트벨트(녹의 지대)는 미국 경제의 중공업과 제조업의 핵심 중심지역을 말하는데, 미국의 중서부 지역과 북동부 지역의 일부가 여기에 해당하고, 자동차 산업의 중심지인 디트로이트를 비롯해 미국 철강 산업의 메카인 피츠버그 등을 지칭한다.

트럼프는 러스트벨트를 되살리겠다는 공약으로 처음 대통령에 당선되었고 트럼프 2기에서는 미국의 제조업 경기의 활황기를 만들겠다는 비전을 제시했다. 그는 리쇼어링이나 온쇼어링 정책을 통해 제조업을 살려내고 안정적인 공급망Just in Case을 구축한다는 계획이다. 리쇼어링이나 온쇼어링은 해외에 이전한 생산기지를 다시 국내로 불러들인다는 의미인데, 이를 통해 제조업 생태계를 복원하고 공급망의 안정화를 확보할 수 있다. 제조업은 산업연관 효과가 높고 부가가치와 일자리 창출에 크게 기여할 뿐 아니라 연구개발, 설계, 디자인, 마케팅 등 집약적 고부가서비스 산업의 토대가 된다. 법인세를 인하하거나 관세를 높이는 것도 제조업의 생산기지를 미국 내로 유인하기 위한 수단에 다름 아니다. 트럼프는 미국 내에 공장을 짓도록 보조금을 주는 것보다는 관세를 높여서 다른 나라 기업들이 국내에 투자하도록 압박하는 것을 선호한다.

니어쇼어링nearshoring이나 프렌드쇼어링friend-shoring은 가장 안전하고 확실한 공급망을 구축하기 위한 또 다른 수단이다. 니어쇼어링은 본국과 가까운 지역에다가 생산기지를 구축함으로써 운송비용과 시간비용을 절약하고 본국의 노동력이나 자원을 활용할 수 있다는 장점을 가진다. 프렌드쇼어링은 우호국이나 동맹국들과 공동으로 공급망을 구축해서 공급망을 안정화하는 전략이다. 코로나19 팬데믹이나 우크라이나 전쟁으로 인한 불안정해진 글로벌 공급망을 안정화하고 미국이 중국을 디커플링하는 수단으로서 니어쇼어링과 프렌드쇼어링도 활용 대상이다. 미국을 비롯한 주요 국가들이 중요 제품들을 국내 생산으로 전환하거나 중국에서 베트남, 멕시코, 터키 등으로 생산기지를 이전하고 있다. 다국적기업들의 중국이탈 현상이 뚜렷해진 상황이다. 생산기지를 자국과 가깝고 위험risk이 적은 지역으로 재구조화하는 작업이다. 삼성·LG전자는 베트남으로 한화에너지는 말레이시아로, 롯데케미칼, 포스코는 인도네시아로 생산기지를 이전했다. 현대차, 닛산, 토요타의 자동차 생산라인도 중국산 일부 부품 부족으로 생산을 중단한 사태를 경험한 바 있어 위험을 줄이는 전략을 모색 중이다.

6. 트럼프 2기와 한국경제

트럼프 2기 행정부는 보편적 관세, 상호무역법을 통해 그동안 잃어버린 일자리와 무역적자를 보상받으려 한다. 러스트벨트의 제조업을 활성화하고 그동안 누적된 무역적자를 보전하기 위해 보호무역주의에 방점을 둔다. 산업정책은 미국의 산업과 기업을 더 강하게 지원하려 하고 바이든 행정부가 추진해 온 자동차연비규제와 전기차 확대 정책은 폐지하며 화석연료 중심의 에너지 공급을 확대해서 미국민에게 우크라이나 전쟁과 신재생에너지 정책 추진으로 가격이 급등한 에너지를 지구상에서 가장 저렴한 가격으로 제공하려 한다.

미국이 중국에 대해 기술제재의 강도를 높이면 높일수록 중국 정부는 중국이 수입에 의존했던 소부장 제품의 자국산 대체율을 높이기 위해 경쟁력 있는 강소기업에 대한 지원을 강화하게 된다. 최근 반도체·디스플레이 장비, 정밀가공 장비, 일반 기계 부품, 산업 공정 장비, 정밀기기 부품 산업 등에서 중국 소부장 기업의 성장세가 두드러지는 이유이다. 소부장 산업은 우리나라의 무역수지 흑자를 견인하는 중요한 산업으로, 구체적으로는 반도체, 2차전지, 디스플레이, 바이오 등이 여기에 해당한다.

트럼프 2기 행정부의 디커플링 강화 전략으로 미국시장에서 한국이 중국과 경쟁하는 산업에서는 대미 수출에서 상대적 경쟁력이 강화될 것이지만 중국과 밀접하게 연계된 소재·부품 산업에서는 미국의 수입 규제와 엄격한 원산지 심사로 인해 위축될 가능성이 높다. 또한 중국의 입장에서는 미국의 고율 관세 부과와 EU의 환경 규제 강화로 수출이 위축되는 경우, 중국은 아시아 시장에서의 저가 수출 전략으로 시장지배력을 확대할 가능성이 높아지고, 동남아 시장에서 우리 기업은 중국의 저가 공세에 정면으로 맞서 싸워야 하는 위험이 발생한다.

트럼프 1기에서 중국제품에 대한 고관세 정책으로 중국 기업은 아세안, 멕시코 등으로 공장을 이전했다. 중국은 자동차, 휴대폰, 가전 분야에서 아세안과 멕시코에 투자하며 우리나라의 기업과 경쟁 중이다. 베트남에서 중국의 투자액이 한국을 추월할 정도로 우리나라의 기업과의 경쟁이 심화됐고 동남아로 유입된 중국산 저가품으로 한국제품의 가격경쟁력도 약화됐다. 한국 정부가 첨단 분야 관련 소부장 산업의 기술주권을 확보하고 경쟁력을 강화할 수 있는 강력한 산업정책을 추진해야 하는 이유이다.

지난 바이든 정부에서 미국내 투자를 유치하려는 유인책으로 보조금이나 세금혜택을 약속했기 때문에 우리나라의 기업들도 대미 투자를 확대해 왔다. 예를 들면 반도체지원법이나 인플레이션감축법IRA인데 트럼프 2기 행정부는 이 두 법을 폐지하거나 보조금의 규모를 축소한다는 계획이다. 이미 미국에 투자를 진행하고 있는 우리 기업에게는 위협요인이 된다. 반도체 부문에서 70조원 규모의 투자가 진행 중이고, 삼성전자는 440억 달러(64억 달러), SK하이닉스는 38

트럼프 관세 정책, 한국 무역에 악영향

美 예상 정책	영향	결과
한국산 수입품 관세 인상 (+10%~)	미국 또는 미 관세를 회피할 수 있는 국가로 설비 이전 증가	韓, 대미 수출 감소
중국산 수입품 징벌적 관세 (+60%~)	中 성장률 저하로 한국 제품 수입 감소	韓, 대중 수출 감소
	중국의 제삼 시장으로 초저가 수출 확대	韓, 미·중 외 제삼 시장 수출 감소
제삼국산 수입품 관세 인상 (+10%~)	제삼국의 대미 수출 감소로 한국산 중간재에 대한 수입 감소	韓, 미·중 외 제삼 시장 수출 감소

자료_대외경제정책연구원(KIEP)·국회 입법조사처

대미 투자 통한 경제 협력은 강화 중

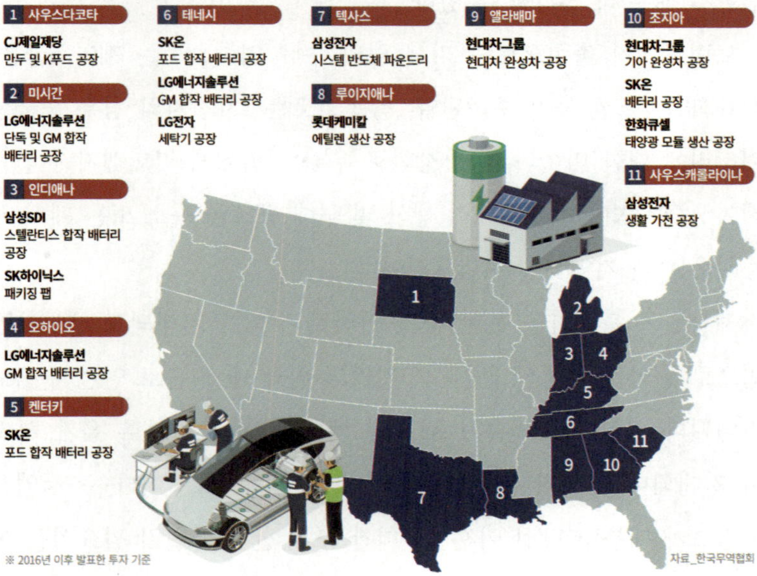

자료: 통상, 2024년 12월호, 산업통상자원부

억 7천만 달러(4억 5천만 달러) 규모이다. 자동차, 배터리 부문에서는 2027년까지 총 40조원(286억 달러) 규모의 투자가 진행 중이고, LG에너지솔루션은 16조 5천억원, SK온은 14.2조원, 삼성SDI는 6.8조원 규모이다.

트럼프가 예고한 대로 반도체와 자동차에 관세를 부과하는 경우, 우리나라의 대미 수출 최대 품목인 자동차와 반도체는 우리나라의 전체 수출액의 25% 이상을 차지하고 있어 타격이 클 것으로 예상된다. 또한 미국의 수출통제 강화조치인 FDPR Foreign Direct Product Rule, 즉 해외직접생산품규칙이 우리 기업에게 적용되는 경우, 대중국 반도체 수출은 더욱 위축될 것이다. 삼성전자와 SK하이닉스는 전 세계 HBM시장을 대부분 점유하고 있어 미국의 수출통제조치 강화로 인한 피해는 더 심각할 수 있다.

트럼프 2기 출현으로 우리 산업의 수혜 업종으로는 제약, 금융, 석유화학, 조선 등이 주목된다. 품목별로는 2차전지의 경우 중국산 배터리에 대한 미국의 제재 강화로 우리 기업에게 기회겠지만 인플레이션 감축법 IRA 내 배터리 생산 및 구매 보조금 축소 또는 폐지 가능성은 우리 기업에게 위험요인이다.

제약업은 복제약을 통한 약가 인하로 수혜가 기대되고 생물보안법으로 중국 위탁생산개발 CDMO 기업의 미국 내 퇴출로 인한 수혜도 기대된다. 석유화학업은 트럼프의 에너지 정책 변화로 유가 하락이 기대되며 그로 인한 원가 부담 완화가 기회요인이다. 조선업은 트럼프가 대통령 당선 이후 한·미간 조선 산업의 협력 필요성을 여러 차례 피력한 바 있어, 한화오션을 비롯한 조선 3사의 경우 미국 함정의 유지·보수 및 수리, 정비 MRO 에 대한 수혜가 기대된다. 베트남을 비롯한 동남아 지역에서 중국과의 경쟁이 더욱 심화되겠지만 미국의 함정 시장에서는 우리가 유리한 국면이다. 또한 트럼프의 화석연료 중심 에너지 정책 변화로 LNG·LPG 운반선의 수주 수요가 증가하여 우리 기업의 수혜가 기대된다. 전 세계 조선 수주 규

미국 신행정부 시나리오

통상	에너지	첨단산업	금융시장	대북 정책
T Tariff on All Imports	**R** Return to Fossil Fuel	**U** Uncertainties in High-Tech Industry	**M** Monetary Policy Interference	**P** Personal Diplomacy
보편적 관세·상호무역법 시행 예상	화석연료 공급 확대	첨단산업 인센티브 조정 가능성	통화정책 개입해 약달러 추구	미·북 정상 간 개인 외교
↓	↓	↓	↓	↓
對美 무역 장벽 높아질 우려	에너지 가격 하락 기대, 청정에너지 불확실성 고조	對美 투자 기업 불안 증폭	순 수출 감소	남북 관계 예측 불확실성 고조

※ 트럼프 2기는 2025년 1월 20일부터 2029년 1월 19일(이하 현지시각)까지

자료_대한상공회의소

미국 신행정부 한국 기업 대응 방안

산업	대응 방안	산업	대응 방안
반도체	- 유연한 공급망 구축 - 첨단 반도체 분야 경쟁력 제고로 대중 규제에 따른 반사이익 기회 확보	**건설**	- 우크라이나의 도로·항만·주택 등 다양한 수주 기회 포착 - 중동 시장 등 불확실성에 대비해 프로젝트 발주 상황 지속 모니터링
자동차·이차전지	- 미국 내 제조 시설에 대한 빠른 안정화를 통해 북미 제조 물량 극대화 - 이차전지 시장 지역 다변화 전략으로 북미 외 유럽 적극 공략	**방산**	- 방산 수출 둔화에 따른 투자 감소 대비해 민관 협력 - 자체적인 방어 시스템 구축으로 방위비 증액 예상되는 국가 공략에 주력
조선	- 차세대 연료 운반선 기술 개발 및 투자 강화 - 수요 감소 및 공급과잉 부문 지속 모니터링	**인공지능 (AI)**	- 미국 중심 시장 형성으로 한국 기업 진입 장벽 높아질 우려 존재 - 미국 AI 기업과 제휴 등을 통한 미국 AI 생태계 진입 방안 모색

자료_삼정KPMG

미국 신행정부 수혜 업종

제약	- 복제약 통한 약가 인하 - 생물보안법으로 중국 위탁생산개발(CDMO) 기업 퇴출 시 경쟁 기업 수혜 예상
금융	- 금리 인하에 따른 거래량 증가와 채권 수익 기대 - 전반적인 규제 완화
석유화학	- 유가 하락에 원가 부담 완화 - 중국 경기 둔화로 대중 수출 둔화
조선	- 화석연료 중심 에너지 정책 변화 전망 - LNG·LPG 운반선 등 수혜 예상

자료_삼일PwC

자료: 통상, 2025년 1월호, 산업통상자원부

모 면에서는 중국이 1위국이지만, LNG·LPG 운반선 같은 고부가가치 선박의 경우 우리 조선 3사*가 중국에 비해 월등한 기술력을 자랑한다. 반도체의 경우에는 전 세계적으로 통화정책의 완화 기조가

* 한국의 조선 3사는 HD한국조선해양, 삼성중공업, 한화오션이다.

확산되면서 글로벌 수요가 증가할 가능성이 높아 우리 기업의 기회요인으로 작용한다. 또한 트럼프 2기 행정부가 인공지능AI, 반도체, 로봇, 전기차, 배터리 등 첨단산업 분야에서 중국을 디커플링하고 투자를 확대할 것이라는 기대도 우리 기업에게 호재로 작용한다. 하지만 반도체에 대한 미국의 강력한 대중제재는 우리에게 중국 수출시장에 대한 수요 감소 가능성을 높일 수 있고, 미국 시장 내에서의 반사적 공급은 증가시킬 수 있다는 양면성을 가진다. 미국에 진출한 한국 반도체 기업에 대한 보조금의 축소, 차별 지급 또는 지급유예 가능성은 우리 기업에 부담으로 작용한다. 건설업의 경우에는 중동지역이나 우크라사태가 마무리 되는 경우 재건 사업으로 인한 특수가 예상되지만, 트럼프의 친親이스라엘 강경 노선은 중동 시장 의존도가 높은 한국 건설 업계에 부정적인 요인으로 작용한다. 세계적인 전력수요 증가와 미국의 에너지 정책 전환으로 전력 기자재, 건설 기자재, 원전건설 등에 대한 수혜도 기대된다. 방위산업의 경우에는 트럼프 2기는 자국우선주의 기조 아래 주요 동맹국의 방위비를 증가시킬 것으로 예상된다. 한국 방산이 가성비가 높다는 측면에서 수출확대요인으로 기대되지만, 트럼프 재집권 이후 방산업에 대한 자국 기업 육성책이 강화된다면 한·미 방산 협력이 축소되는 위험도 공존한다. 특히 우크라이나·러시아 전쟁이 조기 종료되는 경우 국내 방산 수출이 단기적으로 급감할 위험도 배제할 수 없다.

7. 우리나라의 대응 방향

한국 기업이 투자한 지역의 주지사, 상원, 하원, 노동조합 등을 활용하여 백악관을 적극적으로 설득해야 한다. 사우스다코다(CJ제일제당), 미시간(LG에너지솔루션), 인디애나(삼성SDI, SK하이닉스), 오하이오(LG에너지솔루션), 켄터키(SK온), 테네시(SK온, LG에너지솔루션, LG전자), 텍사스(삼성전자), 루이지애나(롯데케미칼), 엘나베마(현대차그룹), 조지안(현대차그룹, SK온, 환화큐셀), 사우스캐롤라이나(삼성전자) 등 우리 기업이 투자한 지역을 중심으로 미국의 정책 당국에 대한 교섭력을 확대해야 한다.

첫째, 우리나라의 대미 수출이 삼성전자, 현대자동차 등 한국 기업의 대미 해외직접투자FDI에서 비롯됐다는 점을 합리적으로 설명해야 한다.

둘째, 대미 수출이 늘어난 품목들이 대미 투자 기업의 미국 현지 공장에서 활용되고 있다는 것을 통계로서 증명해야 한다.

셋째, 한국 기업이 미국 내에서 채용한 미국 현지 근로자 1인당 연간급여는 평균 10만 4,000달러로, 다른 나라 전체 평균 8만 7,000달러보다 높은 수준이라는 점을 강조해야 한다.

넷째, 한국산 장비가 들어간 미국 내 반도체, 배터리 산업에서 우리 기업은 미국에서 양질의 일자리를 창출한다는 점을 인식시켜야 한다. 한국 기업이 미국 내에서 창출하는 연 20만 명 이상의 고용 효과와 배터리, 반도체, 자동차 산업에서의 발생시키는 생산효과를 강조해야 한다.

다섯째, 2024년 4월 기준 미국에 진출한 한국 기업 사업장은 총 2,432개로 미국의 고용, 경제성장, 수출 등 다방면에 기여하고 있다는 점을 부각시키면서 한국 기업은 미국의 경제 생태계 그리고 자체 공급망 구축에 좋은 파트너라는 점을 부각해야 한다.

Chapter

05

자본주의 대전환과 ESG경영

1. 자본주의 대전환의 시대
2. ESG의 의미와 개념
3. ESG와 기업의 가치
4. ESG와 금융 및 투자
5. ESG 규제와 통상
6. 지속가능한 발전과 ESG

1. 자본주의 대전환의 시대

자본주의 시장경제는 인류역사에서 가장 위대한 발명품으로 칭송받을 만큼 경제성장과 물질적 풍요에 기여했다. 하지만 지나친 물신주의와 성장제일주의에 매몰된 시장경제는 환경을 오염시키고 사회적 가치를 훼손하며 독재 포퓰리즘*으로 공동체 제도들을 붕괴시켰다. 최근에는 미국의 트럼프 대통령, 러시아의 푸틴 대통령, 그리고 중국의 시진핑 주석에 이르기까지 시장의 균형을 무너뜨리는 자국우선주의를 강화하고 있다. 이것 또한 시장경제의 위기를 반영한 굴절된 패권정치라 할 수 있다. 자본주의는 위기에 직면했고 새로운 길을 모색하고 있다. 자본주의의 대전환은 이 시대가 실현해야 할 시대정신이 되었다. 이제 안전한 사회, 더불어사는 사회, 지속가능한 사회로의 대전환, 즉 기존의 표준을 타파한 새로운 표준의 시대로 전환하고 있다.

녹색 자본주의

자본주의의 속성은 자본을 지속적으로 축적해 가며, 자연 자원의 지속적인 착취와 고갈을 바탕으로 성장한다. 녹색 자본주의라는 용어는 어찌보면 모순된 용어이다. "월드카운트The World Counts"는 오늘날 우리의 연간 소비에 필요한 자원을 제공하고 폐기물을 흡수하려면 1.8개의 행성이 필요하다. 2030년에는 지구 이외의 2개의 행성

---

* 독재 포퓰리즘(Authoritarian Populism)이란 인권에 대한 냉소주의, 국가에 대한 적대감, 이민에 대한 반감, 강력한 방위와 외교정책에 대한 열의 등이 포함된 정치이데올로기를 지칭한다.

이 더 필요할지 모른다"고 주장한다. 자본주의적 생산관계로 인한 자연의 무한한 침탈이 유한한 행성에 자행되고 있으며, 이는 자본주의가 '녹색'이든 아니든 필연적으로 지구의 파국을 초래한다. 하지만 지구 파괴와 지구 가열은 자본주의 사회의 주요 지적 세력에 의해 받아들여지고 있는데, 이같은 현상의 배경에는 기존의 자본주의를 녹색 자본주의로 전환시켜서 파국의 길을 되돌려 놓을 수 있다는 믿음이 자리한다. 1991년 지구 온난화에 관한 논문으로 유명한 자유주의 경제학자 윌리엄 노드하우스William Nordhaus는 2018년 노벨 경제학상 수상 소감에서 "시장을 대체할 수 있는 대안은 없다"고 주장했다. 영국 정부의 2006년 "기후 변화의 경제학"에 대한 스턴 보고서Stern Review에서도 비슷한 논리가 자리한다. 이 보고서는 기후변화를 "극심한 시장 실패"로 규정하면서 환경오염 비용이 기업의 금전적 비용, 즉 생산비용에 반영되지 않았기 때문이라고 주장한다. 그는 외부 효과의 비용이 가격 메커니즘을 통해 내부화되는 방식으로 시장의 실패를 보완하여 기후위기를 해결해야 한다고 주장한다.

ESG와 녹색자본주의

요즈음 ESG라는 용어가 핫한 이슈로 부상하고 있다. ESG는 코로나19 팬데믹으로 인한 뉴노멀, 4차 산업혁명으로 인한 디지털 대전환, 그리고 기후위기에서 비롯된 에너지 대전환으로 나타나는 시장경제의 전환을 위한 새로운 내비게이션이다. ESG는 그동안 통용돼왔던 시장논리, 즉 개인의 소유권, 치열한 경쟁, 이윤극대화가 만들어낸 자본주의의 모순들을 시장친화적으로 극복하려는 새로운 시도다. ESG는 현시대의 수요를 충족하면서도 미래세대의 몫을 보존하고 기업의 지속적인 생존과 성장을 도모하는 개혁적 드라이브다. 기업은 이윤극대화만을 추구하는 재무제표 중심의 구태 경영에서 벗어나, 비재무적인 요소로서 환경, 사회적 가치, 지배구조를 중시하는 혁신적 경영체제로 전환한다. 전 세계의 경제, 산업, 금융, 국제무역 전반에 걸쳐 지속가능한 ESG가 새로운 틀을 제공한다.

현재 기업은 위기에 직면한 우리 사회를 개선하는데 필요한 두뇌나 테크놀로지, 그리고 자원 등 중요한 핵심요소를 장악하고 있다. 기업을 제외하거나 기업에 모든 책임을 부담시키는 방법으로 문제를 해결하는 것은 매우 비현실적이다. ESG는 기업에게 인류에 공헌할 수 있는 선함과 진정성을 불어넣는 방법으로 공정하고 지속가능한 사회를 꿈꾸게 한다. 기존의 이윤중심의 경영방식을 버리고 ESG 경영방식을 채택한다면 지속가능한 꿈은 이루어진다. 환경과 기업의 성장은 상충하는 것이 아니라 함께하는 것이라는 원리가 적용된다면 기업은 미래에도 지속가능하다. ESG는 환경문제에 대한 책임을 기업에게 물을 것이 아니라 기업을 적극적으로 이용해서 문제를 해결하는 전략적 수단이다. ESG 경영에 희망을 걸고 오히려 기업의 역량을 지원해야 한다. ESG 경영은 기업의 역량을 활용해서 수익성과 공정성을 한 번에 잡는 최적화 전략이다.

그동안 사회적 경제영역에서는 기존의 시장경제에서 파생된 사회문제들을 제3섹터 방식으로 해결해 왔다. 하지만 이제 시장경제영역에서의 민간기업들이 ESG경영을 확산시키고 사회적 경제의 역할과 기능을 대체 수행하고 있다. 국가나 지역사회 차원에서도 사회적 문제를 해결하는데, 민간기업의 ESG경영이나 ESG금융을 보다 폭넓게 활용하는 추세다. 또한, EU를 비롯한 선진국들이 ESG경영을 위한 탄소국경조정제도, ESG정보공시 의무화, 녹색분류체계, ESG 신회계기준 등을 제도화함으로써 그동안 시장경제영역에만 머물던 기존의 민간기업이나 글로벌 투자자본들이 사회적 경제영역으로 대거 이동 중이다.

2. ESG의 의미와 개념

ESG의 핵심은 기존의 이윤 제일주의에서 벗어나 환경보호, 사회공헌, 윤리경영을 중시하는 경영원칙의 전환에 있다. ESG경영을 통해 지속가능한 사회발전을 이루려는 시도이다. 기업은 장기적인 관점에서 지속가능한 발전의 핵심요소로서 재무제표에 표현되지 않는 기업가치에 영향을 미치는 비재무 지표를 중요한 경영성과 지표로 전환하는 과정이다. ESG는 ① Environmental(환경보호), 환경에 대한 책임을 다하는가? ② Social Value(사회공헌), 고객과 주주, 직원에 기여하며 사회적 책임을 다하는가?, ③ Governance(윤리경영), 기업의 경영권 승계 등 지배구조가 투명한가?를 담고 있다.

환경(E)은 기후변화(탄소발자국, 기후변화 사건에 대한 취약성), 자연자원(에너지효율, 물 효율, 토지사용, 원자재 추출), 환경오염·쓰레기(독성물 배출, 대기 질, 폐수관리, 위해물질 관리), 기회와 정책(재생에너지, 청정에너지, 녹색건물, 환경·종다양성) 등을 지표로 관리한다. 사회(S)는 인적자본(직장건강 및 안전, 노동자 참여, 노동관행), 생산책임(생산물 안전·품질, 고객 신분보호 및 데이터 보안, 상품접근성) 등을 지표로 관리한다. 지배구조(G)는 기업 지배구조(이사회 구조·책무, 경영진 보상, 회계·공시 관행, 주주관리), 기업행태(부패관리,

구분	항목	내용
환경(E)	기후변화	탄소발자국, 기후변화 사건에 대한 취약성
	자연자원	에너지효율, 물 효율, 토지사용, 원자재 추출
	환경오염·쓰레기	독성물 배출, 대기 질, 폐수관리, 위해물질 관리
	기회와 정책	재생에너지, 청정에너지, 녹색건물, 환경·종다양성
사회(S)	인적자본	직정건강 및 안전, 노동자 참여, 노동관행(임금, 근로여건)
	생산책임	생산물 안전·품질, 고객 신분보호 및 데이터 보안, 상품접근성
지배구조(G)	기업 지배구조	이사회 구조·책무, 경영진 보상, 회계·공시 관행, 주주권리
	기업행태	부패관리, 경쟁행위, 세금·특수관계자 거래 투명성

자료: 통상, 2021년 8월호, 산업통상자원부

경쟁행위, 세금·특수관계자 거래 투명성) 등을 지표로 관리한다.

ESG경영이 본격화되기 이전에도 기업의 사회적 책임CSR[*]은 그동안 수많은 논의가 지속됐으며, 최근 들어 환경·사회·지배구조ESG가 통합적으로 강조되고 있다. ESG경영은 기존의 재무제표와 함께 비재무제표가 경영의 성과를 평가하는 통합지표로 사용되는 것이 특징이다. EU는 경영자가 기업활동의 비재무적 요소를 제대로 평가하고 이를 의무 공시하도록 제도화하려는 노력을 선도적으로 기울이고 있다. EU는 환경분류체계인 그린 텍소노미와 소셜 택소노미를 제도화해서 기업이 이 기준을 따라 ESG경영을 실행하도록 유도하고 있다. UN의 기업과 인권 이행지침[**]과 OECD의 '책임경영을 위한 기업 실사 지침'도 기업들의 ESG경영에 대한 가이드라인을 제공한다. 기업지속가능성 보고지침CSRD의 적용을 받는 기업들은 택소노미에 따른 기업활동을 보고해야 한다. 소셜 택소노미는 기업활동

* 기업의 사회적 책임(Corporate Social Responsibility: CSR)이란 기업의 이해 당사자들이 기업에 기대하고 요구하는 사회적 의무들을 충족시키기 위해 수행하는 활동을 말한다.

** UNGPs(UN Guiding Principles on Business & Human Rights)

과정에서 이해관계자들의 사회적 가치를 보호하고 지속가능한 성장을 추구하는 데 기준이 되는 분류체계인 셈이다. 하지만 기업실사 지침은 법적 구속력이 없다는 한계를 지니고 있어 EU의 공급망 실사 법제화가 진행됐다. 이것이 공급망 실사법으로서 소위 '기업 지속가능성 실사Corporate Sustainability Due Diligence법'이다. 이 법은 기업과 직접적인 협력 관계에 있는 업체의 인권과 환경문제를 조사하고 문제가 있을 시 규제하는 법안이다. 이 법의 제정은 글로벌 기업들이 근로자의 안전에 대해 책임을 회피하는 인권침해가 빈번한 노동현실에서 비롯됐다. 1990년대 미국의 〈라이프〉지에 파키스탄의 소년이 하루 1달러도 받지 못하고 축구공을 꿰매는 모습이 사진으로 실리자 3세계 아동 착취 논란이 일었다. 당시 나이키는 하청업체의 잘못으로 돌리며 책임을 회피하는 모습을 보였다. 또한 2000년대 중국의 폭스콘은 세계에서 가장 잘 나가는 전자기업 애플의 모든 제품을 위탁생산하는 하청기업이었다. 하지만 지난 수십 년 동안 일군 폭스콘의 엄청난 성장은 모두 중국에 세워진 공장들에서 기인했다. 이 엄청난 성공 신화 뒤에는 초과 착취와 살인적인 생산현장이 숨겨져 있었다. 재고 없는 공장의 구현은 가난한 중국 농민공들에겐 '지옥 같은 노동 현장'이었다. 애플의 스티브 잡스도 중국 폭스콘 공장에서 발생한 근로자들의 잇단 사망 사건에 대해 책임을 회피했다. 이런 일들이 계속되자 공급망 인권 보호를 위해 국제기구가 나서기 시작했다.

3. ESG와 기업의 가치

기후위기가 지구의 생태계를 위협하는 현실에서 소비자들도 에코지능Eco-Inteligence으로 합리적 소비에 동참한다. 소비자들은 ESG 친화적인 기업의 제품에 대해 좋은 평판을 유지한다. 에코지능으로 무장한 소비자들의 요구에 맞게 맥도날드는 2025년까지 100% 재생·재활용 패키징을 사용하겠다고 선언했다. 맥도날드처럼 환경을 고려하는 기업이라는 브랜드의 이미지는 더 많은 충성고객을 유치하기 때문이다. 소비자들은 자신이 구매하는 제품을 생산하는 기업뿐만 아니라 그 기업에 물품을 공급하는 협력업체까지 ESG경영을 요구하고 있다.

기업가치의 결정요소들이 재무적 관점의 경영전략에서 비재무적 ESG 관점의 경영전략으로, 재무성과 창출에서 비재무성과 창출로, 재무제표 공시에서 지속가능경영보고서 공시(ESG 콘텐츠 강화)로 무게

ESG와 기업의 가치

자료: 통상, 2021년 8월호, 산업통상자원부

중심을 옮기고 있다. 2019년 매킨지 보고서에는 ESG와 기업가치에 대한 분석이 나와 있다. ① 기업의 수익 측면에서 ESG가 높은 기업은 B2B나 B2C의 고객 포섭력이 확대되나, ESG가 낮은 기업은 실망한 고객 이탈이 증가한다. ② 비용 측면에서 ESG가 높은 기업은 에너지 소비를 감축할 수 있으나, ESG가 낮은 기업은 쓰레기 처리비용이 상승한다. ③ 정부의 규제 측면에서 ESG가 높은 기업은 유연한 전략으로 정부의 지원을 확보하지만, ESG가 낮은 기업은 각종 벌금이나 처벌을 촉발한다. ④ 생산성 측면에서 ESG가 높은 기업은 신뢰도 제고로 고급인력 수혈이 원활하지만, ESG가 낮은 기업은 사회적 낙인으로 인재가 이탈한다. ⑤ 자산 측면에서 ESG가 높은 기업은 저수익 투자회피가 가능하나, ESG가 낮은 기업은 좌초 자산 손실로 경쟁에서 낙오한다.

기업들의 ESG경영 참여

BRTBusiness Round Table 연례회의는 미국의 애플, 아마존 등 가장 크고 영향력 있는 기업들의 CEO로 구성된 '비즈니스 라운드 테이블'이다. 2019년 8월, 이 연례회의에서 기업의 목적을 새롭게 정의하는 성명을 발표했다. 기업의 새로운 목적New Purpose은 "모든 미국인에게 봉사하는 경제를 증진하는 것"이라고 선언했다. 181개 기업의 CEO들은 자신들의 기업을 '고객, 직원, 공급업자, 지역사회, 주주 등 모든 이해관계자의 이익'을 추구하는 방향으로 이끌겠다고 공언했다. '주주이익 극대화 원칙'이 아닌 '모든 이해관계자의 가치를 우선으로 하는 원칙'으로 전환한다는 약속이다. 이 선언은 2007년 서브프라임 모기지, 2008년 세계금융위기에 대한 반향으로 투자자들이 경영관여를 통해 투명성과 공정성을 높여 경영진을 견제하겠다는 활동에서 ESG경영이 기업 내부적으로 출발하는 계기를 제공했다.

ESG경영의 기업들은 영국의 캐드버리(코코아, 초콜릿), 일본의 토요타(바텀업, 팀제), 미국의 사우스웨스트 항공, 미국의 홀푸드(유기농 유통), 미국의 코스트코(대형마트), 스페인의 메르카도나(대형마트) 등이 선도주자이다.

2024년 미국 여론조사 기관 '더 해리스폴과 온라인 매체 악시오스'가 공동 설문을 통해 미국인이 가장 사랑하는 브랜드를 발표했다. 미국인이 사랑하는 100대 브랜드를 우선 선정해 진행한 설문조사로, 기준은 인지도Awareness, 호감도Favorability, 신뢰도Trustworthiness, 품질Quality, 고객만족도Customer Satisfaction, 가격 경쟁력Price Competitiveness, 혁신성Innovation, 사회적 책임Social Responsibility, 지속가능성Sustainability 등 총 9개 항목이다. 영예의 1위는 친환경기업으로 유명한 세계적인 아웃도어 브랜드 파타고니아다. 한국 기업 중에는 삼성전자(7위)와 LG(18위)가 순위에 들었다. 2022년 9월 미국의 한 억만장자가 자신과 자신의 가족의 모든 지분을 지구에 기부하기로 공표했다. 그가 바로 파타고니아 창립자 '이본 쉬나드'다. 파타고니아는 영리 기업이지만 이제 유일한 주주는 지구라고 선언했다. 파타고니아나는 지난 50년간 지속가능한 성장을 실천해 왔다. 앞으로도 매년 매출의 1%를 기부하고 비콥 인증을 받는 등 재정적인 부의 원천인 지구 환경을 보호하는데 최선을 다하겠다고 약속했다. 비콥B Corp 인증은 글로벌 지속가능경영의 기준으로 전 세계적으로 기업의 지속가능성 평가 지표로 주목받고 있다.

애플은 2030년 탄소중립화를 선언했다. 최근 온라인 신제품 발표

행사에서 2030년까지 모든 제품에 탄소중립화 100%를 선언했다. 프랑스는 열차 편도 운행 2시간 반 이내의 근거리 비행노선을 폐지하는 법안을 통과시켰다. 승객 1인당 탄소 배출량은 비행기가 열차의 77배나 높다. 시민단체들은 4시간 이내 비행 노선 폐지까지 주장하고 있다. 한화는 2020년 집속탄 제조사업을 매각했다. 집속탄은 산탄총처럼 자폭탄들이 쏟아져 나오는 폭탄물로 전쟁시 민간인들을 광범위하게 희생시키는 무기로 인식된다. 유럽국가들, 네덜란드, 스웨덴, 노르웨이의 연기금 기관들은 집속탄제조기업에는 투자하지 않겠다는 방침을 공표했다. 네달란드 연기금은 에어버스, 필립모리스 등 159개 기업을 무기 제조, 담배 판매 등의 이유로 투자를 배제했다. 콩고산 코발트를 핵심 원료로 제조된 배터리를 사용하는 애플, 구글, 마이크로소프트, 테슬라, 델까지 총 5개 기업이 국제권리변호사회로부터 피소되는 사건도 발생했다. 코발트는 전기차, 스마트폰의 베터리와 각종 전자기기에 매우 광범위하게 사용되는데, 콩고에서는 코발트 생산을 위해 많은 어린아이가 노동 현장에 내몰리고 있다는 것이 문제였다. 이때부터 애플은 공급망 내 모든 단계의 협력업체에 대한 노동력, 인권, 건강, 환경보호 등에 대한 '행동수칙'을 마련하고 이를 평가하여 협력업체의 ESG 개선을 유도하고 있다.

EU의 기업 공급망 실사법

EU는 기업 공급망 전반의 인권과 환경에 대한 기업의 책임을 명확히 하고 이를 실질적으로 이행하도록 요구하는 지침으로서 공급망 실사법을 법제화했다. 공급망 실사법의 정식 명칭은 기업지속가능성 실사지침Coporate Substainability Due Diligence Directive: CSDDD이다. 2027년부터 실행되는 공급망 실사법, 즉 기업지속가능성 실사지침에 대한 관심이 높아지면서 기업의 ESG에 대한 보고 방법에 대해서도 여러 가지 기준이 나타나고 있다. 대표적인 글로벌 가이드라인으로는 GRIGlobal Reporting Initiative기준, CSRD기준, ESRS기준 등이 있다. GRI기준은 전 세계적으로 지속가능 보고서를 발간하는 기업의 70% 이상이 사용하는 가이드라인이다. 하지만 최근에는 GRI기준은 시들해지고 의무공시 기준인 CSRD기준, ESRS기준이 활용된다.

EU는 CSRDCorporate Sustainability Directive, 즉 기업지속가능성 공시지침을 발표했다. 기업이 '지속가능성제표'를 공시해야 하는 의무를 부여한 것이다. 지속가능성제표는 유럽연합EU이 지속가능성 공시를 위해 요구하는 문서이고 재무제표에 상응하는 것이다. CSRD는 2022년 11월 유럽의회의 승인을 얻어 2023년 1월 6일 발효되었다. 비재무공시 항목들도 재무적 관련성이 있어 '지속가능성 공시'라는 개념을 사용한다. EU는 2023년 7월 CSRD 이행을 위해 '유럽 지속가능성 공시 기준European Sustainability Reporting Standards: ESRS'을 채택했다. 공급망 실사법은 기업들이 공급망 전반에서 벌어지는 인권과 환경에 대한 기업의 책임을 명확히 하고 이를 실질적으로 이행하는 데 기여할 것이다. 기업의 미래성장과 성공은 이익과 목적사이에 균형을 잡는 가치 지향적 사명감이 중요하다. 직원들의 목적의식에 권한을 위임하고 직원들에게 목적 지향적 업무를 할 기회를 부여하는 것이 기업과 직원 모두에게 윈-윈하는 경영전략이다. 밀레니엄 세대, 이후의 세대들은 의미와 목적의식을 중시하는 일자리를 선호한다.

글로벌 기업들은 자신의 기업가치를 높이기 위해서 지속성장의 기반으로서 ESG경영을 강화하고 있다. ① 2024년부터 EU의 CSRD가 시행되고, 미국에서도 SEC, 즉 기후 공시 같은 ESG 공시 의무화를 추진하고 있다. 기업의 글로벌 경쟁력을 강화하기 위해 ESG 공시 의무를 준수하는 것이 중요해졌다. ② 글로벌 투자자들은 기후 및 인권 문제에 대한 기업의 대응을 평가하고, 이를 투자 결정에 반영하고 있다. 기업들은 글로벌 투자를 유치하기 위해서 공급망 실사법을 준수해야 하는 의무가 현실화됐다. ③ 자연 자본 및 생물다양성은 기업의 지속가능성에 중요한 요소로서 ESG경영의 관리지표이다. 유틸리티, 원자재, 소비재 등 자연 자원에 의존도가 높은 기업일수록 이러한 지표에 대한 체계적인 관리가 필요하다. ④ 글로벌 공급망 실사 의무화는 기업들에게 인권 및 환경, 반부패 위험을 체계적으로 관리할 것을 요구한다. ⑤ 글로벌 투자자들은 기업의 지배구조를 ESG 평가에 충족하도록 개선할 것을 요구한다.

2012년 미국의 캘리포니아 공급망 투명성법, 2015년 영국의 현대

세계 주요국의 공급망 실사법

자료: 통상, 2022년 5월호, 산업통상자원부

노예법, 2017년 프랑스의 기업경계법, 2020년 미국의 노예제근절기업인증법, 2022년 네덜란드의 아동노동실사법, 2023년 독일의 공급망 실사 의무화법, 2024년 EU의 기업지배구조 및 공급망 실사에 관한 법률이 제정됐다.

유럽의 지속가능성 공시는 글로벌 교역과 국제 거래를 혁신하는 마중물이 되었다. 환경과 인권, 거버넌스가 기존의 글로벌 교역질서를 개편하고 새로운 교역질서를 형성하는 중심축이 되었다. ESG를 축으로 하는 교역질서는 지속가능성을 무시하는 기업들을 국제 거래에서 배제시켜 버린다. 아동 노동을 착취하는 동남아 국가에서 물건을 조달해 공급하거나 환경 파괴를 일삼는 경로를 통해 얻은 원료를 가공해 수출하는 기업은 설 자리를 잃는 위험을 감수해야 한다. 탄소집약적인 상품을 수출하는 기업도 국제교역에서 머지않아 퇴출의 위기를 맞이할 것이다.

4. ESG와 금융 및 투자

2018년 1월 세계 최대 금융자산 관리기업, 블록랙Black Rock의 CEO 래리 핑크Larry Fink는 자신의 포트폴리오에 들어있는 모든 기업의 CEO에게 서한을 발송했다. "사회는 공기업·사기업을 막론하고 모든 기업에 사회적 목적에 봉사하라고 요구하고 있습니다. 오랜 시간에 걸쳐 번창하기 위해서는 기업이 재무실적만 챙겨서는 안 됩니다. 기업은 사회에 어떻게 긍정적으로 이바지하고 있는지도 보여주어야 합니다. 주주, 직원, 고객, 사업장이 위치한 지역 사회와 같은 모든 이해관계자에게 골고루 이익을 나누어줄 수 있어야 합니다."
이것이 서한의 핵심 내용이다. 기업이 지속가능하기 위해서는 재무 실적만 챙겨서는 안 된다. 주주, 직원, 고객, 사업장이 위치한 지역 사회와 같은 모든 이해관계자에게 골고루 이익을 나누어 줄 수 있어야 한다는 권고이다. 블랙록은 세계 최대의 금융자산 관리기업으로 7조 달러규모의 자산을 관리한다. 이러한 움직임의 대표적인 사례로 래리 핑크는 2020년 엑슨모빌 주주총회에서 기후변화 대응 전략 수립과 기후변화의 재무적 영향에 대한 공시가 미비했다는 이유로 이사 2인의 연임에 반대표를 던졌다. 우리나라 대표 기업들에 대해서도 탄소감축에 대한 명확한 계획을 제시하고 민간 석탄발전소 퇴출 문제를 논의해 달라는 공식서한을 보내기도 했다.

세계 최대의 금융자산 관리 기업, 블랙록Black Rock은 녹색 자본주의의 선도적인 금융 세력으로 부상했고, 프랑스의 거대 은행인 BNP 파리바BNP Paribas는 생태계 복원 펀드를 출시했다. ESG 펀드는 자연의 영역을 거래하는 것을 가능하게 만들었고, 2020년 기준 1조 달러 이상이 이 펀드에 투자되었다. 또한 지난 수년 동안의 COP 회의* 들에서 부유한 국가들은 가난한 국가들이 녹색 에너지로 전환하고 경제를 탈脫탄소화하는 것을 돕기 위해 1,000억 달러의 자금을 지원하기로 약속했다. 글로벌투자운용사들은 ESG 경영성과를 지표로 삼는 투자원칙을 천명했으며, 최근 10년간 글로벌 ESG투자 자산 규모가 3배 이상 증가했다. 또한 연기금 국부펀드 등과 같은 초대형장기투자기관들도 기금운용혁신을 통해 장기적인 산업, 기업, 정책에 영향을 미침으로써 국민경제의 지속가능한 발전을 추구하려 노력에

---

* 유엔기후변화협약 당사국 총회

동참했다. 이들은 전통적인 자산배분에서 탈피하여 장기주의longtermism, ESG환경, 사회, 지배구조 및 스튜어드십Stewardship*에 입각하여 투자를 결정하고 있다. TCFDtask forceon climate-related financial disclosure 권고안은 G20 국가들의 재무장관, 중앙은행 총재 협의체인 금융안정위원회가 만든 4가지 주요항목의 공개를 통해 기업이 기후변화 관련 위험과 기회를 조직의 위험관리와 의사결정에 반영하도록 유도하는 기후변화 관련 재무정보공개 협의체이다. TCFD 권고안은 기후변화로 인한 기업의 재무적 위험과 기회에 대한 공시 체계를 제공하며, 기업의 투명성을 높이고 투자자와 이해관계자의 정보에 기반한 informed 의사결정을 지원하는 글로벌 프레임워크다. TCFD 권고안은 지배구조, 전략, 위험관리, 지표 및 목표 4개 부문으로 구성되고 있고, 4개 부문을 구체화할 수 있는 11개 권장 공시내용을 제안하고 있다. 2017년 블록랙의 CEO 래리 핑크는 TCFD권고안의 영향을 받아 석탄관련 기업에 투자 중단을 선언한 바 있다.

이런 변화들은 글로벌 기업들에게 ESG에 대하여 노력하는 기업에 투자를 결정할 것이며, 그 회사의 제품을 구매하고 이러한 회사에 더 낮은 비용으로 대출하겠다는 시그널로 작용한다. 기업들은 은행 대출 거래시 불이익을 받지 않고 유리한 조건으로 거래하려면 지속성장의 기반으로서 자사의 핵심사업과 ESG를 연계한 비즈니스 전략을 수립해야 한다. 이에 대응하기 위해 전 세계 주요기업들은 ESG 조직을 신설하고 ESG경영 원칙을 수립하는 등 ESG경영체제를 확대하고 있다.

---

* "기관투자자의 수탁자 책임에 관한 원칙"을 지칭하며, 연기금 등 기관투자자가 고객 자산을 관리·운용하는 수탁자(스튜어드)로서 책임을 의미한다.

그린 택소노미와 소셜 택소노미

EU는 ESG경영을 위한 '그린 택소노미Green Taxonomy'와 소셜 택소노미Social Taxonomy를 2020년 6월, 2022년 2월 각각 발표했다. 택소노미Taxonomy는 그리스어 'tassein(분류하다)'와 'nomos(법·과학)'의 합성어로 '분류체계'를 뜻한다. 그린 택소노미는 환경적으로 지속가능한 경제활동이 무엇인지를 분류하는 기준이다. 소셜 택소노미는 사회적으로 지속가능한 경제활동이 무엇인지 분류하는 기준이다. 소셜 택소노미는 사회적으로 가치 있는 목표를 달성하는 데 기여할 수 있는 활동을 명확하게 정의하고 식별하는 분류체계로 활용된다. 자본의 경우에는 사회적으로 가치 있는 경제활동으로 유입될 수 있도록 유도하기 위한 기능으로 작용한다. 정부의 재정지원이나 기업의 투자활동에도 영향을 주기 때문에 단순한 분류체계를 넘어 사회 전반을 환경·사회·지배구조ESG 중심으로 재편하는 중요한 기능을 담당한다. 그럼에도 불구하고 소셜 택소노미의 분류체계에 대한 한계를 문제삼는 논쟁도 치열하다. 아무리 근로자 친화적이라 해도 무기, 도박, 담배와 같은 생산활동 등에 대해서는 지속가능한 경제활동으로 인증할 수 없다는 게 EU의 원칙이다. 하지만 방위 산업계는 군비를 ESG 자산으로 인정하라는 주장을 펴고 있다. 업계는 러시아의 우크라이나 침공을 놓고, 국방력이 사회의 지속가능성에 상당한 영향력을 미친다는 논리로 정당성을 주장한다. 그런데 이를 인정하는 경우, 소년병이 쉽게 사용할 수 있거나, 분쟁지역에 수출될 가능성이 높은 군비에 대한 투자는 사람이 통제할 수 없는 자동화 살상 무기를 개발하는 것만큼이나 사회적으로 유해할 수 있다는 주장이 설득력을 얻고 있다. 또한 EU가 그린 택소노미의 범위에 원전과 액화

천연가스를 포함한 문제에 대해서도 뜨거운 논쟁이 이어지고 있다. 소셜 택소노미는 사회적 금융을 촉진하는 기능도 수행한다. 이것은 기업의 입장에서는 사회문제와 관련된 활동의 기준이 된다. 소셜 택소노미를 적용하여 어떤 상품과 서비스가 사회적 지속가능성을 높이는지를 판별하는데 도움을 준다. 투자자 또는 금융기관 입장에서는 지속가능금융, 즉, 대출, 신용, 보증 등, 특히 사회적 채권과 임팩트 투자의 발행·공시·평가 기준이 된다. 소셜 택소노미는 탄소중립 사회로의 전환과 더불어 '공정한 사회로의 전환'을 촉진하는 사회활동의 분류체계다.

사회적 채권Social Bond이나 사회성과 보상채권Social Impact Bond: SIB도 증가추세이다. 사회적 채권은 사회적 가치 창출을 목적으로 하는 채권. 일자리 창출, 주택 공급 등 사회적 문제의 해결과 밀접한 프로젝트에 투자한다. 사회성과 보상채권은 민간투자로 공공사업을 수행한 후 성과목표 달성 시 정부가 투자자에게 투자 원금과 이자를 상환하는 계약을 말한다. 지속가능성과 연계한 대출 또는 보증, 신용상품도 늘어나고 있다. 임팩트 투자Impact Investment도 금융시장에서 주목받고 있다. 임팩트 채권은 사회·환경적 영향을 만들어내는 기업을 대상으로 투자를 진행해 사회적 가치뿐 아니라 재무적 수익까지 창출해내는 성격을 가진다. 따라서 금융기관뿐 아니라 대기업들의 참여도 확대되고 있다. 특히, 임팩트 투자Impact Investment는 일회성이 아닌 사회 인식이나 제도를 바꿔내는 문제해결의 본질을 들여다보는, 지속적 변화를 모색하는 투자라는 점에서 사회적 파급력이 강하다.

녹색 채권Green Bond은 친환경 프로젝트 투자자금 조달을 위해 발행되는 특수목적의 채권이다. 일반 채권과 동일한 구조로 발행 및 유통되지만 조달된 자금을 반드시 친환경 관련 사업에 사용해야 한다는 자금투자의 용도가 제한된다. 녹색 공공조달Green Public Procurement은 저탄소 제품의 시장 창출을 위한 정책으로 미국의 캘리포니아주가 2017년 'Buy Clean California Act'(일명 청정구매법)를 제정해 공공 인프라 계약에서 소비되는 소재 제품의 탄소 배출량 기준을 설정하고 기준을 충족하지 못하는 소재(고탄소 제품)가 공공 프로젝트에 사용되는 것을 금지시킨 정책이다. 미국 바이든 정부에서는 녹색 공공조달을 행정명령 등을 통해 연방 차원으로 확대한 바 있다. EU의 경우에는 자발적 제도로서의 녹색 공공조달 제도를 운영하고 있고, 20여 개 이상의 공통기준을 마련해서 회원국 간 제도의 일치성 확보를 위해 노력중이다.

5. ESG 규제와 통상

시장경제와 자유무역은 WTO체제를 중심으로 교역국가들의 일자리를 늘리고 경제성장을 견인해 왔다. 그동안 교역국가의 다자간 교역을 통해 효율성과 경제성을 극대화했다. 국제자본은 노동력이 싼 곳, 환경규제가 약한 나라로 이동했다. 낮은 임금과 열악한 노동조건은 최대이윤을 위해 선호됐다. 열대우림을 파괴한 뒤 수출용 농장을 만드는 일은 빈번했다. 고기와 수산물 수출을 위해 탄소배출은 늘었고 해양 생태계는 파괴됐다. 그물망처럼 얽힌 글로벌 물류체계는 하늘과 바다를 오염시켰다. 그런데도 불구하고 글로벌 통상질서는 관세를 내리거나 폐지하고 국가 간 장벽을 낮춰 시장 접근성을 넓히는 데 초점을 두었다. 결과적으로 효율성과 경제성을 근간으로 성장한 국제교역은 기후위기와 사회적 가치의 파괴 그리고 공동체 제도들을 붕괴시켰다. 이에 새로운 국제통상의 기준, ESG가 새로운 글로벌 기준으로 등극했다.

EU와 미국을 비롯한 세계 주요국들이 ESG경영을 실현하기 위한 새로운 통상질서를 모색하고 나섰다. ① 환경보호 부분에서 2021년 EU는 'Fit for 55', 2022년 '탄소국경조정제도', 그리고 지속가능한 제품을 위한 '에코디자인 규정'을 도입했다. 미국은 2021년 '공정전환 경쟁법'과 2022년 'IRA법'을 도입했다. ② 사회적 가치부분에서 2021년 EU는 '분쟁광물규정', 2022년 '강제노동 결부상품 수입 금지 규정', '지속가능한 기업실사지침CSDDD'을 도입했다. 미국은 2012년 '캘리포니아 공급망 투명성법', 2022년 '위구르 강제노동 방지법'을 도입했다. 영국은 2015년 '현대판 노예방지법'을 도입했다. 프랑스는 2017년 '기업 실사 의무법'을 도입했다. 네덜란드는 2019년 '아동노동 실사 의무법'을 도입했다. 독일은 2021년 '기업 공급망 실사법'을 도입했다. ③ 지배구조 부분에서는 2022년 EU는 '기업 지속 가능성 보고지침CSRD'을 도입했고, 미국은 2022년 '증권거래위원회 기후공시 의무화 규정'을 도입했다. 글로벌 통상 질서에 대한 새로운 변화가 새로운 표준으로부터 시작됐다. 이제 효율성이나 경제성뿐 아니라 글로벌 통상을 통해 환경이 보호되고 사회적 가치가 제고되며 지배구조가 수평화되고 합리화되는 방향으로 개편되고 있다.

2024년 12월 새롭게 출범한 EU 집행위는 이전 집행위의 '그린딜'을 계승해 '청정산업딜'로 사업을 확대했다. 일부 환경 정책을 완화

미국과 EU의 ESG 규제강화 및 통상 의제화 현황

환경	사회	지배구조
· EU 탄소국경조정 제도(2022) · EU FIT for 55 (2021) · EU 지속 가능한 제품을 위한 에코디자인 규정 (2022) · 미 공정전환경쟁법 (2021) · 미 IRA (2022)	· EU 지속 가능한 기업 실사지침 (CSDDD, 2022) · 프랑스 기업 실사의무법 (2017) · 독일 기업 공급망 실사법 (2021) · 영국 현대판 노예방지법 (2015) · 네덜란드 아동노동 실사의무법 (2019) · EU 분쟁광물규정 (2021) · EU 강제노동 결부상품 수입금지규정 (2022) · 미 캘리포니아 공급망 투명성법 (2012) · 미 위구르 강제노동 방지법 (2022)	· EU 기업 지속가능성 보고지침 (CSRD, 2022) · 미 증권거래위원회 (SEC) 기후공시 의무화 규정(2022)

자료: 통상, 2023년 3월호, 산업통상자원부

할 수 있겠지만, 새로운 집행위원회는 여전히 탄소중립목표를 유지할 전망이다. EU는 첨단산업 내재화와 환경규제를 통한 통상 정책을 강조하고 있다. 2019년 12월에 출범한 '유럽 그린딜European Green Deal'은 2050년까지 탄소중립을 달성하기 위한 6대 정책과 분야별 세부정책을 포함한다. 투자 프로그램인 'InvestEU' 등의 EU 예산을 활용하여 향후 10년간 약 1조 유로 예산을 투입하는 계획이다. 6대 분야는 ① 깨끗하고 안전한 에너지 공급, ② 청정·순환경제를 위한 산업재편, ③ 지속가능한 스마트 모빌리티 전환, ④ 에너지 자원 효율적인 건물 보수 및 수리, ⑤ 친환경 식품 시스템, ⑥ 생태계와 생물다양성 보존 등이다. '청정산업딜'은 산업의 탈탄소화와 경제성장, 산업경쟁력을 제고하기 위해 추진하는 EU의 ESG 정책이다.

탄소국경조정제도(Carbon Border Adjustment Mechanism: CBAM)

2023년 5월, 제품의 전 주기에 걸친 탄소 배출량을 확인해 보고하도록 하는 탄소국경조정제도CBAM가 발효됐다. EU의 탄소국경조정제도CBAM, 디지털제품여권제도DPP, 공급망실사제도CSDDD 등은 유럽 기업에게는 보호막이자 외국 기업에는 진입 장벽으로 작용한다. 탄소국경조정제도는 EU 역내에서 탄소누출을 막기 위해 수입품에 탄소가격을 부과하는 제도이다. EU 역내에서 탄소규제를 강화하면 기업은 탄소비용의 부담을 회피하기 위해 규제가 느슨한 역외국가로 생산기지를 옮기거나 가격경쟁력이 낮은 역내 생산품을 탄소집약적인 수입품으로 대체되는 현상을 막기 위한 제도이다. 2021년 7월 EU는 2030년까지 온실가스 순배출량을 1990년 대비 최소 55% 감축한다는 목표를 설정하고 2012년 7월 입법 패키지 'Fit for 55'를 발표했다. 관련 법안으로 'EU의 배출권 거래제Emission Trading System: ETS', 탄소국경조정제도carbon Border Adjustment Mechanism: CBAM, 그리고 사회기후기금Social Climate Fund 등을 통과시켰다. 배출권거래제는 정부가 온실가스 배출사업장을 대상으로 탄소배출권을 할당해 할당범위 내에서 배출행위를 허용하고, 할당량의 여분 또는 부족분을 거래할 수 있도록 하는 제도이다. 사회기후기금은 엄격한 기후규제와 에너지 전환에 따른 취약계층을 지원하기 위한 기금을 말한다. 여기서 'Fit for 55'의 핵심은 탄소국경세로 불리는 탄소국경조정제도CBAM다.

Fit for 55'의 목표는 ① 온실가스는 2030년까지 1990년 대비 55% 감축한다. ② 친환경에너지는 2030년까지 32%에서 40%로 확충한다. ③ 에너지 효율화는 2030년까지 32.5에서 36~39%를 달성한다.는 내용이다. 이 같은 목표를 달성하기 위해 탄소국경조정세제도를 2023년에서 2025년까지 시범운영하고 2026년부터 본격 적용한다. 적용품목으로는 철강, 비료, 전력, 알류미늄, 시멘트 등에 우선 적용한다. 항공기의 경우, 탄소배출권 할당량을 연간 4.2%씩 감

유럽의 Fit for 55

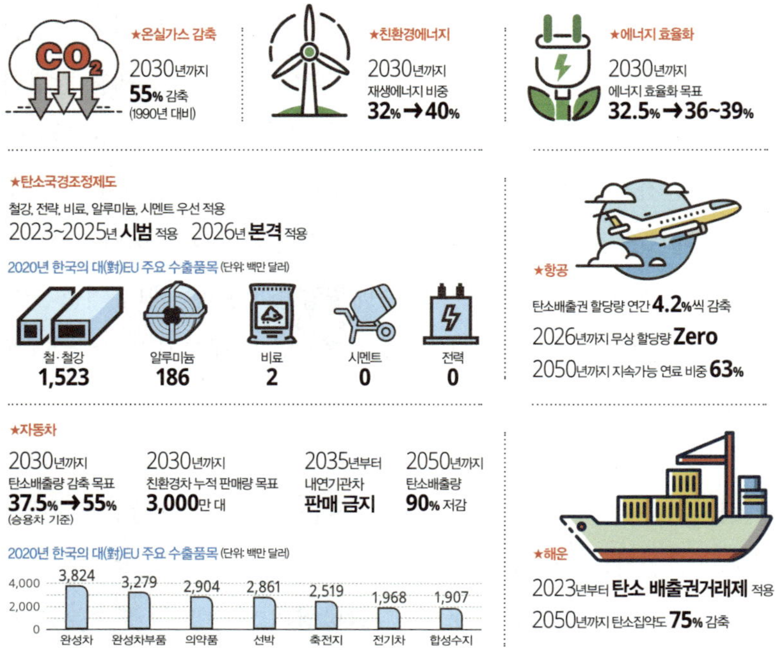

자료: 통상, 2021년 9월호, 산업통상자원부

축해서 2026년까지 무상할당량 제로를 달성한다. 2050년까지 지속가능 연료 비중을 63%까지 확대한다. 해운의 경우에는 2023년부터 탄소배출권 거래제를 적용하고 2050년까지 탄소집약도 75%를 감축한다. 자동차의 경우에는 2030년까지 탄소배출량(승용차 기준) 감축을 37.5%에서 55%로 확대하고, 2030년까지 친환경차 누적 판매량을 3,000만 대로 확대한다. 또한 2035년부터 내연기관차 판매를 금지하고 2050년까지 탄소배출량 90%를 감축한다.

ESG(환경·사회·지배구조)가 국제통상의 새로운 글로벌 표준을 만들고 있다. 보호무역주의의 확산, 미·중 패권경쟁의 심화, 글로벌 공급망의 재편, 녹색경제로의 전환 등과 더불어 통상환경은 어느 때보다 변동성이 높다. 독일, 프랑스뿐 아니라 유럽연합EU 차원에서 공급망 인권 실사가 의무화돼 거래처로부터 인권 실사를 요구받는 현실이다. 기업은 이제 인권경영 체계를 수립하지 못하는 경우, 글로벌 공급망에서 배제될 가능성이 높아졌다. 또한 2020년에는 캐나다·칠레·뉴질랜드 세 나라가 '글로벌 무역과 성평등 협정'을 체결한 바 있다. 이 협정은 성평등을 단일 주제로 한 최초의 글로벌 통상협정이다. 성평등을 포함해 노동·환경·인권·소비자·중소기업 보호에 이르기까지 지속가능성과 ESG이슈는 통상협정에 있어 중요한 기조로 굳어지고 있다. EU는 '통상협정은 지속가능발전을 위한 동력이고, 통상협정을 통해 지속가능성을 주류화한다'고 밝히고 있다. ESG와 지속가능성을 반영한 통상협정은 '모두를 위한 통상trade for all' 정책이라는 새로운 패러다임을 구축하고 있다.

6. 지속가능한 발전과 ESG

UN의 지속가능발전목표

1987년 유엔환경계획과 세계환경개발위원회가 공동으로 채택한 "우리 공동의 미래"라는 보고서에서 세계 최초로 지속가능한 발전이라는 의제가 등장했다. '브룬트란트 보고서'로 불리는 이 보고서는 '지속가능한 발전'을 "미래 세대에게 필요한 자원과 잠재력을 훼손하지 않으면서 현 세대의 수요를 충족하기 위해 지속적으로 유지할 수 있는 발전"으로 규정하였다. 인류가 직면하고 있는 '빈곤과 인구

증가', '지구온난화와 기후변화', 그리고 '환경파괴' 등의 문제에서 벗어나 대재앙이나 파국을 피함으로써 경제를 지속적으로 발전시키기 위해서는 무엇보다 '지속가능한 발전'을 추구해야 한다는 목표를 분명히 했다.

2015년 193개 UN회원국들이 모여 '2030 지속가능 개발 어젠다' 계획에 합의했다. 이 합의안에는 국제사회가 지구공동체의 일원으로서 빈곤·기아 퇴치, 생활 수준 개선, 환경 보호 문제 등을 어떻게 다뤄야 하는지에 대한 재정립의 기회를 제공했다. 디온 넬 WWF 국제보호법위원장은 "오늘 우리는 자연과 조화롭게 살 수 있는 길에 한 발짝 더 나아갔다"고 의미를 부여하며 "우리는 협상가들의 대담한 행동에 매우 자랑스럽고 기쁘게 생각한다. 이는 인간과 지구와 함께 번영하는 세상을 만드는 우리의 꿈의 목표를 달성하는데 필수적 행동이다"고 강조했다. 이번 계획안의 초안은 빈곤, 성 평등, 경제개발에서부터 기후변화, 해양자원 보호까지 17개 분야에서의 야심적인 지속가능발전목표SDGs의 개요를 담고 있다. 2030년까지 달성해야 할 지속가능발전목표는 총 17가지 목표와 169개의 세부 과제로 이루어져 있다.

목표 1, 2, 3은 빈곤퇴치, 기아제로, 건강과 웰빙으로 '모든 곳에서 모든 형태의 빈곤을 근절하고, 기아 해소, 식량 안보와 영양 상태 개선을 달성하며, 지속가능한 농업의 발전을 증진한다. 또한 건강한 삶의 보장과 모든 연령대의 인구의 복지를 증진한다.

목표 4, 5, 6은 양질의 교육, 남녀평등, 깨끗한 물과 위생으로 양질의 포괄적이고 공평한 교육을 보장하고, 모두를 위한 평생학습 기회를 증진하며, 양성평등을 달성하고 모든 여성·여아의 역량을 강

지속가능발전목표(SDGs)

자료: 통상, 2023년 12월호, 산업통산자원부

화한다. 또한 모든 사람에게 물과 위생의 이용 가능성과 지속가능한 관리를 보장한다.

목표 7, 8, 9는 저렴하고 깨끗한 에너지, 양질의 일자리와 경제적 성장, 산업혁신 및 인프라로 모든 사람에게 신뢰 가능하고 지속가능한 신재생 에너지에 대한 접근을 보장한다. 지속적·포괄적·지속가능한 경제성장 및 생산적 완전고용과 양질의 일자리를 증진시킨다. 복원력이 높은 사회기반시설을 구축하고, 포용적이고 지속가능한 산업화를 증진시키며, 혁신을 장려한다.

목표 10, 11, 12는 줄어든 불평등, 지속가능한 도시와 커뮤니티, 책임 있는 소비와 생산으로 국가 내 또는 국가 간 불평등을 완화한다. 포괄적이며 안전하고 복원력 있는 지속가능한 도시와 인간 정주지를 조성한다. 지속가능한 소비·생산 패턴을 보장한다.

목표 13, 14, 15는 기후행동, 해양생태계, 육상생태계는 기후변화와 그로 인한 영향을 방지하기 위해 긴급 조치를 취한다. 지속가능한 개발을 위해 해양·바다, 해양자원을 보존하고 지속가능한 수준에서 사용한다. 육지생태계를 보호 및 복원하고 지속가능한 수준에서의 사용을 증진시키며, 지속가능한 삼림을 위해 관리하고, 사막화를 방지하며, 토지 황폐화 중지·복원 및 생물다양성 손실을 중단한다.

목표(16, 17)평화, 정의 및 제도구축, 목표를 위한 파트너십은 지속가능한 발전을 위한 평화적이고 포괄적인 사회를 증진시키고, 모두가 접근할 수 있는 사법제도를 제공하며, 효과적이고 책임성 있고 포괄적인 제도를 확립한다. 이행 수단을 강화하고 지속가능한 개발을 위한 글로벌 파트너십을 재활성화한다.

매년 UN 경제사회이사회ECOSOC가 주관하는 지속가능한 발전을 위한 '고위급 정치 포럼High-level Political Forum: HLPF' 회의가 개최된다. 여기에서는 매년 SDGs 진행 상황을 점검하고 평가하며 후속조치를 논의한다.

GRI(1997)는 지속가능성 보고서의 국제지침을 결정하는 국제기구이다. 기업에서 UN의 SDGs를 달성하기 위한 GRIGlobal Reporting Initiative의 접근방식은 두 가지로 구분된다. 모든 기업이 운영 및 가치사슬과 연결된 사람과 환경에 대한 잠재적이고 실제적인 부정적 영향(위험)을 해결하는 책임을 충족함으로써 SDGs를 달성할 수 있게 유도한다. SDGs와 관련된 유익한 제품, 서비스 및 투자를 장려한다. 기업이 지식, 기술 및 기타 역량을 사람과 환경에 유익을 주는 데 적용하게 장려함으로써 SDGs를 달성에 기여한다.

경제개발 초기에는 성장만 하면 행복도가 올라가지만, 어느 정도 경제가 성장하고 나면 행복에 대한 성장의 영향력은 줄어든다. 반면에 일반적으로 환경 보존, 불평등 해소 등을 통해 지속가능성장이 달성될 때 행복도가 상승한다.

ESG와 공정무역

EU는 유엔 지속가능발전목표SDGs를 달성하기 위한 보편적 가치에 입각한 지속가능발전 정책을 적극적으로 추진하고, 지속가능발전은 모든 자유무역협정FTA의 핵심원칙 중 하나로 명시했다. EU는 통상협정 시 다양한 이해관계자의 의견을 수렴하고, 각종 영향평가를 통해 환경·인권·성평등·소비자·중소기업 보호 등을 중요요건으로 고려하는 것을 제도화했다. 미국, 캐나다, 호주, 뉴질랜드, 일본 등 다른 선진국들도 통상정책에서 ESG와 지속가능성을 반영하려는 정책의지를 보이고 있다. 이런 변화를 시작으로 글로벌 통상질서가 '가치 기반 무역'으로 전환하고 있다.

세계 주요국가들은 가치기반중심의 지속가능한 새로운 무역정책 또는 전략을 도입하고 있다. 유럽연합EU은 2015년 신통상 투자정책으로 '모두를 위한 통상Trade for All'을 발표했다. 'Trade for All'은 모든 경제주체의 이익을 증진하는 통상을 말한다. 소비자, 근로자, 중소기업을 소외시키는 일이 없는 무역을 강조한다. 미국의 경우에도 환경, 인권과 같은 지속가능성 이슈를 통상정책에 적극 반영하고 있다. 미국은 환경과 인권이 자유무역과 조화를 이루어야 한다는 전제 아래 FTA 등 무역협정에서 환경·인권 관련 조항을 포함시켰다. 바이든 행정부의 관세국경보호청CBP은 녹색무역을 장려하고, 미국 무역대표부USTR는 '지속가능한 무역'을 중요 어젠다로 설정했다. 최근에는 '노동자 중심의 무역 의제Worker-Centered Trade Policy'를 강조하고 나섰다.

캐나다는 '포용적 무역Inclusive Trade'을 강조한다. 모두가 이익을 얻을 때 무역은 가장 잘 작동하므로 여성, 중소기업, 원주민과 같은 소수집단을 포함해 무역에서 발생하는 혜택과 기회가 보다 광범위하게 공유돼야 한다고 강조한다. 뉴질랜드는 정부가 뉴질랜드 국민의 의견을 듣고 모두를 위한 무역정책을 개발했다.

글로벌 기업들의 경우에도 공급망 관리 또는 구매 정책에서 지속가능성을 담아내고 있다.대부분의 기업들은 국제적 구매 과정에서 환경과 인권을 중요한 거래요건으로 적용한다. 애플은 협력회사들이 노동, 보건과 안전, 환경에 관한 엄격한 기준을 준수하고 모든 사람의 기본적 인권을 존중할 것을 의무화했다.

하지만 환경, 노동, 인권 등에 관한 규제가 거의 없거나 무시되는 저개발국가들은 아직도 불공정 무역이 횡행하고 있다. 공정무역을 위한 규제가 강한 선진국과 달리 규제가 없거나 낮은 교역 상대방 국가 간의 교역은 '공정한 무역'을 달성할 수 없다. 이런 현상을 '소셜 덤핑'이라고 한다. 이를 해결하기 위해 전 세계의 시민단체들이 연대하여 시민운동을 전개하고 있다. 소위 공정무역Fair Trade 운동이다. 공정무역은 공평하고 윤리적인 무역거래 파트너십을 통해 저개발국가의 농민, 노동자, 생산자들이 겪고 있는 빈곤 문제를 해결한다는 개념이다. 커피의 경우, 세계에서 석유 다음으로 교역량이 많은 상품인데도 불구하고 산유국은 부유한데, 커피 생산국은 가난에서 벗어나지 못하는 이유는 불공정 무역에서 비롯된다. 다국적기업이나 중간 유통업체들이 폭리를 취하기 때문인데, 커피 콩 1kg에 1달러에 거래되던 것을 공정무역으로 커피 콩 1kg에 3~7달러까지 커피생산 농가에 적정가격을 지불하고 있다. 공정무역의 대상 품목으로는 커피, 코코아, 올리브 오일, 설탕, 마스코바도, 초콜릿, 바나나, 차, 와인, 후추, 건살구 등 식품류뿐만 아니라 의류, 수공예품,

가방 등 다양하다. 여기에는 공정무역을 위한 제품 10대 원칙이 적용된다. ① 경제적으로 소외된 생산자들을 위한 기회 제공, ② 제품의 생산과 유통에 관한 투명성과 책무성, ③ 공정한 무역 관행의 적용, ④ 공정한 가격 지불, ⑤ 아동노동과 강제노동 금지, ⑥ 차별금지, 성평등, 결사의 자유보장, ⑦ 양호한 노동조건 보장, ⑧ 생산자 역량 강화 지원, ⑨ 공정무역 홍보, ⑩ 환경 존중 등이다.

순환경제와 ESG

ESG와 지속가능한 경제를 위해서는 순환경제체제를 구축하는 것이 중요하다. 쓰레기 대란은 미래세대의 인권문제로 인식된다. 특히 비닐, 고무, 스티로폼, 폴리에스테르, 폴리염화비닐 등 우리의 일상생활에 필수적인 플라스틱들이 미래세대의 생존권을 위협한다. 플라스틱은 태우면 다이옥신이 배출되고 땅속에 묻으면 분해되는데 무려 500년이나 걸린다. 플라스틱 제품들은 5초 생산, 5분 사용, 500년 분해라고 할 만큼 쓰레기 대란을 일으킨다. 이뿐만이 아니다. 미세플라스틱으로 인한 해양생물 위기, 토양오염, 강오염, 대기오염도 심각하다. 구름에도 미세플라스틱이 떠다닌다. 어류, 육류, 채소, 숨쉬기 어느 것 하나 미세플라스틱으로부터 안전하지 않다. 우리도 모르는 사이 미세플라스틱이 우리의 폐, 창자, 혈액, 혈전, 뇌, 산모의 태반까지 침투한다.

순환경제가 ESG의 모범답안이다. 순환경제의 시작은 '제품 설계'에 있다. 제품 디자인 단계에서 상품이 환경에 주는 영향이 80%나 결정된다. 오래 사용할 수 있는 제품, 재활용이 가능한 제품을 만들어야 한다. EU는 '지속가능한 제품 에코디자인 규정Ecodesign for Sustainable Products Regulation, ESPR'을 제정했고 순환경제로의 전환을 모색했다. 그동안 제품의 설계과정에서 에너지 효율성이 중시되었다면 이제는 내구성durability과 재활용 가능성reusability을 중시한다.

순환경제를 실현할 또 다른 수단은 '디지털 순환 경제' 구현이다. EU중심으로 시도되고 있는 ESG와 디지털 기술DT의 결합이다. ESG 경영은 리스크 회피를 위한 수비적인 전략이라면 디지털 기술을 활용한 순환경제는 새로운 사업 기회를 창출하는 적극적인 전략이다. 최신 경영 트렌드인 IT기술 기반의 디지털 전환Digital Transformation: DT을 통해 디지털 순환경제를 구축하려는 정책이다. 순환경제CE는 쓰레기를 줄이고, 재사용, 재활용을 활성화하는 전략이다. 채취, 생산, 소비, 폐기의 선형적Linear 경제구조를 벗어나 각 단계마다 관리와 재생을 통해 자원을 재활용하는 지속적 경제구조를 의미한다.

EU가 2023년 1월에 발표한 에코디자인 우선순위 제품 목록에는 ① 섬유제품, 신발, 가구, 타이어, 장난감 등 최종소비재 12종, ② 철, 비철금속, 알루미늄, 플라스틱, 종이, 유리 등 중간재 7종이 포함됐다. 제품 목록에 포함된 디지털 제품여권Digital Product Passport: DPP이 눈길을 끈다. 사람이 국경을 이동할 때 여권이 필요한 것처럼 제품을 수출·입하거나 거래할 때 디지털 제품여권을 제시해야 한다. EU에 제품을 수출할 때 이 여권을 제시해야 하는데, 여기에는 수출할 제품의 지속가능성 및 순환성에 필수적인 정보들을 담아야 한다. 수명 정보, 수리 및 해체 가부, 재활용 원자재 비율 등 순환경제에 필요한 정보들의 집합체다.

전형적인 4대 온실가스 다배출산업에 대한 친환경산업 육성정책이 중요하다. 철강, 화학, 시멘트와 같은 산업들은 탄소배출을 감축

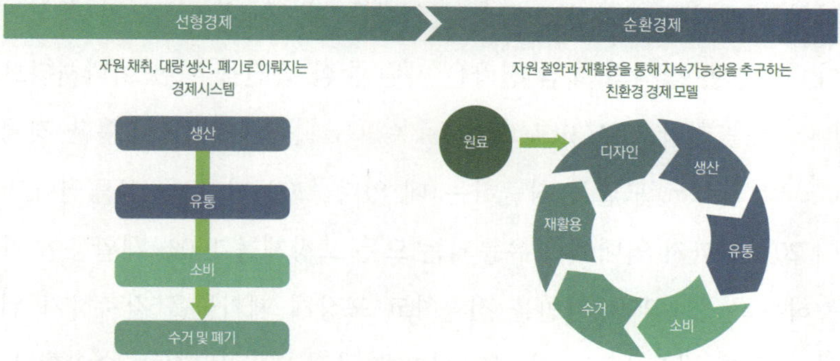

자료: 통상, 2023년 7월호, 산업통상자원부

하기 어려운 산업군이다. 정유산업(석유정제업)은 석유제품을 공급하고 화학제품을 생산하기 위한 중간재를 공급한다. 석유화학은 합성수지, 합성고무, 플라스틱뿐만 아니라 전기·전자, 2차전지, 화학섬유 등을 생산하고 공급한다. 이 같은 산업의 경우, 탄소배출의 감축은 혁신적이고 파괴적인 기술이나 공정개발이 필수적이다. 따라서 산업 전반의 필수소재이며 산업파급효과가 큰 이 같은 산업들은 정부의 탄소중립을 위한 투자나 지원이 집중되어야 한다. 철강, 시멘트, 화학제품 등 에너지 집약 산업의 탈탄소화 및 현대화를 위한 법제도화가 필요하고, 섬유, 건물, 전자, 플라스틱, 배터리 등 자원 집약적 분야를 중심으로 재활용 이전 단계부터 재사용을 강화하는 지속가능한 제품 개발이 중요하다. 특히, 2030년까지 난감축산업에서 원료를 대체하기 위해서는 폐기물의 단순 재활용recycling or downcycling이 아니라 가치를 더하는 재사용upcycling시스템의 구축이 필수적이다.

EU의 신산업전략은 탄소 중립화 및 디지털화 가속을 통해 EU의 산업 경쟁력을 강화하고 글로벌 역량을 확보한다는 목표가 핵심이다. 이 같은 정책의 핵심 전략은 자원 순환 촉진을 위한 이니셔티브initiative를 기반으로 '3RReduce, Reuse, Recycle'을 승화시킨 '순환 경제Circular Economy'모델을 창출하는 데 있다. 2024년 12월 유럽연합EU이 2030년까지 역내에서 유통되는 모든 포장재를 100% 재활용이 가능하도록 소재와 디자인을 전환하고 포장재 폐기물을 감축하기 위한 조치를 담은 '포장 및 포장폐기물 규정PPWR'을 최종 승인했다. 일본은 2001년 '순환형 사회 형성 추진 기본법'을 제정했고, 하위 법규로 '자원 유효이용 촉진법'과 다양한 리사이클링법을 제정했다. 용기포장 리사이클링법, 가전 리사이클링법, 식품 리사이클링법, 건설 리사이클링법, 자동차 리사이클링법, 소형가전 리사이클링법 등이다. 이를 통해 순환경제를 촉진하려는 정책적 목적을 갖고 있다. 중국은 2008년 '순환경제 촉진법'을 제정했고, 우리나라도 2022년 '자원순환기본법'을 전면 개정한 '순환경제사회 전환 촉진법'으로 순환경제의 제도적 틀을 구축했다.

Chapter

06

탄소중립과 에너지 대전환

1. 신기후체제와 국제협약
2. 기후위기와 주요국의 탄소중립정책
3. 탄소중립과 글로벌 기업
4. 탄소중립과 청정도시
5. 탄소중립과 RE100 & CF100
6. 탄소중립과 에너지 믹스
7. 탄소중립과 신기후 기술
8. 탄소중립과 광물전쟁

기후변화와 지구온난화는 이 시대의 가장 핫한 어젠다이다. 2024년 1월에 열린 스위스 다보스 포럼에서 세계 각계 전문가들 1,490명을 대상으로 '인류가 당면한 최대 리스크는 무엇인가?'에 대한 설문조사가 진행됐다. 1위는 '극한의 날씨Extreme weather'로서 66%의 응답률을 보였다. 기후변화로 지구는 뜨겁게 달궈지고, 전 세계는 기상이변, 해수면 상승, 생태계 파괴 등으로 몸살을 앓고 있다. 우리는 더 이상 기후변화와 지구온난화를 방관할 수 없는 '골든 타임golden time'에 서 있다. 만약 때를 놓친다면 지구의 생태계와 인류의 문명은 파탄을 맞이할지 모를 일이다. 집단자살을 막기 위해서는 비상하고, 창의적인 방법이 필요하다. 2022년 IPCC 보고서는 다음과 같이 끝을 맺고 있다. "지금까지 누적된 과학적 증거는 명백하다.…전 세계적으로 협의된 선행 조치가 더 이상 지연된다면 …살기 적합하고 지속가능한 미래를 확보할 수 있는, 빠르게 닫히고 있는 짧은 기회의 창을 놓치고 말 것이다."

탄소중립carbon neutrality은 기후변화와 지구 온난화를 해결하고 지속가능한 미래를 여는 핵심 전략이다. 탄소중립은 에너지 효율 향상, 재생 가능 에너지를 사용함으로써 탄소 배출량을 감축하는 방식과 나무심기, 탄소 포집 및 저장기술 등, 소위 기후테크 기술을 활용하여 탄소를 상쇄시키는 방식으로 접근할 수 있다. 인간의 활동에 의한 온실가스 배출을 최대한 줄이고, 남은 온실가스는 흡수, 제거Carbon Capture, Utilization and Storage: CCUS하기 위해 기후테크 기술을 개발하고 활용해야 한다. 이를 통해 남은 탄소와 흡수되는 탄소량을 같게 함으로써 탄소 순배출이 0이 되게 하는 것을 '탄소 중립' 또는 '넷-제로Net-Zero'정책이라 한다. 이 정책은 기후위기에 대응해 안전하고 지속가능한 사회를 만들기 위한 2050년까지의 온실가스 감축 목표이자 정책적 의지를 담고 있다. 기후변화 문제는 전 지구군의 문제이고 정부, 기업, 그리고 개인들을 포함한 사회 전체의 총체적인 문제이다. 무엇보다도 '넷 – 제로'를 실현하기 위해서는 전 세계의 모든 지도자들이 함께 참여해서 공동의 리더십을 발휘하는 것이 중요하다.

탄소중립을 통해 우리가 얻을 수 있는 이익으로는 ① 온실가스 배출을 감축하여 기온상승을 완화하고 이로 인해 '자연생태계를 보호'할 수 있다. ② 탄소중립 실천과정에서 재생에너지, 친환경 기술 산업의 성장으로 '새로운 일자리와 경제적 기회'를 창출할 수 있다. ③ 화석 연료 사용을 감축하여 대기질을 개선하고, 이로 인해 호흡기 질환 등 질병에 대한 예방이 가능하며 건강 및 공중 보건 환경을 개선할 수 있다.

1. 신기후체제와 국제협약

교토의정서

교토의정서Kyoto Protocol는 1997년 지구 평균기온을 산업혁명 이전보다 2℃ 이하로 억제하기 위해 선진국을 중심으로 온실가스 배출을 감축하겠다는 협의 사항이다. 이 협약에서는 온실가스 배출 기여도가 높은 선진국들에게 구체적인 온실가스 감축 목표를 부여해서 실질적인 온실가스 감축에 대한 구속력을 부여했다. 교토의정서는 기후변화 대응을 위한 역사상 처음으로 이루어진 국제적이고 법적 구속력을 가진 기후변화 협정이다. 이 협정에는 배출권 거래제와 같은 시장기반 메커니즘이 도입되어 있다. 이를 통해 온실가스 감축 비용을 줄이려는 전략이 담겨있다. 또한 1990년 기준으로 온실가스 배출을 평균 5.2%까지 감축하겠다는 구체적 목표를 설정했다. 이 목표는 2008년부터 2012년까지 첫 번째 공약기간 동안 선진국들에게 적용되었다. 각국의 목표량은 각국의 경제성장과 배출량에 따라 차등적으로 설정되었다. EU는 8% 감축, 미국은 7% 감축, 그리고 일본과 캐나다는 6% 감축할 것을 목표로 설정했고, 개도국들은 자발적인 온실가스 감축 활동에 참여하도록 권고했다. 우리나라의 경우에는 그 당시 개도국으로 분류되어 온실가스 배출 감축 의무국에서 유예된 바 있다.

교토의정서의 주요내용으로는 ① 이산화탄소(CO_2), 매탄(CH_4), 아산화질소(N_2O), 수소화불화탄소(HFCs), 과불화탄소(PFCs), 육불화황(SF_6) 등 6가지 주요 온실가스에 대한 감축목표를 설정한다. 6대 온실가스는 이산화탄소 75%, 메탄가스 18%, 아산화질소 4%, 수소불화탄소, 과불화탄소, 육불화황이 2%의 비중으로 구성돼 있다. ② 배출권거래제도Emission Trading: ET를 활용해 온실가스 감축 의무가 있는 어떤 국가가 배출량을 초과한 경우, 다른 국가로부터 배출권을 구매할 수 있도록 유연성과 효율성을 보장한다. ③ 공동이행제도Joint Implementation: JI를 통해 선진국 기업이 다른 선진국에 투자해 얻은 온실가스 감축분의 일정량을 자국의 감축 실적으로 인정한다. 이를 통해 선진국 간의 협력을 촉진하며 비용을 절감한다. ④ 청정개발체제Clean Development Mechanism: CDM를 통해 선진국 기업이 개발도상국에 투자해 얻은 온실가스 감축분을 자국의 온실가스 감축실적에 반영해 준다. 이를 통해 선진국과 개발도상국 간의 협력을 촉진하고 효율성을 제고시킨다.

신기후체제(파리협정)

신기후체제인 파리협정은 지구온난화를 제한하고, 기후변화에 대응하기 위해 전 세계 국가들이 모두 참여할 것을 약정한 국제적인 협정이다. 신기후체제(파리협정)는 2015년 파리에서 열린 유엔기후변화협약UNFCCC의 21번째 당사국총회에서 도출된 국제적 합의다. 지구 온난화를 막기 위해서 2020년 만료된 교토의정서Kyoto Protocol를 대체할 새 기후변화체제로서의 성격을 갖는다. 신기후체제는 선진국에만 온실가스 감축 의무를 부과한 교토의정서의 한계를 넘어서기 위해서, 195개 당사국 모두에게 감축의무에 대해 구속력을 부여한 첫 번째 기후협약이다. 파리협정은 종료 시점이 없는 협약으로써 지구의 평균 온도가 산업화 이전에 비해 2도 이하로 억제하는 것을 목표로 설정했다. 이 목표를 달성하기 위해 모든 당사국들이 이산화탄소 순배출 0(Net Zero)을 목표로 설정하고 구체적인 감축목표를 실천하자는 내용을 담고 있다. 기존 교토의정서가 주로 온실가스 배출량을 줄이는 데 집중했다면, 파리협정은 감축뿐만 아니라 적응과 재원, 기술이전, 역량배양. 투명성 등 다양한 분야를 포괄한다. 교토의정서는 1차 공약기간 동안 감축 의무를 부담하는 국가가 40개 정도였던 것에 반해, 파리협약은 의무부담국이 195개국으로 확대되었다. 또한 선진국은 온실가스 배출량의 절대량을 감축하고, 개발도상국은 경제 전반에 걸친 감축 방식을 사용하도록 권장하는 등 국가의 책임 수준에 따라 감축 의무를 조절하고 있다. 전 세계는 최대한 빨리 배출량을 급속하게 감축해야 하는 상황이고, 21세기 후반에는 자체적으로 발생한 온실가스 배출량만큼 흡수량을 증가시켜 배출과 흡수 사이의 균형을 달성해야 한다는 절박함을 담아냈다. 또한 당사국들은 스스로 정한 감축목표NDC를 5년마다 제출하여 이행사항들을 주기적이고 투명하게 점검하고, 이전보다 더 높은 수준의 목표를 담고 있는 새로운 NDC를 지속적으로 제출해야 하는 의무를 갖게 된다. 파리협정의 주요내용은 ① 지구 온난화로 인한 기온 상승을 산업화 이전 대비 2℃ 아래로 제한하고, 산업화 이전 대비 1.5℃ 이하로 억제하기 위한 노력을 강화한다. ② 모든 당사국은 온실가스 감축에 대한 목표를 자발적으로 설정하되, 이를 주기적으로 상향 갱신해야 한다. ③ 국제사회가 기후 변화에 대한 악영향을 완화하고 적응하기 위한 노력을 지원한다. 특히, 개도국의 기후변화 적응 및 감축을 돕기 위해 선진국이 재정적 지원을 제공한다, 선진국은 매년 1,000달러의 재정지원을 지속한다. ④ 이번 세기 후반까지 모든 국

전 세계 기상 이변과 탄소 중립의 역사

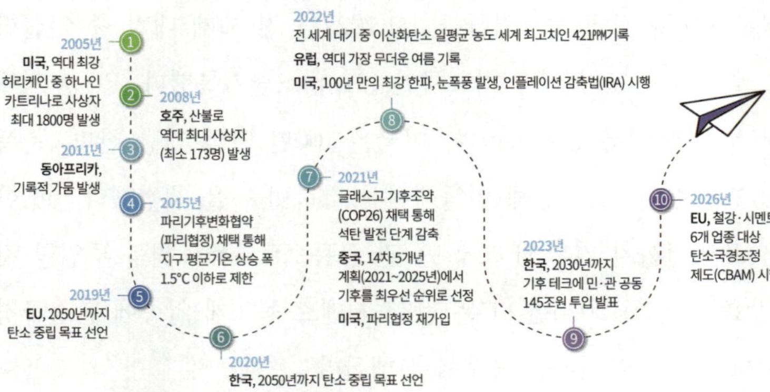

자료: 통상, 2024년 6월호, 산업통상자원부

가들이 이산화탄소 순배출량 0Net Zero을 달성하여 탄소중립을 실현한다. ⑤ 적은 온실가스 배출과 기후 복원 개발을 향하여 금융경제가 움직이도록 유도한다. ⑥ 협정 자체는 법적 구속력을 갖고 있지만, 개별 국가의 감축목표NDC 설정에 대해서는 강제성은 없다. 하지만 국제적 감시와 투명성을 통해 국가 간 상호 압력으로 실천을 압박한다.

전 세계 기상이변과 탄소중립의 역사를 살펴보면 ① 2005년 미국은 역대 최강 허리케인 중 하나인 '카트리나'로 최대 1,800명의 사상자가 발생했다. ② 2008년 호주는 역대 최대 산불로 최소 173명의 사상자가 발생했다. ③ 2011년 동아프리카는 역대 기록적 가뭄으로 고통받았다. ④ 2015년 파리기후변화협약이 채택됨으로써 비로소 지구 평균기온 상승 폭 1.5℃ 이하로 제한했다. ⑤ EU는 2050년까지 탄소중립 목표를 선언했다. ⑥ 2020년 한국은 2050년까지 탄소중립 목표를 선언했다. ⑦ 2021년 글래스고 기후조약COP26 채택을 통해 석탄 발전을 단계적으로 감축할 것을 공표했다. 중국은 14차 5개년(2021~2025) 발전계획에서 기후를 최우선 순위로 선정했다. 미국은 파리협정에 재가입한다. ⑧ 2022년 전 세계 대기 중 이산화탄소 일평균 농도가 역대 최고치인 421ppm을 기록했다. EU는 역대 가장 무더운 여름을 기록했다. 미국은 100년 만의 최강 한파, 눈폭풍이 발생했고 이로 인해 인플레이션 감축법IRA을 제정했다. ⑨ 한국은 2030년까지 기후 테크에 민·관 공동으로 145조원을 투입할 것을 발표했다. ⑩ 2026년 EU는 철강·시멘트 등 6개 업종에 탄소국경조정세CBAM를 부과하는 제도를 시행한다.

IPCC(기후변화에 관한 정부간 협의체)

IPCCIntergovernmental Panel on Climate Change는 기후변화에 관한 정부간 협의체다. 이 협의체는 1988년 세계기상기구WMO, 유엔환경계획UNEP이 공동으로 설립한 유엔 산하 국제기구다. 본부는 스위스 제네바에 위치해 있고, 회원국들은 매년 2~3회의 총회를 열어 중요한 의사결정을 하는 국제기구다. 이곳은 기후변화에 관한 세계 최고의 권위있는 기관이다. 지구의 기후상태를 평가하기 위해 세계 최고의 전문가 수백 명이 참여하여 가장 광범위한 정보를 모으고 분석한다. 분석결과는 평가보고서에 담아 주기적으로 발표된다. 이 보고서에는 전 세계 기후변화 정책을 뒷받침하는 모든 정보가 담겨있다. 1990년 제1차 평가보고서를 바탕으로 유엔기후변화협약UNFCCC이 채택되었고, 1995년 제2차 평가보고서는 교토의정서를 도출했으며, 2014년 제5차 평가보고서는 파리협정의 내용을 결정했다. 이 보고서는 국제적인 주요 기후협약의 이론적 근거를 제공한다. 2022년, 제6차 평가보고서는 현재 각 국가가 국가온실가스감축목표NDC를 달성한다 해도 산업화 이전 대비 추가적 지구 평균기온 상승을 1.5℃ 이하로 억제하기는 어려운 상황으로 진단했다. 세계 각국이 더 적극적인 온실가스 감축 노력에 나서야 한다는 근거가 여기에 있다. 이 보고서에 참여한 과학자들은 재앙적 기후변화를 막기 위해 지구 온도 상승폭을 2100년까지 산업화 이전 시대 대비 1.5℃로 억제해야 한다고 주장한다. 2030년까지 온실가스 배출량을 45% 감축해야만 2050년까지 탄소중립을 달성할 수 있다는 과학적 근거를 제시한다.

IPCC는 기후변화 보고서를 작성하는 3개의 실무그룹을 갖고 있다. 실무그룹 I은 기후변화의 과학적 근거에 대한 보고서를 작성하고, 실무그룹 II는 기후변화의 영향, 적응 및 취약성에 대해, 그리고 실무그룹 III는 기후변화 완화를 위한 보고서를 작성한다. 이 실무그룹에는 각국의 기상학자, 해양학자, 빙하 전문가, 경제학자 등 3천여 명이 참여한다. 3개 실무그룹은 5~7년마다 기후변화 평가보고서를 주기적으로 발간해 왔다. 2025년 1월부터 2029년에 발간 예정인 제7차 보고서를 작성하기 위한 절차가 본격적으로 가동되었다. 하지만 돌발 변수로서 미국의 트럼프 2기 행정부는 돌연 미국의 과학자들이 유엔의 주요 기후변화 평가에 참여하는 것을 중단시켰다. 제7차 보고서 작성을 위한 주요 총회에도 불참할 것으로 알려지고 있다.

2. 기후위기와 주요국의 탄소중립정책

전 세계가 배출하는 온실가스 총량에서 절반 이상을 전 세계 GDP의 60%를 차지하고 있는 미국, EU, 그리고 중국이 배출하고 있다. 중국의 온실가스 배출 총량(2022)은 12.7 메가톤(100만 톤)으로 세계 1위를 차지한다. 미국은 6.0 메가톤으로 2위, EU와 인도는 3.4 메가톤으로 공동 3위를 차지한다. 또한 1750년부터 2018년까지 온실가스의 역사적 누적 배출량을 보면, 미국, 중국, 러시아, 독일, 영국, 일본 등의 순으로 나타난다. 산업혁명 이후 선진국 대열에 오른 국가들이 대부분 역사적 누적 배출량 순위 상위에 자리한다. 온실가스의 역사적 누적 배출량(블룸버그)을 보면 미국은 3,970억 톤, 중국은

2,140억 톤, 러시아 1,180만 톤, 독일 900만 톤, 영국 770만 톤, 일본 580만 톤, 그리고 인도는 510만 톤 수준이다. 따라서 중국, 미국, 그리고 EU와 인도의 탄소중립정책은 전 세계 탄소배출량에 결정적인 영향을 미칠 수밖에 없는 현실이다. 현재 각국은 자신들의 경제상황이나 정책적 특성이 반영된 탄소중립정책을 수립하여 추진하고 있다. 중국의 태양광 패널 보조금 지급 정책은 중국 내부뿐 아니라 다른 지역까지 태양광으로 에너지를 전환하는데 긍정적인 영향을 미친다. EU의 CBAM정책은 탄소중립을 실현하기 위한 강력한 정책적 의지의 반영이다. 미국은 세제 인센티브를 도입해 기후테크 기술을 혁신하고 탄소포집·저장 기술을 활용하여 탄소배출량을 감축한다.

주요국의 탄소 배출 규모

단위: 메가톤(100만 톤)

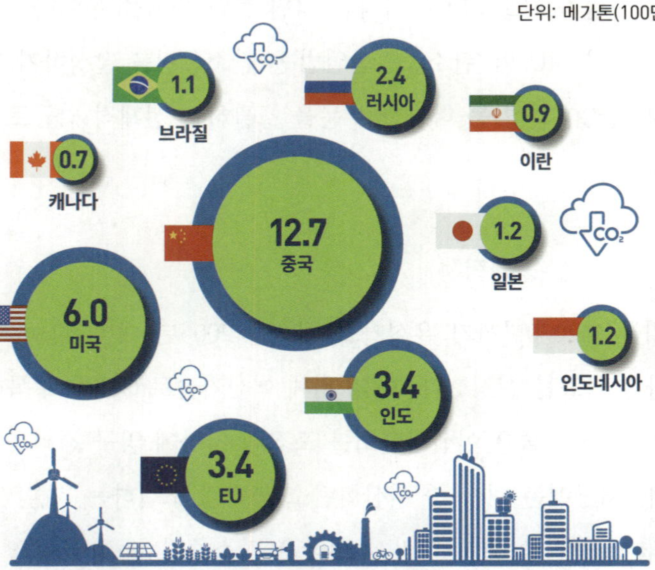

자료: 통상, 2024년 1월호, 산업통상자원부

EU의 탄소중립정책

EU 의회는 2024년 6월 '유럽판 인플레이션감축법IRA'이라고 불리는 EU의 '탄소중립 산업법Net Zero Industry Act: NZIA'을 통과시켰다. EU는 2050년까지 온실가스 순배출량을 0zero으로 만들겠다는 목표를 달성하기 위해 탈탄소화와 청정에너지로의 전환을 가속화시킬 수 있는 EU 차원의 법적 틀을 마련한 것이다. 이 법은 2030년까지 연간 EU 탄소중립기술 수요의 40%를 역내에서 생산하고, 연간 5천만 톤의 이산화탄소를 포집 및 저장한다는 목표를 설정하고 있다. 특히, 탄소중립기술 관련 공공 조달 절차에서 제3국으로부터 공급받은 탄소중립기술 및 관련 부품의 비율을 50% 미만으로 제한하고, 탄소중립기술 목록에 원자력 및 핵 에너지 기술을 포함하고 있다. 2050년까지 탄소중립을 달성하는 데에 기여도가 큰 프로젝트를 대상으로 인허가 절차 간소화와 투자자금 지원 등의 혜택을 부여하는 내용도 담고 있다. EU 의 '탄소중립산업법'은 탄소중립을 달성하기 위한 에너지, 산업, 환경 등 다양한 부문을 포괄하는 선제적 법규로 평가받고 있다.

미국의 탄소중립정책

미국은 2030년까지 온실가스 배출을 2005년 대비 50~52% 줄이겠다는 목표를 설정했다. 이를 위해 핵심기술로 CCS를 주목하고 있는데, CCS 기술은 이산화탄소를 포집해 지하에 영구 격리하는 방식이다. 최근에는 대기 중 이산화탄소를 직접 포집하는 기술DAC도 상업화가 진행 중이다. 따라서 미국은 탄소중립Net-Zero 목표 달성을 위해 탄소포집·저장CCS 산업에 대한 정책적 지원을 대폭 확대하고 있다. 2021년 미국은 인프라 투자·고용법IIJA과 2022년 인플레이션 감축법IRA을 통해 CCS산업에 대한 지원을 강화했다. 현재 15개의 CCS시설이 상업 운영 중이며, 향후 블루수소 생산과 발전 부문으로 확장될 예정이다. 미 에너지부는 2050년 탄소중립 달성을 위해 이산화탄소 파이프라인 네트워크를 현재 5,000마일에서 최대 9만 6,000마일까지 확장해야 하는 것으로 추정했다. 글로벌 산업조사기관 블룸버그NEF는 전 세계 탄소 포집량이 2030년까지 현재 대비 6배 증가할 것으로 내다봤다. 미국의 탄소 포집량은 2023년 말 기준 연간 2,300만 톤이지만, 2035년까지 1억 6,400만 톤으로 약 7배 증가할 것으로 추정하고 있다. 또한 미국은 탄소 배출량에 따라 세금을 부과하는 청정경쟁법안CCA을 2025년 1월부터 시행하고 있다. 이 법은 정유, 석유화학, 철강, 유리, 제지 등 에너지 집약 산업군에 속하는 12개 수입 품목에 대해 온실가스 배출부담금을 톤당 55달러를 부과하는 것을 골자로 하고 있다. 또한 규제 범위가 유럽보다 더 광범위하고 전기·전자 제품, 자동차 등으로 확대될 것을 예정하고 있다.

미국의 경우, 2009년 시작된 오바마 정부에서부터 '탄소중립정책'은 수립돼 왔다. 그런데 2017년 트럼프 미국 대통령은 1기 당선 시부터 기후변화를 '사실이 아닌 이야기' '존재하지 않는 것' '값비싼 사기'라고 공언해 왔다. 그는 지난 1기 동안 파리COP21(2015), 유엔기후변화협정UNFCCC에서 탈퇴를 선언했다. 탈퇴 발효 시점을 지나 2021년 바이든 행정부에서 파리기후변화협정에 재가입했고, 그동안 성과도 이뤄어냈다. 하지만 트럼프 2기가 출범하면서 미국은 또다시 기후변화협정에서 탈퇴를 선언했다. 이는 기후변화 위기에 대한 미국의 리더십을 포기한 선언이고, 미국의 탄소배출량이 얼마나 많이 증가할지 심히 우려되는 부분이다. 또한 트럼프 대통령의 취임을 앞두고 세계최대 자산운용사인 블랙록이 탄소중립단체에서 탈퇴했다는 사실도 탄소중립 가도에 걸림돌이 될 것으로 우려된다.

중국의 탄소중립정책

중국은 세계 최대의 석탄소비국이자 이산화탄소 배출 1위국이다. 시진핑 중국 국가주석은 2020년 9월 제75차 유엔총회에서 2060년까지 탄소중립을 달성하겠다고 선언했다. 이에 따라 중국도 탄소 중립 실현을 위한 걸음마가 본격화되고 있다. 중국은 2021년 10월 제26차 유엔기후변화협약 당사국총회COP26를 앞두고 기후변화에 관한 유엔 기본 협약UNFCCC 사무국에 새로운 국가감축목표NDC를 제출했다. 이에 앞서 중국 국무원은 '신발전 이념을 달성하기 위한 탄소피크와 탄소중립에 관한 의견'을 공표하였고, '2030년 이전 탄소피크 달성을 위한 행동방안 통지', '기후변화 대응정책과 행동계획' 등을 연이어 발표했다. 이 3가지 문건들과 개정된 국가감축목표NDC는 최근 중국의 환경 분야에서의 성과와 향후의 구체적인 행동계획에 대한 중국의 정책의지를 담고 있다. 특히 '신발전 이념 달성을 위한 탄소피크와 탄소중립 업무에 관한 의견'은 중국의 탄소중립 관련 마스터플랜을 제시하는 내용이며, 이 의견이 지침이 되어 중국의 에너지, 산업, 교통 등 각 분야의 탄소중립 전략이 수립되고 시행될 예정이다. 이같은 기조 아래 중국은 환경보호 관련 '대기오염방지법', '환경보호법'과 에너지 관련 '재생가능에너지법', '에너지절약법' 등을 입법화했고, 이를 통해 탄소배출을 관리하고 저탄소 에너지의 개발 및 사용을 장려한다는 계획이다.

중국은 2020년 기준 3차 산업의 부가가치 비중은 전체 54.5%로 2015년 대비 3.7%p 증가되었다. 이는 산업구조가 서비스업 중심으로 재편됨에 따라 고탄소 배출의 공업생산 비중을 낮추고 있음을 의미한다. 또한 첨단기술산업의 부가가치도 전체 공업 부가가치의 15.1%를 차지하는 등 친환경적 신흥산업의 비중이 높아지는 추세다. 중국은 2021년 7월 탄소배출권제도를 도입하여 기업의 탄소배출의 효율성을 향상시키려는 노력도 병행하고 있다. 탄소배출권 거래시장이 출범하자, 2,162개에 달하는 주요 탄소배출 기업들이 참여하였고, 45억 톤의 탄소배출권거래가 이루어지는 세계최대 규모의 탄소배출권 거래시장을 형성했다. 2024년 중국 국무원은 국가 탄소배출권 거래시장의 첫 번째 확대를 본격적으로 준비한다고 공표했다. 이번 확장으로 탄소 배출량의 약 60%가 거래시장의 관리 범위에 포함될 전망이다. 이번 확장에는 시멘트, 철강, 전해 알루미늄 산업이 포함될 예정이며, 이들 산업은 높은 데이터 품질과 복잡한 회계 방식으로 인해 특별한 관리가 요구된다는 특징이 있다. 중국의 탄소배출권 거래시장은 기업들이 배출량을 줄이기 위해 효율적인 기술 개발 투자를 하도록 유인하고, 시장거래를 통해 보다 효율적인 탄소배출시스템을 작동시키는데 기여하고 있다.

인도의 탄소중립정책

2021년 11월 인도의 나렌드라 모디 총리는 영국 글래스고에서 열린 제26차 유엔기후변화협약 당사국총회COP26 정상회담 연설에서 기후변화 대응과 관련해 '2070년까지 넷제로Net Zero에 도달하겠다'는 공약을 발표했다. 그는 개발도상국의 탄소중립으로의 전환을 돕기 위해 선진국이 더 많이 기여해야 한다면서 "선진국들은 가능한 빨리 1조 달러를 기후금융으로 활용할 수 있는 여건을 만들어야 한다"고 덧붙였다.

파리기후변화협약에 명시된 목표처럼, 지구 온도를 산업화 이전 대비 1.5℃ 상승으로 억제하기 위해서는 전 세계가 2050년까지 탄소중립을 달성해야 한다. 이런 측면에서 인도의 탄소중립 목표 시기인 2070년은 과학자들의 주장이나, 다른 나라의 목표에 비하면 상당히 늦은 시기이다. EU, 미국·영국의 탄소중립 목표 시기는 2050년이고, 중국·사우디아라비아의 탄소중립 목표 시기는 2060년이며 우리나라는 2050년이다. 모디총리는 인도가 전 세계 인구의 17%를 차지하고 있지만, 탄소배출에서는 5%의 책임만 있다며 선진국들의 과거 온실가스 배출 행태를 언급했다. 그는 재생 에너지 비중을 2020년 38%에서 2030년 50% 수준으로 끌어올리고, 2030년까지 비화석 에너지로 500GW의 전력을 확보할 것이라고 약속했다. 또한 소비된 연료당 방출된 탄소의 양을 일컫는 탄소집약도를 45% 줄이겠다고 강조했다. 글로벌 리서치그룹 '우드맥킨지'에 따르면 인도 인구는 2070년까지 16억 9천만 명으로 증가하고 GDP는 2022년 3조 달러에서 2070년 27조 달러로 성장할 것으로 예상했다. 이에 따라 인도의 에너지 수요는 2070년에는 2022년에 비해 73% 이상 증가할 것으로 추정된다. 이런 상황에서 인도가 2070년까지 탄소 중립 목표를 달성하려면 화석 연료의 사용을 현재 72%에서 27%로 줄여야 하고, 1차 에너지 공급에서도 73%를 탄소중립 에너지원으로 전환해야 한다는 계산이 가능하다.

우리나라의 탄소중립정책

우리나라는 2015년 6월 최초로 국가온실가스감축목표NDC를 수립했고, 2016년 12월 국가온실가스감축목표를 달성하기 위한 기본 로드맵을 마련하면서 2050년까지 탄소중립 목표를 설정했다. 5년 단위로 탄소배출감축 약속NDC을 발표하고 있는데, 2030년까지 2018년 대비 40% 탄소 감축을 약속한 바 있다. 2020년 7월 1차 한국판 그린뉴딜 정책을 추진하면서 본격적으로 정부차원의 탄소중립을 위한 시책들을 펼치고 있다. 우리나라의 탄소중립정책의 방향은 ① 전력생산의 탈탄소화 전략으로 재생에너지 및 무탄소 에너지 등, CCS으로 전력생산을 전환한다. ② 연료전환 전략으로 수송, 냉난방, 산업의 전기화 수소에너지 이용을 확대한다. ③ 효율혁명 전략으로 건물, 수송, 농업 등 모든 부문에서 강력한 에너지 효율을 상승시킨다. ④ 탄소 흡수원 보전과 확충 전략으로 육상의 산림이나 토양을 보전하고 해양자원 및 습지 등을 보전한다. 구체적인 실천전략으로는 ① 재생에너지 발전을 촉진하기 위해 시설을 증축하거나 투자를 확대한다. 특히 태양광과 풍력 발전의 설치를 확대하며 천연가스 대신 신재생에너지로의 전환을 위한 노력을 지속한다. ② 에너지 효율성을 높이고, 에너지 절감형 스마트시티 건설을 확대한다. 또한 공공교통 및 도시 계획을 대중교통 친화적으로 구현하여 자동차 이용을 줄이는 방식으로 탄소 배출을 감축한다. ③ 그린 뉴딜 정책을 통해 탄소중립 경제에 집중한다. 이 정책을 통해 재생에너지 발전, 녹색수소 생산, 녹색 건설 등을 포함하여 환경·친화적인 기업과 기술을 육성·지원한다. ④ 전기 자동차EV 보급과 충전 인프라 구축을 확대함으로써 친환경 교통수단을 확장한다. ⑤ 기업들이 친환경 기술 및 생산 방식을 도입하고 탄소 배출 감축 노력을 지속하도록 산업구조를 조정하고 지원체제를 개편한다. 고탄소 산업의 에너지 전환과 순환경제체제를 구축한다. ⑥ 탄소중립을 위해 시민들의 에코지능을 강화하고 참여의식을 제고시킨다. 에너지 절약 및 친환경 습관을 형성하기 위한 환경 교육 및 인식 증진 교육을 강화한다. ⑦ 원전을 적극 활용하고 재생에너지 등 다양한 에너지원을 조화롭게 활용해 에너지 믹스를 실현한다.

3. 탄소중립과 글로벌 기업

구글은 2007년 탄소중립을 달성했다고 선언했다. 애플은 2030년까지 전체 공급망과 제품수명 주기에서 탄소중립을 실현한다는 계획을 발표했다. 아마존은 2019년 환경운동조직 글로벌 옵티미즘Global Optimism과 공동으로 '기후 서약Climate Pledge'을 설립했다. 기후 서약은 2050년까지 탄소중립 목표를 내세운 파리 기후 협정보다 10년 앞선 2040년까지 사업 전반에 걸쳐 탄소중립을 실현하겠다는 약속이다. 아마존은 기후 행동의 선두 주자를 자처하지만 계속 더 많은 탄소를 배출하고 있다. 현재 전 세계적으로 300개가 넘는 주요 기업이 기후서약에 동참했다. IBM, 버라이즌Verizon, 하이네켄, 비자Visa, 세계 최대 컨테이너 운항 선사 머스크Maersk 등 29개국 51개 산업의 기업들이 탄소 절감을 약속했다.

2022년 8월 발표된 아마존Amazon의 '2021 지속 가능성 보고서2021 Sustainability Report'에는 아마존의 2021년 탄소배출량은 2020년 대비

18%가 증가한 것으로 나타났다. 2021년 아마존의 이산화탄소 배출량은 7,154만 톤 수준으로 이 배출량은 연간 180개의 화력 발전소의 이산화탄소 배출량에 필적한다. 아마존은 탄소 배출 감축을 위한 노력은 지속하고 있지만, 코로나19 사태 등으로 아마존의 성장속도가 전례 없이 빠른 결과라고 해명했다. 아마존은 배달 트럭 등 물류 네트워크를 확장하고 더 많은 온라인 주문을 처리하기 위해 물류 창고를 증설했을 뿐 아니라 클라우드 컴퓨팅 서비스를 제공하는 아마존 웹 서비스Amazon Web Services를 확대하기 위한 여러 개의 대규모 데이터 센터를 증설한 바 있다. 기업이 빠르게 성장함에 따라 탄소 배출량도 증가할 수밖에 없었다는 논리를 앞세워 해명했다. 하지만 아마존은 탄소 집약도가 1.9% 감소했다는 점을 강조한다. 아마존의 탄소 집약도는 3년 연속으로 감소한 것이 사실이다. 이런 관점에서 보면 아마존은 새로운 제품과 서비스에 투자하고 사업이 크게 성장하면 절대 탄소 배출량은 증가할 수 있지만 상대적으로 탄소함유량이 낮은 에너지 사용 비율이 높아질 가능성이 높다. 탄소 집약도가 지속적으로 낮아진다는 것은 결국 절대 탄소 배출량도 낮아질 수 있다는 것을 의미한다. 아마존의 탄소집약도가 낮아진다는 것은 상대적으로 탄소함유량이 낮은 에너지 사용 비율이 높아진다는 것을 의미하기 때문이다. 탄소 집약도Carbon Intensity는 소비한 에너지에서 발생된 CO_2량을 총에너지 소비량으로 나눈 값 또는 매출 1달러당 배출되는 이산화탄소로 측정되는 개념이다.

2023년 영국 기후변화위원회Climate Change Committee의 위원장 크리스 스타크는 지금의 기후변화 상황은 "탄소중립 선언만 하면 됐던 달콤한 꿈의 시대는 끝났다"고 강조하며 탄소배출에 대한 감축노력의 위급성을 지적했다. 이제 "국제적 논의를 통해 탄소회계와 배출감축 기준이 강화될 것이고, 기업들은 탄소중립 선언을 실제적 행동으로 보여줘야 할 강력한 압박에 직면할 것"이라고 경고했다. 글로벌 탄소 모니터링 기관인 '넷제로 트래커Net-Zero Tracker'는 발표한 분석자료에서 포브스 글로벌 2,000대 기업 중에서 탄소중립목표를 수립한 기업은 1,000곳이 넘는 것으로 나타났다. 글로벌 기업들의 탄소중립 서약 증가 건수 또한 기하급수적으로 증가하고 있다. 지난 2022년 6월 기준 글로벌 2,000대 기업 중 탄소중립목표를 수립한 곳은 700여 곳이었으나 16개월간 40%나 상승하면서 2023년 11월에는 1,003곳으로 증가했다. 해당 기업들의 연간매출을 합산하면 총규모가 27조 달러(약 3경 5,400조원)에 달하는 것으로 나타났다.

하지만 '넷제로 트래커'는 글로벌 기업들의 탄소중립서약은 증가세가 두드러지고 있지만, 기업들이 제시한 탄소배출감축 목표에 대한 신뢰도는 점점 낮아지고 있다고 분석했다. UN의 레이스 투 제로 이니셔티브Race to Zero 기준에 부합하는 기업은 탄소중립서약 참여 기업 중 겨우 4%에 불과하기 때문이다. '레이스 투 제로Race to Zero'는 2050 탄소중립을 이루기 위한 민간 영역 탈탄소 경주Race의 출발을 알리는 유엔기후변화협약UNFCCC의 이니셔티브다. 전 세계는 이미 글로벌 경제의 92%, 온실가스배출의 88%에 해당하는 주요기관들이 탄소중립을 선언하고, 탄소배출감축 범위에 포함돼 있다. 하지만 중요한 것은 실천의 문제이다. 글로벌 탄소중립 어젠다가 탄소중립을 서약하는 단계에서 탄소배출감축 행동의 신뢰도를 높이는 단계로 넘어가야 하는 이유이다. 기후 싱크탱크 신기후연구소NewClimate Institute 기후정책분야 선임연구원 타케시 쿠라모치Takeshi Kuramochi는 "세계에서 가장 큰 기업들 중 절반이 탄소중립 선언을 했고, 이는 이미 산업계의 표준으로 자리 잡고 있다. 하지만 대부분의 탄소배출감축 계획이 자사가 임의로 설정한 방법론에 기초해 있기 때문에, 신뢰도를 높이기 위해서는 유엔과 같이 검증된 탄소배출감축 기준에 따라 탄소중립 이행전략을 수립할 필요가 있다"고 강조한다. 따라서 UN의 '넷제로 트래커'는 2023년 12월에 개최된 제28차 기후변화 정상회담COP28에 참석해 기업, 정부, 지자체 등 주요 4,000개 글로벌 기관에 대한 탄소중립목표 이행 현황을 발표했다. 이를 통해 유엔의 탄소배출감축 기준과 주요 기관의 행동 간 격차를 분석했으며, 문제점을 개선하기 위한 권고안을 제시했다.

4. 탄소중립과 청정도시

세계 주요 국가들의 탄소중립 선언과 함께 탄소중립도시 건설 프로젝트가가 대세로 떠오르고 있다. 미국을 비롯한 영국, 프랑스 등 서방 국가들을 비롯해 중국이나 중동 등 글로벌 사우스국가들도 탄소중립도시 건설을 위한 제도 및 정책을 준비하고 있다.

미국은 저탄소 건물이나 저탄소 기술에 인센티브를 부여함으로써 탄소중립도시를 지원하는 전략을 펼치고 있다. 미국을 대표하는 세계 금융 중심지 뉴욕의 경우, 지난 2019년 기후활성화법 중 하나로 '뉴욕 지방법 97조'를 통과시켰다. 이 법은 건물 탄소 배출량을 오는 2030년까지 40%, 2050년에는 80% 줄이는 목표를 달성하기 위해 제정되었다.

프랑스의 수도 파리의 경우에는 2050년까지 탄소중립도시를 실현하기 위한 '콤팩트시티' 개념을 도입했다. 이 개념은 자동차 이용을 최소화하기 위해 보행 또는 자전거로 15분 내 편의시설을 이용할 수 있도록 도시를 재설계하고, 도로 공간은 녹지나 어메니티 활동 중심이 될 수 있도록 도시계획을 수정했다. 새로운 도시계획이 실행되면 파리를 대표하는 에펠탑 주변 지구 녹지 비율은 50%까지 확대된다.

영국은 민간 제로 탄소 주택단지를 조성한다. 400여 가구가 사는 주거 전용 커뮤니티 마을에서 발생할 탄소를 30% 이상 줄일 수 있도록 모든 건물은 해당 지역에서 생산된 목재로만 지어진다. 지붕에 태양광 발전기를 설치하고 에너지 소비량은 중앙에너지 시스템에서 관리·조절한다. 녹지를 마을 전체 면적의 40% 이상으로 조성하고, 교통체계는 자동차 교통량은 최대한 줄이되 전기를 사용하는 대중교통수단을 활성화한다. 도시생태계에서 탄소흡수나 배출을 최소화하고, 지역주민들은 공동커뮤니티에 모여 생산적인 경제활동을 할 수 있도록 프로그램도 운영한다.

코펜하겐은 전 세계에서 가장 친환경적이고 살기 좋은 도시다. 2009년 덴마크 정부는 IPCC총회에서 2025년까지 코펜하겐을 전 세계 최초의 탄소중립 도시로 만들겠다고 선언했다. 덴마크는 1970년대 1, 2차 오일 쇼크를 거치면서 친환경 에너지 중심체계로 에너지 정책을 전면적으로 수정했다. 또한 덴마크는 에너지 전환을 위해 태양열, 바이오매스 등 다양한 신재생에너지원을 활용하는 정책을 지속해 왔다. 덴마크는 유럽에서 친환경 에너지 활용도가 가장 높은 나라 중 하나가 되었다. 2010년 덴마크는 '에너지 전략 2050'을 발표했다. 이 전략에는 2050년까지 온실가스 배출량을 95% 감축하고,

전체 에너지 소비량 100%를 신재생 에너지로 조달한다는 내용을 담고 있다. 더욱이 2030년에는 덴마크 전역에서 화석연료 사용을 전면 중단할 것을 선언했다. 이미 북해와 발트해 사이에 위치한 코펜하겐은 강력한 해상 풍력발전의 힘을 활용해 탄소중립 목표를 달성했다. 덴마크가 자랑하는 가장 대표적인 풍력 발전 프로젝트는 코펜하겐 앞바다에 세운 미들그룬덴Middelgrunden 해상풍력 단지이다. 이 해상풍력단지에서는 2000년 건립 당시 세계 최대의 해상풍력발전단지로, 2MW급 20개의 터빈이 연간 9,000만kWh의 전력을 생산하는 능력을 갖췄다. 코펜하겐 앞바다는 대서양으로부터 강한 편서풍이 불어와 풍력발전을 하는 데 최적의 조건을 갖추고 있다. 이 도시는 대중교통의 이용을 장려하고, 자전거 도로를 확충하여 개인 차량 사용을 대폭 줄이면서, 도시 내 모든 건물은 지속가능한 설계를 기반으로 건축하고, 에너지 사용 감시 시스템이 작동하여 효율적인 에너지 사용을 촉진시킨다.

스페인의 바르셀로나는 스마트 시티 전략을 통해 탄소중립 도시를 구현해가는 중이다. 도시 곳곳에 위치한 센서와 IoT사물인터넷 기술을 활용해 에너지 소비를 모니터링하고 분석함으로써 에너지 사용의 효율성을 극대화하고 있다. 또한 소규모 공원과 녹지 공간을 확대함으로써 대기 오염을 줄이고, 도시 내 온도를 자연의 힘으로 조절하고 있다. 바르셀로나는 도시 내 주민들과 탄소중립에 관한 소통과 토론을 활성화하여 탄소중립을 위한 의사결정이나 문제해결에 자율성을 확대해 나가고 있다.

아랍에미리트UAE의 마스다르 시티Masdar City는 사막 속에서 태어난 친환경 미래도시다. 마스다르 시티는 2006년 아부다비 정부와 국제 재생에너지 기업 마스다르가 협력해 구축한 탄소중립도시다. 탄소배출을 완전히 제거하고 지속가능한 삶의 방식을 제공하는 미래 도시의 샘플이다. 마스다르 시티는 설계 단계부터 에너지 소비를 최적화하고 재생에너지를 최대로 활용할 수 있도록 구조화되었다. 사막의 강렬한 태양은 전력의 대부분을 충당하는 중요한 자원이다. 도시 빌딩에는 옥상에 태양광 패널을 설치했고, 도시 외곽에는 대규모 태양광 발전기가 구축돼 있다. 이 같은 태양광 전기가 마스다르 시티 전체 소비 전력의 약 42%를 충당한다. 도시 내에서 자동차 운행은 제한되고 대신에 무탄소 교통시스템이 작동한다. 무인전기 셔틀과 같은 소형 무인 궤도차Person Rapid Trasit: PRT가 주민들을 도시 어디든 자유롭게 이동시킨다. 마스다르 시티 중심부에는 거대한 윈드타워가 구축돼 있다. 이것은 물 분사 장치를 이용해 상공의 시원한 바람을 아래로 순환시켜 도시 전체의 온도를 낮춘다. 2008년 글로벌 금융위기로 인한 자금경색과 재생에너지 기술의 부족으로 초기 목표 달성에는 한계가 발생했으나 여전히 마스다르 시티는 지속가능한 도시의 상징으로 성장하고 있다.

우리나라의 경우에는 2023년 '제1차 국가 탄소중립·녹색성장 기본계획' 및 '신성장 4.0 전략'에 따라 탄소중립도시 조성사업을 지원하고 있다. 탄소중립 사회구조 전환에 필요한 도시공간 온실가스 감축을 위해 오는 2030년까지 정부를 중심으로 지자체와 민간이 협력해 탄소중립도시를 건설하겠다는 계획을 포함하고 있다. 우리나라의 경우 도시 온실가스의 약 70%가 건물 부문에서 배출된다. 탄소중립 목표를 달성한다는 것은 기존의 도심 건물들을 어떻게 하면 탄소 제로 에너지 건축물로 전환할 수 있느냐에 달려있다. 또한 신재생 에너지, 스마트 그리드, 친환경 교통수단 등 다양한 기술과 정책의 통합을 통해 AI가 도시 문제를 해결하고, 지속가능한 미래 도시를 구축하는 방식도 중요한 수단 중의 하나다. AI기술을 활용한 스마트 빌딩은 냉난방, 조명, 전력 시스템을 자동화해 에너지 소비와 생산을 최적화할 수 있다. 탄소중립 도시는 단일 기술만으로 실현될 수 없기 때문에 신재생 에너지 활용, 에너지 저장 기술, 스마트 그리드, 친환경 교통수단 등 다양한 기술과 정책을 융합해야 가능하다. 또한 탄소중립 도시를 설계하는 단계에서 탄소공간지도를 활용하는 것도 중요하다.

탄소중립 도시에 거주하는 주민으로써 개인이 실천할 수 있는 탄소중립 실천 방안들은 ① 에너지 절약, LED전구 사용, 가전제품 에너지 등급 확인, 제품 구매시 탄소발자국 확인 등 에너지 효율 개선 및 탄소배출 감축에 동참할 수 있다. ② 대중교통 이용, 자전거 타기 등 저탄소 운송 수단을 이용하여 탄소발자국을 줄일 수 있다. ③ 일회용품이나 탄소배출이 높은 제품의 사용을 줄이고 재활용을 확대해 선순환경제에 동참할 수 있다. ④ 육류 소비를 줄이고 채식이나 인조 단백질, 곤충식품 등을 활용하여 온실가스 배출을 줄일 수 있다. 등으로 정리할 수 있다.

5. 탄소중립과 RE100 & CF100

'RE100'은 전 세계 주요 기업들이 주도하고 있는, 기업활동 과정에서 필요한 에너지 100%를 재생에너지로 조달한다는 목표를 추구하는 글로벌 이니셔티브다. RE100Renewable Electricity은 탄소발자국을 줄이기 위한 전략으로 100% 재생 가능 에너지를 사용한다는 목표를 가진 기업들을 하나로 묶는 협력 프로젝트다. RE100은 2014년 기후그룹The Climate Group과 탄소정보프로젝트Carbon Disclosure Project: CDP의 제안으로 시작되었다. 이 이니셔티브는 기업들이 100% 재생 가능 전력을 사용하겠다는 공개적인 약속을 할 수 있도록 플랫폼을 제공한다. 애플, 구글, 페이스북, 마이크로소프트, 인텔, 에어비앤비, 3M, 나이키, 스타벅스, 화이자, 버버리, BMW 등 주요 글로벌 기업(2023) 423개 이상이 RE100을 선언했다. 기후그룹Climate Group과 CDP에서 발행한 'RE100 annual disclosure report 2023'에 따르면 RE100을 선언한 423개의 글로벌 기업은 미국 98개, 일본 86개, 영국 47개 순이고, 우리나라는 36개 기업이 참여하고 있다. 참여 기업들은 주로 2025년~2050년까지 전력을 100% 재생 가능 에너지로 조달하겠다고 약속했다. 재생 가능 에너지는 태양광, 풍력, 수력, 지열·해양에너지 등 자연에 존재하는 에너지를 포괄한다. 재생 가능 에너지는 발전 과정에서 탄소 배출이 0에 가깝다는 특징을 가진다.

RE100을 선언한 글로벌 리딩 기업들은 각 산업계에 속한 글로벌 기업들의 행동강령 또는 가이드라인 형태로 자율 규범에 대한 이니셔티브Initiative를 주도한다. 또한 글로벌 리딩 기업들은 협력업체에 대한 압력을 통해 해당 생태계의 ESG 수준을 끌어올리는데 앞장선다. 세계 최대의 글로벌 화학기업 바스프BASF는 전체 제품 약 4만 5,000개에 대해서 원료 구매부터 공장 출시까지 전체 과정에서 발생하는 탄소배출 총량을 공개한다고 공언했다. 탄소배출의 구체적 현황을 제품별로 파악하고 해결책을 모색하겠다는 이러한 움직임은 화학산업 차원의 이니셔티브로 발전될 가능성이 크다. RE100은 기업 부문에서 지속가능한 에너지 실천을 향한 체계적인 변화를 이끌어 감으로써 탄소배출 감축을 위한 글로벌 노력에 기여한다. 현재로서는 RE100 참여 문제가 교역에 직접적인 장벽으로 작용하고 있는 것은 아니지만, 글로벌 시장에서의 경쟁력과 기업 이미지 향상을 위해 중요한 포인트로 주목받고 있다. 대표적인 글로벌 기업 중에서 애플Apple, 마이크로소프트MS, 구글Google, BMW 등은 자사에서 사용하는 전력에 대해서 재생에너지 사용 비중을 지속적으로 확대하는 중이며, 현재 글로벌 선도기업중 61개 기업은 이미 RE100을 완료했다.

미국의 RE100

2023년 RE100 보고서에서 미국은 재생에너지원의 발전량이 석탄과 원자력의 비중을 앞지른 것으로 나타났다. 미국의 경우, 재생에너지가 천연가스 다음으로 큰 전력 공급원이다. 현재 미국과 캐나다, 즉 북미 단일 시장에서 생산되는 전력의 26%가 재생 가능한 자원으로 생산된다. 미국은 2022년 재생에너지 발전량이 원전과 석탄 발전량을 넘어섰으며 원자력을 포함한 무탄소 발전 비중은 전체 발전량 중 40%를 차지한다, 재생에너지 발전량이 증가한 원인은 풍력과 태양광 발전으로 그 비중이 2021~2022년 12%에서 14%로 늘어났다. 바이든 정부는 2050년 탄소중립 달성을 위해 2035년까지 100% 무탄소 전력으로 전환한다는 목표를 제시했다. 미국은 2050년까지 재생에너지원의 비중을 42%까지 확대할 것으로 기대된다. 특히 해상풍력발전의 개발이 속도를 내면서 풍력발전의 비중은 2050년까지 현재보다 3.5배 이상 증가할 것으로 예측된다.

중국·일본·한국의 RE100

중국이나 일본의 경우, 풍력과 수력 등에 대한 개발이 미흡하다. 이 같은 생산단가가 낮은 재생에너지원이 큰 비중을 차지하지 못하는 경우, 결과적으로 재생에너지원의 평균적인 발전단가가 높아진다. 중국이나 일본은 모두 제조업 중심의 국가들이어서 전체적인 전력소비량과 그 비중이 미국보다 높은 상황이다. 국가 내 기업의 재생에너지 사용은 유럽 84%, 미국 64%, 중국 50%, 일본은 25%, 한국은 9%로 나타났다. 베트남, 인도 등은 29~35%인 것에 비교하면 한국의 RE100 수준은 현황은 아직 미흡한 상황이다. 더구나 우리나라 기업들의 참여율은 증가추세에서 최근 증가세가 주춤한 상태에 있다.

RE100에 가입한 우리나라 기업은 삼성, 현대, LG 등 36개 기업이다. 기업 간 RE100 가입 여부가 경쟁 요소로 부각되고, 심지어 참여한 순서를 해당 기업의 차별화 포인트로 활용하기도 한다. 연도별 목표는 기업이 자율적으로 수립하고 있지만, 달성 목표가 2030년인 기업은 60%, 2040년인 기업은 90% 이상이고 2050년까지 100% 달성할 것을 권고하고 있다. 한국무역협회의 조사결과에 따르면 제조수출 기업의 17%가량이 제품을 납품할 때 재생에너지 사용여부에 대한 직접적인 영향을 받고 있으며, 그중 41.7%가 2024년이나 2025년부터 재생에너지를 사용하도록 압박을 받는 것으로 나타났다. 최근 RE100 가입기업들의 전력 소비량은 우리나라의 연간 총 전력 소비량의 10%에 육박했으며, RE100 달성을 위해서는 재생에너지 확대가 중요한 이슈로 부상하고 있다.

CF(carbon free)100

CFCarbon Free100은 '재생에너지'에서 범위를 넓혀 '무탄소carbon free 에너지'로 기업이 사용하는 전력 100%를 충당하는 것을 의미한다. 전력 사용에서 재생에너지를 100% 사용하는 것은 아니지만 탄소는 완전히 제거한다는 차이점을 가진다. 현실적으로 재생에너지만으로는 RE100 달성이 쉽지 않다는 한계가 나타남에 따라 원자력, 연료전지 등 '재생에너지는 아니지만 탄소배출은 없는' 에너지를 포함시켜 목표를 달성한다는 개념이다. 2018년 구글이 처음 발표하면서 이 개념은 알려졌으며, 구글은 "2021년 사용한 에너지의 66%를 무탄소로 달성했다"고 밝힌 바 있다. 2022년 9월 기준 마이크로소프트, 구글 등 전 세계 70여 기업이 CF100에 참여하고 있다. CFECarbon Free Energy는 소비자가 사용하는 전기를 매 시간 기준 무탄소 에너지로 전환하고자 하는 국제적인 캠페인이다. 2021년 9월 구글과 UN에너지, 지속가능에너지기구가 협력하여 발족시켰다. CFE무탄소에너지는 말 그대로 에너지 생산 시 탄소를 배출하지 않는 모든 에너지원을 의미한다. 태양광, 풍력 등 재생에너지는 물론 원자력 발전, 청정수소, CCUS등 모든 에너지 기술이 포함되는 의미다. CCUSCarbon Capture, Utilization & Storage, 즉 탄소포집 및 활용·저장기술은 이산화탄소를 포집하여 재활용하거나 안전하게 저장하는 기술을 말한다.

원자력 논쟁

트럼프 미국 대통령의 비트코인 국가자산 발언으로 비트코인 광풍이 몰아치고, ChatGPT, 딥시크 열풍으로 전 세계는 전력 수요가 급증하고 있다. 국제에너지기구IEA의 '2024년 전력 보고서'에 따르면 글로벌 데이터 센터의 총 전력 소비가 2022년의 2배인 2026년까지 1,000 테라와트시를 초과할 수 있다고 발표했다. 2022년 기준 총 전력 수요 중 2%에 불과했던 데이터센터의 전력 소비 비중은 2030년에는 8%까지 증가할 것으로 전망된다. 전 세계적인 전력 수요는 급증하고 현실적으로 재생에너지만으로는 RE100 달성이 쉽지 않다는 에너지 수·급의 미스매치가 커지는 상황이다.

2022년 7월 EU가 그린택소노미에 원전과 천연가스를 포함시켰다. EU가 그린 택소노미에 원전을 포함하는 안을 제출했을 당시, 독일, 오스트리아, 룩셈부르크, 포르투갈, 덴마크 등이 반대하였지만, 원전을 운영하는 프랑스, 폴란드, 체코, 핀란드 등은 찬성하는 입장을 취했다. 원전이 그린 텍소노미에 포함되자 프랑스 국영 전력회사 EDF는 원자력 에너지 녹색 채권을 발행했다. EU, 미국, 일본, 호주, 캐나다 등 대부분의 국가들이 원전에 투자 중이다. 원전은 태양광보다 이산화탄소 배출이 적고 풍력과 비슷한 수준이다. 우리나라의 한국전력은 전기를 킬로와트당 110원에 공급하고 있다. 그런데 에너지 생산 원가를 비교하면, 킬로와트당 원자력은 60원으로 석탄 80원, 액화천연가스LNG 120원, 재생에너지 220원보다 훨씬 싼 에너지원이다. 하지만 원자력은 매우 위험한 에너지원이라는 게 문제다. 완벽한 관리를 장담하지만 단 한 번의 사고도 그 위험성은 치명적이다. 체크노빌이나 후쿠시마의 원전사고가 이를 증명한다. 그리고 '폐기할 핵원료' 처리도 매우 어렵다. 원전은 초기 건설 비용도 막대하다.

우리나라의 원전기술

우리나라는 에너지 자원의 90% 이상을 수입에 의존하고 있고, 원전에서 생산하는 전력이 국내 전체 전력 생산의 30%를 차지한다. 현재 국내에는 25기의 원전이 가동 중이다. 원전 가동 세계 6위 수준이다. 정부는 앞으로 원전을 3기 더 추가 건설할 계획이다. 원자력 발전은 우리나라의 에너지 수입 의존도를 낮추고, 전기에 대한 수·급 불안정성을 완화할 수 있는 대안으로 평가되는 에너지원이다. 또한 원전산업의 또 다른 가치는 연관산업에 주는 파급효과가 크다는 점이다. 원전산업에 종사하는 원자력 전공자는 10% 미만이고, 대부분은 기계공학·화학공학·전기공학 전공자이다. 건설, 토목, 중공업 등에 직접적으로 영향을 주는 산업적 연관성도 매우 높다. 또한 전력 생산을 위한 우라늄 자원의 존재량도 화석연료 대비 저렴한 데다 수백 년 동안 채굴해 사용할 수 있을 만큼 풍부하다. 채굴한 우라늄 광석을 더욱 효율적으로 사용할 수 있는 원자로를 개발한다면 사용 가능 시한을 수천 년까지도 연장할 수 있다. 우라늄은 바닷물에서도 추출이 가능하다. 하지만 우라늄을 추출하려면 채굴하는 것보다 높은 비용을 지불해야 한다.

2010년 이후 원전 수출이 가능한 국가는 미국, 러시아, 프랑스, 일본, 중국, 그리고 우리나라뿐이다. 현재 두산에너빌리티(전 두산중공업)는 원전 주기기를 우리나라뿐 아니라 웨스팅하우스에도 공급하는 등 세계의 원전 건설 공장이라 할 수 있다. 최근 세계적으로 80여 종의 소형모듈원전Small Modular Reactor: SMR이 개발되고 미래의 에너지원으로 주목받고 있다. 이들 개발사는 앞다투어 두산에너빌리티에 러브콜을 할 것으로 예상된다. 원전 수출국 간의 경쟁에서 확실한 공장을 확보해야 경쟁에서 승리할 수 있기 때문이다. SMR은 일반 원전보다 크기가 작고, 공장에서 전부 제작이 가능해 설치 비용이 적다. 냉각수 소모도 적어서 바다가 아닌 내륙에도 설치가 가능하다. SMR소형모듈원자로은 용기 안에 모든 부품을 넣은 일체형이다. 공장에서 제작을 마치고 그대로 실어 원하는 곳으로 육상 또는 철도로 운송이 가능하다. 이를 위해 SMR의 형태를 옆으로 뚱뚱하지 않고 위아래 길쭉하도록 설계했다. SMR은 전기가 필요한 곳 바로 옆에 설치할 수 있어 차세대 에너지 공급의 '게임 체인저'가 될 수 있다. 한국원자력연구원은 일찌감치 1997년 'SMART'라는 SMR 개발을 시작해 2012년 표준 설계 인가를 받았다. 용량이 100MW인 SMART는 원자로, 증기 발생기, 펌프 등 주요 기기 모두가 원자로 용기 안에 배치된 일체형 원자로다. 대형 냉각 실패 사고 가능성을 원천적으로 배제해 대형 원전보다 훨씬 안전성이 높다. 다만 예상 발전 단가가 대형 원전보다 꽤 비싸다는 단점이 있다.

미국을 대표하는 원자력 과학자 중 한 명인 야코 포 본조르노Jacopo Buongiorno 매사추세츠공대MIT 교수는 "한국은 세계에서 가장 앞선 원자력발전 솔루션을 보유하고 있다. 안정적이고 경제적인 방향으로 원전을 건설할 수 있는 능력을 국내 외에서 입증했다. …전 세계의 많은 나라들이 신규 원전 공급처로 한국을 주목하고 있다는 건 놀랄 일이 아니다."고 평가했다. 우리나라는 원전 수출을 위해 원전 팀코리아를 구성해서 체코 원전 수주를 이끌었다. 원전 팀코리아는 ① 원전 건설 과정 총괄, 시운전을 담당하는 한국수력원자력, ② 원전설계를 담당하는 한전기술, ③ 원전의 유지·보수를 담당하는 한전KPS, ④ 원전의 연료를 공급하는 한전원자력연료, ⑤ 원전 건설을 시공하는 대우건설, ⑥ 원자로 등 주기기를 공급하는 두산에너빌리티로 구성되어 있다.

세계 각국의 원전정책

AI시대를 맞이하여 급증하는 전력수요를 충당하기 위해 전 세계는 원자력 발전설비를 늘리고 있다. 2023년 말 기준 전 세계 31개국에서 원전 415기가 운용 중이다. 여기에 더하여 전 세계 17개국에서 원전 61기를 추가 건설 중이다. 국가별로는 중국 25기, 인도 7기, 터키 4기, 러시아 4기, 이집트 4기, 한국 2기, 일본 2기, 영국 2기 등이다. 2023년 말 기준 에너지원 중 원전 비율이 높은 국가로는 헝가리 49%, 핀란드 42%, 벨기에 41%, 불가리아 41%, 체코 40%, 슬로베니아 37%, 스위스 32%, 한국 32% 순이다.

원자력 발전 설비를 늘리는 주요국의 원전정책은 ① 중국은 2024년 총11기 원전 건설 5개 지역의 프로젝트를 승인했다. ② 미국은 2024년 원전보급의 확대와 기술 승인 절차 가속화를 위한 '원자력 선진화법'을 통과시켰다. ③ 영국은 2024년 2050년까지 원전 발전용량을 24GW로 늘리고, 원전 비중을 25%로 증대하는 로드맵을 발표했다. ④ 2022년 에마뉘엘 마크롱 프랑스 대통령은 2025년까지 최대 14기의 원전을 신규 건설 계획을 발표했다. ⑤ 2024년 이탈리아는 탈원전 34년 만에 원전재도입을 추진을 발표했고, 2026년 원전 발전 비중을 11%까지 증대하는 로드맵을 발표했다. ⑥ '탈원전 선언'했던 대만은 2030년 원전 재가동을 고려하고 있다고 2024년 7월 발표했다. ⑦ 스웨덴은 2035년까지 2기, 2045년까지 10기의 원전을 건설할 계획을 발표했다. ⑧ 루마니아, 헝가리, 폴란드, 스로베니

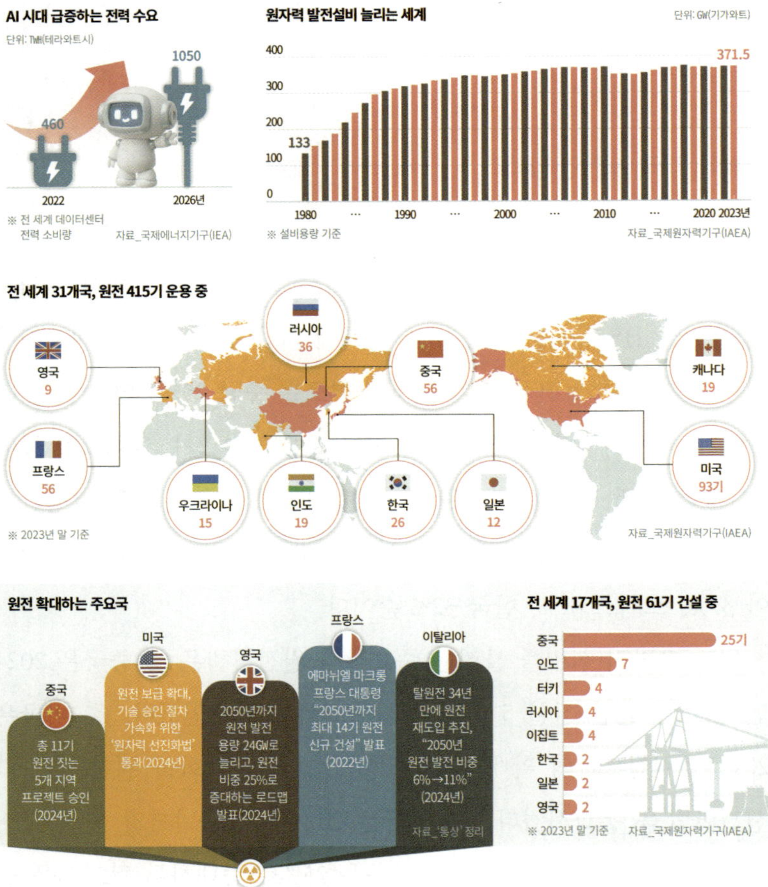

자료: 통상, 2024년 9월호, 산업통상자원부

아, 튀르키예, 네덜란드, 핀란드 등 원전건설 계획을 수립 중이다.

"빌 게이츠는 10년 넘게 원자력 기술 후원자로 활동해 왔다. 그가 설립한 '테라파워'는 와이오밍주에서 미국 내 첫 SMR 건설을 진행 중이다. 세계의 원전시장은 대형 원전에서 SMR소형모듈원자로로 전환하고 있다. SMR은 전통적인 '수냉각' 방식 이외에 액체 금속이나 가스로 냉각하는 방식으로도 개발이 가능하고, SMR은 높은 열을 무탄소로 공급함으로써 비전력 분야 탄소중립에도 기여하는 에너지원으로 떠오른다. 현재 미국에서는 정부의 자금을 지원 받아 뉴스케일은 'VOYGR'이라는 수냉각 SMR을 개발했고, 테라파워와 엑스-에너지는 나트륨 액체 SMR과 금속·헬륨 가스 냉각형 SMR을 개발 중이다.

6. 탄소중립과 에너지 믹스

영국 에너지 싱크탱크 엠버Ember의 '데이브 존스 글로벌 인사이트 프로그램 디렉터'는 최근 인터뷰에서 "2023년은 전 세계 전력 부문 탄소 배출량이 최고점이었던 해로 기록될 것"이라면서 "올해 전 세계 화석연료 발전량은 전년 대비 2% 감소할 것"이라고 예측했다. 엠버는 전 세계 215개국의 지난해 전력 발전량을 재생에너지별로 분류해 '국제 전력 리뷰 2023' 보고서를 발간했다. 이 보고서에서 지난해 전 세계 재생에너지 발전량이 전 세계 총발전량 중 30.3%를 차지한 것으로 나타났다. 우리나라의 재생에너지 비중은 9%다. 10년 전의 21.7%에서 8.6%포인트 증가했고 역사상 처음으로 30% 선을 돌파한 기록이다. 특히 태양광과 풍력발전의 증가세가 가팔랐다. 2022년 기준 전 세계 전력 발전량 중에서 수력은 14.28%, 풍력·태양광은 13.55%, 지열·바이오 등은 2.67%로 나타났다. 전 세계 81%의 국가들이 신규발전 설비용량 중에서 화석연료보다 재생에너지 발전설비를 더 많이 증설하고 있는 것으로 나타났다. 이제 전 세계 주요국들의 에너지 정책은 석유 중심 에너지 체계에서 다원화된 에너지

체계, 즉 에너지 믹스 체제로 전환하고 있다. 전 세계 모든 국가들은 다양한 에너지원을 바탕으로 '에너지 믹스'를 실현 중이다. 에너지 믹스는 말 그대로 에너지energy와 섞다mix를 합성한 신조어로 에너지원을 다양하게 구성한다는 의미이다. 전 세계는 AI시대를 맞아 급증해가는 에너지 수요를 감당하기 위해 석탄, 석유에서 태양광, 풍력과 같은 재생에너지, 그리고 원전까지 다양한 에너지원을 활용하고 있다. 어떤 국가가 특정 에너지원에만 모든 에너지 공급을 의존하는 경우, 그 나라의 에너지 안보는 물론 에너지 공급의 안정성이 크게 훼손될 위험이 높기 때문이다. 세계 각 국가의 에너지 믹스는 그 나라의 경제·산업구조, 에너지 자원, 에너지 안보, 에너지 수·급의 안정성 등을 고려한 정책적 선택이다. 따라서 세계 각국은 각자의 사정에 따라 다양한 방식의 에너지 믹스를 추진 중이다.

EU, 미국의 에너지 믹스

유럽 전력산업협회 'Eurelectric' 자료에는 2024년 전반기 EU 전력의 74%가 무탄소 에너지원으로부터 전력이 생산된 것으로 나타났다. 청정에너지 생산은 2023년 동기 대비 9.4% 증가했고, 화석연료를 바탕으로 생산된 전력은 2015년 이후 가장 낮은 수준을 기록했다. 2024년 전반기 EU의 전력은 태양광, 풍력 등 재생에너지원으로부터 생산된 비중이 50%, 원자력발전으로 생산된 비중이 24%를 차지했다. 반면 석탄에너지는 9%, 가스에너지는 13%로 나타났다. EU의 에너지 믹스의 변화는 재생에너지 생산체제의 빠른 확장에서 비롯됐다. EU는 2022년 역대 가장 많은 56GW 규모의 태양광 발전 설비를 신규로 건설했으며, 같은 기간 동안 풍력발전 신규설비도

16GW 증가했다. 또한 2024년 전반기 EU는 수력 발전량도 전년 동기 대비 약 18% 급증했고, 이에 따라 수력발전 비중은 19.2%를 기록했다. 지난 5년간의 수력발전 비중 평균인 17%와 비교하면 2.2%포인트 증가한 기록이다. 이 같은 수력 발전량의 증가세는 유럽 전역에서 나타났으며, 특히 프랑스, 이탈리아, 오스트리아, 스위스 등의 수력 발전량은 전년 동기 대비 40~50%나 증가했다. 청정에너지 발전량이 증가하면서, EU의 화석연료 발전량은 2015년 이후 가장 낮은 수준을 기록했고, 2015년에 비해 약 9% 감소한 것으로 나타났다.

2022년 3월 미국은 2050년까지의 에너지 믹스에 대한 밑그림을 발표했다. 미 에너지정보국이 기획한 이 계획 속에는 2050년까지 태양열, 풍력 등의 재생 가능한 에너지원을 빠르게 확대하는 방안이 담겨있다. 석탄은 23%에서 10% 수준으로 감축하며, 원자력은 19%에서 12% 수준까지 감축한다는 계획이다. 태양열은 4%에서 22% 수준으로 확대하며, 풍력은 10%에서 14% 수준까지 증대시킨다는 계획이다. 수소에너지, 기타에너지원은 변화없이 현 수준을 유지한다는 내용이다.

한국의 에너지 믹스

2020년 기준 우리나라의 에너지 믹스는 석탄 36.3%, 원자력 27.9%, 천연가스 26.7%, 재생에너지 6.5%, 석유 1.2%, 수력 0.7%, 폐기물 및 기타 0.7%다. 산업구조가 비슷한 일본은 천연가스 35.2%, 석탄 29.7%, 재생에너지 12.5%, 수력 7.7%, 폐기물 및 기타 6.4%, 원자력 4.3%, 석유 4.1%로 원자력 비중이 매우 낮다. 또한 중국(63.2%)과 인도(72.1%)는 석탄 발전 비중이 매우 높다는 것이 특징이다. 우리나라는 탄소중립 달성을 위해 2030년 원자력 발전 비중은 32.4% 수준으로 높이고, 재생에너지 비중은 '21.6% 수준으로 확대한다는 계획이다. 2018년 기준 우리나라의 에너지 믹스는 석탄 41.9%, LNG 26.8%, 원전 23.4%, 신재생 6.2%로 석탄과 LNG가 68.7%를 차지하고, 신재생에너지는 6.2%로 그 비중이 미미했다. 2030년에는 원전을 32.4%로 확대하고, 석탄과 LNG는 각각 19.7%, 22.9%로 축소하며, 신재생에너지를 21.6%로 확대한다는 계획이다. 2036년에는 원전을 34.6%로 더 확대하고, 석탄과 LNG는 각각 14.4%, 9.3%로 축소하고, 신재생에너지를 30.6%로 확대한다는 계획이다. 2030년대에는 우리나라의 에너지 믹스가 원전과 신재생에너지 중심으로 재편된다는 특징을 가진다. 우리나라의 에너지 믹스 전략은 RE100 기준을 따르기보다는 CF100 기준을 충족하는 방향으로 추진된다는 특징을 가진다.

우리나라에서 생산된 전기의 탄소집약도는 전 세계 213개국 가운데 104위로 전기의 탄소발자국이 높은 수준이다. 영국 저탄소 전환 컨설팅업체 '카본 풋 프린트Carbon Footprint'가 2024년 9월 공개한

전원별 발전량 비중 전망

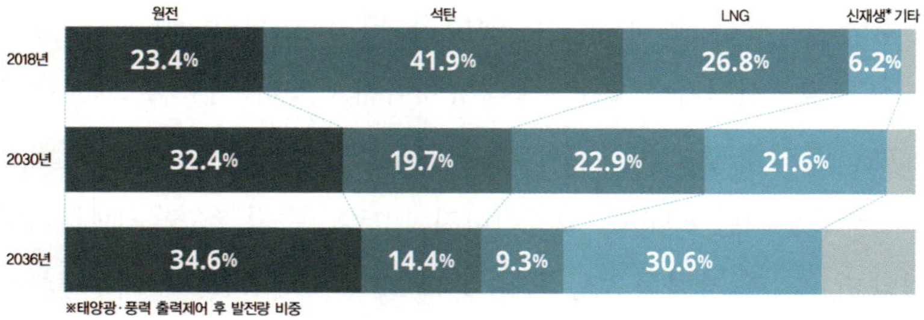

자료: 통상, 2023년 2월호, 산업통상자원부

2017~2022년 국가별 '전력배출계수'에는 2022년 기준 우리나라 전기의 탄소발자국은 1킬로와트시(kWh)당 0.488kg로 나타났다. 유럽에서 경제규모가 가장 큰 독일, 프랑스, 영국, 이탈리아, 스페인, 네덜란드 등 6개국의 평균 국가 전력배출계수는 2023년 11월 0.253kg이었다.

전력배출계수'는 1년 동안 전력발전소에서 배출된 온실가스를 전기발전량으로 나눈 값으로, 에너지 믹스에 따라 이 계수는 달라진다. 따라서 국가의 전력배출계수가 높다는 것은 전력을 생산하는 발전원의 탄소집약도가 그만큼 높다는 것을 의미한다.

중동지역의 친환경 에너지 도시건설

중동 산유국들은 자원 의존증에서 벗어나 비석유 분야를 발전시켜 탈화석연료 산업 다각화를 추구한다. 아랍에미리트UAE의 두바이와 아부다비는 중동지역 산유국들 중 가장 혁신적으로 석유 이후의 시대를 준비하는 국가이다. 아부다비는 라시드 국왕(1912~1990) 때부터 지속적으로 탈화석연료 경제건설을 추진해 왔다. 그는 "나의 할아버지와 아버지는 낙타를 타셨고, 나는 메르세데스를, 나의 아들은 랜드로버를 몬다. 내 손자는 랜드로버를 몰겠지만, 내 증손자는 낙타를 몰 것이다."라며 후손들이 다시는 낙타를 타서는 안된다는 점을 강조하며 석유 이후의 시대를 준비해왔다. UAE연방의 원유 매장량 94%가 몰려 있는 아부다비는 풍부한 재원을 교육, 기술 습득 그리고 새로운 산업개발에 쏟아부으며 지식기반 경제건설에 집중하고 있다.

최근에는 두바이와 아부다비의 개혁과 발전을 지켜보던 사우디아라비아도 석유 에너지 이후의 시대를 준비하고 나섰다. 1986년까지 사우디의 석유장관을 지낸 야마니는 2000년 6월 "지금부터 30년 후 석유가 엄청나게 많아도 사는 사람이 없을 것이다. 석유는 땅속에 그대로 묻어있게 될 것이다. 돌이 없어서 석기시대가 끝난 것이 아니다. 석유가 있어도 석유시대가 끝난다."고 주장하며 석유 이후의 시대를 준비해야 한다고 강조했다. 2017년 사우디의 왕세자 자리에 오른 무함마드 빈 살만 알사우드는 35세 이하 젊은 인구가 전체 인구의 67%를 차지하는 사우디가 자원의존 중독증에서 헤어나지 못하고 있다고 진단했다. 그는 강력한 리더십을 발휘하며 사우디의 석유 이후의 시대를 위한 '국가 개조'에 나섰다. 사우디 브랜드인 '시르Ceer'전기차 공장을 킹압둘라 경제도시에 건설하고, 고대 유적지 알울라와 헤그라를 글로벌 관광단지로 개발했으며, 1979년 폐쇄한 영화관을 재개관하였다. 더욱이 그는 2017년 네옴Neom 프로젝트, 즉 친환경 스마트 시티 프로젝트를 야심차게 발표했다. 이 사업은 서울시의 약 44배 면적의 대도시 건설이고, 약 170km 길이에, 높이 500m, 폭 200m 내에 900만 명이 거주하는 친환경 연료 에너지 자급자족형 미래도시건설('더라인' 건설)이 주축을 이룬다. 전 세계 물동량의 15%가 통과하는 친환경 첨단산업단지 '옥사곤'도 홍해 해상에 수상도시로 건설 중이다. 또한 2029년 동계아시안 게임 재최지로 확정된 친환경 관광단지 '트로제나' 건설도 이 계획에 포함된다. 네옴프로젝트에 소요되는 총 재원은 670조원 규모이고, 국부펀드를 조성하고 세계 최대 석유 국영기업인 아람코의 지분을 매각하여 재원을 조달할 계획이다.

2022년 월드컵이 치러지고 알자지라 방송으로 잘 알려져 있는 카타르는 관광과 교통, 금융, 마이스MICE 산업의 허브화를 통해 두바이에 도전하고 있다. 카타르의 석유·가스 의존도가 높다 보니 카타르 정부도 '국가 비전 2030'을 발표했고, 카타르 자유지대청을 설립하여 경제 다각화를 시도한다는 계획을 추진중이다. 그 중심에는 석유화학 부문 개발, 태양광 등의 친환경에너지 육성, 디지털 전환을 통한 정보기술IT 산업 기반 구축 등이 포함돼 있다. 또한 카타르 정부는 천연가스 재정수입을 바탕으로 수자원 담수화 플랜트 확장, 천연액화가스LNG 운반선 도입 등을 꾀하고 있다. 또한 핀테크로 무장한 바레인은 중동의 금융허브 구축계획을 추진하는 중이다.

중동·아프리카 국가들의 에너지 믹스

중동 산유국들도 석유 이후의 시대에 걸맞는 에너지 믹스를 추진하고 있다. 중동·아프리카는 세계 최고 수준의 재생에너지(태양광·풍력 등) 경쟁력을 보유한 지역이다. 중동과 아프리카 주요 국가들은 늘어나는 전력 수요와 높은 화석연료 발전 의존도에 대응하기 위해 태양광, 풍력 등의 재생에너지 발전 확대 로드맵을 경쟁적으로 발표하고 있다. 경제 여건과 제도 기반이 양호한 중동·북아프리카가 선도적으로 재생에너지 개발에 박차를 가하고 있고, 풍부한 천연가스에 기반한 블루수소, 높은 재생에너지 효율에 기반한 그린수소 등의 생산과 수출을 지속적으로 확대하고 있다. 아랍에미리트UAE, 사우디아라비아, 카타르 등 중동·북아프리카 산유국들은 원유·천연가스로 이어지는 경제를 기반으로 장기적으로 수소·암모니아 수출로 성장을 도모한다는 계획이다. 재생에너지 발전 시설 구축, 수소·암모니아 생산, 산업 다각화 관련 투자를 확대할 전망이다. 사하라 사막 이

남 지역은 신재생에너지 잠재력이 풍부하고 확대 필요성이 높으나 경제력 취약, 정치·사회 불안, 인프라 부족 등으로 아직은 투자가 부진한 상태다.

7. 탄소중립과 신기후 기술

'친환경 기술이 돈 되는 시대 왔다.' 탄소중립이 가장 시급한 상황에서 기후테크는 기업이나 산업의 돈줄이 되고 있다. 따라서 기후변화에 대응하는 혁신적인 기후테크는 매년 빠른 속도로 발전할 것으로 추정된다. 연을 띄워 전기를 생산하고, 바다에서 탄소를 격리하며, 데이터 센터의 냉각 방식을 혁신하는 등 새로운 기술들이 상상에서 현실로 부상하고 있다.

마이크로소프트MS의 2024년 연례보고서에서는 탄소 배출이 2020년 이후 30% 가까이 폭증한 것으로 나타났다. 전력 소모가 극심한 인공지능AI 인프라 확대가 그 배경인 것으로 분석됐다. AI 열풍이 기후 위기를 심화할 것이란 우려가 마이크로소프 사례로 다시 확인됐다. 이 보고서에서 마이크로소프트는 클라우드 선두 주자로 데이터 센터를 확장하면서 탄소 배출을 줄이는 것이 주요 과제 중 하나라는 점을 분명히 했다. 또한 이 보고서에서 마이크로소프트는 "탄소 배출 목표 달성을 위해 주요 공급 업체에 2030년까지 100% 무탄소 전기를 사용하도록 요구하겠다."고 밝히고 있다. 마이크로소프트는 무탄소 전기 범위를 신재생에너지뿐 아니라 원전, 바이오매스, 수소, 지열, 탄소 포집 저장CCS 등으로 규정했다. 기후테크를 대표하는 기술로, 마이크로소프트의 데이터센터에 메모리 반도체를 공급하는 삼성전자와 SK하이닉스는 마이크로소프트의 요구에 맞춰 기후테크를 적극 활용해야 할 상황에 놓이게 됐다.

EU는 2023년 10월 탄소 국경세를 시범 도입했다. 이에 따라 시멘트, 전기, 비료, 철강, 알루미늄, 수소 등 6개 제품군을 EU에 수출하는 기업은 생산 과정에서 발생하는 탄소 배출량을 분기별로 EU에 보고할 의무가 생겼다. 유럽은 2026년 1월 탄소 국경세를 정식 도입한다. 미국도 석유화학, 철강, 유리, 제지 등 12개 수입 품목에 대해 탄소 배출량에 따라 세금을 부과하는 내용의 '청정경쟁법Clean Competition Act: CCA'을 도입했다. 기후 위기에 대한 이 같은 대응 조치가 전 세계로 확산됨에 따라 기업은 비용 부담 증가라는 위기와 새로운 성장 동력 확보라는 기회를 동시에 얻고 있다. 탄소 감축과 기후문제 해결에 기여하는 기후테크 시장은 글로벌 기업들에게 대표적인 기회로 손꼽힌다.

글로벌 시장조사 업체 퓨처마켓인사이트는 글로벌 기후테크 시장 규모가 2033년 약 1,825억 달러(약 249조 3,680억원)로 2023년 약 203억 달러(약 27조 7,392억원) 대비 9배 이상 성장할 것으로 전망했다. 현재 기후테크 시장 선점을 위한 투자는 미국, EU, 중국이 주도하고 있다. 글로벌 데이터 조사 업체 '홀론 아이큐'에 따르면 2022년 국가별 기후테크 투자액 규모는 미국 286억 달러(약 39조 790억원), EU 179억 달러(약 24조 4,585억원), 중국 107억 달러(약 14조 6,204억원)순으로 나타난다. EU, 미국, 중국이 전 세계 기후테크 투자액의 80% 이상을 차지하고 있다.

기후테크Climate Technology는 온실가스 배출저감 등 기후 위기 해결에 기여하는 동시에, 수익을 창출하는 모든 범위의 혁신 기술을 의미한다. 기후테크 5대 분야는 ① 클린테크: 재생·대체 에너지 생산 및 분산화 기술, ② 카본테크: 공기 중 탄소 포집·저장 및 탄소를 감축하는 기술, ③ 에코테크: 자원 순환, 저탄소 원료 및 친환경 제품을 개발하는 기술, ④ 푸드테크: 식품·농업 분야에서 탄소를 감축하는 기술, ⑤ 지오테크: 탄소 관측·모니터링·기상정보를 활용하여 사업화하는 기술 등이다.

국제무역통상연구원은 2016년 169억 달러에 불과했던 기후테크 산업의 규모가 2032년에는 1,480억 달러까지 성장할 것으로 추정했다. 기후테크 산업은 민간 차원의 벤처캐피털 중심으로 투자가 이루어진다. 벤처캐피탈의 투자처는 에너지(클린), 탄소 포집·산업·물류(카본), 환경(에코), 농식품(푸드), 관측·기후적응(지오) 등 광범위하다. 기후테크 투자가 증가함에 따라 2022년 전 세계의 기후테크 유니콘은 총 83개 수준으로 증가했으며 이들 기업의 총 자산가치는 약 1,800억 달러로 추정된다. 해외 주요 기후테크 유니콘기업으로는 전기차 배터리 재활용 기술 분야에서 '어센드 엘리먼츠Aascend Elements', 미생물 기반 첨단 신소재 분야에서 '뉴라이트Newlight Technologies', 고정형 배터리 분야에서 '하이리움'Hylium Industries Inc, 재생에너지 기반 디지털 기술 분야에서 '1콤마5°1KOMMA5°', 해수 담수화 등 물 관리 기술 분야에서 '그래디언트Gradient' 등이 있다. 유니콘 기업이란 기업 가치가 10억 달러(1조원)를 넘는 비상장 스타트업 기업을 의미한다.

미국의 기후 테크 10대 혁신 기술은 ① 탄소중립 건물 기술, ② 비용을 저감한 에너지 정장 시스템 기술, ③ 최첨단 엔지 시스템 관리 기술, ④ 저비용·저탄소 차량 및 교통시스템 기술, ⑤ 저탄소 항공기 및 선박 연료 기술, ⑥ 온실가스 효과 없는 냉매·공조·히트펌프 기술, ⑦ 철강·콘크리트·화학 공정 저탄소 기술, ⑧ 무탄소 배출 수소 기술, ⑨ 탄소 토양 저장 기술, ⑩ 탄소 직접 포집 기술 등이다.

기후위기와 기후테크

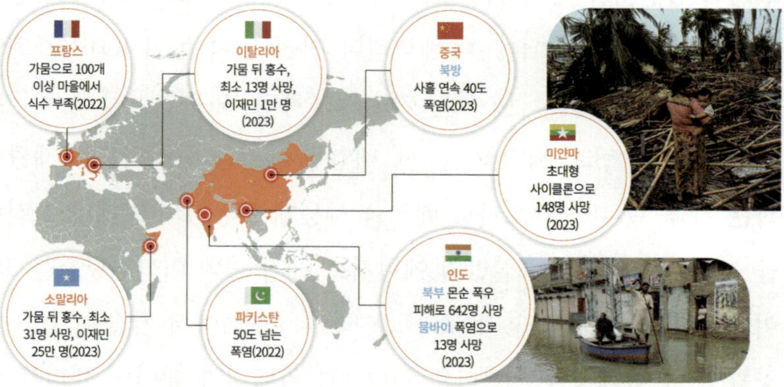

자료_'통상' 정리

자료_2050 탄소중립녹색성장위원회

해외 주요 기후 테크 유니콘

이름	어센드 엘리먼트 (에너지)	뉴라이트 (소재)	하이티움 (에너지)	1콤마5° (에너지)	그래디언트 (자원)
사업 내용	전기차 배터리 재활용 기술	미생물 기반 첨단 신소재	고정형 배터리	재생에너지 기반 디지털 기술	해수 담수화 등 물 관리 기술
누적 투자 유치액	17억달러 (2024년 2월)	2억2160만달러 (2023년 8월)	65억위안 (2023년 7월)	5억250만유로 (2024년 3월)	3억9240만달러 (2023년 5월)

※ 유니콘=기업 가치 10억달러 이상 비상장 기업

자료_피치북·크런치베이스

돈 몰리는 기후 테크

※2024년은 전망치, 전 세계 기후 테크 스타트업 투자 규모 기준

자료_피치북

자료: 통상, 2024년 6월호, 산업통상자원부

전기전자공학자협회IEEE가 발행하는 월간 잡지인 'IEEE Spectrum'은 올해 주목할 만한 신기술 사례들을 모아 2024년의 10대 기후테크를 발표했다.

① 태양 폭풍이 만들어내는 전자기 펄스EMP로부터 건물의 전자 시스템이나 전력망을 보호하는 기술, ② 날아다니는 연이 컨테이너 크기의 발전기를 대체하는 기술, ③ 영하 15℃에서도 성능을 발휘할 수 있는 히트펌프 기술, ④ 배터리나 전선 없이 농업 IOT시스템이 토양을 통해 전력을 전송하는 기술, ⑤ 해양 지구공학 플랜트를 활용한 대기 중 탄소 제거 기술, ⑥ 태양광 패널을 혁신적으로 재활용하는 기술, ⑦ 마이크로파로 배열을 사용해 항공기의 안테나로 전력을 전달하는 기술, ⑧ 절반의 에너지로 공기 중의 이산화탄소를 2배 이상 포집하는 기술, ⑨ 펨토초(1,000조분의 1초)레이저 기술을 통해 태양광 패널 접착제를 제거하는 기술, ⑩ 열대지역 데이터 센터를 냉각시키는 기술 등이다.

우리나라의 탄소중립 10대 핵심기술은 ① 태양광 및 풍력 기술, ② 그린수소 기술, ③ 바이오에너지 기술, ④ 철강·시멘트 저탄소 전환기술, ⑤ 저탄소 석유화학 기술, ⑥ 산업공정 고도화 기술, ⑦ 수송 효율화 기술, ⑧ 건물 효율화 기술, ⑨ 그린 디지털화 기술, ⑩ 탄소 포집·활용·저장 상용화 기술 등이다.

전 주기적인 탈탄소 프로그램을 추진하기 위해서는 기후테크뿐 아니라 종합적인 산업정책도 중요하다. 기술개발(신성장, 원천기술에 대한 R&D) → 투자(그린 택소노미 영역의 신산업 투자) → 생산(공정전환, 연료·원료전환) → 수요(녹색조달) → 순환경제(리사이클링, 폐기물 감축)로 이어지는 전 주기 탄소중립 프로그램을 운용하는 정책은 필수적이다.

8. 탄소중립과 광물전쟁

탄소중립 시대를 맞아 글로벌 국가들은 친환경 에너지와 친환경 첨단 기술의 핵심원료인 광물확보에 나서고 있다. 기존 자원전쟁이 에너지 중심이었다면 지금은 광물 중심의 대결 축으로 변하고 있다. 지속가능한 경제를 이끌 첨단 기술의 핵심 소재로 희소한 광물이 필수적이기 때문이다. 글로벌 기업들도 경쟁력을 확보하기 위해서는 첨단 기술 제품의 핵심 원자재에 대한 안정적인 공급체계를 확보해야 한다. 이제 글로벌 경쟁의 중심이 첨단 산업용 희귀광물을 확보하기 위한 광물전쟁으로 이동하고 있다. 더욱이 미·중 패권전쟁이 심화되는 가운데 미국은 서방 국가들이 필요한 전략 자원의 약 65%를 중국이 장악하고 있는 현재의 상황을 방관할 수 없는 처지에 몰리고 있다. 2022년 6월 미국은 중국의 광물 주도권을 견제하기 위해 '핵심광물 안보 파트너십Minerals Security Partnership, MSP'을 구축했다. 또한 '프렌드 쇼어링Friend Shoring'을 활용하기도 한다. 이 다자협력체는 서방 선진국들과 협력체제를 구축하여 핵심 광물 공급망의 안정과 다변화를 강화하는 것을 목표로 한다. 여기에는 미국, 호주, 캐나다, 에스토니아, 핀란드, 프랑스, 독일, 인도, 이탈리아, 일본, 노르웨이, 스웨덴, 영국, 그리고 우리나라를 포함한 14개국과 유럽 연합이 참여하고 있다. 최근 미국 트럼프 대통령이 주도하는 우크라이나 종전협상과 관련하여 광물협정이 주목을 받고 있다. 미국은 자국이 러시아에 침공에 맞서 싸우도록 우크라이나에 제공한 군사지원을 천연자원 개발 등으로 갚으라며 우크라이나를 압박하고 있다. 우크라이나는 미래 세대에 거대한 재정적 부담이 될 것을 우려하며 미국의 요구를 거부하고 있지만 주도권을 잃은 우크라이나는 광물협정에 사인할 것으로 예측된다. 이 광물협상안에는 우크라이나가 천연자원과 기반 시설에서 나오는 수익 절반을 미국에 넘기는 내용이 포함된 것으로 알려졌다.

2023년 9월 미국의 지질학자들은 네바다 – 오레곤 국경을 따라 있는 휴화산 분화구에서 단일 광산 기준으로 세계 최대로 추정되는 리튬을 발견했다. 매장된 리튬의 규모는 최대 4천만 톤으로 리튬의 가치는 1조 4,800억 달러로 추정된다. 이번 발견은 천연자원 시장에서 미국이 셰일가스 혁명에 이어 또 한번의 잭팟을 터뜨렸다고 야단법석이다. '21세기의 하얀석유'로 불리는 리튬은 전기차 등에 전력을 공급하는 2차전지의 주요 소재이다. 뿐만 아니라 항공기용 특수 합금, 의약품 등에 사용되는 유용한 자원이다. 리튬이 이렇게 귀중한 원소가 된 것은 다른 원소와 결합하는 강한 반응성 때문이다. 전 세계적으로 전기차 상용화에 시동이 걸리면서 배터리의 핵심 소재인 리튬은 세계 각국의 광산확보 쟁탈전의 대상으로 떠오르고 있다.

미국 지질조사국United States Geological Survey: USGS은 2019년부터 2022년까지 미국이 수입한 리튬의 주요 출처는 아르헨티나(51%)와 칠레(43%)였으며, 중국(3%)과 러시아(2%)의 수입 비율은 매우 낮았다. 세계에서 가장 생산성이 높은 리튬 광산은 호주에 있으며, 그다음은 칠레와 중국이다. 세계 최대 리튬 매장량(2024)은 칠레(930만 톤), 호주(620만 톤), 아르헨티나(360만 톤), 중국(300만 톤)의 순이며, 미국의 리튬 매장량은 110만 톤이다. 리튬의 자원량을 기준으로 보면 볼리비아(2,300만 톤), 아르헨티나(2,200만 톤) 미국(1,400만 톤), 칠레(1,100만 톤), 호주(870만 톤), 중국(680만 톤) 순이다. 전 세계적으로 사용되는 리튬의 용도를 살펴보면 배터리(87%), 세라믹 및 유리(4%), 윤활유(2%), 공기처리(1%), 연속 주조 금형 플럭스 분말(1%), 의료(1%) 등에 사용되고 있다.

우리나라는 2차 전지 기술강국으로서 국내 기업들을 중심으로 해외 핵심 광물 확보 전선에 뛰어들고 있다. 중국의 LFP배터리(2008년 시작)는 리튬, 인산, 철이 양극재의 주성분이다. 중국의 CATL(닝더스다이)는 테슬라, 폭스바겐, BMW, 현대차 등에 배터리를 공급하는 4년 연속 세계시장 점유율 1위를 차지하고 있다. 하지만 K배터리는 경험이 풍부하고 질적인 우위를 점하고 있다. LG에너지솔루션은 1999년부터 NCM배터리를 생산했다. NCM배터리는 니켈, 코발트, 망간이 양극재의 주성분이다.

중국은 30~40년 전부터 그린에너지 패권을 장악하기 위해 희귀광물확보 전략을 펼쳐왔다. 여기다가 중국은 이미 전 세계의 희귀광물 대부분의 제련시설을 장악한 상태이다. 서방 선진국들은 환경규제가 엄격하다보니 많은 중금속과 매연을 방출하는 제련시설을 회피한 결과이다. 우리나라는 리튬의 경우, 정제에 대한 중국 의존도가 60%이고, 2차전지 음극재 원료인 인조흑연은 90% 중국에 의존하고 있다. 중국은 전 세계 흑연 채굴량 130만 톤 가운데 85만 톤인 65.4%를 차지하고 직접 정제까지 처리하는 능력을 가지고 있다. 이외에도 국내 배터리 업체들의 중국 원재료 의존도는 망간 99%, 코발트 87%, 수산화리튬 83% 등이다. 따라서 국내 배터리 업체들의 중국 의존도를 낮춰야 한다는 인식이 확산되고 이를 실현하기 위한 대책들도 추진 중이다. LG에너지솔루션은 북미와 유럽을 비롯, 아시아 시장에서 중국 외 신규 생산거점 진출을 통해 고른 생산역량

체계를 갖춘다는 방침이다. LG에너지솔루션은 현재 한국·중국·북미·유럽·인도네시아 등 5각 생산체제를 구축 중이다. LG에너지솔루션은 지난해 미국 업체와 탄산리튬에 대한 장기 공급 계약을 체결했다. 또한, 아프리카 모로코에서 중국의 리튬제조업체 야화그룹과 수산화리튬 생산을 위한 업무협약도 체결했다. SK온도 호주·칠레 리튬 업체와 잇따라 광물 장기 공급 계약을 체결했고, 삼성SDI도 호주 광물업체에서 니켈을 공급받기로 했다. 포스코는 아르헨티나 염호와 호주 광산을 통해 리튬 생산을 추진하고 있다.

일반적으로 배터리(2차전지)가 구동하는 전기자동차는 온실가스와 매연을 발생시키지 않고, 에너지 소모를 최소화한다고 생각하여 탄소중립을 달성하기 위한 필수 요소로 알려져 있다. 하지만 전기자동차가 오히려 대기의 질을 악화시키고 온실가스 감축에도 도움이 되지 않는다는 견해도 만만치 않다. 그 근거는 전기의 생산과정, 배터리의 주재료인 광물의 제련과정, 생산 과정 측면에서 제시되고 있다.

미국의 IRA법과 유럽의 CRMA법

세계 각국은 에너지 전환에 필요한 다양한 광물을 충족하기 위해 지속가능한 핵심광물 공급망 확보 정책에 집중하고 있다. 광물자원이 풍부한 자원부국들은 국내 자원의 채굴 개발과 가치사슬 확장에 집중하고 있으며, 광물자원이 부족한 소비국들은 안보체계구축, 정제능력 확충, 기술혁신 및 재사용체계 구축 등에 방점을 두고 공급망 다변화에 나서고 있다.

EU는 핵심원자재법CRMA을 통해 EU 전역에 공급모니터링, 스트레스 테스트, 회원국 간 의무적 정보 공유, 하류 부문의 대규모 제조사를 위한 위기대응 훈련 등을 현실화했다. 또한 역내 국가들의 광물자원에 대한 비축공조, 공동 구매, 구매지원 등을 뒷받침하고 있다. 미국은 인플레이션 감축법IRA을 통해 국내 역량강화, 역내·국내 생산 촉진, 동맹국 중심의 협력체계 형성, 공급원 다각화, 기술개발, 자원순환 등을 추진하고 있다. 세계 주요 광물 수요국들은 공급망을 강화하기 위해 EU를 비롯한 미국, 캐나다, 영국, 프랑스 등 핵심 광물 목록을 갱신하거나 핵심광물정보센터를 운영하고 있다. 핵심광물 프로젝트에 대한 공공지원도 확대되는 추세다. 미국은 '인프라 투자 및 일자리법'을 근거로 60억 달러 규모의 핵심광물 프로젝트에 보조금을 지원하는 프로그램을 운영한다. IRA법을 통해 핵심광물의 대부분이 미국 내에서나 자유무역협정을 체결한 국가에서 생산되는 경우, 또는 대부분의 배터리 부품이 북미에서 제조된 전기차를 구매하는 경우 7,500달러의 세액공제 혜택을 부여한다. 호주는 니켈, 코발트 정제에 1억 2,000만 호주 달러, 희토류 가공에 1,500만 호주 달러, 수산화리튬 가공에 600만 호주 달러를 지원하는 핵심광물 프로젝트에 대한 투자전략을 발표했다. 캐나다는 핵심광물의 추출·재사용·가공에 대해 청정기술 제조 세액공제제도를 도입했고, 38억 캐나다 달러 규모의 핵심광물 프로젝트를 지원하는 '핵심광물 전략'을 발표했다.

일본의 광물 확보 정책

일본은 '핵심 광물 안보 파트너십Mineral Security Partnership: MSP'에 참여하여, 미국, 캐나다, 호주 등 15개국과 공동으로 신규 광물 사업 개발 및 공동 투자 가능성을 검토하고 있다. 일본은 2023년 4월

G7(주요 7개국) 의장국으로서 'G7 기후·에너지·환경 장관 회의'를 통해 '핵심 광물 안보를 위한 5가지 계획'에 합의했다. 2023년 9월에는 국제에너지기구IEA 핵심 광물 조직 신설을 제안했으며, 프랑스 파리에서 개최된 '핵심 광물·청정 에너지 서밋'에서 일본 경제산업성 장관이 핵심 광물을 에너지와 동등한 수준으로 간주할 것을 제안했다. 이 제안에 따라 국제에너지기구IEA의 사무국 내에 핵심 광물 조직이 신설됐다. 2023년 8월에는 경제산업성 장관이 나미비아, 잠비아, 콩고, 마다가스카르 등 아프리카 4개국을 직접 방문해 광물자원 확보를 위한 다변화를 모색했다. 일본은 다양한 국가와 핵심 광물 협력 각서도 체결하고 있다. 2023년 9월 캐나다와 에너지저장장치ESS 공급망 관련 포괄적 협력 각서, 영국과 핵심 광물 협력 각서를 체결했다. 또한 필리핀·사우디아라비아와도 각각 광물 분야 협력 각서를 체결했다.

일본의 광물확보 정책의 핵심은 '공급원 다각화 및 안정적 공급 확보'다. 일본은 공급망 안정화와 첨단 기술개발을 위해 2022년 '경제안전보장추진법'과 2023년 '핵심 광물 관련 안정적 공급 확보를 위한 대응 방침'을 공표했다.

중국의 광물 자원 확보정책

중국은 에너지 안보를 달성하고 희귀한 핵심광물을 무기화하며 석유이후 시대의 그린에너지 패권을 장악하기 위해 30~40년 전부터 광물자원확보 정책을 추진해 왔다. 중국은 배터리 원자재 확보를 위해 글로벌 네트워크를 강화하고 주요 자원 수출국과의 협정 체결을 확대해 왔다. 중국은 기반시설 투자를 조건으로 아프리카의 광물

자원에 대한 지배권을 확대하고 있다. 아프리카 지역은 베이징컨센서스가 지배하고 아프리카 국가들의 주요 외국어는 중국어이다. 아프리카 지역에는 이미 중국문화 보급의 첨병인 공자학원이 50여 개 진출해 있다. 아프리카의 기술 중심지인 케냐의 수도 나이로비는 아프리카에서 빠르게 성장하고 있는 대표적인 기술 중심지로서, "실리콘 사바나"로 불리고 있다. 아프리카의 최대 강국이자 부국인 남아프리카공화국은 중국의 최대교역국이자 중국의 아프리카 전초기지이다. 중국은 원유의 1/3을 아프리카에서 수입하고, 라이베리아(철광석), 콩고민주공화국(구리, 코발트), 잠비아(구리)에 최대 투자국이다. 아래 그림에 정리된 것과 같이 전 세계 광물 생산량 중 아프리카 비중(2023)은 백금 77.2%, 탄탈륨 68.6%, 망간 61.0%, 코발트 43.9%, 인광석 23.5%, 흑연 12.6% 수준이다.

아프리카는 핵심 광물의 매장량은 풍부하지만, 인프라가 너무 열악하다. 중국은 아프리카에 인프라를 깔아주는 조건으로 채굴한 광물을 중국에서 가공한 다음 다시 아프리카에 수출한다. 이 같은 순환과정을 거치는 아프리카의 핵심 광물 채굴은 중국에게 막대한 이

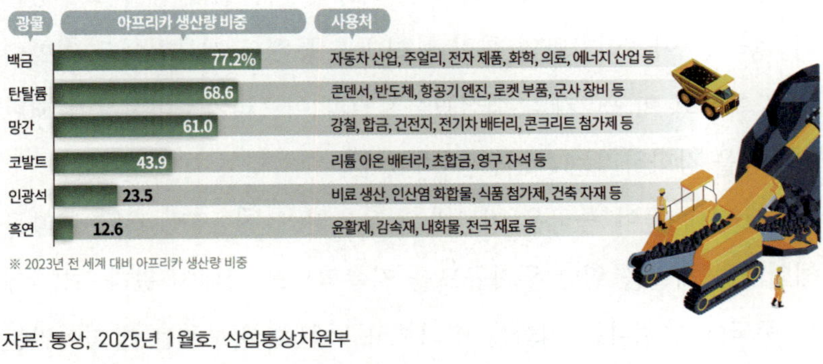

자료: 통상, 2025년 1월호, 산업통상자원부

익을 보장한다. 아프리카 잠비아의 경우에는 세계적인 구리 매장 국가인데 중국의 국영기업이 채굴권을 독점해 버렸다.

아프리카는 미국보다 중국의 영향력이 강한 지역이다. 아프리카를 대상으로 미국은 자유와 인권·민주 등 이데올로기를 내세우는 외교이지만 중국은 실용주의 외교를 펼친 결과다. 중국은 아프리카의 정권이 독재이든 민주이든 원자재만 잘 도입할 수 있으면 상관치 않는다. 아프리카 제국도 중국의 실용외교에 만족스럽게 호응한다. 2006년 중국은 아프리카의 48개국 정상을 베이징으로 초청해 부채탕감, 대규모 원조자금 공여 등으로 중국과 아프리카 관계를 더욱 강화시켰다. 2018년에는 중국은 중·아프리카 정상회의를 개최하여 중국과 아프리카의 운명 공동체를 제안하였고, 아프리카 국가 중 52곳이 중국의 일대일로 프로젝트에 참여하는 외교적 성과를 거두었다. 2023년 기준 중국의 일대일로 투자액은 전년 대비 114% 증가한 217억 달러에 달했고, 아프리카는 중동을 넘어서 일대일로 최대 투자지역으로 등극했다. 2024년 9월에는 베이징에서 '현대화 추진과 높은 수준의 중국과 아프리카 운명 공동체 건설'이라는 주제로 4번째 중·아프리카 정상회의가 성공적으로 마무리됐다. 이 회의에서 아프리카 국가들은 중국의 투자 확대와 기술협력 등을 요구했으며, 중국은 아프리카와의 협력과 연대를 통해 국제사회에서 영향력을 강화하고 아프리카의 핵심광물자원과 아프리카소비시장에 대한 지배력을 강화하려는 의지를 피력했다.

2000년대 들어 중국은 이른바 저우추취(해외시장개척) 전략에 따른 해외자원 개발을 위한 투자규모를 지속적으로 확대해 왔다. 초기에는 중국에 넘쳐나는 외화를 빌려주고 자원을 확보하는 방식이었는데, 최근 외국의 사회기반시설에 투자하고 필요한 자원을 확보하는 방식으로 전략을 수정했다. 중국의 아프리카 교역액은 미국의 약 2배이고 아프리카 총무역의 약 15%를 차지한다. 중국은 남아프리카 공화국, 앙골라, 나이지리아, 이집트, 알제리 등 자원부존 국가들을 집중적으로 공략하고 있다. 또한 베네수엘라, 페루, 칠레, 콜롬비아 같은 라틴아메리카 국가들의 경우에도 어떻게 하면 중국으로부터 차입이나 차이나머니의 투자유치를 성공시킬 수 있을까를 고민하도록 유인하고 있다.

안데스 횡단철도와 같은 라틴아메리카에 대한 중국의 사회기반시설 투자는 중국이 브라질과 아르헨티나에서 대두와 철광석을 확보하면서 중국의 사회기반시설 기업들에게 라틴아메리카에 원활하게 진출할 수 있는 교두보를 마련해줬다. 다른 한편으로는 차이나머니가 재정위기에 빠진 유럽을 집중공략하고 있다. 또한 중국은 캐나다, 미국, 영국, 호주의 석유기업이나 유전들을 공략하고 있다. 최근 남사군도와 관련된 분쟁문제에서도 중국이 적극적인 공세를 취하는 것은 남사군도 주변에 엄청난 양의 석유와 천연가스가 매장돼 있기 때문이다.

우리나라의 광물자원 확보 정책

우리나라 2023년 '핵심광물 확보전략'을 수립하고, 국가 첨단산업에 필수적인 핵심광물 33광종을 선정했다. 우리나라를 포함한 세계 주요국들은 겹치는 핵심광물을 대상으로 유사한 확보전략을 갖고 있어 경쟁은 더욱 가열되고 있다. 우리나라는 33개 핵심광종에 대한 수입의존도가 99.9%다. 핵심광물 33종은 리튬, 니켈, 코발트,

망간, 흑연을 포함하여 희토류 5종(네오디뮴, 디스프로슘, 터븀, 세륨, 란탄), 니오븀, 구리, 알루미늄, 규소, 마그네슘, 몰리브덴, 바나듐, 백금족 2종(백금, 팔라듐), 주석, 타이타늄, 텅스텐, 안티모니, 비스무스, 크롬, 연, 아연, 갈륨, 인듐, 탄탈륨, 지르코늄, 스트론튬, 셀레늄 등이다. 우리나라가 핵심광물을 확보하지 못해 탄소중립에 기여할 제품을 국내에서 생산하지 못한다면 온실가스 감축목표를 달성하지 못할 뿐 아니라 주요국의 고탄소상품 규제에 대응하지 못하는 이중고를 겪어야 한다.

10대 전략 핵심 광물은 리튬, 니켈, 코발트, 망간, 흑연을 포함하여 희토류 5종인 세륨·란탄·네오디뮴·디스프로슘·터븀 등이다. 우리나라의 10대 핵심광물 수입의존도는 현재 95% 수준이다. 우리나라는 반도체·2차전지 등 첨단산업에 필요한 리튬·니켈·코발트·망간·흑연·희토류 등 희귀 광물을 전략 핵심광물로 지정해 집중적으로 관리할 계획이다. 또한 핵심광물 수급 위기를 막고자 비축일 수를 54일에서 100일로 2배가량 확대하고, 수요 기업에 8일 안에 원료를 공급할 수 있는 비축물자 신속 방출제도를 도입했다. 현재 80%대인 핵심광물의 특정국 수입 의존도를 2030년까지 50%대로 낮추

6대 전략광종 자주개발률

(단위: %)

구분	유연탄	우라늄	철	동	아연	니켈	6대 전략광종
중국	93	70	24	24	67	49	65
일본	50	58	101	131	65	27	76
한국	34	1	34	12	22	47	28

자료: 한국산업연합포럼 2022

는 목표도 설정했다. 현재 2%대인 핵심광물 재자원화(회수) 비중도 20%대로 확대할 계획이다.

6대 전략광종 자주개발률을 종합적으로 보면 일본은 76%, 중국은 65%, 우리나라는 28% 수준이다. 개별 광종별로 보면 중국은 유연탄 93%, 우라늄 70%로 일본이나 우리나라에 비해 자주개발률이 압도적으로 높다. 일본은 철 101%, 동 131%로 중국이나 우리나라보다 압도적이다. 우리나라의 6대 전략광종 자주개발률은 니켈 47%, 유연탄 34%, 철 34%, 아연 22%, 우라늄 1% 수준으로 전체적으로 저조하다.

자원 부국들의 광물자원 정책

탄소중립을 위한 에너지 대전환에 따른 핵심광물의 수요가 폭발적으로 증가하면서 광물자원 부국들은 국내 광물자원의 채굴 개발과 가치사슬 확장에 나서고 있다. 또한 자국의 광업법 체계를 재편하고, 환경문제 해결과 이해관계자의 참여 촉진을 위해 광업정책을 현대화하고 있다. 캐나다는 광물 탐사를 지원하기 위해 핵심광물 탐사 기업에 30%의 세액공제 혜택을 주기로 결정했다. 멕시코는 자국의 리튬산업을 국영화했다. 칠레는 민간기업, 학계, 그리고 시민사회와의 협력을 통해 새로운 국가광업정책을 발표했고, 구리에 대한 채광로열티를 개선했다. 또한 국영기업이 리튬 채굴 개발을 주도할 수 있도록 리튬 양허계약 시스템의 개선을 추진 중이다. 인도네시아는 니켈 광석 수출을 금지했으며, 보크사이트, 주석, 코발트 등의 수출도 금지할 예정이다. 아프리카의 나미비아와 짐바브웨는 비선광 광석의 수출을 전면 금지했다.

달탐사와 우주자원전쟁

최근 세계 우주 강국들은 달탐사와 우주 경쟁을 강화하고 있다. 세상에는 세 가지 종류의 나라가 존재한다. '달을 보고 기도하는 나라', '달에 사람을 보내는 나라', '달 뒷면에서 흙을 가져오는 나라'가 있다. 1957년 소련은 인류 최초의 인공위성인 스푸트니크 1호 발사에 성공했다. 이 사건은 미국을 자극하여 NASA(1958년)가 창설되고 1969년 아폴로 11호가 달에 착륙했다. 당시 미국의 우주 비행사 닐 암스트롱은 자신이 달 탐사선 사다리에서 내려오는 이 발걸음이 "한 인간에게는 작은 걸음이지만 인류에게는 큰 도약"이라는 말을 남겼다. 미국은 1969년에서 1972년까지 아폴로 11호~17호까지 달착륙을 시도하여 6번 성공했다. 이 프로젝트를 실현하는데 투여된 비용은 250억 달러(220조원) 규모였다. 그런데 그 때 당시 달에서 채취해 온 월석은 경제적으로 가치가 없었다. 미국은 중국을 비롯한 우방국들에게 월석을 나누어 주고 경제적 가치를 연구하게 했으나 성과를 거두지 못했다. 하지만 이제 탄소중립과 최첨단 기술에 필요한 핵심 광물들에 대한 관심과 가치가 급부상하면서 달탐사는 다시 불붙고 있다. 달에는 물을 비롯해 실리콘, 철, 알루미늄, 마그네슘, 티타늄 등 희귀 광물자원이 널려있다. 또한 미래의 청정 에너지 기술로 기대되는 핵융합기술의 핵심 촉매재인 헬륨3는 태양에서 날아와 달 표면에 수만 년 동안 쌓여왔다. 헬륨3의 달표면 누적량은 무려 100만 톤에 이르는 것을로 추정된다. 헬륨 1kg은 석탄 40kg과 등가되는 에너지원이다. 또한 달에서는 인력이 지구의 6분의 1이어서, 훨씬 적은 비용과 자원으로 우주 로켓을 쏠 수 있다, 우주시대에 달은 다른 행성을 진출하기 위한 최적의 전초기지로 부상했다.

달탐사 경쟁에 중국, 인도, 일본, 이스라엘 등이 뛰어들면서 미국과 옛 소련의 독점체제는 붕괴되었다. 중국은 2020년 창어5호를 발사해 달 토양 등을 채취해 귀환했고, 2024년 5월에는 창어6호를 발사해 세계 최초로 달 뒷면에 착륙했다. 또한 중국은 유인우주선 '선저우' 발사에 성공했고, 우주정거장 톈궁을 성공적으로 운영하고 있다. 2030년까지 유인달 탐사선을 달에 보내는 계획도 추진 중이다. 중국은 2024년 1년 동안 100회 이상의 로켓을 발사했다. 인도는 2023년 찬드라얀 3호로 달착륙에 도전하고 있고, 일본도 2023년 달착륙에 도전했다. 러시아는 최근 47년 만에 달 탐사선 루나25를 보내 착륙을 시도했으나 실패했다. 미국은 2030년 이전에 달기지를 건설하고 사람이 장기 체류하는 프로젝트, 즉 '아르테미스계획'을 추진 중이다. 우리나라도 무인 달 탐사선(2032), 화성착륙(2045) 계획을 수립했다. 또한 미국의 아르테미스Artemis계획에 10번째로 가입했다. 이제 달을 비롯한 우주 공간은 우주관광에서 우주 물류, 우주 채굴, 우주공장, 우주도시로 설계되고 있다. 특히 우주 강국들의 우주자원에 대한 채굴권경쟁은 더욱 치열해지고 있다.

Chapter

07

기후변화와 식량안보

1. 기후변화와 생태계 위기

2025년 1월 내내 지속된 미국 로스앤젤레스 대형산불은 서울시 전체 면적의 1/3에 달하는 193.8㎢를 불태우며 심각한 대기오염을 발생시켰다. 이 산불로 최소 29명이 사망하고 건물 1만 8천여 채가 소실되면서 237조원의 재산 피해가 발생했다. 최근 기후변화로 발생한 극한기상 현상은 이상 고온, 집중 호우, 가뭄, 폭설, 한파, 일조량 부족 등으로 대규모 피해를 일으킨다. 극한 고온으로 인한 폭염 발생일 수와 지속기간이 증가하고 폭풍, 해일, 해수면 상승 등으로 연안지역 범람 위험도 높아졌다. 인간이 초래한 기후 변화의 영향은 광범위하고, 물리적 환경, 생태계, 인간사회에까지 영향을 미친다.

2022년 기준 전 세계 '기후난민'은 약 3,256만 명으로 '전쟁난민' 약 2,833만 명보다 대략 423만 명이나 많은 수준이다. 지역별로는 1위 아시아·태평양지역 약 1,008만 명, 2위 남아프리카 약 745만 명, 3위 약 210만 명, 4위 동남아시아 약 125만 명, 5위 중동·북아프리카 약 31만 명, 6위 유럽·중앙아시아 약 11만 명 순으로 기후난민이 발생했다. 기후 재해의 발생 건수는 총 3,184만 5,000건으로 자연재해 발생 건수 총 71만 6,000건보다 3,112만 9,000건 더 많은 수준이다. 기후 재해 유형별로는 1위 홍수 약 1,922만 건, 2위 폭풍 998만 건, 3위 가뭄 약 222만 건, 4위 산불 약 37만 건, 5위 산사태 5만 3,000건, 6위 극한 기온 1만 2,000건으로 나타났다. 전체적으로 2022년 전 세계에서 발생한 재해 사건 중 98%는 홍수, 폭풍, 가뭄 등 기후문제에서 촉발됐다.

기후 위기 해결사로 떠오른 기후 테크

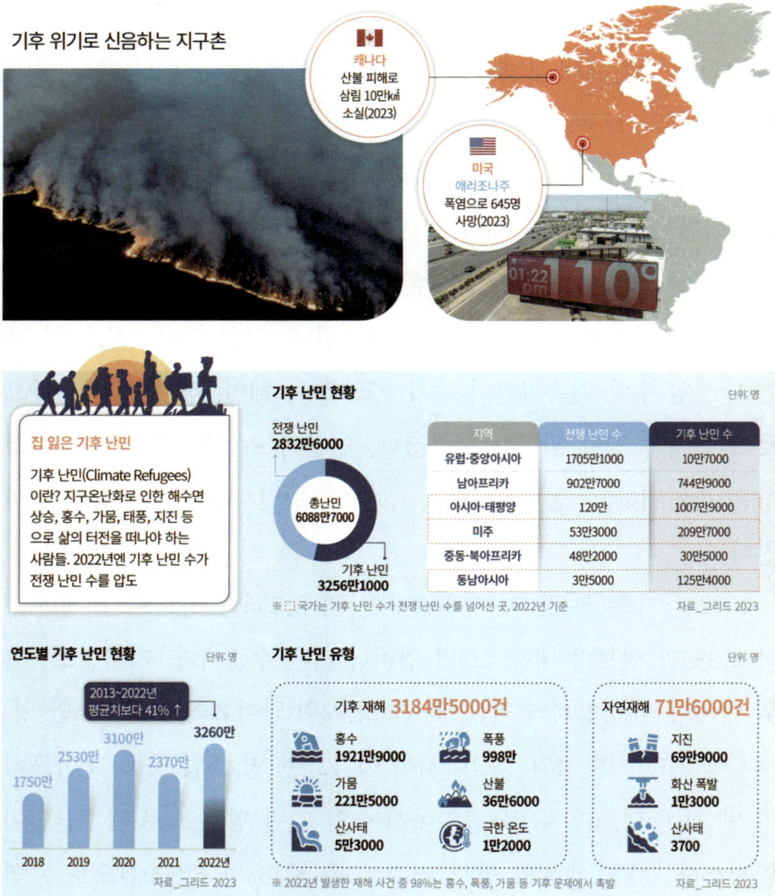

자료: 통상, 2024년 6월호, 산업통상자원부

기후변화는 가뭄, 홍수, 혹서, 혹한, 기아, 질병, 재해, 멸종, 수몰 등으로 자연생태계와 인간사회에 악영향을 미친다. 다양한 기후변화 스트레스에 부적응한 수천 종의 육상 동식물의 서식지가 위협받고 있고, 육상·담수 생물 종들의 멸종위험지수도 높아져 간다. 현존하는 동·식물 종의 18%가 멸종 위기에 직면한 상황이다. 만약 지구의 평균 기온이 4℃ 상승한다면, 우리가 알고 있는 동식물들은 초단위로 빠르게 생존의 위협에 처하게 된다. 해상에서는 해양산성화, 무산소 '데드존' 확대로 해양 1차 생산량은 급감할 것이다.

현재에도 수온 변화로 10년에 59km의 속도로 해상 동식물의 서식지가 극지방을 향해 이동중이다. 이대로라면 2050년까지 10억 명 이상이 거주지를 잃을 위험에 처한다는 예측이 가능하다. 이는 10억 명 중 다수가 삶의 터전을 다른 지역에서 찾아야 하는 사태가 벌어지고 땅을 확보하려는 경쟁으로 지역간 전쟁가능성도 높아진다는 것을 의미한다. 그뿐만이 아니다. 기후변화는 인간의 건강에도 심각한 영향을 미치고 있다. 열 스트레스로 인한 직접적인 악영향이나 감염병 확산으로 인한 간접적인 악영향 모두 가능하다. '열 스트레스 지수'는 지구기온이 30℃ 이상일 때 온열질환자를 급격하게 증가시킨다. 32℃ 이상이 되면 열스트레스 지수는 피크가 되고, 가장 많은 온열환자를 발생시킨다. 열기 속에서 활동하는 동안 체온이 증가한 상태에서 인체가 스스로 그 열을 식힐 수 없는 상태를 열 스트레스라 한다. 인간은 다양한 측면에서 기후변화에 대한 취약성을 드러낸다. 이는 경제 부문과 국가의 상황에 따라 다르게 나타난다. 가장 많은 CO_2를 배출한 부유한 선진국일수록 더 많은 자원을 활용할 수 있으므로 지구 온난화에 덜 취약하다. 기후 변화와 관련한 국가별 불공정성도 문제를 일으킨다. 또한 빈곤층, 여성, 어린이, 원주민과 같은 일부 그룹은 기후변화에 심각하게 취약하다. 기후변화로 인해 계층별, 성별, 연령별, 인종에 따라 불균등한 피해가 발생한다. 기후변화는 산업이나 기업에도 많은 영향을 준다. 농업, 수산업, 임업,

에너지, 보험, 관광업 등 그 영역은 광범위하다.

최근 유엔이 발표한 '정부 간 기후변화 협의체IPCC' 보고서에는 기후변화에 대한 위기의식이 고스란히 담겨 있다. '안토니우 구테흐스' 유엔 사무총장은 보고서를 발표하면서 "기후변화의 영향이 심각해지고 있다. 환경오염원들이 우리의 유일한 집을 방화했다"고 주장했다. 그는 "인류가 생존을 지속하기 위해 환경에 대한 투자를 확대해야 한다. 환경을 위한 투자의 지연은 죽음을 의미한다"고 강조했다.

2. 기후변화와 먹거리 위기

세계 인구수는 80억 명이 넘었지만, 식량 생산은 기후변화로 매년 줄어들고 있다. 전 세계 인구의 주요 식량인 밀, 쌀, 옥수수는 지구온도가 1℃ 상승할 때마다 생산이 10%씩 감소한다. 2100년 지구온도가 5℃상승하면 세계식량생산은 지금보다 50% 감소한다는 계산이다. 그런데 전 세계 인구는 2100년이 되면 100억 명 이상으로 증가한다는 예측이다.

2007년~2008년 동안 호주에서 발생한 극심한 가뭄은 세계 밀 가격을 72% 상승시켰고, 글로벌 식량 가격 위기를 초래했다. 기후변화로 인한 모든 농산물의 정크푸드화도 우려된다. 지구온난화로 이산화탄소 농도가 증가하면 쌀의 단백질, 비타민E, 아연, 철분 성분이 감소하기 때문이다. 곡물은 20℃~25℃에서 광합성이 가장 원활하고 30℃가 넘어가면 곡물의 결실은 부실해진다. 기후변화가 심각하면 농산물 생산지역의 불균형도 발생하고 농산물에 대한 가격체계도 안정성이 무너진다. 최근에도 기후변화로 인해 작물의 주 경작지역이 빠르게 변하고 있어 식생활에 대한 위기감은 고조되는 분위기다. 우리나라의 대표적인 고랭지 배추의 주산지인 강원도에서 배추 생산은 2000년대 이후 절반으로 감소했다. 고추의 경우에는 2100년이면 국내 총생산량의 89%가 감소하는 걸로 예측된다. 2023년 우리나라의 오징어 어획량은 1980년대에 비해 1/10 수준으로 급감했다. 우리나라의 대표적인 국민생선이었던 명태는 1980년대 1년에 10만 톤 가까이 잡히던 것이 현재는 거의 잡히지 않는다. 돼지고기의 경우에도 최근 6년 동안 폭염으로 인해 돼지 약 28만 마리가 폐사되었다.

사과는 주산지인 대구·경북지역에서 약 10년 동안 생산량이 80% 감소했다. 지금부터 80년 후가 되면 국내 사과생산 농장은 모두 사라질 것으로 예측된다. 전 세계 120개 열대 국가에서 재배되고 있는 바나나는 인도, 코트디부아르, 브라질 등 바나나 농업을 선도하는 국가에서 작물 수확량이 매년 지속적으로 감소한다. 딸기는 봄, 여름, 가을의 세 가지 개화 시기가 있는데, 최근 수십 년 동안 높은 온도로 딸기의 개화가 지연되면서 생산량이 감소했다. 포도와 와인은 기후변화로 생산량 감소는 물론 맛과 향이 변질되고 있다. 코코아는 지구의 평균 기온 2℃ 상승시 2050년 안에 멸종하는 것으로 추정된다. 세계 최대 코코아 생산국인 아프리카 가나와 코트디부아르에서는 이미 코코아 생산은 불가한 상황이다. 초콜릿과 커피 등은 기후 위기로 생산이 수요를 따라가지 못하고 있고, 이 같은 추세가 지속된다면 커피는 일상적인 기호품에서 사치스러운 식품으로 희귀해질 것이다. 커피의 경우 지구의 평균 기온이 2℃ 상승시 전 세계에서 커피 경작지가 최대 54.4% 사라질 것으로 예측된다. 초콜릿은 최근 미국이나 스위스 등에서는 실험실 초콜릿 개발에 박차를 가하는 중이다. 세계 2위 설탕 생산국인 인도는 엘리뇨 현상으로 1년 넘게 수출을 금지했고, 2025년 다시 설탕 수출을 검토하는 것으로 알려졌다. 전 세계 팜유 공급량의 절반 이상을 차지하는 인도네시아는 2022년 팜유수출을 전면 금지했다. 2024년 말레이시아에서는 팜유 생산이 급감하였고 식용유 가격은 급등을 피할 수 없었다.

3. 기후변화와 물 스트레스

세계 인구 중 절반 이상이 1년에 최소 한 달 이상 깨끗한 물이 부족한 지역에 살고 있다. 기후위기가 가속화되면서 이 같은 현상은 더욱 악화되고, 금세기 말에는 이 비율이 66%까지 늘어날 것으로 전망된다. 이것은 네덜란드 위트레흐트대학 '에드워드 존스 박사팀'은 최근 〈네이처〉에 발표한 기후변화에 대한 연구에서 세계 수자원 수량 및 수질 모델로 사용하여 분석한 결과이다. 지구의 물 부족 문제는 이미 심각한 수준이다. 현재 전 세계적으로 약 20억 명이 안전한 식수에 접근하지 못하고, 36억 명이 위생적으로 관리된 화장실을 사용할 수 없는 상황이다. 이는 전 세계 인구의 약 절반이 물 부족 문제를 겪고 있다는 것을 의미한다.

지역·국가별 물 스트레스 지수

중동과 북아프리카 지역에서는 83%의 인구가 매우 높은 물 스트레스를 겪고 있으며, 남아시아 지역에서도 74%가 높은 물 스트레스를 겪고 있다. 물 스트레스 지수Water Stress Index는 물의 가용량(공급량)과 물의 사용량(수요량)을 비교해 계산한다. 세계자원연구소World Resources Institute: WRI는 전 세계 국가 및 지역 단위의 물 스트레스 지수를 발표한다. 이 지수가 0.2 이하이면 낮은 물 스트레스, 0.2~0.4이면 중간 물 스트레스, 0.4~0.8이면 높은 물 스트레스, 1.0 이상이면 극심한 물 스트레스를 나타낸다. 물 스트레스 국가는 국제기구와 연구기관에서 정한 기준에 따라 분류된다.

지역별로는 중동 및 북아프리카는 물 스트레스 지수가 1.0 이상으로 극심한 물부족, 유럽 남부는 0.4~0.8로 중간 물부족, 북미 일부 지역은 0.2 이하로 물 스트레스가 가장 낮은 수준이다. 물 극심 부족 국가 17개국으로는 1위 카타르, 2위 이스라엘, 3위 레바논, 4위 요르단, 5위 이란, 6위 리비아, 7위 쿠웨이트, 8위 사우디아라비아, 9위 에리트리아, 10위 UAE, 11위 산마리노, 12위 바레인, 13위 인도, 14위 파키스탄, 15위 투르크메니스탄, 16위 오만, 17위 보츠와나로 나타났다. 물이 심각하게 부족한 국가들은 대부분 중동과 북아프리카 지역의 국가들이고, 이는 전 세계 인구의 25%를 차지한다. 현재 전 세계 인구 4명 중 1명이 극심한 물부족 사태를 겪고 있는 상황이다.

유엔 식량농업기구FAO는 물 스트레스 지수를 재생가능한 수자원의 사용 비율로 정의한다. 이 비율이 0.25 미만이면 물 스트레스가 없다고 평가하고, 0.25~0.5는 낮은 스트레스, 0.5~0.75는 중간 스트레스, 0.75~1.0은 높은 스트레스, 1.0 이상은 극심한 스트레스로 평가한다. 유엔 식량농업기구가 2021년 공개한 보고서 '국가별 물 스트레스 수준의 진전'에 의하면 80%대의 물 스트레스 국가는 이란

(81%)이나 스리랑카(90%) 정도다. 중국의 물 스트레스는 42%로 한국의 절반 수준이었고, 일본과 미국은 각각 36%, 28% 정도로 훨씬 낮은 수준이었다. OECD의 '환경 전망 보고서'에 따르면, 한국은 물 스트레스 국가이고 '물 기근 국가'로 전락할 가능성이 높은 국가로 분류됐다. 세계자원연구소는 한국은 2040년까지 물 스트레스 지수가 높은 국가 중 하나로 남을 것이며, 물이 부족하게 되는 이유로는 기후변화와 산업화로 인한 물 수요의 증가라고 진단했다. 2018년 발간된 세계 물 보고서에서는 이미 "한국은 오는 2025년 '물 기근 국가'가 될 것"이라고 예측한 바 있다. 극심한 물 부족 국가들은 극심한 기후변화, 폭발적 인구 증가, 불균형한 수자원 배분, 경제성장에 따른 물 수요 증가라는 공통점을 갖고 있다. 물 스트레스 국가들은 기후변화로 인한 강수량의 불규칙성, 가뭄, 홍수 등 극단적인 기상 현상이 빈번했다. 이 때문에 물 자원의 가용성은 크게 줄어들고, 수자원의 안정적인 공급망은 크게 위축되었다.

기후변화로 인해 전 세계적으로 강수 패턴이 변화하고, 가뭄이 심화되면서 아프리카와 중동 지역에서는 물 자원이 고갈되고 이로 인해 농업이 불가능해졌다. 이 지역의 많은 사람들은 삶의 터전을 잃고 다른 지역으로 이주를 강요받는 현실이다. 기후변화로 인한 물부족은 전 세계적으로 '환경 난민'을 증가시키는 원인을 제공한다. 기후변화에 따른 정부간 협의체인 IPCC는 토지 및 물 공급 부족으로 2050년에는 육지의 75%가 사막화되어 세계 전체의 경작지가 크게 감소할 것이라고 경고했다. 이로 인해 주요 곡물가격은 국제가격 기준으로 최대 23% 이상 상승할 것으로 전망했다. 지구 온도가 2100년까지 2℃ 상승하는 경우, 전 세계적으로 8억~30억 명이 물 부족으로 고통 받을 것이고, 지구온도가 4℃까지 상승하는 경우, 40억 명이 물 부족으로 고통받게 될 것으로 전망했다.

4. 기후변화와 꿀벌의 실종

2022년 8월 터키 이스탄불에서 닷새간 열린 세계양봉대회에는 전 세계 127개국 1만 2,500여 명의 양봉산업 관계자들이 참여했다. 프랑스, 터키, 케냐를 비롯한 아시아·아프리카·유럽·아메리카·오세아니아 등 5개 대륙의 지회장들은 한결같이 "기후변화로 인해 꿀벌에게 적대적인 환경이 조성"되었다는 점을 강조했다. 프랑스의 경우에는 2022년 일부 지역의 기온이 42℃까지 치솟으면서, 메밀밭이 타들어 갔고, 벌은 꿀을 채집하지 못했다. 벌들이 생존할 수 있는 최소한의 꿀을 남겨두는 일조차도 어려울 정도로 상황은 심각했다. 미국의 조지아는 벌이 주로 채집하는 나무인 아까시아나무의 개체 수가 크게 감소했는데, 이를 해결하기 위해 장거리 이동 양봉으로 전환해야 했다. 미국 전역을 이동하는 과정에서 꿀벌 기생충인 '바로아응애Varroa mite'가 전국적으로 창궐하는 원인을 제공했다. 2021년에 '그린피스'는 국제 학술지 '사이언티픽 리포트'에서 벌의 기생충인 '바로응애'가 확산된 것은 기후 위기가 중요한 원인이라는 점을 분명히 했다. 케냐의 경우에는 아프리카 정글 숲이 사라지면서 밀원수가 급격히 감소하고 있다. 기후변화는 꿀벌의 개체 수를 감소시킬 뿐만 아니라 꿀벌의 숫자가 줄어들면서 꽃의 수분도 줄어드는 악순환을 만들어 낸다. 이런 상황에서는 꿀을 뜨는 양도 줄어든다. 그것은 다시 봉군, 즉 벌의 숫자를 축소시키는 원인으로 작용한다.

기후변화는 토양 내 수분도 줄어들게 만들고 있다. 식물 역시 생물인 만큼 물 스트레스에 취약한데, 토양 내 수분이 적어지면 식물들의 스트레스도 증가하여 꿀의 생산은 줄어든다. 또한, 꽃가루의 필수 아미노산 비율과 중량도 감소한다. 기후 변화로 인한 극심한 냉해도 문제인데, 벌들이 갑작스러운 추위에 적응하지 못해, 동사하는 경우도 많아지고 식물들은 꽃술 내의 수분을 줄이게 되어 단백질 성분인 폴리펩타이드 비중이 줄어든다.

전 세계 식량의 90%를 차지하는 100대 농작물 중 70%가 꿀벌의 화분매개로 열매를 맺는다. 전 세계 전체 식량 자원 연간 생산량의 3분의 1 이상이 꿀벌에 의존한다. 전 세계 식량 자원 재배에 기여한 꿀벌의 경제적 가치는 연간 최대 700조원으로 평가된다. 우리는 매끼니를 먹을 때 세 입에 한 입씩은 꿀벌에 의존하는 셈이다. 기후 위기는 꿀벌뿐 아니라 대부분의 식물에 화분매개하는 나비, 매미, 장수풍뎅이 등을 위협한다. 2019년 영국의 〈이코노미스트〉는 '곤충겟돈insectageddon은 얼마나 현실적인가?'라는 기사에서 곤충의 감소는 이들을 먹이로 삼는 척추동물 등 생태계 전반에 악영향을 미친다고 강조했다.

양봉은 꿀, 프로폴리스, 화분 등 직접적인 생산물만으로 생각하기 쉽다. 하지만 양봉은 직접적인 생산물뿐 아니라, 꿀벌들이 꿀을 얻기 위해 꽃과 나무를 오가며 화분매개로 열매를 맺게 하는 식량생산 증가 효과도 만만치 않다. 꿀벌은 꿀 1g을 모으기 위해 평균적으로 약 40km를 비행한다.

꿀벌과 우리 식탁은 밀접한 관련성을 가진다. 꿀벌은 곡물생산에

자료: 뉴스;트리, 2022년 9월 14일자, 이재은 기자

서 과일, 채소 등 우리의 식탁을 풍성하게 하는 일등 공신이다. 최근의 전 세계적으로 나타나는 꿀벌 실종 사건은 곧바로 우리의 식탁을 위협한다. 세계 벌의 날(매년 5월 20일), 프랑스 페어몬트 호텔에서는 꿀벌이 없는 아침 식탁을 선보였다. 이 식탁에는 꿀벌의 수정으로 맺는 과채류는 전혀 구경할 수 없다. 단지 푸석푸석한 몇 가지 종류의 곡물과 달걀이 전부다. 아몬드, 블루베리, 오렌지 주스, 커피, 호박씨, 카놀라유, 딸기 등의 과채 및 견과류 등이 자취를 감췄고 이를 사료로 삼는 가축들에서 나오는 육류 및 유제품까지 식탁에서 사라졌다.

5. 기후변화와 질병과 건강

기후변화는 단순한 환경 문제가 아니라, 인간의 감정과 신체, 나아가 우리의 삶 전반에 깊은 영향을 미친다. 기온 상승과 기상 패턴의 변화는 폭염, 산불, 가뭄, 홍수, 산사태, 허리케인 등을 일으켜 직접적인 부상이나 질병 원인의 빈도와 심각성을 증가시킨다. 급격한 기후변화는 간접적으로도 우리의 건강이나 보건에 영향을 미친다. 기후변화는 질병 매개체의 활동영역을 확대시키고 활동기간을 연장시킨다. 기후변화가 확대될수록 감염성 질환의 발병 위험은 커져간다. 뎅기열이나 말라리아, 콜레라, 리프트계곡열과 같은 질병도 확산할 위험이 높아진다. 또한 기후변화는 많은 전염병들이 새로운 지역으로 퍼질 수 있는 환경을 제공한다. 폭염 스트레스, 지표 오존 증가 등 대기오염 심화로 도시인구의 건강이 악화된다. 기온상승, 가뭄에 의한 오염물질 증가로 상수원 수질 저하가 발생하고 이로 인한 면역력 저하도 우려된다. 폭염에 온열질환을 앓거나 신경계 교란에 따른 정신질환 가능성도 높아진다. 혹한도 위험하다. 심장마비나 뇌졸중 위험성이 높아지고 갑작스러운 폭설이나 빙판으로 골절상이나 타박상이 증가한다. 또한 식량 불안정으로 인한 영양부족이나 물 스트레스 증가로 빈곤, 이주, 폭력 등 사회적 갈등을 확산하고 이로 인해 정신 건강에 부정적 영향이 심화된다.

2100년에는 극심한 폭염 스트레스를 겪게 될 인구가 폭증할 것으로 전망된다. 폭염스트레스는 현재의 30%에서 온도 상승 폭에 따라 48~76%로 늘어날 것으로 보여진다. 특히 사하라 사막 이남의 아프리카와 중남미, 일부 남아시아 지역은 지구온도가 4℃ 상승하면 노동자들의 폭염스트레스가 연중 250일에 달할 전망이다. 유럽의 경우 지구 온도 상승 폭이 3℃가 되면, 1.5℃일 때보다 폭염 스트레스에 시달리는 인구가 3분의 2가량 증가한다는 보고가 있다.

기후변화는 유아기부터 노년기에 이르기까지 인생 전 주기에 걸쳐 인류보건에 악영향을 미친다. 기상이변은 모든 가족에게 신체적·경제적 위험을 발생시킨다. 65세 이상의 고령 인구는 폭염이나 혹한 및 폭설 등에 특히 취약하다. 건강 위험은 연령, 학력, 성별, 지역별, 경제적 능력에 따라 불균등하게 분포되어 있다. 기후변화에 의한 인류의 건강 문제는 이제 국제공중보건정책 공동체의 주요 이슈가 되고 있다. 2009년 란셋The Lancet은 "기후변화는 21세기의 가장 큰 세계 건강 위협"이라고 선언했다. 란셋The Lancet은 가장 오래되고 가장 저명한 영국의 의학 저널이다. 2015년 세계보건기구는 이 선언에 동참했다. 2019년 호주의료협회는 기후변화를 보건 비상 사태로 공식 선언했다.

6. 기후변화와 생산과 소비

기업들은 기후변화로 인한 원자재 비용 증가를 감내하고 있다. 기후변화로 인해 농업, 에너지, 원자재 생산이 타격을 입었으며 기업의 생산 비용이 증가하고 글로벌 공급망에 혼란이 발생했다. 자연재해로 인한 교통 및 물류가 차단되고, 생산 가동 중단 등 물류와 공급망이 흔들리고 있다. EU를 비롯한 세계 주요국들은 기후변화에 대한 대응책으로 ESG 규제를 강화하고 있다. 정부의 규제의 강화는 기업들에게는 규제비용을 유발시킨다. 탄소세도입, 배출 규제 강화, 지속 가능성 보고 요구 등은 기후변화로 발생한 기업의 비용증가 요인 중 하나이다. 기후변화는 소비자들의 소비 패턴에도 영향을 미치고 있다. 탄소발자국을 줄이고 탄소중립을 실천하는 기업의 제품을 선호하는 경향이 뚜렷해진다. 소비자들은 에코지능으로 무장하고 기업들에게 친환경적인 제품과 서비스 생산을 요구한다.

축산업과 온실가스

기후변화를 일으키는 지구온난화 6대 주범은 이산화탄소(75%), 메탄가스(18%), 이산화질소(4%), 수소불화탄소, 과불화탄소, 육불화황(2%) 등이다. 우리의 식탁이 고기 중심으로 차려지면서 열대우림의 위기가 증가했다. 매년 한반도 남한만큼의 열대우림이 불태워져 사라진다. 가축을 사육하기 위한 방목지, 가축 사료인 콩, 옥수수 등을 재배하기 위한 경작지 확장의 결과이다. 실제로 고기를 얻기 위해서 지난 50년간 전 세계 열대우림의 2/3가 사라졌고, 1960년 이후 가축 방목지와 가축 사료 재배를 위해 아마존 열대우림은 70%가 망가졌다. 또한 축산업은 온실가스의 주범으로 인식된다

'세계식량농업기구FAO'는 2006년 '축산업의 긴 그림자'라는 보고서에서 축산업에서 발생하는 온실가스가 전 지구 총온실가스 발생량의 18%를 차지한다고 발표했다. 또한 세계적인 환경단체인 '월드워치' 연구소는 보고서에서 축산업에서 나오는 이산화탄소, 메탄가스, 아산화질소 등은 기후위기의 주범이라고 강조했다. 메탄가스는 지구의 복사열을 포획하기 때문에 이산화탄소보다 기구온난화에 21배나 높게 영향을 미친다.

온실가스와 비건산업

전 세계의 식탁이 채식위주로 전환한다면 지구온실 가스의 51%를 감축하는 효과가 나타난다는 연구가 있다. 전 세계 인구가 비건 VEGAN으로 전환한다면 매년 80억 톤의 이산화탄소를 감축할 수 있는데, 이는 전 세계 이산화탄소 배출량의 약 22%에 해당한다. 비건은 채소, 과일, 해초 따위의 식물성 음식 이외에는 아무것도 먹지 않는 철저하고 완전한 채식주의자를 뜻한다. 국제 비영리환경단체인 미국의 '천연자원보호위원회Natural Resources Defense Council: NRDC'의 보고서에서는 소고기 1kg을 생산하는 과정에서 26.5kg의 탄소가 배출되는데, 이는 자가용을 3개월간 동안 타고 다니면서 배출하는 탄소배출량과 동일한 것으로 분석했다. 우리나라의 '기후변화행동연구소'는 설렁탕의 온실가스 배출량은 10.01로써 콩나물국 0.12보다 무려 90배 이상 높은 수준이라고 밝혔다. 설렁탕은 7~8시간씩 오래 끓여야 맛이 나고, 가스·전기 등 에너지 소비가 많을 뿐 아니라 가축류 중 탄소 배출량이 가장 많은 소고기를 주재료로 하기 때문이다. 또한 채식은 육식 위주 식단보다 탄소 배출량을 10분의 1 이하로 줄이는 효과가 있다고 분석했다.

미국의 미래학자 제레미 리프킨은 그의 저서 〈육식의 종말〉에서 육식 위주의 식단은 이산화탄소보다 수십 배, 수백 배 더 강한 아산화질소, 메탄가스, 블랙카본 등을 대규모로 방출시킨다. 전 세계에서 생산되는 콩, 옥수수 등 곡물의 45% 이상이 가축사료로 소비된다. 결과적으로 육식은 전 세계의 식량 생산과 분배를 크게 왜곡시킨다고 주장한다. 육식은 기아와 굶주림을 더욱 악화시키는 원인을 제공하고 채식에 비해 심각하게 식량을 낭비한다. 1kg 고기를 생산하기 위해서 16kg의 곡물이 소비되는데, 육식 1인분은 채식 22인분의 식량으로 대체 가능하다. 소고기 중심의 식단에서 흰고기(돼지고기, 닭고기)중심의 식단으로 전환해야 한다는 주장도 제기된다. 부유한 나라의 소 13억 마리가 전 세계에서 생산되는 곡물의 45%를 소비하는 구조를 개선하자는 주장이다. 10kg 사료로 소고기는 1kg, 돼지고기는 3kg, 닭고기는 5kg, 곤충은 9kg 생산이 가능하기 때문이다. 또한 소는 소화 과정에서 많은 양의 메탄을 공기 중에 배출하는데, 소 2~3마리가 내뿜는 메탄의 양은 휘발유 자동차 한 대와 맞먹는다. 쇠고기 1kg를 생산하는데, 약 15,000리터의 물이 소비된다. 우리가 쇠고기 햄버거 1개를 소비하는데, 2개월간 샤워할 수 있는 양의 물을 투입해야 한다는 계산이다. 따라서 육식 위주의 식단은 채식에 비해 물낭비도 심각하다.

독일연방환경청은 식물성 고기 대체품 1kg을 생산하면 약 2.8kg의 온실가스를 줄일 수 있다고 밝혔다. 독일의 경우 비건식단에 참여하는 국민의 비율이 12% 수준에 있다. 고기를 가끔 먹는 플렉시테리언flexitarian은 전체 국민의 약 41%에 이른다. 영국런던대 골드스미스칼리지는 2019년 9월부터 캠퍼스 내 소고기 퇴출을 전면적으로 단행했다. 이런 변화들은 비건산업육성의 필요성에 힘을 보태고 있다. 식물성 단백질 산업의 중요성, 완전 채식브랜드를 비롯한 식물성 식품 브랜드 개발, 다양한 식물 기반 제품의 개발이 필요하다. 또한 식물성 고기, 배양육, 인공우유, 곤충의 식량화, 유전자 편집이나 조작, 식물 공장 등에 대한 기술개발도 절실하다. 배양육과 같은 인공고기를 사용한 임파서블 버거 같은 경우 축산업에서 발생하는 온실가스를 줄이고 항생제나 호르몬의 과다사용 및 부작용을 제거할 수 있다.

네덜란드에서는 지속가능식품으로 곤충의 식량화를 시도하고 있는데, 단백질은 소고기보다 높고 온실가스 배출은 적다는 이점이 있다. 사탕, 쿠키, 초콜릿, 샌드위치, 음료 등에 곤충을 활용할 수 있고 우리나라에서도 8가지 식용곤충을 연구중이다 서울에서는 이미 곤충으로 만든 음료를 판매하는 곤충카페가 영업 중이다. 유전자편집이나 유전자조작 기술을 활용하여 새로운 작물, 새로운 가축을 창조하는 연구도 활발하다. 식물공장을 확대함으로써 빛, 온도, 습도, 이산화탄소를 적정하게 조정하여 재배환경을 통제하고 생산성을 증대시키는 것도 하나의 대안이다. 앞으로 햄버거를 먹는다 해도 그 햄버거의 성분이나 제조과정은 달라진다. 곤충, 줄기세포 베이컨, 식물단백질 패티, 식물공장에서 생산된 채소가 사용될 것이다. 2030년까지 비건시장은 전 세계적으로 약 38조원 규모로 성장할 것으로 전망된다.

음식물 쓰레기와 온실가스

2024년 3월 유엔환경계획UNEP과 영국 환경단체 '쓰레기와 자원행동 프로그램WRAP'은 공동으로 '음식물쓰레기 지수 보고서'를 발표했다. 이 보고서에 의하면 전 세계 7억 8,300만 명이 기아로 고통받는 상황에서 매일 10억 끼 분량의 음식물이 버려지는 것으로 나타났다. 2022년 한해 세계에서 10억 5,000만 톤의 식품이 버려졌는데, 이는 그해 생산된 전체 식품의 약 19%에 해당한다. 비용으로 따지면 1조 달러(약 1,340조원) 수준이다.

전 세계의 음식물쓰레기의 대다수는 가정에서 나오는 것으로 분석됐다. 2022년 버려진 식품 10억 5,000만 톤 중 약 6억 3,100만 톤이 가정에서 나왔는데, 이는 전체 음식물 쓰레기 중 60%를 차지한다. 음식점이나 요식업소는 28%, 소매점은 12%가 배출되는 것으로 파악된다. 지구 전체 온실가스 배출량의 약 8~10%가 식품에서 나온 것으로 추정된다. 이 온실가스 배출량을 국가로 비교한다면 그 비율은 중국과 미국에 이어 3위를 차지한다. 유엔환경계획UNEP이 집계한 세계 1인당 평균 음식물쓰레기 배출량은 79㎏이고 우리나라는 1인당 95㎏을 배출한 것으로 나타났다. 현재 우리나라의 1인당 음식쓰레기 배출량은 세계 평균치를 훨씬 웃도는 상황이다.

전 세계 온실가스 총 배출량에서 식량 생산은 26%, 식량 폐기물은 6%의 비중을 차지한다. 영국 옥스퍼드대 연구팀은 지난 2018년 '사이언스'에 게재한 논문에서 식량 공급과 소비 과정에서 발생하는 온실가스 배출량은 24%, 식량의 저장과 가공, 운송 과정은 15%, 식료품점과 가정은 9%를 차지한다고 발표했다. 전 지구 온실가스 배출에서 식량 폐기물이 차지하는 비중은 6%인데, 이는 항공기 운항

1인당 음식물 쓰레기로 배출되는 온실가스 규모

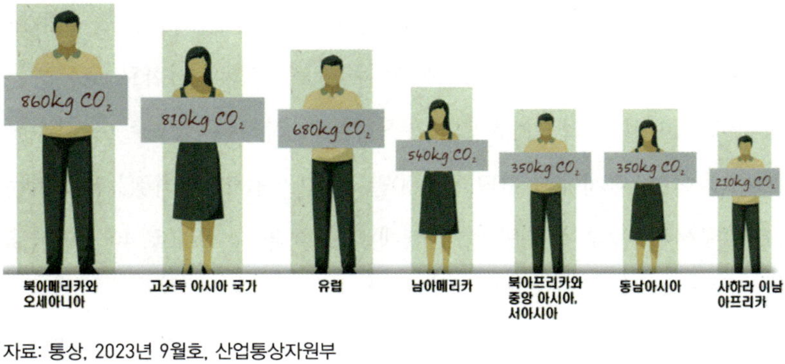

자료: 통상, 2023년 9월호, 산업통상자원부

에서 발생하는 온실가스 1.9%의 3배가 넘는 양이다.

음식물 쓰레기에서 배출되는 1인당 온실가스를 대륙간 비교하면 1위 북아메리카와 오세아이아 860kg CO_2, 2위 고소득 아시아 국가 810kg CO_2, 3위 유럽 680kg CO_2, 4위 남아메리카 540kg CO_2, 공동 5위 북아프리카, 중앙아시아, 서아시아 350kg CO_2, 공동 5위 동남아시아 350kg CO_2, 7위 사하라 이남 아프리카 210kg CO_2 순이다.

7. 기후변화와 식량안보

최근 국제환경은 코로나19 팬데믹, 이상기온 그리고 러시아·우크라이나 사태까지 겹치면서 세계 식량 공급망을 흔들고 있다. 이로 인해 대부분의 국가들은 그동안 기술패권 경쟁에 국력을 집중하던 경제안보 개념에서 식량안보를 주축으로 하는 글로벌 식량자원 확보전략으로 경제안보의 축을 전환하고 있다. 또한, 최근 국가안보는 물리적 형태의 안보에서 포괄안보로 불리는 신흥안보Emerging Security로 전환하고 있다. 군사안보뿐 아니라 바이러스 감염에 대한 안보, 식량안보, 자원·에너지 안보 등을 포괄하는 안보개념이 주류를 형성해 가고 있다.

2022년 6월 개최된 세계무역기구WTO 각료회의에서는 식량안보가 주요 의제로 논의될 만큼 식량위기는 이제 경제안보의 핵심요소로 부각되었다. 전염병처럼 전 세계를 덮치고 있는 식량위기는 유럽의 빵바구니인 우크라이나사태, 최근 들어 강도가 높아지는 이상고온과 가뭄, 그리고 전통적인 식량수출 국가들의 식량보호주의가 맞

물리면서 해법을 더 어렵게 한다. 공급측면에서는 세계 식량의 주요 생산국인 미국, 유럽, 호주, 아르헨티나, 중국 등까지 극심한 자연재해로 식량생산이 대폭 줄어드는 상황이다. 수요측면에서는 세계 인구의 증가와 중국과 인도 등 신흥경제국의 경제가 성장하고 소득수준이 높아짐에 따라 식량수요의 증가뿐 아니라 축산물 생산을 위한 사료용 곡물 수요가 큰 폭으로 증가하고 있다, 이 같은 글로벌 식량 생산의 감소와 소비증가의 불균형이 글로벌 곡물안보의 중요성을 확장시키고 있다.

애그플레이션(Agriculture+Inflation)과 에그플레이션(Egg+Inflation)

2007년 메릴린치Merrill Lynch가 '세계 농업과 애그플레이션'Global Agriculture & Agflation이라는 보고서를 발간했다. 애그플레이션agflation은 농업agriculture과 인플레이션inflation의 합성어로, 농산물 가격 급등으로 일반 물가가 상승하는 현상을 뜻한다. 그런데 비슷한 개념으로 에그플레이션eggflation이라는 용어도 주목받고 있다. 에그프레이션은 달걀과 인플레이션의 합성어로, 달걀 가격 상승이 전체 물가 상승을 주도하는 현상을 의미한다. 최근 미국에서는 달걀값이 2배 이상 오르면서 빵가격까지 오르고 있다. 미국의 양계장에서 주로 사용하는 사료인 옥수수 가격이 오르면서 연쇄적으로 나타나는 물가 상승 현상, 즉 에그플레이션이 발생한 것이다.

애그플레이션은 달걀가격보다 폭넓은 농산물의 가격이 오르면서 일반 물가가 상승하는 현상을 뜻한다. 지구 온난화 및 이상 기후 현상으로 농작물의 생산이 위축되고 급속한 도시화로 인해 경작지가 감소하면서 곡물값이 급등하는 경우에 빈번하게 활용되는 용어이다.

국가별 소비자물가지수 및 식료품 가격 상승률

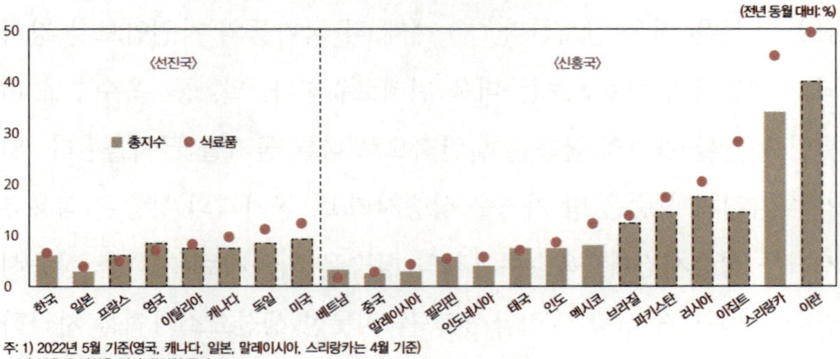

주: 1) 2022년 5월 기준(영국, 캐나다, 일본, 말레이시아, 스리랑카는 4월 기준)
2) 검은색 점선은 밀이 주식인 국가

자료: 통상, 2022년 9월호, 산업통상자원부

애그플레이션이 발생하는 원인으로는 ① 기구 온난화로 인한 이상기온으로 농산물의 생산이 감소한다. ② 도시와 확대, 토양황폐화, 농지 생산성 저하 등으로 경작지가 감소한다. ③ 국제 유가 급등으로 비료·농약·농기자재 등의 가격이 상승하고 그로 인해 곡물생산 비용은 증가하며 물류 및 운송비용도 증가한다. ④ 바이오 연료 및 대체연료에 대한 수요증가로 옥수수·사탕수수 등 바이오 연료 수요가 증가한다. ⑤ 중국과 인도 그리고 신흥국가들의 경제 성장으로 곡물 수요가 증가하고 육류소비 증가로 인한 사료용 곡물 수요가 증가한다. 애그플레이션이 경제에 미치는 영향으로는 ① 소비자 물가상승으로 소비자들의 소비가 위축되고 소비자들의 경제적 고통을 수반한다. ② 임금상승 등 요소가격 상승으로 산업 전반이 위축되고 비용이 증가한다. ③ 소비 및 투자가 위축되어 총수요가 감소하며 경제성장은 둔화한다. ④ 식량에 대한 수입의존도가 높은 국가들의 경제적 부담은 상대적으로 가중된다. ⑤ 소득불균등은 더욱 확산하고 사회 양극화 현상을 심화된다. 저소득층의 삶의 질이 떨어지고 실질 소득은 더욱 감소한다. ⑥ 세계 각 국가들의 자원안보가 강화되고 개도국의 식량안보는 더욱 위태로워진다. 밀, 콩, 옥수수를 비롯한 농산물 가격의 급등은 필연적으로 다른 물가를 끌어올린다. 밀가루 가격의 상승은 빵 가격을 상승시키고, 콩가격의 상승은 식용유 가격을 상승시킨다. 옥수수가격의 상승은 가축사료 가격을 상승시킨다. 식품가격 상승은 임금 상승을 비롯한 생산요소가격을 자극하여 더 많은 제품들의 가격을 상승시킨다. 결국 곡물가격 상승은 식료품 가격 상승으로 이어져 소비자물가지수 상승의 요인이 된다. 식료품 가격 상승은 선진국보다는 신흥국에서 더 뚜렷하다. 특히 러시아 및 우크라이나로부터 곡물 수입 비중이 높은 북아프리카 및 서남아시아 지역은 더 큰 물가상승을 가져온다. 러·우 사태 이후 수급차질이 심화된 밀을 주식으로 하는 국가들은 물가 오름세가 상대적으로 높아지고 경제적 부담은 가중된다.

곡물 자국우선주의

2022년 이상기온과 우크라이나 사태로 전 세계는 곡물 자국우선주의를 선택했다. 밀 생산 1위인 중국, 2위인 인도는 2022년 5월 밀에 대한 수출금지를 단행했다. 세계 최대 팜유수출국인 인도네시아는 자국 내 식용유 가격의 안정을 위해 한 달 가까이 팜유수출을 중단했다. 이집트는 밀, 콩 등 주요 곡물에 대한 수출을 중단했다. 튀르키예는 쇠고기, 양고기, 식용유 등의 수출을 금지했다. 말레이시아는 닭고기 수출을 중단했고 아르헨티나, 세르비아, 이란, 파키스탄 등도 농산물 수출을 금지했다. 더욱이 코로나19와 러·우 사태 장

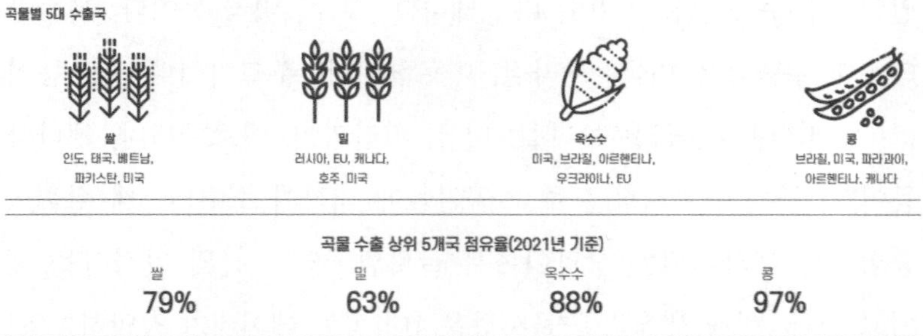

자료: 통상, 2022년 9월호, 산업통상자원부

기화, 이상기후 등으로 식량가격이 급등하면서 곡물 자국우선주의가 인도, 필리핀, 이집트, 헝가리, 카자흐스탄, 알제리 등 신흥국과 개도국을 중심으로 더욱 확산되고 있다. 2022년 7월 기준 전 세계에서 32개국이 자국민을 위한 식량확보와 물가안정을 명분으로 53개 식량 관련 품목에 대해 수출금지, 수출제한, 수출세 부과 등의 조치를 단행했다. 러시아, 우크라이나, 중국, 베트남 등은 비료 수출도 금지시켰다.

식량위기로 곡물자국우선주의가 전 세계적으로 확산하는 원인에는 국제식량시장의 구조도 한몫을 하고 있다. 현재 국제식량시장의 특징을 살펴보면 수출측면에서는 글로벌 5대 곡물 수출국가에 전 세계 곡물 수출량이 집중된 반면, 수입측면에서는 글로벌 대다수의 국가들의 곡물수입이 5대 곡물 수출국가에 의존하는 구조다. 이런 현상은 글로벌 5대 곡물 수출국가에 의해 국제 곡물시장이 공급과점화되고 있다는 것을 의미한다. 곡물별 5대 수출국의 수출 점유 비중은 2021년 기준 쌀 79%, 밀 63%, 옥수수 88%, 콩은 97%를 차지한다. 쌀의 5대 수출국은 인도, 태국, 베트남, 파키스탄, 미국 등이고,

밀의 5대 수출국은 러시아, EU, 캐나다, 호주, 미국 등이다. 옥수수의 5대 수출국은 미국, 브라질, 아르헨티나, 우크라이나, EU 등이고, 콩의 5대 수출국은 브라질, 미국, 파라과이, 아르헨티나, 캐나다 등이다. 국제 곡물시장은 주요 곡물들에 대하여 소수의 5대 수출국 중심으로 독과점되는 상황이여서 글로벌 곡물공급의 안정성을 해치고 있다. 현재 세계의 곡물시장은 4대 곡물 메이저가 장악하고 있다. 세계 곡물 시장의 55%를 점유하고 있는 카길Cargill은 67개국에 1,100개의 사업장을 거느린 세계 최대 곡물업체다. 카길은 실제적으로 밀가루, 계란, 대두, 소고기, 심지어 소금까지 통제한다. "카길했어요"라는 말은 "식사했어요"를 의미한다. 4대 곡물 메이저가 전 세계 곡물시장의 80~90%를 장악한다. 카길Cargill를 비롯하여 아처·대니얼스·미들랜드ADM(에이디엠)·벙기Bunge·루이 드레퓌스Louis Dreyfus 등은 사일로Silo 곡물저장창고 시스템을 가지고 전 세계 공항, 항공, 대도시 등의 곡물가를 사실상 통제하고 있다

2022년 한국은행은 '글로벌 식량보호주의의 경제적 영향과 향후 리스크 요인'이라는 보고서를 발표했다. 이 보고서에는 러시아·우크라이나 전쟁으로 인해 국제 식량가격이 급등하면서 일부 국가가 수출 제한 조치를 도입하는 등 식량자국우선주의가 팽배해지고 있다고 진단한다. 이 보고서는 러시아·우크라이나 전쟁 이후 수출 제한 조치가 가장 많이 도입된 '밀'을 대상으로 식량자국우선주의에 대한 영향을 분석했다. 분석결과는 전 세계의 국가들 중 곡물자국우선주의를 채택하는 비중이 1%포인트 확대될 때마다 국제 밀가격은 2.2%포인트 상승하는 것으로 나타났다. 이런 상황에서 어떤 국가든 경제안보를 강화하는 방법은 자국의 곡물자급률을 안정적으로 유지하고 곡

물수입선을 다변화하는 것이 유일한 방책이라는 것을 강조한다.

최근 기후위기로 인해 부족해진 곡물생산을 확대하는 효율적인 대안으로서 애그리테크Agritech산업이 부상하고 있다. 애그리테크는 농업agriculture과 기술technology을 결합하여 기후위기로 발생한 농업의 한계를 극복할 수 있는 스마트 농업을 의미한다. 농업agriculture과 기술technology을 결합하여 기존농업의 한계를 극복할 수 있는 핵심 분야로는 '스마트 팜'이 떠오른다. 스마트 팜은 정보통신기술ICT을 농업의 생산·가공·유통·소비 전반에 접목해 자동으로 작물의 생육환경을 관리하고 생산효율성을 높이는, 지능화된 시설농장을 말한다. 세계 스마트농업 시장은 연평균 9.8%씩 성장하는 추세이다. 글로벌 리서치 회사 '마켓츠 앤 마켓츠'는 세계 스마트농업 시장은 2020년 138억 달러(18조 780억원)에서 2025년 220억 달러(28조 8,200억원)로 증가할 것으로 예측한다. 우리나라의 스마트 팜 시장은 연평균 15.5%의 급격한 성장을 지속할 것으로 예측된다.

경제안보와 식량안보

전 세계는 기후변화로 곡물생산의 생산성 저하, 농경지 감소 및 물 부족, 원자재 가격 상승에 따른 곡물생산 비용의 증가 등으로 식량안보에 대한 위기감이 고조되고 있다. 이런 현상은 미국, 캐나다, 호주, 브라질, 아르헨티나 등 주요 식량 수출국들의 경우에도 예외가 아니다. 이제 글로벌 식량위기 문제는 세계적인 화두가 되었고 세계 주요국들은 경제안보나 식량안보를 국가의 주요한 정책과제로 다루고 있다. 2022년 6월 스위스 제네바에서 열린 제12차 WTO 각료회의에서 '세계가 직면한 식량위기'가 주요 의제로 부각되었다. 세계적인 식량위기에 대응하기 위해 WTO와 유엔세계식량계획WFP에 대한 각료선언문을 채택했다. 이 선언문은 모든 국가들이 농산물 교역 원활화와 글로벌 농식품시스템 회복력을 위한 불필요한 수출제한조치를 자제하고, 식량안보를 위해 각국이 긴급조치를 취할 경우 무역을 왜곡하지 않는 방식으로 투명하게 시행한다는 내용을 담고 있다. 또한 유엔세계식량계획WFP이 인도적 원조를 위해 구매하는 식량에 대해서는 수출제한조치를 적용하지 않는다는 약속도 포함되었다.

최근 경제안보는 모든 국제전략 및 국가전략에서 중요한 개념으로 취급된다. 경제안보는 ① 먼저 충분한 식량공급을 확보하고 핵심 자연·광물 자원에 대한 국가의 접근을 보장하는 것, ② 금융시장 등 핵심 인프라를 물리적 또는 사이버 공격으로부터 보호하는 것, ③ 복원 가능하고 신뢰할 만한 공급망을 만들고 유지하는 것, ④ 총괄

세계식량안보지수

영국의 경제전문지인 〈이코노미스트(The Economist)〉가 2012년부터 매년 113개국의 식량안보 수준을 나타내는 세계식량안보지수(Global Food Security Index: GFSI)를 발표하고 있다.

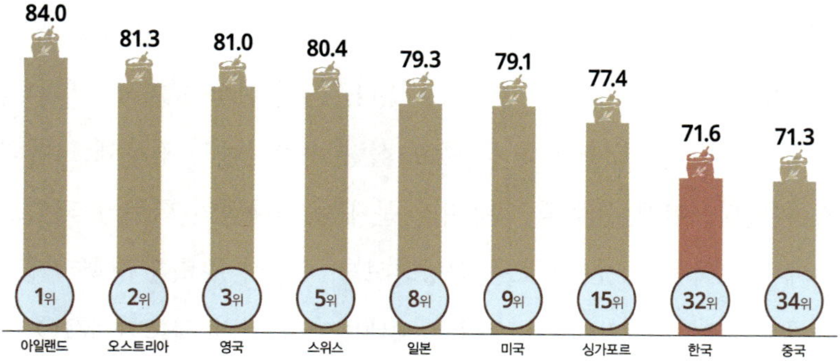

자료: 통상, 2022년 9월호, 산업통상자원부

적으로 지정학적 경쟁국에 대한 기술우위를 확립하고 유지하는 것 등을 말한다.

세계식량안보지수GSFI는 자국민에게 충분한 양과 질의 식량을 필요한 시기와 장소에 공급할 수 있는 능력을 말한다. 세계에서 가장 권위있는 식량안보지수 발표기관인 영국의 이코노미스트 인텔리전스 유닛EIU은 전 세계 113개국을 대상으로 식량안보 상황을 평가하여 매년 세계식량안보지수를 발표한다. 주요 평가항목으로는 구매능력, 가용성, 품질과 안전, 천연자원과 회복력 등이다. 우리나라의 식량안보지수(2021)는 71.6으로 세계 32위이고, 세계 1위 아일랜드, 2위 오스트리아, 3위 영국, 5위 스위스, 8위 일본, 9위 미국, 15위 싱가포르, 중국은 34위다. 우리나라는 '식품의 품질과 안전성'과 '구매능력'에서는 우수한 평가를 받았지만 '식량자급률'과 '환경지속가능성'에서는 개선이 필요하다는 평가를 받았다.

2024년 6월 한국농촌경제연구원(농경연)은 '통계로 본 세계 속의 한국농업'을 공개했다. 이 자료에서 우리나라는 최근 3년 동안(2021~2023년) 평균 곡물자급률은 19.5%로 집계됐다. 곡물자급률은 국가별 곡물(쌀, 보리, 밀, 옥수수 등) 생산량에서 자국 내 소비되는 비율을 의미하며, 식량자급률은 자국내 소비되는 곡물에서 동물이 먹는 사료를 제외하여 계산한다. 같은 기간 전 세계 평균 곡물자급률은 100.7%다. 주요국 중 곡물자급률이 가장 높은 국가는 호주 327.9%, 캐나다 173.3%, 미국 121.3% 등이고, 중국 91.9%, 일본 27.7%, 우리나라 19.5%로 나타났다.

한·중·일 3개국을 비교하면 2008년 대비 최근 3개년 변화 추이에서 한국은 31.3%에서 19.5%로 11.8%포인트 낮아졌다. 중국은

자료: 통계로 본 세계 속의 한국농업, 한국농촌경제연구원, 2023

102.7%에서 92.2%로 10.5%포인트 하락했고, 일본은 27.5%에서 27.6%로 0.1%포인트 높아졌다. 곡물자급률은 낮아지면서 농축산물 무역수지 적자 규모는 더 커졌다. 2022년 기준 한국의 무역수지 적자 규모는 311억 7,800만 달러로, 2021년 255억 200만 달러 대비 56억 7,600만 달러가 증가했다. 또한 우리나라의 농축산물 수입액은 398억 달러로 집계됐다. 주요 수입 품목은 옥수수, 쇠고기, 돼지고기 등이고, 총수입액에서 각각 6.9%, 6.6%, 6.1%를 차지했다. 2020년 기준 품목별 곡물자급률은 쌀 92.8%, 보리쌀 36.5%, 콩 7.5%, 옥수수 0.5%, 밀은 0.5%로 쌀과 보리쌀을 제외하고 심각한 수준이다. 종합적으로 우리나라는 곡물안보지수나 곡물자급률이 모두 우리나라의 경제규모에 비해 낮은 수준이다. 그리고 두 지수 모두 개선되기보다는 악화되는 추세에 있다. 곡물자급률이 낮아지면 곡물 수입 의존도는 높아진다. 이런 현상들은 우리나라가 국제 곡물 가격과 수·

급 변동에 취약한 위치에 있다는 것을 나타낸다. 또한 우리나라의 주요 곡물 수입국은 미국, 브라질, 아르헨티나 등 일부 국가에 편중돼 있다. 이것 또한 곡물 수출국에서 식량위기가 발생하는 경우, 우리나라의 식량안보는 심각한 타격을 입는다는 것을 의미한다.

Chapter

08

코로나 사피엔스(corona sapiens)와 뉴노멀(new normal)

1. 인간과 바이러스
2. 세균과 바이러스의 차이
3. 코로나19와 뉴노멀
4. 코로나19와 공급망 재편
5. 코로나19와 일자리 변화
6. 코로나19와 정치·외교의 변화
7. 코로나 사피엔스와 뉴노멀

2019년 중국 우한에서 시작된 코로나19 팬데믹은 마치 2011년 스티븐 소더버그의 영화 '컨테이젼contagion'처럼 전 세계를 공포와 혼란에 빠뜨렸다. 코로나19 팬데믹은 인간과 인간의 관계를 비대면 관계로 급속히 전환시키고 성장 위주의 경제발전의 패러다임에 타격을 가했으며, 한편으로는 디지털기술을 기반으로 하는 4차 산업혁명을 가속화했다. 가정적으로는 이혼율과 임신율을 증가시키고 가정폭력이나 콘돔수·급의 불균형을 야기했으며 사회적 불평등과 성차별을 심화시켰다. 정치적으로는 지방정부의 기능과 역할이 중앙정부보다 더 효과적임을 증명했으며 통상·외교적으로는 자국우선주의와 리쇼어링을 강화시켰다.

1. 인간과 바이러스

인류의 역사에서 감염병의 대유행은 대전환의 기폭제였다. 알베르 카뮈는 1947년 그의 소설 '페스트'에서 감염의 공포와 이를 극복하는 실존적 인간의 모습을 투영했다. 페스트는 중세 봉건사회를 붕괴시키고 근대 시민사회를 열 수 있는 사회경제적 구조를 조성했다. 천연두는 찬란한 잉카제국을 무너뜨리고 유럽으로 대량의 금과 은을 유입시켜 유럽의 금융혁명을 촉발시켰다. 스페인독감은 1차 세계대전 당시의 사상자인 1,500만 명보다 더 많은 1,700~5,000만 명의 사상자를 발생시켜 1차 세계대전을 서둘러 종식시켰고, 독감 예방 접종 문화를 탄생시켰다. 코로나19 팬데믹은 그동안 유행했던 과거 바이러스들의 변종에 해당한다. 바이러스는 세균과 달리 전멸시킬 수 없으며 주기적으로 대유행을 반복하는 태생적 특성을 갖고 있다. 바이러스의 주기는 5년, 3년, 1년으로 유행주기가 점점 짧아지고 있으며, 사스(중국 광둥성, 2002년 11월), 신종플루(미국, 2009년 4월), 메르스(중동지역, 2012년), 코로나19(중국 후베이성 우한시, 2019년 12월) 등으로 발생주기를 보여준다.

세균이나 바이러스 같은 감염병들은 본래 숲에 터전한 동물에게 기생하던 개체들이 우리 인간에게 옮겨오면서 대유행이 시작됐다. 농업혁명을 계기로 숲속의 동물들을 포획하여 가축화·식량화하는 과정에서 동물에서 인간으로 전이가 가능해졌다. 육식을 위해 인간은 동물의 영역을 침범하고 훼손하면서 전염병의 감염이라는 혹독한 대가를 치루게 된다. 인간은 끝없는 욕구를 충족하기 위해 산업화나 도시화를 확산시켰고 동물의 영역인 자연을 축소시키거나 파괴시켰다. 어찌보면 감염병의 대확산이나 기후위기 같은 징벌적 부작용은 인간의 욕망에서 기인한다. 감염병의 대유행은 지구를 환경과 생물로 구성된 하나의 유기체로 인식하지 못한 인간의 교만 또는 무지에서 비롯됐다.

현실적으로 감염병의 대확산에 대한 대응으로는 화학적 백신(약품개발)이나 행동백신(거리두기 등) 등이 활용된다. 하지만 이런 방식은 근원적이고 지속적인 해결책으로는 무용지물이다. 바이러스 대유행의 문제를 새로운 관점에서 파악해야 한다. 인간과 동물, 환경과 지구는 마치 우리의 몸처럼 모든 기관이 하나로 연결된 생명체, 즉 유기체로 인식해야 한다. 인식의 대전환이 필요하다. 화학적 백신의 개발이나 행동백신의 강제보다는 생태백신에 초점을 맞춰야 한다.

녹색두뇌 또는 에코지능ecological intelligence*을 기반으로 한 생산과 소비로 전환해야 한다. 인간의 소비와 생산활동이 지구환경에 미칠 영향 전반을 파악하는 개인, 사회, 국가의 인식전환이 요구된다. 물신주의를 기반으로 한 소유양식으로는 근원적인 문제해결에 한계가 있다. 인간의 욕구를 조절하는 존재양식으로 전환해야 한다. 물신주의에 천착한 기존의 천민자본주의에 대한 개혁이나 대전환을 모색해야 한다. 이윤제일주의, 성장제일주의에서 안전한 사회, 더불어사는 사회, 지속가능한 사회로의 대전환, 즉 기존의 표준을 타파하고 새로운 기준을 적용한 뉴노멀의 시대를 열어야 한다.

2. 세균과 바이러스의 차이

동물의 가축화 과정에서 천연두, 인플루엔자, 결핵, 말라리아, 페스트, 홍역, 콜레라 등은 동물에서 사람으로 전이되었다. 그런 다음 한 사람에게서 다른 사람에게로 전파되는 감염의 대유행이 가능해진다. 그들의 입장에서는 자신들의 개체를 번성시키는 최선의 전략이다. 더구나 많은 인구가 집적된 대도시의 조성은 그들에게 종족번식의 최상의 장소로 활용된다. 세균이나 바이러스들은 전파하는 방법을 다양하게 진화시켰고 잘 전파되는 개체일수록 더 많은 새끼들을 남길 수 있기 때문에 다양한 숙주를 이용하도록 진화되었다. 바이러스는 완전한 세포, 독립적 생존과 번식을 하는 세균과는 다르

* 인간과 자연의 상호영향을 이해하는 인식능력

게 생물과 미생물의 중간 형태여서 인간이나 동물을 숙주로 이용해야 생존과 번식이 가능한 반쪽짜리 생명체이다. 바이러스는 인간의 몸속에 자기 정체를 숨기고 침입해 처음에는 무증상 감염으로 잠복하다가 서서히 본색을 드러내 폐뿐만 아니라 여러 장기로 진입하면서 종족의 번식을 활성화한다. 바이러스가 처음 인간의 몸속에 침입했을 당시에는 인간을 곧바로 죽일 수 있을 정도로 위협적이었지만, 바이러스도 진화하여 인간을 죽이지 않는 대신 신선한 영양분을 지속적으로 공급받는 전략으로 전환한다. 이런 결과로 감염된 인간은 곧바로 사망에 이르는 대신 장기간 고열이나 구토로 시달리면서 바이러스에게 신선한 영양분을 공급하는 저장고로 활용된다.

세균과 바이러스는 감염이라는 공통점을 지니고 있지만, 덩치의 크기면에서 확연하게 차이가 있다. 세균은 보통 몇 μm 크기지만, 바이러스는 훨씬 작은 20~300㎚에 불과하다. 세균은 세포벽, 세포막, 유전자 정보가 들어 있는 핵, 단백질 등으로 구성된 하나의 세포인데 반해 바이러스는 유전 정보가 들어 있는 핵이 단백질에 둘러싸여 있는 단순한 형태에 불과하다. 바이러스는 세포가 아닌 반쪽짜리 생명체여서 세포를 숙주로 삼아 기생해 생존할 수밖에 없는 개체이다. 세균은 보통 피부 상처나 호흡을 통해 체내로 들어가지만, 바이러스는 혈액, 타액, 피부 등을 통해 생체로 들어갈 수 있다. 바이러스는 세균보다 소독약이나 열에 강하고, 전염 확산 속도면에서 세균보다 훨씬 빠르다. 또 유전 물질만 가지고 있는 단순한 구조여서 돌연변이 확률이 높고 소멸하지 않으며 적응력이 뛰어나다. 천연두와 결핵은 과학의 힘을 빌려 몰아낼 수 있지만, 바이러스 자체는 지속적으로 변형을 일으키며 인간을 숙주로 삼아 번식을 지속한다. 이런 이유에서 신종 바이러스가 주기적으로 등장하고 빠른 백신개발이 어렵기 때문에 바이러스는 대유행에 성공한다. 그리고 이런 상황이 주기적으로 반복되면서 바이러스는 인간에 기생하며 인간의 역사에 영향을 준다.

3. 코로나19와 뉴노멀

인류역사의 발전과정에서 감염병의 대유행은 기존의 인간의 생활과 사회구조, 교육과 문화, 경제와 정치, 그리고 과학기술과 산업구조를 변화시키는 전환점이 되어왔다. 감염병의 대유행이 뉴노멀, 즉 기존의 표준을 타파하고 새로운 표준을 만드는 계기로 작용한 것이다. 코로나19 팬데믹은 우리 사회를 비대면 원격사회로 전환시키는 촉매제였다. 코로나19로 글로벌 공급망은 재편되었으며 세계무역질서는 자유무역에서 자국중심주의로 전환되었다. 산업은 디지털경제로 대전환하였고, 국가사회는 위험대응 일상화와 회복력을 중시하는 사회로 전환하였다. 경제발전의 목표는 이윤제일주의나 성장제일주의에서 벗어나 안전한 사회, 더불어 사는 사회, 지속가능한 사회를 만드는 것으로 전환하였다. 그동안 무분별하게 산림을 파괴하고 경지개발을 폭주시켜 산업의 지구화, 가치의 금융화, 생활의 도시화, 환경의 시장화를 이루었지만 사람과 동물의 공간적 경계는 허물어지고 접촉의 영역이 확대되었다. 인간이 동물들의 생존영역을 침탈한 만큼 바이러스도 인간의 생존영역을 침범하는 악순환이 반복된 셈이다. 코로나19 팬데믹은 인간의 욕망과 인간의 삶의 방식에 대한 자성과 변혁을 촉구한다. 시장근본주의가 품고 있는 이념과 물신화에 대한 반성, 포용적이고 효율적인 민주주의 구축에 대한 당위성, 약자에 대한 사회적 방역의 중대성, 욕망에 대한 질서 부여, 인간 서식지 무한 확대의 방지, 도시적 공간 집약화 등의 문제를 해결하는 것이 바이러스의 인간사회 침공을 막을 수 있는 최선의 방역임을 깨닫게 한다.

4. 코로나19와 공급망 재편

코로나19 팬데믹이 확산되면서 의료장비 등에 대한 수출통제, 외국인 입국 제한조치 등이 강화됐다. 미국의 경우 의약품 및 의료기기의 과도한 대중국의존으로 마스크조차 충분히 공급받지 못하는 최악의 상황을 마주한다. 이런 공급망의 불안정과 위험을 경험한 세계 주요국들은 코로나 충격 이후 공급망 재편을 위한 정책을 입안하고 실행한다. 코로나19 팬데믹 기간 세계 각국은 마스크·백신·치료제 등을 전략자산으로 취급하였고 긴급물자를 비축하거나 수출을 통제하는 자국우선주의로 대응했다. 미국은 '국방물자생산법Defense Production Act'를 적용하여 마스크, 개인보호장비, 호흡기치료설비 완제품, 원재료 등에 대한 수출을 규제했다. 유럽의 국가들도 백신의 역외 수출을 제한했다. 코로나19 팬데믹으로 인해 세계는 글로벌리제이션, 즉 세계화라는 공급망 노선을 탈퇴해서 새로운 공급망인 디글로벌리제이션De-globalization, 탈세계화로 나아가고 있다. 이제 세계화는 중단되거나 훼손되었으며 WTO체제 중심의 다자주의가 무너지고 새로운 질서 탈세계화가 부상하는 추세이다. 세계화과정에서 세계경제가 과도하게 중국에 의존하는 리스크Risk를 키웠다는 점을 반성하면서 새로운 질서, 탈세계화를 자국우선주의나 리쇼어링 정책으로 추진해 간다.

Off-shoring에서 Re-shoring으로

세계경제는 1990년대 세계화물결과 2000년 WTO체제 본격출범으로 제조업의 세계적 off-shoring 현상이 확산되었다. 다국적기업들이 인건비가 낮은 지역으로 생산기지를 분산시킴으로써 글로벌공급망이 구축되었다. 청바지 1벌을 제조하는데 최소 12개국 이상의 value chain이 작동할 정도로 선진국의 Off-shoring은 극에 달했다. 영국, 프랑스, 미국의 제조업들은 대부분 생산기지가 해외로 이전되었고 따라서 해외의존도가 높아졌으며 특히 대중국의존도는 지나치게 높은 수준까지 치솟게 된다. 세계 주요 제조업 국가인 한국, 중국, 독일에서 각종 의료용품이 생산되고 조달되었는데, 중국의 경우 전 세계 방역용품의 40% 이상을 생산. 공급하는 상황이었다. 미국의 3M 제품의 경우에도 중국에서 생산하기 때문에 제품등록허가가 이루어지는 데에만 최소 6일 최대 10일까지 소요되었다. 코로나 방역에 필요한 긴급물품조차도 미국에 늦장 공급되는 일은 비일비재했다. 빠르고 안정된 공급은 국내생산에서만 보장되었다. 값싼 공급을 위해 세계로 아웃소싱했던 생산기지들은 코로나 충격에 도움이 될 수 없었다. 안정된 공급망을 구축하기 위해서는 해외로 아웃소싱한 기업들을 다시 국내로 되돌려야 했다. 리쇼어링re-shoring 내지는 온쇼어링on-shoring정책이 강화되었고 기술세계주의는 기술자국주의로 대체되었다.

코로나19 팬데믹은 글로벌 경제사회의 패러다임을 전환시켰다. 바이러스 전염을 차단하기 위해 전 세계가 경제봉쇄shut down를 본격화하면서 글로벌 공급망이 위축되고 불안정해졌다. 코로나 방역과 검역 강화로 수출입 처리가 지연되고 항만 노동자의 부족으로 하역 작업이 지체되었다. 결과로써 초과수요가 발생하고 천연가스, 목재를 비롯한 원자재와 중간재 가격이 급등하게 되었고 급격한 물가상승의 압력으로 작용했다. 일련의 변화들이 코로나사태 이후 글로벌 공급망의 재편, 값싼 공급망에서 안전한 공급망으로 재구조화를 가속화했다. 글로벌 가치사슬global value chain에서 벗어나 리쇼어링, 지역가치사슬Regional value chain이나 국내가치사슬Domestic, National value chain을 구축하는 길을 선택했다. 코로나19로 나타난 공급망의 위험을 공급망 재편을 통해 헷징하겠다는 정책적 의도이다. 세계 각국은 공급망의 회복력을 강화하고 자국의 위기관리능력과 복원력을 증강시키려는 목적으로 공급망 재편에 동참하고 있다.

5. 코로나19와 일자리 변화

코로나19 팬데믹은 경제적 측면에서 어느 한 부분의 문제가 아니라 수요, 공급, 소비, 내수, 수출 등 경제 전반에 걸쳐 위기 상황을 초래했다. 주요 국가들은 코로나 충격에서 회복력을 복원하고 또 다른 감염병 대유행에 대비하는 국가사회시스템에 주목했다. 경제발전의 목표를 안전과 건강 그리고 복지에 우선순위를 두는 변화가 발생했다. 돌봄경제care economy가 강조되면서 사회적 연대를 강화하고 그물망 같은 사회적 관계의 중요성을 일깨웠다. 국가사회가 이윤제일주의나 성장제일주의를 버리고 안전한 사회, 더불어사는 사회, 지속가능한 사회로 패러다임을 전환해야 하는 당위성을 인식했다. 코로나19 팬데믹은 온라인 주문, 쇼핑과 배달산업의 발달(드론), 온라인 교육시장의 발달, 회사의 온라인, 비대면 재택근무의 증가를 촉진했다. 의료, 먹거리, 교육, 보육, 요양, 배달, 택배와 같은 저임금 일자리가 사회의 변두리가 아닌 우리 사회를 지탱하는 핵심인력key worter이라는 사실을 검증했다. 관련 산업이나 직종에 일자리는 증가하고 관련 노동자들의 임금도 상승했다. 하지만 저학력, 저소득, 청년층, 여성, 임시일용직, 자영업자, 고용보험미가입자의 소득격차는 확대되고, 고용의 취약성은 높아졌으며, 일자리 회복기간은 길어졌다. 환경문제와 근무 환경의 연관성 측면에서는 긍정적인 효과가 나타났다. 미국의 경우 근로자의 52%가 일주일에 하루씩 재택근무로 전환하는 경우, 연간 2천만 톤의 이산화탄소 배출이 감축(미국 전체 배출량의 2.5%)되는 것으로 분석됐다. 코로나 사태로 재택근무가 증가하면서 탄소배출은 크게 저감한 것으로 나타났다.

6. 코로나19와 정치·외교의 변화

코로나19 팬데믹으로 치명적인 피해를 입은 국가들은 미국을 비롯한 선진국들이다. 미국은 국민의료보험의 체계가 부재하고 비효율적 의료복지시스템이 약점이다. 미국의 노동자들은 주로 시간제임

코로나19 최대 피해국들(11월 23일 현재)

(단위: 명)

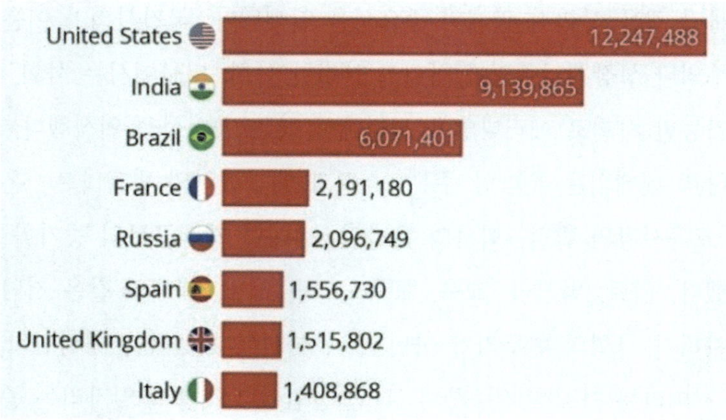

자료: 존스홉킨스 대학

금이고 미국 전체 노동자의 45%가 유급휴가를 보장받지 못하기 때문에 코로나에 감염되더라도 생존을 위해 일터에 나가야 했다. 미국의 노동자들은 살 것이냐? 아니면 죽을 것이냐의 선택문제, 즉 생존을 위해 일터에 나가야 하나? 아니면 방역을 위해 집에서 굶어야 하나?의 문제에 직면했다. 굶어 죽지 않기 위해서는 코로나에 감염되더라도 일터에 나가야 했다. 미국의 요양산업은 영리요양기관이 주류를 이루고 있다. 이런 이유로 노인을 대상으로 하는 파트타임 간병사들이 코로나에 감염된 채 여러 요양기관을 들락거리며 노인들의 대규모 감염을 부채질했다. 미국이 선진국인데 요양기관에 있는 노인 250만 명을 고의적인 살인에 노출시킨 결과로 귀결된다. 이런 사태는 우리에게 잘못된 의료체계나 노인복지체계가 대규모 감염병 사태에 얼마나 취약한가를 적나라하게 보여준다. 유럽의 경우에도 코로나 피해가 커진 핵심 원인 중에 하나로 보수정권과 극우집단이 권력을 잡으면서 복지축소 및 재정긴축정책으로 의료서비스체계를 악화시켰다는 점이 지적된다. 대체로 보수주의 정권들은 소극적 복지정책이나 건전재정을 강조하며 사회적 안전망을 훼손시킨다.

중국의 경우에는 권위주의 정부가 언론이나 비판적인 전문가를 통제함으로써 코로나 확산 초기대응에 실패했다. 언론이나 전문가가 지적하는 코로나 대유행의 위험성을 숨기고 호도하려다 초기진압에 실패했다. 감염이 빠른 속도로 확산하자 수천만 명이 살고 있는 대도시를 하루 아침에 통째로 봉쇄하는 비민주적 조치를 감행한다. 민주주의 국가에서는 상상조차 할 수 없는 독재적 수단이 동원된 것이다. 권위주의 정부는 바이러스와의 인민과의 전쟁을 선포하고 장기간 고도의 통제 관리체제를 작동시킨다. 이런 현상에 직면하면서 권위주의 정부가 코로나 사태를 명분으로 국민들을 진단－추적－감시하고 그들의 일상을 공공연히 들여다보는 새로운 독재체제가 등장할 위험성이 증가했다.

코로나사태를 경험하면서 새로운 희망을 보게 되는 영역은 성숙한 국제협력관계이다. 특히 민간 주도의 강한 시민연대와 협력이 주목된다. 코로나가 전 세계로 번진 상황에서 백신에 대한 배분문제는 중요한 국제이슈였다, 백신은 어느 나라가 많이 접종한다 해서 상황이 종료되는 것이 아닌데도 G20 국가의 지도자들은 이기주의에 매몰돼 버렸다. 당시 G20국의 주도하에 전 세계 백신량의 89%가 그들에 의해 독점된다. 그 결과로 백신 접종률이 낮은 아프리카 국가들에서는 변이 바이러스 오미크론이 발생한다. 백신에 대한 자국우선주의가 변종 바이러스를 탄생시켰고 코로나 사태를 더 지속시키는 원인을 제공했다. 하지만 국민국가들이 구성하는 국제관계에서 강한 시민연대와 협력을 기반으로 하는 민간 중심의 새로운 국제체제가 등장하는데, 여기서 새로운 희망의 꽃이 피어난다. 지나친 개인주의나 과도한 공동체주의가 아닌 돌봄과 배려에 기초한 국제적인 시민연대와 협력체계가 힘을 발휘한 것이다. 세계대공황과 2차세계대전을 거치면서Big Government 방역용품, 의료 장비, 필수재에 대한 생산·공급은 정부가 주도해 왔다. 그러나 코로나 사태가 심각해지자 의사(1억~2억 명), 과학자, 간호사, 기술자, 엔지니어들이 민간인 자격으로 국제적 공중보건 인프라의 중요성을 천명하고 전염병 정복을 목표로 협력을 강화한 시민연대 글로벌 협력체계를 구축한다. 각국의 정치지도자들은 국경 봉쇄를 감행한 반면 과학자들은 민간 중심의 신속하고 긴밀한 유례없는 세계적인 협력관계를 구축했다. 이것은 많은 국가의 많은 전문가들이 단일주제에 대해 긴박하고 신속하게 협력 대응한 최초의 사례이다. 온라인 저장소를 활용한 연구를 연대함으로써 과학저널보다 몇 개월 앞선 연구를 성공시켰다. 메드아카이브medRxiv, 바이오아카이브bioRxiv 등 사전공개된 온라인 아카이브를 통해서 200건이 넘는 임상시험과 전 세계 병원과 실험실이 플랫폼을 형성해서 이루어낸 값진 성과이다. 국가별 영토주의, 연구비밀주의, 학술출판의 정치주의를 제쳐버리고 임상시험에 대한 패스트트랙이 신속하게 적용됨으로써 새로운 진단, 항바이러스제, 백신 및 치료제를 빠른 속도로 개발했다. 코로나 사태 이전까지만 해도 영리주의에 매몰된 세계적인 대형제약사 18곳 중 15곳이 돈이 되지 않는다는 이유로 새로운 항생제나 항바이러스제의 연구·개발에서 손을 뗀 것과 비교하면 공공을 위한 민간협력이 글로벌 감염병 대유행 사태에 얼마나 헌신적이고 실효성있게 대처했는지를 방증한다.

바이오산업과 국가안보

2021년 6월 미국의 조 바이든 대통령은 코로나19 팬데믹으로 가장 많은 피해를 입은 미국의 의약품 공급체계를 개선하기 위해 바이오산업 육성을 전면에 내세웠다. 미국은 2021년 2월 조 바이든 대통령의 의약품 공급망 조사 행정명령을 시작으로, 바이오 의약품의 자체 생산 역량 확대에 힘을 쏟고 있다. 미국의 경우, 다수의 의약품 제조 시설이 해외, 특히 중국과 인도에 편중돼 있는 의약품 공급체계가 문제였다. 코로나 팬데믹 당시 미국 식품의약국FDA에 등록된 완제 의약품제조 시설 52%, 원료 의약품 제조 시설 73%가 해외에서 가동 중이었다. 특히, 제네릭 의약품(특허가 만료된 오리지널 의약품과 성분, 함량, 제형 등이 동일한 의약품) 제조 시설은 해외에 있는 비중이 완제 의약품의 63%, 원료 의약품의 87%에 달할 정도로 편중현상은 심각했다. 2016년 중국 제약사 '칠루Qilu' 공장에서 발생한 화재로 항생제 '조신Zosyn'의 글로벌 부족 현상이 발생한 것처럼 의약품 생산기지의 편중현상은 국민들의 보건·의료안보에 치명상을 입힐 수 있다. 따라서 2022년 9월 미국의 바이든 대통령은 '국가 바이오기술 및 바이오 제조 이니셔티브' 행정명령에 서명했다. 이 행정명령은 미국에서 개발된 기술을 기반으로 한 제품·서비스가 미국 내에서 생산되도록 의약품의 공급망을 재편하는 내용을 담고 있다. 여기에는 미국 내 바이오 생산 설비를 확대하고 바이오 데이터 보안을 강화하는 내용도 포함돼 있다. 코로나19 팬데믹 사태 이후 바이오 산업은 국가전략적 차원이나 안보적 측면에서 중요한 부문으로 떠오르고 있다. 코로나처럼 언제 어떤 바이오 위기 상황이 닥치더라도 바이오 기술을 활용해 국가안보의 안전한 기틀을 조성해야 한다는 필요성 때문이다. 세계 최강의 군대를 자랑하는 미군의 경우에는 국방예산의 10%를 바이오 안보에 투자 중이다. 또한 장병들의 식단에서 화학적 백신보다 푸드 백신을 활용해 부작용 없이 보다 안전한 장병들의 건강을 지키는 것을 국가안보의 한 축으로 인식하게 되었다.

7. 코로나 사피엔스와 뉴노멀

코로나19 팬데믹은 기존의 사회를 면대면 사회에서 비대면사회로, 아날로그 중심의 사회에서 디지털 중심의 사회로 전환시켰다. 인간은 호모 사피엔스에서 코로나 사피엔스 또는 포노사피엔스로 진화되었다. 코로나 사피엔스는 코로나와 공존하는 인간을 의미하고 포노 사피엔스는 휴대폰과 공존하는 인간을 의미한다. 그런 과정에서 인간은 휴대폰을 통해 어디든 누구든 연결하며 살아가는 포노사피엔스를 출현시켰다. 포노사피엔스phono-spiens란 휴대폰(디지털)을 쥐고 어디든 접촉이 가능한 디지털 혁명이 탄생시킨 신인류를 지칭한다. 그들은 휴대폰, 노트북, 디지털 카메라 등 첨단 기기를 활용해 시간과 공간에 구애받지 않고 인터넷에 접속해 필요한 정보를 찾고 쌍방 커뮤니케이션을 통해 세상과 소통하는 사람들, '디지털 노마드족'을 말한다. 그들은 모바일에 익숙한 나머지 대면접촉보다 스크린이 더 편안하고 편리한 것으로 인식된다. 인플루언서influencer가 하나의 직업으로 등장하고 키오스크Kiosk는 신문, 음료, 은행 창구, 유통, 외식, 서비스 등 폭넓게 활용된다. 디지털 키오스크로 제공되는 언택트untact문화가 확산하며 VR·AR과 같은 가상현실도 삶의 공간으로 활용된다. 마케팅 전략은 소비자와 대면하지 않고 상품이나 서비스를 제공하는 이커머스가 지배한다. 디지털에 익숙한 엄지족, 즉 핑거프린스finger prince족(핑프족)은 간단한 조사도 없이 메신저나 sns에 손가락으로 상품을 주문하고 평가한다. 저녁7시 뉴스를 56.7%가 유튜브로 시청하고 지상파방송은 18%, 케이블방송은 9%가 시청한다. 팡FANG(페이스북, 아마존, 넷플릭스, 구글)의 지배력은 전 세계를 대상으로 그들의 영토를 확장해 간다. 최강권력은 디지털을 통한 소비권력이 되고 소비권력의 주도권은 디지털 원주민인 Z세대로 이동한다. 소비권력의 이동을 촉진하는 중심에는 디지털 결제수단이 자리하고 중국에서는 거지에 대한 동정심도 디지털 결제수단으로 실현된다.

제조, 산업, 유통부문에서는 정보재와 IOT기술이 접목된 정보재산업이 활성화된다. 정보재information goods는 비트 형태로 운송, 저장이 가능한 재화인데, 예를 들면 책, 영화, 음악, 기술, 소프트웨어, 음성통신, 데이터 서비스 같은 디지털 상품을 말한다. 소셜커머스의 팬덤에 의해 그 산업이나 기업의 운명이 좌우된다. 중국의 알리바바는 돈, 계획, 기술이 없으면서 소셜커머스의 팬덤으로 성공한 대표적 기업이다. 우리나라의 K-POP을 대표하는 BTS에 대한 세계적인 열풍 또한 유튜브에 의해 형성된 세계적 팬덤의 결과물이다. 애니메이션 아기상어Baby Shark도 유튜브를 통해 세계적 팬덤을 형성한 사례이다. 소셜커머스를 통한 세계적인 팬덤을 형성하는 기저에는 빅테크 기업들의 공적이 쌓여 있다. 인간의 재미를 충족하는 과정에서 애플(게임, 비디오, 음악)이 기여했고, 인간의 욕망을 분석하고 충족시키는 과정에는 구글(빅데이터)이 기여했다. 인간의 관계를 연결하는 과정에는 페이스북이 기여했고 삼성전자는 기능적 역할로 기여했다.

비대면 서비스가 실현되고 확산되는 과학기술적 배경에는 4차 산업혁명이 자리한다. 모바일, 인공지능, 클라우드, 빅데이터, 로봇기술은 비대면 서비스를 확산시킨다. 온라인 쇼핑, 온라인 게임, 온라인 교육, 원격의료, 화상회의가 면대면 문화를 대체해 버린다. 라이브커머스, 쿠팡, 이베이코리아, 11번가 등 온라인 쇼핑 매출은 크게 증가하고 기존의 백화점이나 대형마트의 매출은 추락한다. 중국의 인터넷 기업 알리익스프레스나 장터플랫폼인 테무가 우리나라까지 침범했고 글로벌 영토를 확장해 간다. 컴퓨터, 노트북, 마이크, 캠 등과 같은 전자제품 수요도 증가한다. 온라인 소통 플랫폼, 원격접속솔루션, 데스크톱 가상화VDI, 콘텐츠 전송 네트워크CDN 아마존, 구글, 네이버, 카카오 등 디지털 기업의 주가가 상승한다.

세계의 경제 패러다임은 규모의 경제에서 네트워크 경제로 그리고 다시 플랫폼 경제로 진화해 간다. 소비문화에서는 구독경제Subscription Economy나 공유경제share economy가 확산한다. 구독경제는 소비와 소유를 넘어 접속과 이용의 시대로의 전환을 의미한다. 효용성을 기반으로 한 개인별 맞춤형 경험 또는 소비Customizing를 추구한다. 과자, 술, 침구, 면도기, 속옷, 자동차, 요트에 이르기까지 무엇이든 구독경제로 서비스가 가능하다. 터치와 클릭 몇 번이면 무엇이든 구독되는 경제, 일시불이 아닌 정기적으로 사용료를 지불하며 저렴하게 재화와 서비스를 이용하는 경제가 확산한다. 예를 들면 넷플릭스나 스포티파이 같은 기업들은 스트리밍 서비스를 통해 구독자에게 고정된 월 구독료로 다양한 영화나 음악을 무제한으로 제공한다. 공유경제Sharing Economy는 효율적인 자원배분(효율성)과 사회적 비용을 줄이는 방편으로 한번 생산된 제품을 여럿이 공유(음악, 기술, 소프트웨어, 음성통신, 데이터 서비스 등)하는데 초점을 둔다. 예를 들면 에어비앤비나 우버와 같은 공유 플랫폼 기업인데, 소비자는 필요한 시간에만 특정 자원을 이용하고, 사용한 만큼의 비용만 지불할 수 있는 효율적 소비모델을 제공한다. 구독경제는 사용자가 지속적인 서비스 이용을 통해 일관된 가치를 누릴 수 있게 해 주는 반면, 공유경제는 유휴 자원의 활용을 극대화하여 필요할 때만 비용을 지불하는 유연성을 제공한다. 정보재와 같은 플랫폼 경제Platform Economy는 초기개발비용은 막대하나 한계비용은 제로 수준이어서 공유경제나 구독경제를 활성화하는 터전을 제공한다.

Chapter

09

통화패권과 기축통화

1. 강달러와 환율전쟁
2. 달러 스마일과 달러 트랩
3. 플라자합의와 추락한 일본경제
4. 한국의 IMF사태와 양털깎기
5. 브레튼우즈체제와 페트로 달러
6. 시뇨리지 효과와 트리핀의 딜레마
7. 기축통화와 통화전쟁
8. 인플레이션의 양자
9. 비트코인과 암호화폐

1. 강달러와 환율전쟁

미국 FRB의장 파월은 2020년 코로나19 팬데믹으로 패닉상태에 빠진 경제에 활력을 불어넣기 위해 '헬리콥터 머니'를 단행했다. 은행이나 자산가를 대상으로 한 돈 풀기가 아닌 일반 국민을 대상으로 한 양적완화people's QE를 실행했다. 과거에 실행했던 양적완화와는 다른 방식, 국채를 사들여 유동성을 공급(기존의 QE(Quantitative esaing)) 한 것이 아니라 국채를 유통시장이 아닌 발행시장에서 사들여 재무부 계좌로 돈을 쏴, 재난지원금을 일반 국민들의 지갑에 채워주었다. 낮아진 구매력을 키우기 위해 소비자들의 지갑을 채움으로써 유효수요Effective Demand를 활성화하기 위한 양적완화였다.

'헬리콥터 머니'의 결과는 혹독했다. 2022년 8월 26일 물가상승률은 40여 만에 무려 9%대를 돌파했다. 파월은 1979년 오일쇼크로 치솟는 물가를 잡았던 폴 볼커(1979, FRB의장)를 소환했다. 그는 갑자기 '헬리콥터 머니'에서 인플레이션을 이긴 투사로 변신했고 그도 폴 볼커처럼 급격한 금리인상이라는 무기를 상용했다. 결과적으로 미국의 금리인상은 4연속 자이언트 스텝(0.75% 인상)을 밟게 되고, 2023년 5월에는 5.25%까지 치솟았다. 미국의 급격한 금리 인상은 미국의 달러 가치를 끌어올렸고, 강달러, 슈퍼달러, 킹달러에 다다랐다. 금리가 오르면 화폐는 마치 우리 인체의 혈액처럼 금리가 높은 곳으로 흐르게 된다. 따라서 글로벌 시장에 뿌려진 달러가 미국으로 되돌아오고, 이에 따라 다른 나라들, 특히 개도국들은 달러가 부족해지고 달러의 가치는 더욱 치솟게 된다. 이런 이유로 미국의 고금리 정책은 곧 강달러를 의미한다.

미국의 양적완화는 미국의 물가상승을 부추겼고, 정책당국은 물가를 잡기 위해 금리를 올리면서 달러 가치는 치솟게 된다. 강달러로 우리나라를 비롯한 개도국들은 경제적 고통을 감내해야 한다. 강달러로 환율은 치솟고 외화유출을 막기 위해서는 국내금리를 올려야 한다. 고환율은 수입물가 상승을 부채질하고 국내물가는 오르지 않을 수 없다. 이런 과정을 되풀이 하며 고환율, 고금리, 고물가라는 악순환을 거듭한다.

미국의 달러가 킹달러가 되는 원인으로는 미국의 고금리정책 이외에도 또 다른 3가지의 이유가 제기된다. ① 1980년 전 미국 대통령 카터가 '카터 독트린Carter Doctrine'을 발표하면서 미국의 외교정책은 중동 중심에서 아시아 중심Pivot to Asia으로 전환한다. 이 시기는 미국에서 셰일혁명이 발생했고, 미국은 이제 세계에서 석유를 가장 많이 생산하는 나라가 되는 터닝포인트이다. 미국의 외교정책은 국익이 더 이상 중동에 있지 않고 중국을 견제하는 데 있다는 전략적 상황을 반영한다. 따라서 중동에서 빠져나온 자금이 미국으로 유입됐고 달러는 계속 강세를 유지할 수 있었다는 주장이다. ② 조 바이든 미 대통령의 '디리스킹De-risking'전략에 따른 글로벌 공급망 재편의 영향이 크다는 주장이다. 바이든은 리쇼어링Reshoring정책으로 외국 기업의 반도체, 자동차, 배터리 공장을 미국 내로 유치하여 막대한 설비투자 붐을 일으킴으로써 강달러 유지에 일조했다는 주장이다. 해외 자금을 국내 투자로 유치한 글로벌 국가 순위(2022년 연간 기준)를 보면 미국이 3,880억 8,000만원 규모로 단연 1위를 차지한다. 2위는 중국 1,801억 7,000만원, 3위는 싱가포르 1,408억 4,000만원, 4위는 홍콩 1,224억원, 5위는 프랑스 1,054억 2,000만원, 우리나라는 180억원으로 26위에 있다. 미국은 12년 연속 외국인직접투자FDI 1위를 기록했다. ③ 글로벌 주요 국가들은 경제규모와 폭에서 미국 경제를 대체할 만한 국가가 없기 때문에 모두가 미국 달러를 원하는 구조가 강달러를 유지시킨다는 주장이다. 강달러로 글로벌 금융시장이 불안정해지면, 글로벌 주요국들은 보호막으로 안전자산을 축적하려 한다. 그 수단으로 사용되는 것은 주로 외환보유액인데, 국제적인 안전자산으로서 미국 국채 외에는 별로 좋은 수단이 미비하다는 것이 현실이다. 금융 위기 이전에는 유로존이나 영국, 일본의 국채가 대안일 수 있었지만, 이후 이들 국가의 경제성장에 대한 전망이 어두워지고 국가 부채가 늘어나면서 안전자산으로서의 매력은 사라진다. 안전자산에 대한 수요는 늘어나는데, 이를 공급할 수 있는 국가는 줄어들면서 각국은 미국이 공급하는 달러에 더 의존하게 된다는 설명이다.

달러 인덱스와 강달러의 영향

'달러 인덱스U.S. Dollar Index'는 세계 주요 6개국 통화에 대비 미국 달러의 평균적인 가치를 나타내는 지표다. 1973년 3월을 기준점(100)으로 하여 미국 연방준비제도 이사회FRB에서 작성·발표한다. 6개국 통화는 EU의 유로(57.6%), 일본의 엔(13.6%), 영국의 파운드(11.9%), 캐나다의 달러(9.1%), 스웨덴의 크로나(4.2%), 스위스의 프랑(3.6%)으로 구성되며, 각 통화의 비중은 그 국가의 경제 규모에 따라 차등 적용된다. 달러지수는 100을 기준으로, 값이 100보다 크면 달러의 가치가 상대적으로 높다는 것을 의미하고, 100보다 작으면 상대적으로 낮다는 것을 나타낸다. 2020년대 초반부터 달러 인덱스는 100을 넘어 2024년 107 정점을 찍은 다음, 미국의 금리인하와 동반 하락하는 과정에 있다. 최근 미국의 달러 인덱스는 2025년 2월 26일 106대 초반으로 밀리면서 2개월여 만에 최저치를 기록중이다.

여기서 흥미로운 점은 달러 인덱스와 금값의 상관관계다. 2008년 금융위기 당시 달러 인덱스는 하락했고, 이 시기에 금값은 빠르게

자료: 통상, 2024년 8월호, 산업통상자원부

상승했다. 그 당시 투자자들은 불확실한 경제 상황 속에서 '안전한 피난처'를 찾기 위해 금을 구매했던 것이 원인이었다. 일반적으로 달러 인덱스와 금값은 역의 관계에 있다. 하지만 현재 상황은 강달러인데도 금값은 하늘 높은지 모르고 치솟고 있다. 통상 반대로 움직이는 달러와 금 가격이 동반 상승하고 있는 것이다. 미국의 금리 인하가 시작되면서 주춤하던 금값이 다시 오르고 있다. 도널드 트럼프 미국 대통령 당선 이후 달러 가치가 연일 치솟는 이유로는 트럼프 2기 행정부의 정책 불확실성에 대한 리스크 회피 심리가 다른 안전자산인 금에 대한 수요를 부추킨 결과라는 해석이다.

강달러는 전 세계 경제에 전반적으로 영향을 미친다. 미국은 무역적자가 발생하고 수입상품의 가격은 하락한다. 유럽은 물가가 상승하고 경기가 위축될 가능성이 높아진다. 중국은 가격경쟁력이 높아지고 대미 수출 확대가 일어나지만, 미국과의 통상마찰은 고조된다. 동남아 국가들은 외국인직접투자FDI가 감소하고 자본유출이 발생한다. 중남미 국가들은 국가 부채 상환 능력이 약화된다. 아프리카 국가들은 수입에 의존하는 생필품 가격이 상승한다. 강달러는 신흥국의 달러 표시 국채 부담을 높이기 때문에 미국 이외의 국가 성장에 악영향을 미친다.

강달러가 우리나라 경제에 미치는 영향

강달러가 우리나라 경제에 미치는 영향 중에서 수입물가 상승이 주목된다. 수입물가가 상승하면 전반적으로 생활물가도 상승한다. 물가상승은 임금상승과 산업·수출경쟁력 약화로 이어진다. 과거에는 강달러가 우리나라의 수출기업들의 수익성을 개선하는 데 도움이 되었지만, 최근에는 다른 점이 관측된다. 우리나라의 수출기업들이 해외에 생산기지를 많이 둔 결과이다. 또한 금융경제 영역에서 우리나라의 외화 부채 상환 부담을 가중시킨다.

달러 환율과 무역수지 적자 폭은 주로 반대로 움직인다. 달러 인

자료: 통상, 2024년 8월호, 산업통상자원부

덱스와 외국인 직접투자FDI는 통상적으로 반대 흐름을 보인다. 강달러 수혜 업종으로는 ① 자동차는 수출 경쟁력은 상승하나, 원자재 비용 증가로 상쇄된다. ② 반도체는 수출품에 대한 달러 결제로 환차익이 발생한다. ③ 조선업종은 선박 건조 대금에 대한 달러 결제로 환차익이 발생한다. ④ 전자업종은 수출경쟁력은 상승하나 원자재 비용 증가로 상쇄되고, 가격 상승으로 국내 소비가 위축된다. 강달러로 피해를 보는 업종으로는 ① 배터리는 북미 현지에 배터리 공장을 신·증설하는 비용이 급증한다. ② 정유·화학·철강 업종은 원유·납사·철광석 등 원자재 구매 비용이 증가한다. ③ 식품 업종은 밀·대두·옥수수 등 원재료 구매 비용이 증가한다.

국민경제 전체적으로 강달러는 국내의 물가 안정을 어렵게 만든다. 실물경제 측면에서 환율 상승으로 수입 물가가 오르면 생산자 물가와 소비자 물가에도 부정적인 영향을 주기 때문이다. 고금리·고환율·고물가의 악순환이 반복된다. 또한 물가 상승은 임금 상승으로 이어지고 이는 산업·수출 경쟁력을 약화시킨다. 금융경제 측면에서 강달러는 국내 금리 인하를 어렵게 한다. 강달러 상황에서 금리를 함부로 내리면 달러가 유출되고 외환보유고에 문제를 일으킨다. 또한 금리 인하가 늦어지면 부실 금융이 증가하고 내수 경기가 침체되는 요인으로 작용한다. 미국의 고금리와 강달러가 누그러지면 미국은 보호무역주의를 강화할 것으로 예상된다. 미국은 1980년대 강달러로 무역수지 적자가 심화되자, 해결책으로 보호무역 카드를 꺼내든 전력이 있다.

빅맥지수와 환율

빅맥지수란 맥도널드에서 판매하는 가장 대표적인 햄버거인 빅맥을 이용하여 각국의 화폐가치를 평가하는 지수다. 이런 평가방식은 구매력평가의 일종인데, 영국에서 발간되는 〈이코노미스트〉에서 1986년부터 매년 빅맥지수를 발표한다. 미국의 트럼프 1기에서는 빅맥지수를 근거로 교역상대국들에게 환율조작국이라며 평가절상을 압박하는 근거로 활용했다. 빅맥지수는 각국의 통화가치를 각국의 맥도널드 빅맥 햄버거 현지 통화가격에 대한 달러로 환산한 다음, 각국의 화폐에 대한 구매력을 비교·평가하는 방식이 적용된다. 이런 방식을 햄버거의 버거Burger와 이코노믹Economic의 노믹을 따서 버거노믹Burgernomic이라 부른다. 예를 들면, 2016년 1월 미국 매장 빅맥 가격은 4.93달러, 한국 매장 가격은 4,300원이었다. 그런데 달러 대 원화환율은 1달러당 1,198원이었다. 이것을 환율로 환산하면 한국에서의 빅맥가격 4,300원은 3.59달러가 된다. 따라서 원화환율은 적정 환율보다 27.2% 저평가된 것으로 계산된다. 미국에서의 빅맥가격과 한국에서의 빅맥가격을 등가시키면 환율은 1달러당 872.21원으로 평가절상되어야 한다는 주장이다. 최근에는 스타벅스에서 판매하는 대표상품인 카페라테를 이용하여 '카페라테지수'라는 개념도 활용된다.

환율조작국과 환율전쟁

2024년 2월 스콧 베센트 미국 재무부 장관은 "우리는 공정한 무역을 원하며 그 일환으로 통화와 무역 조건에 관해 강경한 입장을 취하고 있다"고 말했다. "지속적으로 대규모 흑자를 기록하는 나라들이 자유로운 시장 환율 시스템을 운영하고 있다고 보기 어렵다"고 강조했다. 또한 "지속적인 대미 무역흑자는 통화가치 자체 문제거나 무역 제한 정책 때문일 수 있고, 혹은 금리를 인위적으로 낮추는 금융정책 때문일 수도 있다"고 했다고 경고했다. 미국이 2023년 사상 최대 무역적자를 낸 가운데 주요 대미 무역흑자국을 상대로 '환율 조작' 가능성을 제기하고 나섰다. 미국은 기축통화국으로서 달러를 국제금융시장에 충분히 공급해야 한다. 이 공식이 유지될려면 미국은 국제무역에서 적자를 지속적으로 감내해야 한다는 역설에 빠지게 된다. 이런 현상을 '트레핀의 딜레마'라 하고 뒤에서 자세히 다룬다. 미국은 때때로 감내하기 어려운 수준의 무역적자가 누적될 때 대미 교역에 있어 대규모 흑자국을 환율조작국으로 지정하려 한다. 1985년 일본과 독일에 대한 프라자합의를 이끌어 낸 무기가 바로 환율조작국 지정이다. 환율조작국으로 지정되면 대미교역에서 관세를 비롯한 제재를 감당해야 하기 때문에 미국이 요구하는 자국화폐의 평가절상을 받아들인 것이다. 미국과의 교역상대국이 환율을 평가절하하여 무역흑자의 폭을 키웠다는 논리인데, 이를 평가하는 하나의 잣대로 빅맥지수도 활용된다. 미국은 매년 두 차례 세계 각국의 무역수지와 외환시장 개입 등을 평가해 환율조작국, 관찰대상국 등으로 지정한다. 도널드 트럼프 행정부는 1기 때 중국을 환율조작국으로 지정했다. 한국은 일본, 대만, 싱가포르, 베트남 등과 함께 환율조작국보다 한 단계 낮은 환율관찰대상국으로 분류된다. 환율조작국으로 지정되면 국가 신뢰도 저하 등 유무형의 피해가 발생할 수 있다.

2. 달러 스마일과 달러 트랩

달러 스마일(Dollar Smile)

2024년 7월 미국의 공급관리협회ISNM에서 발표하는 제조업 구매관리자지수PMI가 46.8을 기록해 업황 기준선인 50을 밑돌았다. 이 지수가 시장 예상치(48.8)와 전월치(48.5)보다도 낮게 나옴으로써 미국은 경기 불황 공포에 휩싸였다. 이 같은 제조업 불황 공포 상황에서 미 국채금리는 급락했지만, 미국의 달러화는 오히려 강세를 나타냈다. 통상적으로 모든 국가의 화폐가치는 그 나라의 경기호황과 비례한다. 경기 침체가 우려되면 해당 국가의 화폐가치는 하락한다. 그런데 최근 미국의 달러화는 흔들리지 않고 킹달러 지위를 유지하고 있다. 이런 현상을 '달러 스마일Dollar Smile'이라 한다. 달러 스마일은 모건스탠리의 경제 분석가, '스티븐 젠Stephen Jen'에 의해 명명되었다. 그는 미국의 달러화 가치는 미국 경기가 활황이거나 불황이거나 관계없이 오르는 경향을 설명하기 위해 그래프를 그렸는데, 아래 그림처럼 그래프가 마치 사람이 웃는 것과 같은 모습을 발견했다. 미국은 경제적으로나 군사적으로 최강국이며 세계 금융질서를 주도하는 기축통화국이다. 따라서 글로벌 경기 침체가 나타나면, 세계 각국은 안전자산 선호 심리가 강해져서 미국의 국채나 달러를 선호한다. 반대로 글로벌 경기호황이 오면 경기활성화가 반영되어 달러가치는 당연히 상승한다.

그렇다면 미국의 달러는 언제 어느 상황에서 약달러로 전환하는가? 달러 스마일 이론에 의하면 아래 그래프의 중간 부분에서 미국의 달러는 약달러로 전환한다. 이 같은 약달러 현상은 미국 경제가

'달러 스마일' 이론

자료: 중앙일보, 2024년 6월 13일자, 김기환 기자(달러 스마일)

적정한 연착륙에 접어든 시기에 발생한다. 미국에서 경기 침체 신호가 나타나고 이에 대응하여 미국 연방준비제도Fed가 기준금리를 내렸을 때, 미국의 경기가 크게 둔화하지 않는 '절묘한' 조건, 연착륙 상황에서 나타난다.

달러 트랩(Dollar Trap)

2015년 출간된 〈달러 트랩〉의 저자 에스와르프라사드는 이 책에서 "세계는 달러 덫에 빠졌다"고 선언했다. '달러 트랩'은 2008년 글로벌 금융 위기와 중국의 급부상에도 미 달러 위상에 변화가 없는 이유를 분석한 글로벌 베스트 셀러다. '달러 트랩(덫)'은 중국이나 한국 등 각국이 장기적으로는 달러 가치가 하락함에 따라 큰 손실을 볼 것임에도 불구하고, 미국 국채로 대표되는 달러 자산을 계속 보유할 뿐 아니라 더 늘릴 수밖에 없는 상황을 상징한다. 미국의 코넬대 경제학 교수인 에스와르프라사드는 그의 저서 〈달러 트랩('The

Dollar Trap: How the U.S. Dollar Tightened ItsGrip on Global Finance)〉'에서 미국 달러가 킹달러인 이유는 규모와 폭에서 미국 경제를 대체할 마땅한 곳이 없기 때문에 모두가 달러를 원하는 것이라고 설명하면서 또한 "중동 문제로 빠져나온 자금이 미국으로 유입돼서 달러는 계속 강세를 유지한다. 달러가 피크에 달했을지는 몰라도 아직 약세 전환 기미는 전혀 보이지 않는다."고 주장했다.

그는 그의 저서에서 미국에서 2008년 글로벌 금융 위기가 시작되었음에도 불구하고 미국이 오히려 세계 금융 시스템의 고삐를 거머쥐는 역설적 현상을 설명한다. 글로벌 금융위기로 국제 금융시장이 불안정하게 되자, 세계 각국은 보호막으로 안전자산, 즉 외환보유고를 확대시킨다. 그런 과정에서 안전자산의 투자 대상은 미국 국채 외에는 별로 존재하지 않는 현실을 마주한다. 금융위기 이전에는 유로존이나 영국, 일본의 국채가 대안일 수 있었는데, 글로벌 금융위기가 닥치면서 이들 국가의 경제성장 전망이 어두워지고 국가 부채는 증가하게 되었기 때문에 안전자산으로서의 매력이 현저하게 줄어든 것이라고 설명한다. 따라서 달러 트랩 현상은 글로벌 금융시장에서 안전자산에 대한 수요는 늘었는데 이를 공급할 수 있는 국가는 줄어드는 안전자산에 대한 수·급불균형에서 기인한다는 설명이다. 그럼에도 불구하고 글로벌 각국은 미국이 공급하는 달러에 더 의존하는 길을 멈출 수 없게 되는 구조적 문제를 '달러의 덫'에 빠지게 되는 원인으로 지목한다.

3. 플라자합의(Plaza Agreement)와 추락한 일본경제

미국은 제2차 세계대전이 종결되고 소련을 중심으로 한 공산권이 동유럽의 공산화, 중국의 공산화, 북한의 공산화 등으로 세력을 확장하자 이에 대한 대응책으로 쩐의 전쟁, 즉 마샬플랜Marshall Plan이라는 카드를 꺼내든다. 미국은 공산주의와의 대결 전선에서 우리나라보다 비교적 안전한 일본을 대상으로 아시아 지역에서의 마샬플랜(전후부흥계획)을 진행한다. 이 같은 쩐의 전쟁은 일본을 경제적으로 번영시켜 아사아에서의 자본주의 샘플로 삼음으로써 공산주의 팽창을 저지한다는 미국의 외교전략이다. 이런 흐름에서 미국은 1949년부터 1달러당 360엔이라는 고정환율을 적용하여 일본경제의 재건을 적극 지원한다. 결과적으로 환율전쟁의 위험에서 벗어난 일본경제는 1980년대까지 지속적인 성장세를 유지한다. 1980년대에 접어들자 일본의 반도체와 자동차는 미국의 제조업에 타격을 가할 정도로 세계 최고의 경쟁력을 자랑한다. 1985년 일본은 엄청난 무역흑자를 기반으로 일본외환심의회에서 엔화를 달러를 대체할 기축통화로 만든다는 계획을 공식화하면서 미국을 넘보기 시작한다. 하지만 미국은 트리핀 딜레마로 쌍둥이 적자가 눈덩이처럼 불어나 국가적인 위기상황을 마주한다. 1971년 미국경제는 달러화에 대한 금태환을 포기하고 새로운 국제통화체제인 달러본위제, 즉 킹스턴체제(1976년)로 이행하는 금융위기 상황을 맞게 된다. 이런 상황에서 미국은 일본에 대해 1974년 슈퍼301조를 적용하여 변동환율제로 이행하게 하고 달러당 266엔까지 엔화가치를 올리게 한다.

미국은 1985년 미국 뉴욕의 프라자호텔에서 미국, 영국, 프랑스

재무장관회의를 소집하여 독일과 일본을 환율조작국으로 위협하여 엔화와 마르크화의 평가절상을 받아들이게 한다. 프라자 합의가 성사된 것인데, 이 합의로 일본의 엔화는 1987년 달러당 130엔대에서 1995년 100엔대 아래로까지 가파른 평가절상의 길을 걷게 된다. 1989년 일본경제는 엔화의 평가절상과 미국의 금리인하 효과로 나타난 부의 효과wealth effect를 이용하여, 미국의 국채, 부동산, 주식, 기업들을 마구잡이로 사들이는 호황을 만끽한다. 그 당시 일본의 소니는 미국의 콜롬비아영화사, 미쓰비시는 록펠러재단 등을 사들였고, LA번화가의 부동산의 절반 이상, 하와이 투자의 96%를 일본자본이 잠식했다. 미국은 결국 1990년 주가지수선물이라는 트로이 목마를 일본에 침투시켜 일본경제를 무너뜨리는데 성공한다. 일본의 니케이 지수는 1990년 4만 포인트에서 1992년 1만 5,000포인트로 주저앉게 되었고, 주식과 부동산을 비롯한 자산가격은 폭락했다. 엔고로 인한 수출경쟁력이 쇠락하자, 기업들은 대거 생산 기지를 해외로 이전한다. 국내의 일자리가 감소하고 일본경제는 성장 동력을 잃어 불황의 늪에 빠져든다. 프라자 합의를 시작으로 일본 경제는 잃어버린 20년, 30년, 40년 세월을 견디고 있다. '프라자 합의'로 2년만에 달러화는 30% 이상 급락했고, 외환보유고가 부실했던 중남미와 동유럽도 경제적 위기를 맞게 된다. 특히 프라자 합의는 위기의 달러를 구하고 제3세계 국가들을 무릎 꿇렸으며, 구 소련을 해체시키는 무기로도 활용된다.

1989년까지 일본의 GDP가 아시아 전체의 GDP와 같은 규모였고, 세계 5대 은행이 일본계 은행이었다. 글로벌 기업들의 자산 순위는 1위 NTT(일), 2위 일본산업은행(일), 3위 스미토모은행(일), 4위 다이

이치칸교은행(일), 5위 후지은행(일), 6위 IBM(미), 7위 엑손(미), 8위 토요타(일), 9위 도쿄전력(일), 10위 GE(미), 11위 AT&T(미), 12위 노무라증권(일), 13위 필립모리스(미) 순이었다. 일본의 기업들이 대부분 글로벌 10위권을 차지했고 미국 기업들은 10위권 밖에 위치했다. 그런데 2017년 기준 글로벌 자산규모 순위를 보면 10위권 내에 일본 기업은 전무하다. 1위 애플(미), 2위 구글(미), 3위 마이크로소프트(미), 4위 아마존(미), 5위 알리바바그룹(중), 6위 페이스북(미), 7위 텐센트(중), 8위 존슨앤드존슨(미), 9위 JP모건체이스(미), 10위 엑손모빌(미), 11위 삼성전자(한), 12 웰스파고(미), 13위 뱅크 오브 아메리카(미) 순이다. 흥미로운 것은 5위 중국의 알리바바 그룹, 7위 중국의 텐센트, 그리거 11위에 우리나라의 삼성전자가 진입한 점이다.

4. 한국의 IMF사태와 양털깎기

1997년 한국의 외환위기, 즉 IMF사태는 강달러가 몰고 온 폐해 중 하나다. 1997년 미국 강달러 정책 전환으로 갑자기 환율이 80% 폭등하자, 조지 소로스 등이 주도하는 미국의 헤지펀드들은 실제 경제 상태보다 높게 평가된 한국의 원화, 태국의 바트화를 팔아치운 다음 바닥에서 다시 사들이는 공매도 수법을 동원했다. 국제 투기자본의 공격으로 신흥국에서 외국인 자본은 대거 이탈하고 신흥국의 환율은 급등한다. 신흥국의 기업이나 은행들은 외채상환부담이 가중되고 외환 부족사태를 맞게 되어 모라토리움이나 디폴트 사태에 이르게 된다. 1980년대 중남미 외채위기, 아시아 신흥국들, 즉 한국, 태국, 인도네시아 등의 외환위기는 강달러에서 시작됐다. 모라토리엄Moratorium은 국제적으로 한 나라가 외채이자 지급불능 상황이 되면 일시적으로 모든 채무의 지급정지 선언을 하는 것을 말한다. 모라토리엄을 선언하면 채권국은 채무국의 만기를 연장하거나 여러 형태의 구조조정 작업을 통해 신뢰도를 높이는 채무재조정rescheduling을 하게 된다. 디폴트Default는 국제적으로 한 나라가 빌린 돈(대출, 채권, 기타 금융 부채)의 이자나 원금을 기한 내에 지급하지 못하여 파산하는 상태를 말한다.

1997년 11월 말 한국은행의 외환보유액은 89억 달러이고, 실제로 쓸 수 있는 외환보유액은 39억 달러에 불과했다. 일본은행을 비롯하여 외국은행들이 우리나라 은행들에게 추가로 돈을 빌려주는 것은 고사하고 기존에 빌려준 돈에 대한 연장을 중단하고 자금을 회수하기 시작했다. 국내은행들이 자체능력으로 단기외채를 갚을 수 없는 국제적 부도상태에 빠지게 되자 정부는 IMF의 SDR에 구제금융을 요청한다. IMF와 구조조정 프로그램에 합의한 다음 총 310억 달러 규모의 자금지원을 약정한다. 이 약정 속에는 IMF에게 우리나라의 모든 경제정책에 대한 주권을 양도하는 내용에 들어있다. 구제금융을 받는 조건으로 사실상 경제주권을 IMF에게 팔아넘긴 셈이다. IMF는 한국경제에 대한 개혁목표를 설정하였는데, ① 한국은 한국금융을 '글로벌 스탠더드'에 맞춰 외국계 자본에 개방한다. ② 재벌의 족벌체제를 타파하기 위해 투명한 공시를 비롯한 일대 쇄신을 단행한다. ③ 국가의 수출보조금과 금융기관을 좌지우지하는 관치금융을 혁파한다는 내용이다. 한국경제는 1997~1998년 IMF체제 당시, IMF와 협의된, 콜금리 수준이 무려 30% 수준까지 치솟는 고금리를 감당해야 했다. 고금리로 정경유착이나 관치금융으로 취약해진 기업들을 구조조정한다는 명분이었다. 지나친 고금리 정책의 결과로 우량기업들조차 도산을 맞는 폐해가 속출했다. 하루에 도산하는 기업의 수가 무려 100개가 넘을 정도였다. 결과적으로 10대 대기업의 지분 60% 이상, 주식시장 43%, 시중은행 지분 65%, 모든 대기업 지분 30%가 국제 금융자본에 의해 잠식되었다.

필리핀 대학 월든 벨로Walden Bello 교수는 한국의 IMF사태를 국제투기금융세력이 한국기업들에게 자금을 과도하게 빌려 쓰도록 부추긴 다음 외환위기를 조장해 한국의 재벌과 은행을 약탈했다고 평가했다. 미국의 경제적 식민지인 한국의 경제관료들은 안락한 대접을 조건으로 국제투기금융세력에 국가를 팔아넘기는 행태를 저질렀다고 악평했다. 말레이시아(1997년)와 러시아(1998년)는 외환위기를 우리나라와는 다르게 대처한 사례이다. 마하디 전 말레이시아 수상은 '아시아적 가치'를 강조하며 IMF가 주문한 엄격한 국제금융 시스템 및 시장개방을 거부하고 고정환율제와 외환거래와 주식거래를 통제하는 경제명령으로 위기를 극복했다. 러시아는 말레이시아의 마하티를 좇아 서양자본의 카르텔에 의한 음모라고 규정하고, IMF의 통제 대신 모라토리엄moratorium을 일방적으로 선언했다. 2008년 미국에서 발생한 금융위기에 대한 IMF의 처방은 통제나 규제가 아닌 막대한 구제자금을 풀어 대응했다. 금융위기가 발생해도 미국은 다른 나라들과는 다르게 달러를 찍어 대응할 수 있다.

화폐전쟁과 양털깎기(fleecing of the flock)

국제금융재벌들은 시중에 유동성을 실컷 풀어 놓고 경제적 거품을 조장한다. 경제적 거품이 만연하게 되면 수많은 사람들은 투기에 집중하게 되고 거품경제는 극도로 팽창하게 된다. 이런 시점을 노려 국제금융재벌들은 통화량(유동성)을 갑자기 회수하고 거품은 터지게 된다. 경제는 불황의 나락으로 빠지게 되고 우량 자산가격은 폭락을 면할 수 없게 된다. 우량한 자산이더라도 가격이 1/10~1/100까지 추락하고 이 때를 기다렸다가 국제금융재벌들은 헐값으로 우량자산들을 마구잡이로 사들이는데, 이 과정에서 서민들의 이득을 국제금융재벌들이 착취해가는 먹이사슬이 형성된다는 주장이다. 이런 과정을 되풀이하면서 국제금융재벌들은 이익을 증식해 간다는 양털깎기fleecing of the flock 현상을 중국의 쑹훙빙은 그의 저서 〈화폐전쟁〉에서 설명하고 있다.

뉴욕타임스 칼럼니스트 토머스 프리드먼Thomas Friedman은 글로벌 자본의 행태를 소떼에 비유했다. 글로벌 자본은 이익이 있는 곳이라면 지구촌 어디든 우르르 몰려다니며 환율의 오버슈팅overshooting과 자산가격 거품을 일으키며 맛있는 풀(이윤)을 경쟁적으로 뜯다가도 조금이라도 위험을 느끼는 순간 화들짝 놀라 안전한 피난처로 폭주하는 습성을 드러낸다고 주장했다. 또한 그들은 때로 너무 겁이 많고 때로 너무 난폭하게 질주하며 정글경제를 휘젓고 있다. 그들은 펀드매니저의 컴퓨터 마우스 클릭 한 번으로 거칠게 움직일 수 있는 전자 소떼electronic herd라고 비판했다. 전 세계적으로 하루에 거래되는 단기 국제자본은 평균 1조 5,000억 달러에 달하고 있다. 이 같은 전자 소떼의 폭주과정에서 아일랜드를 비롯한 신흥국들이 로드 킬road kill당한 바 있고, 1990년대 후반부터 핫머니가 세계적인 골칫거리로 부상한 바 있다. 전자 소떼들로부터 로드 킬 당하지 않기 위해서는 소떼들이 국경을 넘어 밀어닥치는 것을 적절히 통제하는 장치가 필요하다. 신흥국 중심으로 자본자유화의 바퀴에 모래를 뿌리기 sand in the wheels시작했고 유럽 선진국들까지 전자 소떼의 속도를 줄이기 위해 금융거래에 세금을 매기는 조치, 즉 토빈세Tobin tax도입을 검토한 바 있다. 또한 1995년에는 G7정상회의에서 미국의 반대에도 불구하고 토빈세를 의제로 상정하였고, G7산하 연구그룹에서 토빈세에 대한 효과를 검토 중에 있다. 단기국제자본, 즉 전자 소떼에 0.05%의 거래세(토빈세)를 부과한다면 연간 최소 1,000억 달러의 조세수입이 발생하며, 국제금융시장의 안정과 빈부격차를 해소하는데 기여할 것으로 기대하고 있다. 토빈세는 일부 지역에서만 부과되는 경우, 전자 소떼가 다른 지역(토빈세가 부과되지 않는 지역)으로 몰려들 것이기 때문에 국제적 공조가 반드시 필요한 제도이다. 현재 브라질과 벨기에는 토빈세를 실행하고 있으며, 미국과 영국은 반대하고 있지만 프랑스와 독일의 주도로 EU역내 11개국에서 도입을 준비하고 있다. 또한 우리라나의 경우에는 2012년 토빈세관련 법안이 국회에 제출된 바 있다.

5. 브레튼우즈체제와 페트로 달러

미국의 FRB의장은 세계 경제 대통령으로 불린다. 다른 나라의 중앙은행은 국내에서는 독립을 외치지만, 미국의 FRB에 종속돼 있다. 매년 8월 미국의 와이오밍주의 휴양지인 '잭슨홀'에서 개최하는 경제정책 심포지엄이 열린다. 이를 잭슨홀 미팅Jackson Hole Meeting이라 한다. 이 심포지움은 미국 연방은행인 캔자스시티 연방은행이 주관하고, 세계 주요국의 중앙은행 총재뿐 아니라 경제전문가들이 함께 참여한다. 관례적으로 잭슨홀 미팅 후 미 연준FRB의장이 연설을 하는데, '그가 어떤 메시지를 내느냐?'에 따라 글로벌 금융시장은 크게 출렁인다. 그의 발언은 환율과 증시 등 금융시장 전반에 큰 영향을 미친다. 그의 연설에는 미국의 FOMC공개시장위원회가 향후 금리결정을 어떤 방향으로 전개할 것인지에 대한 메시지가 담겨 있기 때문이다. 미국은 기축통화국으로서 글로벌 금융질서를 규정하고 변화를 만들어내는 중심국이다. 미국은 어떤 역사적 배경과 국제교역 환경에서 기축통화국으로 자리매김했으며, 국제통화체제를 어떻게 이끌어 왔는지를 이해할 필요가 있다.

브레튼우즈체제

제1차 세계대전이 끝나고 주요 서방국가들이 금본위제로 복귀하였으나, 세계경제의 상황이나 여건은 많은 변화가 내재돼 있었다. 특히 1929년의 세계대공황은 국내에서 팔리지 않는 재고를 해외에 처분하려는 목적으로 자국통화를 경쟁적으로 평가절하하는 환율전쟁을 유발시켰다. 국제금융질서의 한 축으로서 환율에 대한 안정성이 무너지게 되자, 국제경제는 큰 혼란에 빠졌다. 제2차 세계대전이 마무리돼 갈 무렵인 1944년 미국의 브레튼우즈Bretton Woods에서 연합국 대표들이 모여 새로운 국제통화제도를 모색하게 된다. 당시 세계에서 유통되는 금의 2/3를 장악한 미국은 달러를 금과 일정한 비율로 교환해 줄 것을 보장한다. 대신에 여타국가들의 통화는 미국 달러와 일정한 교환비율을 유지하기로 합의한 내용이 브레튼우즈체제다. 그로써 미국은 어떤 나라의 화폐든 달러를 '통하여' 금과 바꿀 수 있는 금태환을 약속하게 된다. 금태환은 금 1온스당 35 미국 달러로 교환된다. 달러를 직접 금에 묶고 각국 화폐를 달러에 묶는 소위 '달러화를 기축통화key currency로 삼는 금환본위제'의 출현이다. 이에따라 1947년에는 브레튼우즈체제를 감시하고 공정하게 운영하기 위한 국제통화기구, 즉 국제통화기금IMF이 창립된다.

제2차 세계대전 이후 미국보다는 서유럽국가들과 일본경제가 빠르게 발전하게 되자, 세계경제에서의 미국의 절대적 우위는 사라지고 미국의 국제수지는 악화된다. 더욱이 1960년대 월남전으로 인해 미국은 막대한 군비를 지출하는 부담을 안게 되자, 미국은 재정적자뿐 아니라 경상수지조차 악화되는 처지가 된다. 이런 결과로서 미국의 달러화에 대한 국제신뢰도는 추락하고, 프랑스를 비롯한 달러화를 대량 보유한 나라들 중심으로 금태환을 요구하게 된다. 가뜩이나 대폭 감소한 미국의 금보유잔고는 달러화 가치를 더욱 떨어뜨리고, 이에 놀란 달러보유자들은 국제금융시장에서 달러화를 투매하게 된다. 급기야 1971년 미국의 닉슨 대통령은 사태수습을 위해 달러화에 대한 금태환정지를 선언한다. 이 선언은 달러를 기축통화로 하는 국제통화질서에 큰 충격을 가했는데, 이를 '닉슨쇼크Nixon Shock'라 한다. 닉슨쇼크의 이면에는 달러가 기축통화로서 가치를 유지해야 하는 반면, 국제유동성을 충족하기 위해 달러가 충분히 공급돼야 하는 트리핀 딜레마가 자리하고 있다. 닉슨쇼크는 미국의 달러화가 국제금융시장에서 두 손을 든 패배의 선언이요, 금태환 보장을 미국이 일방적으로 파기하는 국제적 불신 행위이다. 브레튼우즈체제가 흔들리자 그 공백을 메우기 위해 1973년 유럽 각국은 변동환율제를 공식화하는 수순을 밟게 된다. 고정환율제인 브레튼우즈체제가 기울고 변동환율제가 국제금융질서를 주도하게 된다.

신브레튼우즈(킹스턴)체제

브레튼우즈체제가 흔들리자 국제금융시장은 커다란 혼란에 빠지게 된다. 이를 진정시키기 위해 선진 10개국 재무장관들은 미국 워싱턴의 스미소니언 박물관에 모여 과도기적 조치, 즉, 스미소니언협정에 합의한다. 이 합의안은 고정환율제를 유지하되 달러를 금에 대해 평가절하하고 각국의 환율 변동폭을 확대하여 충격을 완화한다는 내용을 담고 있다. 스미소니언체제라는 과도기를 거쳐 1976년 자마이카의 킹스턴에서 개최된 IMF총회에서 변동환율제가 새로운 국제통화제도로 공식화된다. 그 이후로 세계 각국은 외환의 수요와 공급이 환율을 조정하도록 놔두되, 지나친 경우에 외환시장에 개입하여 환율을 '관리'하는 '관리변동환율제도'로 전환하는데, 이를 '킹스턴체제Kingston System'라 한다. 브레튼우즈체제가 붕괴된 이후에도 국제통화질서는 여전히 일종의 달러본위제의 형태가 유지된다. 하지만 달러본위제는 국제유동성(달러)의 공급은 미국의 경상수지 적자와 대외투자에 의해 이루어진다는 구조적인 문제를 여전히 발생시킨다. 이런 현상을 '글로벌 불균형Global Imbalance'이라고 한다. 독일, 일본, 중국, 동아시아 신흥국들이 대미 경상흑자를 증가시키고 산유국들의 누적된 오일달러가 미국의 국공채를 사들임으로써 미국의 소비는 실제 소득보다 더 높은 수준을 유지하게 되는 역설적 현상이다. 이와 같은 글로벌 불균형의 문제는 미국의 달러화가 기축통화라는 특권에서 발생한다. 이런 문제를 해결하기 위해 G20과 IMF 등 국제기구를 중심으로 IMF의 특별인출권SDR의 역할을 강화하는 방안이 논의되고 있고, 일본, 유럽, 중국을 비롯한 국가들이 달러의 기축통화 지위에 도전하고 있다.

글로벌 불균형(global imbalance)

개방경제에서 경상수지를 지속가능한 수준으로 유지하는 것은 중요한 정책 과제다. 이론적으로 전 세계 경상수지의 합은 영零이 돼야 하기 때문에 한 국가의 경상수지 흑자는 세계 어느 국가에는 경상수지 적자가 있음을 의미한다. 따라서 단기적 소폭의 경상수지 흑자와 적자는 언제나 존재하기 마련이지만 큰 폭의 흑자와 적자가 특정 국가에 지속되는 것은 바람직하지 못하다고 할 수 있다. 큰 폭의 경상수지 적자가 지속되는 것은 거시경제적으로 큰 부담일 뿐만 아니라 금융위기의 발단이 되기도 하기 때문이다. 글로벌 불균형global imbalance은 경상수지 흑자와 적자가 특정 국가군에 지속되는 현상을 일컫는다. 글로벌 불균형은 1980년대, 1990년대 중후반, 그리고 2000년대로 나누어 살펴볼 필요가 있다.

1980년대의 글로벌 불균형은 미달러 강세로 인한 미국의 경상 적자 누적, 수출 주도 성장전략을 구사해온 일본과 독일의 경상수지의 흑자 누적에서 발생했다. 미국은 불균형 해소를 위해 1985년 9월 달러 약세를 유도하는 환율조정을 주목적으로 하는 플라자 합의를 체결했다. 1990년대 중후반에는 미국의 경상수지가 다시 적자로 반전되고 그 크기가 확대되는 시기로 일본과 핵심 유럽국은 물론 산유국과 아시아 신흥국들의 대미 흑자규모의 확대로 발생했다. 이 시기의 불균형은 2001년 미국의 닷컴 버블붕괴와 경기둔화로 미국의 소비 및 투자, 대미 자금유입 등이 감소하면서 축소되었다.

2000년대의 글로벌 불균형은 아시아 신흥국과 중국의 경상수지 흑자규모가 급증한데서 기인한다. 미국은 2010년 중국과의 격렬한 환율갈등, 2011년 미·중 통상분쟁 등으로 대처했다. 트럼프 2기 행정부에서는 중국을 비롯한 아시아 신흥국에게 관세와 환율조작국으로 위협을 가하고 있다. 최근 미국은 사상 최대 무역적자에 대응하는 조치로 주요 대미 무역흑자국에게 '환율 조작' 가능성을 제기하는 등 통화와 무역 조건에 관해 강경한 입장을 취하고 있다.

패트로 달러의 시대

브레튼우즈체제는 미국의 뉴욕, 맨해튼, 월스트리트를 세계 금융의 중심지로 발전시켰다. 뉴욕은 이리운하Eri canal와 철도망이 전 미국대륙을 연결한다. 이리운하는 대서양과 오대호를 연결하여 뉴욕을 미국의 물류 중심지로 발전시켰다. 미국은 제1차 세계대전 동안 식량과 군수물자를 유럽에 조달하여 최대 채무국에서 채권국으로 전환할 만큼 전쟁특수를 톡톡히 누리게 된다. 이 과정에서 많은 금괴가 미국으로 유입되고 군수관련 산업이 번창하여 미국의 산업은 군·산복합체를 구축한다. 제2차 세계대전을 거치면서 미국으로 더 많은 금들이 유입되고 이를 기반으로 비유대계 금융기관인 JP모건이 성장하고, 리먼브러더스는 채권업과 대출업에 진출한다. 또한 골드만삭스는 어음할인업에 진출하고, 메릴린치은행은 아메리카뱅크를 인수 합병하며 맨해튼을 세계 금융의 중심지로 우뚝 서게 한다. 제2차 세계대전 기간 동안 세계 각국은 안전자산을 관리하기 위해 그들이 보유한 금을 뉴욕의 맨해튼 지하금고에 맡기게 된다. 그 당시 맨해튼의 지하금고를 선택 국가는 36개국에 이른다.

제2차 세계대전 이후 풍부한 금을 바탕으로 미국은 브래튼우즈 체제를 출범시켰으나, 1971년 미 달러에 대한 금태환정지를 선언함에 따라 달러의 국제신용도가 흔들리게 된다. 미국은 금태환정지 이후 흔들리는 달러의 기축통화 지위를 유지하기 위해 비밀외교를 펼치는데, 그 결과로 나타난 것이 '페트로 달러'이다. 미국은 세계 최대 산유국인 사우디와 페트로 달러 협정을 통해 무려 80년간 달러의 세계지배를 안정적으로 유지하는데 성공한다. 미국은 강력한 군사력을 바탕으로 사우디에 국가 및 정권의 안보보장을 약속하는 대신, 사우디의 석유수출 대금 결제를 미 달러로만 하겠다는 대가를 약속받는다. 석유에너지가 절대적으로 지배하던 시대에 석유를 수입해야 하는 모든 국가들은 오로지 미국의 달러를 보유해야 필수적인 에너지를 공급받을 수 있는 페트로 달러시대가 전개된다. 미국은 이 협정을 통해 전 세계 원유시장을 통제할 수 있게 되었고, 사우디의 유전을 마치 자신들의 유전인 것처럼 활용하게 되었다.

하지만 1980년 미국의 카터 대통령은 소위 카터 독트린Carter Doctrine를 발표한다. 이 독트린에는 미국은 페르시아만에서 미국의 국익을 위해서라면 군사적 조치를 취하겠다는 내용을 담고 있다. 걸프전, 아프카니스탄 침공, 이라크 전쟁 등은 모두 미국이 필요한 에너지인 석유를 둘러싼 미국과의 충돌에서 비롯된 결과이다. 2014년 셰일혁명은 이제 미국

자료: 게티이미지 코리아

이 타국의 에너지에 의지할 필요성이 사라졌다는 것을 의미한다. 카터 독트린은 이와 같은 미국의 국익을 반영한 'Pivot to Asia'정책의 일환이다. 미국이 셰일을 자원화함으로써 산유국을 넘어 석유 순수출의 지위에 오르자 국제유가는 대폭 하락하게 된다. 사우디를 비롯한 중동의 산유국들이 석유를 대폭 증산한 결과다. 미국의 셰일오일 기업들과 중동의 산유국 간의 치킨게임이 시작된 것이다. 그 때 당시 미국의 셰일오일의 채굴원가는 거의 배럴당 100달러 수준이어서 채굴원가가 7~10달러 수준인 중동 산유국들은 미국의 셰일기업들을 가격경쟁력으로 무너뜨리는 전략을 구사한 것이다. 한때 국제유가는 거의 배럴당 20달러 근처까지 추락했지만 미국의 셰일기업들은 채굴기술을 발전시켜 위기를 모면하게 된다. 결과적으로 미국은 중동지역에서 군대를 철수하며 발을 빼는 전략을 취하게 되고, 사우디는 이에 대한 배신감을 느끼게 된다. 80년간 지속된 미국과 사우디의 밀월관계가 막을 내리게 된 이유이다. 2019년 예멘의 후티 반군이 사우디의 석유시설 2곳을 드론으로 공격했을 때, 미국의 트럼프 대통령은 군사비용을 운운하며 사우디를 도와주지 않았다. 이것은 미국이 사우디와의 페트로 달러 협정을 파기했다는 증거이다. 사우디와 미국의 소원해진 틈새를 파고든 것은 중국이다. 중국은 현재 사우디의 원유 수출 전체의 25%를 구매하는 충성고객이다. 중국의 시진핑 주석은 2022년 12월 중동 방문을 방문하여 원유대금을 위안화로 결제할 것을 요구했다. 현재까지는 전 세계 원유 수출의 80% 정도가 달러로 결제되고 있지만, 사우디가 위안화 결제를 일부 받아들임으로써 패트로 달러의 지위가 흔들리기 시작했다.

달러중심 국제통화체제의 한계

현재의 국제통화체제는 국제유동성에 대한 수요가 미국의 달러화의 공급을 통해 좌지우지되는 미 달러 중심의 통화기반 체제이다. 미국의 경제규모는 전 세계 GDP의 25%의 비중을 차지하고 있는데 반해, 미국의 달러는 전 세계 외환보유고의 60% 이상을 차지하고 있다. 또한 전 세계 외환거래의 80% 이상은 미 달러가 주도한다. 국가 간 자본이동이 자유로운 상황에서 미 달러의 과도한 비대칭성은 미국의 통화정책으로 전 세계 경제가 과도한 영향을 받는 불안정성을 초래한다. 중국을 중심으로 한 신흥국들은 막대한 외환보유고를 축적하고 있다. 1995년에 전 세계 외환보유고는 전 세계 GDP의 5% 수준이었으나 현재는 14%까지 상승했으며 이 중 신흥국이 약 2/3를 차지한다. 이처럼 막대한 외환보유고의 확대 대상으로는 대부분 미국의 국채에 투자된다. 이것은 결과적으로 장기금리를 하락시키고 글로벌 금융위기의 원인을 제공할 수 있다. 현재의 국제통화체제에서는 국제자본의 유출입 규모가 막대하고 변동성은 높아짐으로써 신흥국들은 외환위기의 위험에 쉽게 노출된다. 미국 달러 중심의 단일국가의 통화에 기반한 국제통화체제는 트리핀의 딜레마처럼 국제무역과 준비자산의 증가를 뒷받침할 수 있도록 달러를 공급하는데 한계가 있다. 전 세계에 유동성을 풍부하게 공급하는 과정에서 달러의 가치는 하락할 수밖에 없고 따라서 달러에 대한 신뢰도 흔들릴 수 있다.

6. 시뇨리지 효과와 트리핀의 딜레마

시뇨리지 효과(Seigniorage Effect)

시뇨리지 효과Seigniorage Effect는 중세 유럽의 봉건 영주들이 화폐를 주조하면서 화폐발행 이익을 챙긴 것에서 유래한다. 중세 영주들은 금·은·동으로 화폐를 주조했는데 화폐의 액면가에서 금속비용과 주조비용을 차감한 나머지 이익이 발생했다. 주화혁명은 금·은·동과 같은 일정한 금속 덩어리를 기준으로 품질과 무게를 통일할 수 있고, 이에 따라 무게·품질을 확인할 필요없이 개수만 확인하면, 거래가 성립되는 교환경제의 혁명이었다. 거래의 편리함으로 많은 양의 주조화폐가 발행되었고, 화폐에 대한 주조권은 왕이나 황제가 독점했다. 그들은 주조화폐에 자신들의 얼굴이나 문장 등을 각인하여 그 화폐의 가치를 보장했다. 이는 왕이나 황제가 가치 창조자이며 국가 경제의 지배자라는 것을 권위를 지키는 수단으로 활용되었다. 현대의 시뇨리지 효과는 중앙은행이 이자 없는 화폐를 발행해 이자 수익을 얻을 수 있는 금융자산으로 활용하는 과정에서 발생한다. 또한 중앙은행이 새로운 화폐를 발행하면 인플레이션 조세와 같은 수익이 국가로 귀속된다. 새로운 화폐 발행으로 통화량이 증가하면 기존 통화의 화폐가치가 줄어들면서 중앙은행으로 부가 이전되기 때문이다.

미국의 경우에는 기축통화국으로서 달러를 발행할 때마다 시뇨리지 효과를 얻고 있다. 미국은 누적된 재정적자를 세금이나 차입없이 달러를 발행해 보전할 수 있다. 금융위기 같은 경제위기에 직면하더라도 달러를 발행해 극복할 수 있고, 재정정책을 통해 경기를 부양하는 경우에도 달러를 찍어내어 재원을 충당할 수 있다. 2024년 미의회예산국CBO이 발표한 연방정부의 재정적자 추정치는 1조 8,000억 달러 규모이다. 이것은 미국 경제의 근간을 위협할 수 있고, 글로벌 경제 전반에 악영향을 미칠 수 있다. 재정적자의 악화는 사회보장과 메디케어 같은 주요 복지 프로그램의 지출 증가와 금리 상승으로 인한 이자 비용 증가에서 비롯됐다. 특히 이자 비용이 9,500억 달러로 전년 대비 34% 증가해 군비 지출을 초과했다는 점은 흥미롭다. 미국이 고금리를 유지하면서 강달러 시대를 창출했지만 지나친 재정적자가 미국의 발목을 잡는 꼴이다.

미국의 달러는 기축통화로서 국제무역이나 금융거래의 표준이 되고, 다른 나라들이 달러를 필요로 할 때마다 달러를 발행하여 시뇨리지 효과를 누린다. 미국의 달러는 세계에서 가장 안전한 자산으로서 다른 나라들이 국채를 매입하거나 달러화를 외환보유고로 삼으려 하기 때문이다. 달러를 사는 국가들이 늘어나면 달러를 더 찍어내도 달러 가치가 유지되는 선순환 효과를 누릴 수 있는 구조이다. 미국은 달러를 낮은 비용으로 찍어내지만 다른 나라는 달러를 액면가로 구입한다. 다른 나라는 국내에서만 시뇨리지 효과를 볼 수 있는데, 미국은 전 세계를 대상으로 시뇨리지 효과를 얻고 있다. 어찌 보면 환율은 각 나라가 만들어내는 시뇨리지 공신력의 상대가격이다. 우리나라를 비롯한 개도국들은 통화 헤게모니가 없기 때문에 그 나라의 환율은 헤게모니 있는 나라의 환율에 대한 종속변수가 된다. 따라서 환율의 변동성이 커지고 국가부도의 위험성이 상존한다. 통화 헤게모니를 갖지 못한 나라들은 투기판의 바다에 떠 있는 배와 같은 셈이다. 미국의 거대한 투기자본들은 작은 약점이 보이는 나라가 있으면 대규모로 쇼트를 치며 그 나라 경제를 외환위기로 몰아

넣는다. 우리나라의 IMF 위기도 소로스와 같은 투기자금에 당한 사례이다.

트리핀의 딜레마(Triffin's Dilemma)

트리핀의 딜레마Triffin's Dilemma는 1950년대 미국 예일대 교수였던 로버트 트리핀Robert Triffn이 주장하여 붙여진 이름이다. 이를 '트리핀의 패러독스'라고도 한다. 그는 '한 나라의 통화가 전 세계에서 통용되는 기축통화가 되기 위해서는 국제사회의 신뢰가 있어야 하는 동시에, 전 세계의 거래량을 충분히 소화할 수 있을 만큼의 유동성을 공급해야 한다.' 그런데 이 두 가지 조건은 서로 상충하기 때문에 두 가지 조건이 동시에 충족될 수 없는 딜레마에 빠진다는 설명이다. 트리핀 딜레마는 '준비통화'가 국제 경제에 원활히 쓰일 만큼 풀리려면 준비통화 발행국의 적자가 늘어나고, 반대로 준비통화 발행국이 무역 흑자를 유지하려면 준비 통화가 덜 풀려 국제 경제가 원활해지지 못한다는 역설이다. 준비통화는 국가별로 지급을 대비해 보유한 외국환을 말한다.

1944년 출범한 브레튼우즈체제하에서의 미국이 미 달러를 기축통화로 유지하려면 경상수지 적자를 지속적으로 감수해야 한다는 논리이다. ① 미국이 경상수지 적자를 허용하지 않는다면 기축통화인 달러의 국제 공급이 감소하게 되고, 이로 인해 세계 경제는 크게 위축될 수 있다. 반대로 미국이 경상수지 흑자를 유지한다면 전 세계에 풀려있는 달러가 미국으로 다시 돌아오게 되므로 달러 가치는 안정적으로 유지할 수 있으나, 이로 인해 전 세계에 풀려있는 기축통화의 양이 줄어들어 무역량이 감소하고 세계 경제는 불황에 빠질 수 있다. ② 미국의 경상수지 적자가 지속되어 달러가 과잉 공급되면 달러의 화폐가치가 하락하여 기축통화로서의 신뢰가 붕괴될 위험에 빠지게 된다. 트리핀 딜레마가 현실화되면 기축통화국인 미국의 입장에서는 이러지도 저러지도 못하는 진퇴양난에 빠질 수 있다는 논리이다. 이런 이유로 미국은 1980년대부터 대규모 '쌍둥이 적자Double Deficit'국으로 버텨왔다. 2024년 기준 미국의 재정적자는 34조 달러 규모이고 2000년 5조 달러에 비해 무려 6.8배가 증가했다. 2024년 상품 경상수지 적자는 1조 2,117억 달러 규모이다.

7. 기축통화와 통화전쟁

기축통화(Key Currency)

기축통화는 국제외환시장에서 금융거래 또는 국제결제의 중심이 되는 통화를 말한다. 1944년 브레튼우즈체제가 출범하면서 미국 달러는 기축통화의 지위를 확보했다. 어떤 나라의 통화가 기축통화가 되려면 국가안보의 안정성과 통화가치의 안정성, 금융시장의 안정성과 개방성 그리고 충분한 유통성을 공급할 수 있어야 한다. 기축통화는 국제무역의 결제, 환율평가, 대외준비자산으로 사용되며 현재 미국 달러화가 그 역할을 감당하고 있다. 전통적으로 영국의 파운드화나 미국의 달러화를 기축통화로 불려왔다. 19세기 중반 이후 영국의 파운드화는 국제금융지인 런던을 배경으로 기축통화의 역할을 담당하였다. 제1, 2차 세계대전의 결과로 세계의 유통 금의 70%가 미국의 뉴욕으로 유입되고 전쟁특수효과로 미국경제는 급성장하게 된다. 미국의 뉴욕에 많은 금융기관들이 집결하면서 뉴욕의 월스트리트는 세계 금융의 중심지로 탈바꿈한다. 이를 배경으로 미국의 달러화는 글로벌 기축통화로서의 지위를 확보한다. 현재 미국의 경제규모는 전 세계 GDP의 25%를 차지하고 있고, 미국의 달러는 전 세계 외환보유고의 60% 이상을 차지하고 있다. 또한 전 세계 외환거래의 80% 이상은 미 달러로 거래되고, 전 세계 국제결제는 47.0%를 차지한다. 2023년 11월 기준 국제결제 통화별 비율은 미국의 달러 47.0%, EU의 유로 23.0%, 영국의 파운드 7.2%, 중국의 위안화 4.6%, 일본의 엔화 3.4%, 기타 14.8%로 나타난다. 우리나라의 원화는 0.1% 수준으로 아주 미미하다.

'교환성 통화Convertible Currency'는 다른 국가의 통화와 자유롭게 교환되거나 거래될 수 있는 통화를 말한다. 현재는 외환시장에서 미국

국제결제 통화별 비율

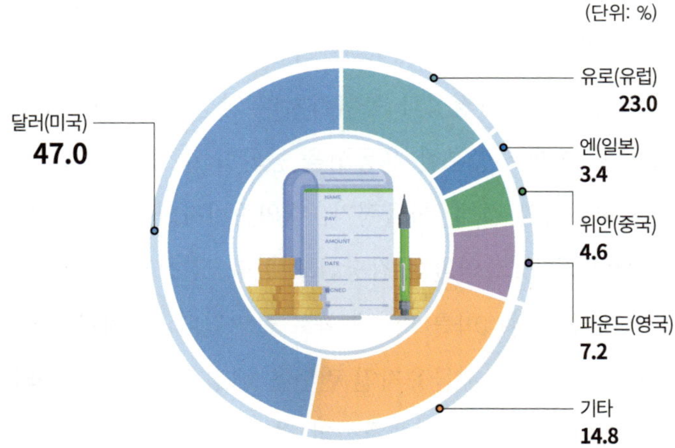

자료: 통상, 2024년 8월호, 산업통상자원부

의 달러화와 자유로이 교환 가능한 통화를 의미하고, 해외에서 물건을 사거나 투자를 할 때 상대적으로 쉽게 사용할 수 있는 특징을 갖는다. 2016년 10월부터 미국의 달러, EU의 유로, 영국의 파운드, 일본의 엔화, 중국의 위안화가 교환성 통화로 통용되고 있다. 또한 교환성 통화는 IMF의 SDR(특별인출권)의 국제적인 준비자산에 대한 가치를 정할 때 사용되는 통화이기도 하다. IMF 바스켓 구성 통화, 즉 교환성 통화는 국제적으로 안정적이며, 신뢰가 높다고 평가받는다.

트럼프 2기와 환율전쟁

미국 대통령 트럼프시대가 개막되면서 트럼프 쇼크를 넘어, 트럼포비아(Trump+Phobia)라는 신조어가 등장했다. 미국은 관세전쟁에 이어 환율전쟁까지 치룰 기세로 자국우선주의를 밀어붙이고 있다. 트럼프는 "최근 중국이 무슨 짓을 하는지, 일본이 수년간 무슨 짓을 했는지 보라. 중국과 일본은 자본과 환율시장을 조작했고 우리는 바보처럼 앉아 있었다"고 환율전쟁의 중요성을 강변한다. 트럼프 대통령의 경제자문위원회 의장 스티븐 미란은 그의 보고서에서 중국이 관세효과를 상쇄하려고 위안화 약세(달러화 강세)를 유도할 가능성에 대해 언급하며 관세전쟁 다음으로 환율전쟁을 예고했다. 미국은 중국의 경상수지 흑자 및 미국의 경상수지 적자는 기본적으로 위안화를 저평가시키기 위해 중국 정부가 외환시장에 개입한데서 비롯된다고 주장한다. 이를 통해 중국은 막대한 외환보유고를 축적했다고 보고, 위안화의 절상 없이는 글로벌 불균형의 문제가 해결되기 어렵다는 입장이다. 하지만 중국은 글로벌 불균형이 단순한 환율요인이 아닌 미국의 과다 소비, 재정적자와 같은 구조적 불균형 때문에 발생한다

세계 각국의 미국채 보유규모(2023년 8월 기준)

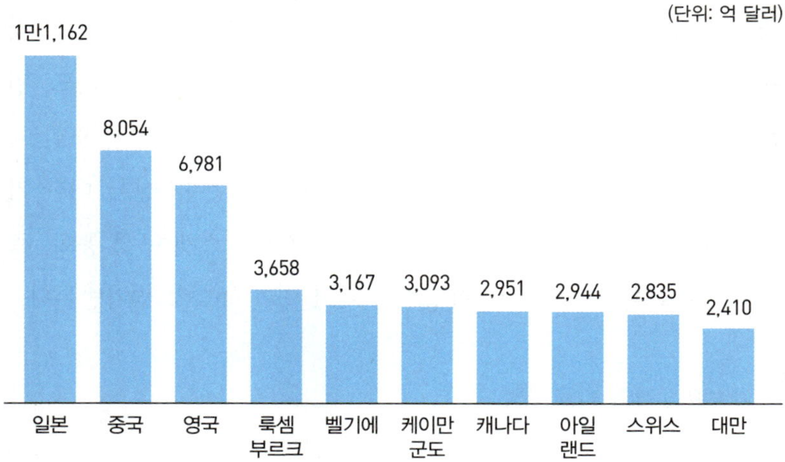

자료: 미국 재무부

고 주장한다. 만일 위안화가 일시에 절상된다 해도 미국의 경상수지 적자는 크게 개선되지 않을 것이며, 오히려 중국 내의 고용사정의 악화 등, 중국에 미치는 부정적 영향은 매우 크다는 입장이다.

2023년 8월 기준 세계 각국의 미국채 보유현황을 보면, 1위 일본 1조 1,162억 달러, 2위 중국 8,054억 달러, 3위 영국 6,981억 달러, 4위 룩셈부르크 3,658억 달러, 5위 벨기에 3,167억 달러, 6위 케이만군도 3,093억 달러, 7위 캐나다 2,951억 달러, 8위 아일랜드 2,944억 달러, 9위 스위스 2,835억 달러, 10위 대만 2,410억 달러 순이다. 우리나라는 18위로 1,140억 달러 규모이다.

미국의 트럼프 대통령은 1기때부터 대규모 감세와 인프라투자를 추진했고, 트럼프 효과로 미국은 한때 나스닥이 2만선을 돌파하고 강달러 현상으로 호재를 누리는 듯했다. 하지만 트럼프의 반이민 행정명령 조치로 인한 정치적 혼란이 커지면서 트럼포비아 현상이 급부상하고, 국제정치의 불안정과 혼란은 서방세계의 증시를 하락시키고 금값은 오르게 하는 금융시장의 불안을 키우는 요인으로 작동했다. 금은 본래 무국적 통화로서 일반적으로 기축통화인 달러와 역의 관계에 있다. 금은 이자가 붙지 않기 때문에 경기가 확장되고 금리가 인상되는 경우, 금보다는 다른 금융자산이 유리한 투자처가 되고, 경기가 후퇴하거나 금융시장이 불안정한 경우, 금은 안전자산이기 때문에 금에 대한 수요는 증가한다. 일반적으로 미국의 국채나 달러가 안전자산으로 선호되지만, 금융시장 자체가 불안정해지면 달러보다도 금은 안전자산으로 더 높게 평가되기 때문이다.

트럼트 행정부가 미·중 갈등구조를 심화시키면서 중국은 미국채를 팔고 금을 사들이고 있다. 중국은 금 보유량을 대폭 확대함으로써 국제금융시장에서 중국 위안에 대한 안정성을 강화시키고, 국채 대신 금으로 안전자산을 대체하며, 인플레이션에 대한 헤지 전략을 펼치고 있다. 또한 중국은 대만을 침공할 때 발생할지 모를 러시아의 우크라이나 침공 당시 미국이 러시아를 국제 금융 결제망인 스위프트SWIFT에서 탈퇴시킨 사례를 대비하기 위한 목적으로 금을 사 모으고 있다. 중국의 2023년 12월 기준 금보유량은 1974년 이후 48년 만에 금보유고 최고 수준인 2,235톤으로 세계 6위를 기록했다.

SWIFTSociety for Worldwide Interbank Financial Telecommunication, 즉 국제금융결제망은 세계 각국의 금융기관 간에 금융거래를 안전하게 처리하기 위한 글로벌 통신망을 의미한다. 이 시스템은 1973년에 설립되어 현재 200개 이상의 국가에서 11,000개 이상의 금융기관이 참여하고 있으며, 은행 간의 안정적인 정보 교환을 도와주며, 국제

중국의 미국채, 금 보유규모

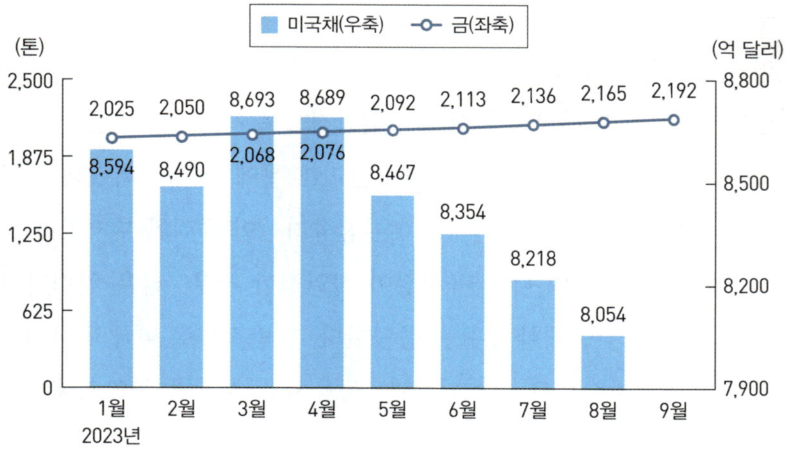

자료: 중국 국가외환관리국, 미국 재무부

송금, 결제, 정보 전송 등 다양한 서비스를 제공한다.

중국은 미국채를 팔아치우고 금매입에 집중하고 있다. 2023년 1월 기준 중국은 미국채를 8,594억 달러 규모 보유했는데, 7월 개월 만인 8월에는 미국채 규모를 8,054억 달러 수준으로 축소시켰다. 금 보유 규모는 2023년 1월 기준 2,025톤을 보유했는데, 8개월 만인 9월에는 2,192억 톤 수준으로 확대했다.

2024년 기준 국가별 금보유 규모는 1위 미국 8,133톤, 2위 독일 3,352톤, 3위 이탈리아 2,452톤, 4위 2,437톤, 5위 러시아 2,336톤, 6위 중국 2,264톤, 7위 스위스 1,040톤, 8위 일본 846톤, 9위 인도 841톤, 10위 네덜란드 612톤 순이다. 우리나라는 37위로 104톤을 보유 중이다. 금은 달러와 대체관계를 형성하며 통화의 기능을 수행한다. 국제 금가격이 오르는 이유는 ① 금가격은 달러가치와 반비례로 움직이는 경향이 있다. 최근 미국 연방준비제도Fed의 피봇정책, 즉 금리인하는 달러 약세를 초래하며 금 수요를 증가시킨다. ② 글로벌 경제의 불확실성이 높아질 때 금 가격은 상승한다. 금은 이자나 배당이 없지만 안전자산이기 때문에 확실하게 가치를 저장한다. 최근 트럼프 2기의 관세폭탄, 글로벌 경기침체 우려 등 불확실성이 높아지면서 금 수요가 증가하고 있다. ③ 글로벌 주요 국가들의 중앙은행들이 외환보유액을 다변화하기 위해 금을 적극적으로 매입하면 금가격은 상승한다. 최근 중국과 러시아를 비롯한 주요 국가들은 미국국채를 줄이는 대신 금 보유량을 꾸준히 늘려가면서 금에 대한 수요가 대폭 증가했다. ④ 투자 및 산업에서의 수요가 증가하면 금 가격은 상승한다. 금은 안전자산이면서 투자의 대상이기도 하다. 또한 산업 및 기술 분야에서도 필수소재로 활용된다. 전자기기, 의료기술, 반도체 등 다양한 산업에서 금을 사용하기 때문에, 기술 발전과 함께 금 수요도 증가한다.

흔들리는 달러의 위상

1999년 전 세계 외환보유고에서 달러가 차지하는 비중은 71% 수준이었다. 달러의 비중은 지난 20년간 지속적으로 하락해서 2024년에는 58.8%로 줄어들었다. 반면에 유로화는 19.2%에서 19.7%로, 엔화는 5%에서 5.7%로, 중국 위안화는 0%에서 2.2%로 증가했다. 또한 세계 외환시장에서 미국의 달러 결제 비중도 점점 하락하는 추세다. 2024년 기준 달러 결제 비중은 47.0%로 세계 1위이긴 하지만 절반 이하로 낮아졌다. 스위프트 결제망에서 사용된 달러 비중도 50% 이하로 점점 축소되고 있다.

미국의 고금리로 인한 강달러 현상은 기축통화로서 달러의 위상이 줄어드는 '탈달러de-dollarization' 현상을 오히려 가속화시키고 있다. 강달러는 신흥개도국들의 수입물가 상승을 부추키면서 무역수지 적자를 키우고 외환보유고를 축소시켰다. 미국의 고금리 정책으로 핫머니들도 미국으로 돌아가면서 자본이탈 현상도 악재로 작용한다. 이 같은 상황에서 신흥개도국들 중에서 달러에만 의존할 수 없다는 선택으로 중국의 위안화를 대체통화로 선호하는 국가들이 늘어나고 있다. 또한 2022년 러시아가 우크라이나를 침공하자 미국은 러시아를 SWIFT에서 배제해 버렸다. 러시아는 300개가 넘는 은행이 SWIFT에 가입돼 있고 결제 건수가 미국 다음으로 많은 나라다. 이런 상황이 전개되자 중국을 비롯한 반미 성향을 가진 국가들이 위협을 느끼면서 탈달러 분위기에 편승하고 있다. 2022년에는 이스라엘마저 외환보유고 중 미국의 달러를 줄이고 중국 위안화를 최초로 편입했다. 푸틴 러시아 대통령은 러시아, 아시아, 아프리카, 라틴아메리카 국가 간 거래에서 위안화 사용을 지지한다고 선언했다. 러시아의 수입 결제에서 위안화가 차지하는 비중은 2022년 4%에서 2023년 23%로 크게 증가했다. 브라질도 위안화와 헤알화의 금융결제를 늘리기 위해 달러 결제망인 SWIFT 대신 중국이 주도하는 결제망인 '국경간 위안화 지급 시스템', 즉, 'CIPS'를 사용하기로 합의했다. 사우디의 경우에도 중국이 중동에서의 미국의 공백을 파고들면서 기존의 원유거래 결제 달러의 독점체제를 균열시키고 있다. 중국은 중국주도의 상하이협력기구SCO에 산유국인 이집트와 카타르, 사우디까지 합류시켰다. 상하이 협력기구는 중심이 되는 두 국가(러시아, 중국)가 미국, 유럽연합, 북대서양 조약 기구NATO 등과 대립관계인 대표적인 반미 국가들의 연합체다. 정회원은 10개국, 즉 러시아, 중국, 카자흐스탄, 키르기스스탄, 타지키스탄, 우즈베키스탄, 인도, 파키스탄, 이란, 벨라루스 등이다. 또한 유라시아경제연합EAEU은 중국과 함께 단일 통화 도입 프로젝트를 추진하고 있고, 인도는 러시아와 무역을 위해 루피(인도화폐)와 루블(러시아화폐)의 결제 시스템을 준비 중이다.

중국은 2023년 3월 중동산 액화천연가스LNG 6만 5천 톤을 처음으로 위안화 결제에 성공했다. 중국은 '페트로 위안'시대에 진심이고 박차를 가하고 있다. 또한 중국은 신 실크로드 전략 '일대일로' 선상에 놓인 151개 개발도상국과 1조 달러에 달하는 인프라 투자로 영향력 확대하고 있다. 제2차 세계대전 이후 미국과 IMF는 국제구제금융의 큰 손이었다. 최근 중국은 이들을 대체하기 위해 미국과의 화폐전쟁을 벌이고 있다.

하지만 아직은 미국에 비해 중국은 기축통화국으로서 갖춰야 할 요건에 미흡하다. 중국의 위안화가 전 세계 거래에서 아직 4% 비중이고, 무역·투자 부문에서 개방성이 부족하다. 금융정책의 투명성이나 예측가능성도 낮은 수준이다. 중국의 금융시스템은 아직도 법치주의가 아닌 권위주의로 작동한다. 중국경제는 세계 경제에 충분한 유동성을 공급할 만큼 지속적인 무역적자를 감내하기 어렵다. 또한 중국어는 학문분야나 상거래 분야에서 영어만큼 영향력을 발휘하기 어렵다. 미국은 달러뿐 아니라 영어라는 기축언어로 전 세계에 막강한 영향력을 행사한다.

8. 인플레이션의 양자

인플레이션과 실업은 모든 국가의 핵심 정책이다. 인플레이션을 억제하고 실업을 줄이는 것은 국민들의 경제적 고통을 줄이기 때문이다. 인플레이션율과 실업률을 경제학에서는 고통지수misery index라 한다. 고통지수는 한 국가의 국민들이 현재 경제 상태에 대해 느끼는 불쾌감의 정도를 기온이나 습도처럼 지표로 나타낸 개념이다. 고통지수가 높아지면 국민들의 삶의 질은 낮아지고 경제생활은 고통스러워진다. 따라서 고통지수와 정치권력 간에는 미묘한 상관관계가 형성된다.

역사적으로 돈의 가치는 어떤 나라의 정권에 대한 흥망성쇄와 괘를 같이했다. 새롭고 강력한 정권이 탄생하면 돈의 가치가 제대로 반영된 새로운 화폐가 탄생한다. 권력이 부패하거나 쇠퇴할수록 그 돈의 가치도 함께 쇠락해 간다. 국가권력을 장악한 어떤 정권이 효율적이고 생산적인 정치를 운영하면 그 나라의 화폐가치는 지속되고, 국민들은 그 정권에 대한 신뢰를 유지한다. 하지만 정치권력이 비효율적이고 비생산적으로 운영되면 방만한 정부지출로 국가재정은 파탄에 이르고 국민들의 신뢰도 무너진다. 빈곤한 재정을 확충하기 위해 그들은 화폐를 남발하고 지나친 조세를 통해서 국민들의 재산권을 유린한다. 화폐남발로 인플레이션은 가속화되고, 과도한 조세수탈로 인해 민간경제는 휘청인다. 백성들은 생계를 위협받고 살아남기 위한 투쟁과 반역을 감행한다. 결국 기존의 권력은 돈의 가치의 하락과 함께 몰락하고 새로운 권력이 탄생한다.

로마제국은 초기 '데나리우스'라는 새 황제의 옆모습이 새겨진 순

은으로 제조된 주화가 통용되었다. 그러나 400년 이후 로마가 멸망해 갈 무렵, 은으로 제조된 동전은 구리로 만든 모조 동전으로 변질되었다. 화폐가치가 추락하는 초인플레이션이 발생한 것이다. 제1차 세계대전 이후, 독일은 9년 동안 1조%에 달하는 초인플레이션을 경험한다. 독일 국민들은 처절한 하이인플레이션의 고통에서 하루 빨리 벗나기를 소망했고, 자유가 아닌 빵을 선택하게 된다. 히틀러와 같은 강력한 통치자가 빵의 문제를 해결해 줄거라는 기대에서 전체주의 나치당에 권력을 위임한다. 에리히 프롬은 그의 저서 '자유로부터의 도피'에서 이 같은 독일 국민들의 사회심리를 분석했다. 히틀러 정권의 탄생 배경에는 독일 국민들의 빵을 위한 자유로부터의 도피심리가 작동한다. 이런 이유에서 히틀러 정권의 탄생을 '하이퍼인플레이션의 양자'라 부른다. 1914년 7월 독일의 구두 1켤레 가격은 4마르크였다. 1923년 11월 구두 1켤레 가격은 4조 2천억 마르크로 치솟았다. 1920년 감자1포 가격은 1마르크였다. 1923년 11월 감자1포 가격은 1천억 마르크가 되었다. 1922년 3월, BMW엔지니어의 월급은 520조 마르크였고, 8개월 동안 임금은 200번이나 인상된다. 1923년 미국의 국회의원 앤드류가 미국 7달러를 독일에서 40억 마르크로 환전했다. 그리고 식사 한끼에 10억 5,000마르크, 팁으로 4억 마르크를 지불했다. 1923년 식당에서 식사를 시작할 무렵 식대는 1천억 마르크인데 식사가 끝나갈 무렵 식대는 1천 150억 마르크로 뛰어올랐고, 계산대에서 계산할 무렵 1천 250억 마르크를 식대로 지불해야 했다. 겨울 난방은 석탄 대신 돈을 때는 것이 오히려 화력이 좋았고, 돈은 벽지 대신 벽을 도배하는데 사용되었다. 돈이 아닌 계란이나 석탄이 화폐로 통용되었다. 1923년 독일의 어린 아이들은 장난감 살 돈이 부족해서 돈다발을 쌓으며 논놀이를 즐겼다.

짐바브웨는 2008년 1월에서 7월까지, 공식 인플레이션율은 30,000,000%였다. 그 당시 돈 한 바구니로 달걀 3알을 살 수 있었다. 2009년에는 '100조 달러' 지폐가 발행되었는데, 그 돈으로 살 수 있는 것은 달걀 3~4알이 전부였다. 1987년부터 2017년까지 짐바브웨를 지배해 온 무가베 정권은 1990년대 최악의 가뭄으로 경제가 악화된 이후, 바닥난 국가재정을 채우기 위해 화폐를 대량으로 찍어내는 우를 범했다. 그 이후 여러 차례 화폐개혁을 시도했지만, 새로운 화폐들조차 쓸모없게 되자, 무가베정권은 2009년 4월 자국 화폐를 포기하고 미국 달러를 공식 화폐로 선언한다. 짐바브웨는 스스로 경제주권을 포기하고 다른 나라의 화폐를 수입하는 화폐식민지로 추락한다. 짐바브웨는 결과적으로 세계최빈국의 수모를 당하게 되고, 무가베 정권은 37년간의 독재를 마감하고, 독재자 무기베는 2017년 11월 군사 쿠데타에 의해 쫓겨난다.

최근 몇 년간 베네수엘라의 인플레이션은 단순한 경제적 문제를 넘어 사회적 혼란을 야기했다. 인플레이션율은 연간 1,000만%에 육박한다. 빅맥1개의 가격은 임금노동자 월급의 1/5이고, 개 사료 1kg은 임금노동자 3주 급여에 해당한다. 화장지 1롤은 260만 볼리바르이고, 닭고기 2.4kg은 1,460만 볼리바르다. 강도가 위협해서 금고의 돈을 주면 그 강도는 돈을 버리며 화를 내고 화장지를 가져가는 나라이다.

중국의 국민당 정권의 패망과 칠레의 아옌데 정권의 붕괴, 그리고 로마제국의 멸망 등은 모두 화폐의 가치를 지키지 못한데서 비롯됐다. 역사적으로 돈의 가치와 생명이 영원한 화폐는 없다. 어떤 나라의 화폐든 그 가치는 그 나라의 경제력이 결정하고, 그 나라의 경제력이 소진하면 화폐도 함께 소멸한다.

9. 비트코인과 암호화폐

트럼프가 47대 미국 대통령에 취임하자 2025년 1월 20일 비트코인은 10만 9,241달러까지 폭등했다. 트럼프는 2019년 비트코인은 "돈이 아니다"라고 비하하며 미국 달러를 옹호했다. 트럼프 1기 행정부는 암호화폐 기업에 대한 규제를 강화했다. 그러던 트럼프의 2024년 대통령 선거 캠페인의 주요 슬로건은 '비트코인을 국가자산으로 인정한다'이었다. 그리고 그는 대통령에 당선됐다. 최근 트럼프 미국 대통령은 암호화폐 자산으로 약 540만 달러(약 72억원)를 보유하고 있는 것으로 알려졌다. 과거 비트코인을 "실체 없는 공기"라며 비판했던 그가 이제 암호화폐 투자자로 변신했다. SC의 디지털 자산 리서치 헤드인 '제프리 켄드릭'은 "비트코인이 올해 20만 달러까지 상승하고 트럼프 대통령이 퇴임하기 전에 50만 달러까지 오를 것"이라고 전망했다.

화폐의 발전은 암호화폐cryptography에서 마무리 될 것 같다. 암호화폐는 디지털 화폐, 가상화폐 등으로 불린다. 우리나라는 암호화화폐를 가상통화로 규정한다. 비트코인은 온라인상의 디지털 통화인 가상화폐의 일종이다. 2008년 나카모토 사토시라는 이름으로 위장한 컴퓨터 프로그래머가 창안한 사이버머니다. 2009년 미국이 금융위기를 극복하기 위해 막대한 양의 달러를 찍어내면서 달러가치의 하락을 우려한 상황에서 창안된 대안화폐의 일종이다. 역사적으로 국가나 중앙집중적 권력은 화폐의 가치에 대한 믿음을 저버려왔다. 비트코인은 중앙은행, 금융회사 또는 중앙집권적 어떤 권력으로부터도 자유로운 디지털 화폐다. 비트코인은 은행을 거치지 않고 전 세계 누구에게나 돈을 직접 전할 수 있고, 환전과 송금을 하면서도 수수료를 지불하지 않으며, 서버가 필요 없는 안전한 새로운 금융거래시스템이다. 비트코인은 이런 장점들로 인해 미래의 화폐로써 주목받고 있다. 하지만 채굴비용이 높다는 단점도 있다. 채굴과정에서 주어진 암호를 푸는 데에는 엄청난 양의 컴퓨터 연산이 필요하기 때문에 너무 많은 전기가 소진된다. 따라서 청정에너지를 사용하지 못한다면 환경문제의 주범이 될 수도 있다. 비트코인 채굴Mining은 암호를 찾는 데 가장 큰 공헌을 한 사람에게 신규 발행된 비트코인이 제공되는 것을 말한다. 비트코인을 창출하는 과정이 마치 광산에서 금을 캐내는 것과 유사하다 하여 붙여진 이름이다.

지금까지는 금융거래에 대한 원장을 금융기관이 서버에 보관하고 그 원장에 의해 금융거래가 이루어지는 화폐와 금융거래 시스템이었다. 그런데 비트코인은 원장이나 금융기관이 없이 금융거래가 가능한 전자화폐이다. 이것은 클라우드 컴퓨팅에 기반한 블록체인 기술을 활용함으로써 가능하다. 블록체인은 정보 분산을 통한 공공거래장부를 자동으로 만들어 낸다. 이 플랫폼은 모든 비트코인 사용자가 서로 알지도, 믿지도 못하는 개인과 개인의 휴대전화나 인터넷만으로 거래하고 비즈니스를 수행할 수 있는 안전성을 보장한다. 블록체인 기술을 바탕으로 만들어진 암호화폐는 중앙집중형이 아닌 분산형이라는 특징을 가진다. 기존 금융거래의 경우에는 금융거래 기록을 금융회사의 서버에 보관하지만, 블록체인은 금융거래기록을 암호화폐를 사용하는 모든 사람의 컴퓨터에 공동으로 저장한다. 10분 주기로 거래된 모든 내용이 검증돼 블록으로 저장되는데, 이 블록이 이전의 블록 뒤에 자전거 체인처럼 붙는다 해서 블록체인이라 한다. 블록체인은 몇몇 사람이 장부를 조작하려 해도 과반수가 인정한 거래내역만이 장부에 기록되는 블록이 형성되기 때문에 해킹하기 어렵다. 따라서 중개기관은 사라지고, 익명의 모든 거래가 가능할 뿐 아니라 모든 거래장부가 안전하게 보관될 수 있다. 블록체인 기술은 금융뿐 아니라 정치, 교육, 의료, 복지, 에너지 등 사회 전반에 걸친 패러다임의 변화를 이끌 수 있다. 과거 30년이 인터넷의 역사였다면 앞으로 다가올 30년은 블록체인의 시대가 될 것으로 예상된다.

암호화폐에 대한 규제

2018년 G20 정상회의에서 자금 세탁 방지를 위해 암호화폐 자산을 규제하고 테러 자금 지원 방지 등 필요에 따라 각국 정부가 암호화폐 규제를 위한 협의안이 도출됐다. 독일, 프랑스, 이탈리아는 비트코인에 대한 세계공동 규제에 나서고 있다. 2023년 5월 EU는 세계 최초로 암호화폐 산업에 대한 포괄적 규제가 담긴 법안, 즉 암호화폐 규제 패키지인 '미카MiCA'를 통과시켰다. 암호화폐 거래 과정에서의 투명성과 관련 기업에 대한 감독, 범죄 활동 예방 조치 등이 포함된 법안이다. 암호화폐 사업을 하려면 적어도 EU 회원국 한 곳에 등록해 유럽증권시장국ESMA, 유럽은행감독청EBA 등 주요 금융 당국의 감시를 받도록 의무화했다.

전 세계적으로 비트코인과 같은 가상화폐들이 가상자산이 아닌 암호화폐로 인증받는 것은 아직 이르다. 아직은 화폐로서의 지위와 기능을 공인받지 못했을 뿐만 아니라 기존화폐제도의 벽을 뛰어넘기에는 제약이 많다. 미국의 경우에는 조심스럽게 접근하고 있다. 가상화폐를 화폐나 지급수단이 아닌 금융상품으로 규정하면서 거래에는 양도소득세를 부과한다. 미국은 비트코인을 금융제도권 안으로 들여놓은 셈이다. 현재 미국, 캐나다, 일본, 독일, 프랑스, 호주 등 여러 나라들이 가상자산에 과세하고 있다. 미국의 경우, 매매 및 교환시 자본이득세를 부과하고, 소득으로 간주되면 소득세를 부과한다. 중국은 가상화폐에 대해 가장 강력한 규제를 실행하는 국가 중 하나다. 가상화폐거래소를 폐쇄하고, 가상화폐를 통한 자금모집을 전면금지시켰으며, 비트코인 채굴업체의 전기공급을 차단하는 등 강력한 규제수단을 동원한다. 중국은 2013년 12월부터 은행이나 지급결제분야 종사자의 비트코인 사용을 금지했다.

세계 각국의 CBDC(Central Bank Digital Currency)

전 세계 중앙은행들은 가상화폐를 규제하고 CBDCCentral Bank Digital Currency도입에 속도를 내고 있다. 스웨덴이 최초로 CBDC를 실험 중이고, 2020년 1월 EU, 영국, 일본, 캐나다, 스웨덴, 스위스 등 6개국 중앙은행이 공동으로 CBDC의 발행 가능성 연구를 진행하기로 합의했다. 세계의 여러 중앙은행들이 CBDC를 포함한 다양한 디지털 화폐에 대한 연구를 시작했다. 2020년 2월부터 미국 FED에서는 중앙은행 CBDC중앙은행 디지털 화폐를 자체적으로 연구 중이다. 우리나라의 한국은행도 CBDC 관련 모의실험을 시작했다. CBDC가 등장하면 가상화폐에는 투기 수요만 남을 것이라는 전망이 우세하다. CBDC와 가상화폐가 상호 보완하며 동반 성장할 것이라는 견해도 만만치 않다.

중국은 세계 최초로 중앙은행 디지털화폐 중의 하나인 DCEP Digital Currency Electronic Payment의 도입을 추진하고 있다. 2014년부터 CBDC에 대한 연구를 진행해 왔으며, 인민은행이 발행하는 법정 디지털화폐를 DCEP Digital Currency Electronic Payment로 명명하고, 현재 중국내 주요지역에서 활발한 시범운용을 진행 중이다. 중국의 CBDC는 통화주권을 확립하고 위안화의 글로벌화를 이루기 위한 중국 정부의 전략적 선택이다. 중앙은행에서 발행하는 법정화폐로 개인이든 기관이든 중국내 어느 주체도 DCEP를 결제수단으로 사용하는 것을 거절할 수 없다. 은행계좌가 필요 없고 블록체인 기술을 통해 본인의 전자지갑과 연동돼 있다는 점에서 기존의 '모바일 페이'보다 개인 정보가 더 안전하다. 디지털화폐는 현금보다도 거래기록 추적이 용이하기 때문에 불법자금, 지하경제를 방지하는데 유리한 면도 갖고 있다.

최근 미국 중앙은행인 연방준비제도에서는 미국 달러가 직면한 대표적인 불균형 문제인 트리핀 딜레마Triffin's dilemma를 푸는 데 암호화폐가 실마리를 제공할 수 있다는 견해가 나오고 있다. 세계의 기축통화로 쓰이는 통화를 발행하는 미국은 트레핀의 딜레마 같은 양날의 검의 문제를 안고 있다. 만약 민간에서 발행하는 암호화폐 private cryptocurrency가 현재 전 세계 각 나라의 외환 보유고에 있는 미국 달러화를 대체한다면 미국 달러화가 당면한 트리핀 딜레마를 해결할 수도 있다는 주장이다. 미국의 트럼프 대통령이 미국의 경상수지 흑자를 도모하고, 비트코인을 국가자산화하겠다는 논리도 일맥상통한다.

암호화폐 규제에 대한 찬·반 논쟁

암호화폐에 대한 규제를 찬성하는 이유로는 ① 가상화폐가 투기 수단으로 변질되고 있어 반드시 규제가 필요하다. ② 장기적 관점에서 투자자를 보호하고 시장질서를 바로잡기 위해 공정거래 시스템을 구축해야 한다 ③ 규제가 없거나 느슨하면 한탕주의가 횡행하게 된다. 노벨경제학상을 수상한 폴 크루그먼 뉴욕시립대 교수는 “가상화폐는 투기, 도박이다. 마치 다단계 사기와 같다. 엄격히 규제해야 한다.”고 주장한다. 빌 게이츠는 “일론 머스크보다 돈이 적다면 비트코인을 조심하라.”고 비트코인에 대한 부정적인 견해를 피력했다. 미국 재무장관 재닛옐런은 비트코인거래를 투기로 규정했다. 전 세계 대부분의 정부들도 가상화폐는 자금 세탁과 사기, 탈세 등 불법적인 목적으로 악용될 가능성이 높다고 평가한다. 가상통화 취급업소인 가상화폐거래소에 대한 해킹 문제, 비이성적인 투기 과열 등 부작용이 심각하다는 판단이다. 블록체인은 중요한 기술이지만 하지만 부산물인 가상화폐까지 중요한 것은 아니라고 평가한다. 일론 머스크가 장난삼아 만든 도지코인을 대표적인 투기 사례로 본다. 도지코인은 무제한 발행 등으로 화폐 가치가 전혀 없는 데도, 투기 자본이 몰려 한때 암호화폐 시가총액 2위를 기록한 적이 있기 때문이다.

암호화폐에 대한 규제를 반대하는 이유로는 ① 막무가내식 규제보다 건전한 시장을 조성하는 것이 중요하다. ② 정부의 과도한 간섭으로 새로운 시장을 위축시킨다. ③ 가상화폐에 대한 보호 장치

없이 세금만 부여하는 것은 공정하지 못하다.

미국 실리콘밸리의 전설적인 벤처투자가, 팀 드레이퍼는 "앞으로 비트코인 같은 가상화폐는 5년 안에 세계적으로 주요 결제수단"이 될 것으로 평가한다. "5년 동안 가상화폐 가격은 30배가량 상승할 것"이고 "현재의 가상화폐는 인터넷이 처음 세상에 나왔을 때와 닮았다."고 주장한다. 또한 "가상화폐와 블록체인 기술의 발전이 조만간 금융시장의 판도를 바꿀 것"이라고 주장한다. 테슬라 CEO 일론 머스크는 2021년 15억 달러 어치 비트코인을 매수했다. "8년 전에 비트코인을 샀어야 했다."며, "비트코인에 투자하지 않는 사람은 바보"라고 규정했다. 한때 일론 머스크는 비트코인을 자동차 결제수단으로 인정했으나, 청정 에너지 사용문제로 일시 중단시켰다. 이런 언행으로 일론 머스크의 행보는 비트코인 가격 형성에 크게 영향을 미치고 있다. 트위터 CEO 잭 도시는 자신의 첫 트윗을 비트코인으로 기부하겠다며 경매에 내놓았다. 골드만삭스와 뉴욕멜론은행은 암호화폐 관련 고객을 위한 서비스를 제공하기 시작했다.

Chapter

10

인간과 교육, 그리고 인권에 대한 이해

1. 문화적으로 복제·재창조되는 인간
2. 언어와 문자 그리고 상상력을 가진 인간
3. 세상은 아는 만큼 보인다.
4. 아는 것이 인권이다.
5. 과학기술과 인권
6. 세상이 변하고 패러다임(Pradigm)도 변한다.

1. 문화적으로 복제·재창조되는 인간

인류의 진보는 문화복제(천년학교)에서 비롯된다. 인간은 유전자에 의해 생물학적으로 복제될 뿐 아니라 문화적으로도 복제된다. 가풍이라든지, 학교의 전통과 문화, 사회의 관습이나 이데올로기도 문화복제의 구성요소이다. 고대 원시인류에서 현대에 이르기까지 천년학교가 징검다리처럼 모든 지식과 정보들을 세대와 세대를 이어 전수해 왔다. 인류역사는 천년학교의 교과서이고 인류문화는 천년학교의 교육과정이다. 인류의 역사와 문화가 상호작용하여 어떤 세대의 문화복제와 재창조를 연출해 왔다. 우리는 너나 할 것 없이 전 세대로부터 수많은 지식, 자료, 이미지, 가치, 사고, 발견 등 엄청난 정보를 전수받는 과정인 문화복제의 장, 즉 천년학교의 졸업생이다.

이런 맥락에서 교육이란 세대와 세대를 잇는 지식과 정보의 징검다리이고, 무한한 상상력을 바탕으로 모방과 재창조를 자극하는 새로운 패러다임의 생산공장이다. 우리는 모두 과거 위대한 선각자들의 승계자이며 지적인 노예라 할 수 있다. 우리 인류는 모두 과거에 창의적인 업적을 이룬 위대한 거인들의 어깨 위에서 현실을 이해하고 미래를 개척해 왔기 때문이다. 우리는 단지 현대에 태어났다는 이유만으로 과거 위대했던 인물들보다 더 멀리 볼 수 있는 시대적 이점을 향유한다. 현대인이 지나간 세대에 비해 영특해서가 아니라 시대적 이점으로 비교우위를 점하는 셈이다. 우리 현대인들은 마치 과거에 위대했던 사상가나 과학자들의 머리 위에 앉아있는 난쟁이로 비유될 수 있다. 고대나 중세시대의 사람들에게 뉴턴의 중력이론이나 다윈의 진화론은 제공되지 않았으며 이런 이유로 그들은 천동설이나 창조설 같은 비과학적 세계관에 갇혀 있었다. 현대에 살고 있는 우리가 과거 세대에 비해 보다 진보적인 과학적 사고를 갖게 되는 데에는 과거의 위대한 사상가나 과학자들의 업적을 복제한 공로가 크다. 천년학교에서 제공되는 문화복제에 의해 우리는 기존의 지식들을 쉽게 습득하고 새로운 지식들을 재창조하는 능력을 발휘한다.

빅데이터가 중시되는 4차 산업혁명 시대의 모든 지식과 기술들도 인류의 연합지성의 성과물이다. 사회의 모든 구성원으로부터 발생하는 빅데이터에서 학습하고 창조된 인공지능이기에 인공지능이 생성한 모든 생산물은 인류사회의 공동자산인 셈이다. 이런 맥락에서 '허버트 사이먼(simon, 2000)'은 모든 소득의 90%는 다른 사람들의 지식을 활용한 것이므로 90%의 소득세율이 적절하나, 기업가에게 인센티브를 주기 위해 70%의 세율로 과세하고 그 조세수입을 재원으로 모든 구성원에게 재분배해야 한다고 주장한다.

2. 언어와 문자 그리고 상상력을 가진 인간

언어와 문자 그리고 종이나 활자, 디지털 메모리는 과거의 모든 정보를 기록하고 전달한다. 인간은 시각을 통해 많은 정보를 받아들이고 뇌를 통해 기억하고 인식한다. 또한 시각적으로 보지 못한 것일지라도 추상적 사고를 통해 인식하고 소통하는 특별한 능력을 가진다. 인간만이 픽션fiction, 풍자, 그리고 해학이 가능하다. 언어와 문자의 발달은 인간의 사고를 추상화하고 개념화하는데 기여했다. 문자와 인쇄술의 발달은 많은 정보를 기록으로 저장하고 많은 사람들이 공유하도록 메신저 역할을 수행한다. 문자를 통해 위대한 발견들이 세대와 세대를 이어 전수되고 시간과 공간 그리고 계층을 뛰어넘어 널리 퍼지는 속성을 가진다.

크로마뇽인의 후두는 네안다르탈인의 후두보다 길다는 것이 특징이다. 이는 언어구사 능력이 원시인류의 생존과 멸종에 대한 중요한 결정요소였다는 사실을 일깨운다. 네안다르탈인은 멸종했고 크로마뇽인은 현생인류의 조상으로 진화했다. 그런데도 현대인의 유전자 속에 네안다르탈인의 유전자가 2% 정도 남아 있다는 것은 흥미롭다. 최근의 연구결과에 의하면, 사람과 침팬지의 유전자 구조는 98.75%가 같다고 한다.* 그렇다면 사람과 침팬지는 1%의 유전자 차이에 의해 인간과 동물로 나뉘는 셈이다. 2001년, 영국의 과학자들은 사람에게서 폭스피2FOXP2라는 언어유전자를 발견하였다. 그들은 폭스피2가 사람의 언어구사 능력과 밀접한 연관관계가 있다고 주장한다. 독일 막스플랑크 진화인류연구소와 영국 옥스퍼드대학교 연구진은 인간은 폭스피2 유전자에서 중요한 변화가 발생해 침팬지나 쥐 등과는 다른 독특한 언어구사 능력을 갖게 됐다고 발표한 바 있다. 폭스피2 유전자는 사람뿐만 아니라 다른 포유동물에서도 발견되지만, 사람과 침팬지의 폭스피2 유전자는 염기서열에서 아주 미세한 차이가 발생한다고 한다. 인간의 경우, 폭스피2에서 2개의 아미노산이 돌연변이를 일으켜, 그 결과 사람은 혀와 성대, 그리고 입

* 그렇다고 해서 침팬지를 포함한 유인류가 인간의 직접 조상이라는 것은 아니다. 사촌 정도로 이해할 수 있을 것이다.

을 매우 정교하게 움직여 복잡하게 발음할 수 있는 능력을 갖게 되는 생물학적 특징을 가진다. 생쥐와 침팬지의 유전자는 아미노산 하나가 다르다. 인간의 유전자와 침팬지는 진화와 유전자의 거의 대부분을 공유하지만, 인간의 폭스피2 유전자는 우리가 침팬지와 갈라진 뒤 어느 시점에서 단기간에 급속히 진화한 듯하다. 그리고 우리와 침팬지의 가장 큰 차이점 중 하나는 우리가 언어가 있는 반면 침팬지는 없다는 것이다.

이집트의 상형문자와 메소포타미아의 그림문자는 기원전 3천 년경에 나타났고, 중국의 표의문자는 기원전 1천 5백 년경에 나타났으며, 페니키아인들의 알파벳문자는 기원전 1천 1백 년경에 나타났다. 기원전 2천 년경에 만들어진 이집트의 아메스 파피루스Ahmes papyrus는 오늘날 일종의 수학문제집과 같다. 이 책 속에는 원 넓이에 관한 놀라울 정도의 정밀한 근삿값이라든지, 피라미드의 부피에 관한 정확한 계산을 비롯한 분수계산, 분수의 응용, 경지면적, 곡식창고의 용량 등의 문제들이 다루어지고 있다. 이 책의 첫머리에는 "모든 대상에 숨겨진 애매한 사실, 모든 비밀을 밝혀 줄 여러 가지 지침"이라는 내용의 과학적 문제의식이 담겨 있다. 또한 그리스인들의 경우에는 이미 기하학적 도형미를 인식하고 있었으며, 이상적인 도형을 그리려고 노력하고 있었다. 시와 그림, 그리고 수와 기하학적 공간의 추상화, 이와 같은 언어와 논리체계는 동물의 영역과 인간의 영역을 분리시켰다. 현대철학에서도 인간이 다른 동물과 구별되는 근거를 언어구사 능력에 두고 있다. 현재의 인류 문명의 발전과정에서 지금으로부터 약 7만 년 전의 인지혁명, 약 12,000년 전의 농업혁명, 그리고 약 500년 전의 과학혁명은 인류문명의 혁신을 위한 티핑포인트tipping point였다.

재레드 다이아몬드는 그의 저서 〈총, 균, 쇠〉에서 고대 문자는 잉여생산이 가능한 농경사회에서 출현하고 중앙집권을 가능하게 하는데 기여했다고 주장한다. 문자를 통해 거대한 집단이 형성되고 막강한 권력이 가능해진다. 언어는 뒷담화를 가능하게 하고 더욱 긴밀하고 복잡한 협력관계를 발달시키는데 기여하기 때문이다. 과학적 연구결과를 인용하면 뒷담화로 결속할 수 있는 집단의 자연적 규모는 약 150명이라는 것이 밝혀졌다. 인류 역사에서 자연적 규모를 훨씬 뛰어넘는 수십만 명이 거주하는 도시라든지, 수억 명을 지배하는 제국을 건설하는 데에는 상상력을 바탕으로 하는 이데올로기가 핵심적인 역할을 수행했다는 것을 알 수 있다. 서로 다른 인종이나 민족 또는 지역의 사람들일지라도 신화, 전설, 종교와 같은 허구의 세계(이데올로기)를 믿게 함으로써 서로 다른 수많은 사람들이 친밀한 협력관계를 유지하는 거대한 규모의 집단을 형성한다. 뿐만 아니라 이와 같은 허구의 개념인 이데올로기가 그것을 믿고 따르는 사람들에게 어떤 개체나 조직을 위해 헌신하고 목숨까지 받쳐 충성할 수 있도록 결속시킨다. 이데올로기나 종교는 수많은 개인들을 하나의 중앙집권적 사회로 집단화하는데 기여해 왔다. 고대 문자의 기능도 이데올로기나 종교를 확산시키는 도구로 활용되었고 지배계층이 피지배계층을 예속하는데 기여했다. 이데올로기나 종교를 공유함으로써 서로 무관한 개인들이 친인척 관계가 아니더라도 유대감을 형성할 수 있기 때문이다. 또한 이데올로기나 종교는 사람들에게 유전적인 이기심을 뛰어넘어 타인이나 집단을 위해 목숨까지 희생할 수 있는 동기를 부여한다. 순교자, 애국지사, 일본의 카미카제가 가능한 이유이기도 하다.

독일 슈타델 동굴에서 나온 32,000년 전의 상아 공예품은 몸통은 인간이고 머리는 사자 모양이다. 종교와 관련된 것으로 보이는 이 작품은 인류최초의 예술품으로 평가받고 있다. 그런데 이 작품은 현실에 존재하지 않는 인간과 사자의 조합이어서 이때 당시 인간의 상상력에 의한 인지혁명이 이루어졌음을 증거하는 문화유산으로 인식된다. 우리 인류역사에서 인간이 도약하는데 크게 기여한 인지혁명이란 "사자는 우리 종족의 수호신이야"라는 말처럼 허구를 말할 수 있는 언어능력, 즉 상상력을 근간으로 한다. 인간의 언어는 다른 동물들과 비교했을 때 상상력을 바탕으로 한 추상성에 근거한다는 면에서 구별된다. 석기시대의 라스코 벽화처럼 인간은 자연을 보고 아름다움을 형상화하고, 아름다움을 그림과 시로 표현하는 현실이나 사실의 벽을 뛰어넘는 도약의 길을 개척한 셈이다. 인간의 언어는 제한된 몇 개의 소리와 기호로 서로 다른 무수한 의미를 지닌 문장들을 만들 수 있는데 이것이 추상성이고 유연성이다. 이런 능력으로 주변의 엄청난 양의 정보를 받아들이고 저장하며 전달하고 소통할 수 있는 능력, 즉 인지혁명의 주인공이 될 수 있었다. 오늘날 정보의 단위로 비트를 사용하는데 이 세상의 모든 존재를 비트로 나타낼 수 있다. 정보는 모든 존재를 낳는 것이고, 모든 입자, 모든 힘의 장, 심지어 시·공 연속체 자체까지 비트라 할 수 있다. 생명체의 진화 과정은 유기체와 환경 사이에서 지속적으로 이루어지는 정보교환의 장인 셈이다. DNA는 본질적으로 정보분자이자 세포단위에서 가장 발달된 메시지 처리기라 할 수 있고, DNA의 정보 60억 비트가 모여서 우리 한 사람을 탄생시킨 것이다. 유기체와 세포는 복잡한 통신

네트워크에서 송신과 수신, 즉 코딩과 디코딩하는 노드node라 할 수 있다.

추상적 사고, 개념화된 언어, 정교한 논리, 정확하고 풍부한 의사 전달 체계가 오늘날처럼 발달된 과학은 물론, 협업과 분업을 가능케 했다. 협업과 분업은 추상화된 언어체계를 필요로 했고, 협업과 분업의 발달은 무엇보다도 추상화된 언어체계를 발달시켰다. 추상적 사고에 바탕한 협업과 분업체계는 우리에게 급격한 기후와 환경의 변화에 대응하는 혁신과 선택을 이끌게 했고, 그것을 바탕으로 변화의 위험에 대처하는 독특한 경제·사회적 능력을 새롭게 했다. 우리는 어떤 동물보다도 환경의 변화에 유연하며, 변화에 대해 창의적이고 체계적인 선택적 대응을 한다. 이것은 새로운 생존방식, 즉 새로운 경제·사회구조와 새로운 경제·사회 질서의 탄생을 의미한다. 또한 호기심은 인간의 중요한 특성 중 하나이다. 미래학자들은 앞으로 호기심 격차의 시대가 전개될 것이고, 인류의 역사를 바꿀 혁명적 변화들도 호기심과 상상력에서 나올 것으로 예측하고 있다.

3. 세상은 아는 만큼 보인다.

소크라테스는 외쳤다. “너 자신을 알라!” 너 자신이 얼마나 무지한지 그 무지함을 깨우쳐라!, 크리슈나무르티는 말한다. “너희는 결코 아는 것으로부터 자유롭지 못하다.” “너희가 이미 알고 있는 것으로부터 자유를 얻기 위해서는 매일 매일 죽어야 한다. 새롭게 태어나야 한다.” 데모크리토스는 설파한다. “진실은 깊은 곳에 있다.

인간의 오감은 둔감하다. 우리의 경쟁자인 다른 동물들은 더 민감하게 보고, 듣고, 냄새를 맡는다. 우리는 단지 풍부한 상상력에 의지하여 이러한 한계를 극복했다고 주장한다. 우리는 무지하며, 설령 조금 알고 있다 쳐도 이미 알고 있는 것의 노예이다. 그나마 우리가 만물의 영장이라 치부하는 데에는 기존의 것들을 타파하는 혁신성과 새로운 것들을 상상해 내는 창의성에 기인하는 바가 크다. 교육은 이미 알고 있는 것들에 대한 과학적, 합리적, 논리적, 윤리적 검증능력을 연마하는 도량이자 기존의 패러다임을 비판하고 새로운 패러다임을 모색하는 모험과 실험정신의 제조창이다.

플루다크 영웅전의 테세우스편에 나오는 프로크루스테스라는 도적 이야기가 있다. 그는 자신에게 걸려드는 여행객을 모두 잡아다가 자신의 쇠침대 위에 결박한 다음 그들의 신장이 침대보다 짧은 경우에는 몸을 늘려서 침대에 맞도록 하고, 반대로 신장이 침대보다 길 경우에는 침대에서 벗어나는 부분을 잘라내어 침대에 맞도록 했다. 이 세상의 수많은 사람들은 자신의 얼굴 생김새가 다른 만큼이나 다양한 신장을 가지고 있다. 이와 같이 자신만의 사이즈로 세상의 모든 것들을 재단한다면 이 세상의 풍경은 어떠할까? 프로크루스테스 침대Procrustean bed는 주관성의 함정과 독단의 위험에 대한 상징적 알레고리allegory이다. 과학적 접근방식의 기본적 요건은 관찰자가 모든 주관적 요소를 배제시킬 수 있는 환경(진실과 사실에 가까운 조건)을 조성하는 것이다. 그렇게 함으로써 관찰자가 세상이나 사물을 객관적으로 관찰하고 실험하며 증명할 수 있는 객관적 상황이 만들어진다. 한편, 수행자가 온갖 방식의 수행을 통해 득도와 해탈의 경지에 이르는 것도 수행자가 갖고 있는 모든 편착의 틀을 벗어나 혜안, 즉 우주의 진리를 밝게 보는 눈을 얻는 것이다. 모든 현상에 대한 집착을 버리고 차별의 현상계를 보지 않는 지혜와 통찰을 통해 세상을 관조하거나 고요한 마음으로 사물이나 현상을 관찰하거나 비추어 본다는 관점에서 과학자와 다를 바 없다. 이런 맥락에서 보면 과학적 분석을 통해 세상을 인식하는 방식과 통찰, 직관, 혜안을 통해 세상을 인식하는 방식에는 공통점이 많다. 어찌되었든 우리가 세상을 과학적으로 인식하려 하는 경우든, 혜안을 통해 관조하려 하는 경우든, 모두 하나 같이 감정, 욕심, 편견, 그리고 선입견으로 구성되는 주관성의 함정을 벗어나는 것이 관건이다. ① 선입견preconception이라는 함정에서 벗어나야 한다. 우리는 대체로 권위 있는 사람이 주장하는 어떤 논리, 활자화된 교과서나 책자에 인쇄된 내용, 언론매체에 공표된 내용들에 대해서는 대체로 논리적 비판이나 검증의 과정을 거치지 않고 쉽게 받아들이는 경향이 있다. 이런 이유로 해서 우리는 선입견에 의해 잘못된 인식이나 판단 그리고 믿음을 쉽게 받아들이고 합리화하는 우를 범한다.* ② 편견prejudice이라는 함정에서 벗어나야 한다. 선입견과 편견은 비슷한 개념이지만 선입견은 논리적 비판이나 추후 경험에 의해 편견보다는 쉽게 교정된다는 점에서 차이가 있다. 편견은 한번 고착화되면 고쳐지지 않는 특성을 가진다. 우리는 대체로 어릴 때부터 습관적으로 들어온 인식에 대해 집착하는 경향이 있고 고착된 사고의 틀을 벗어나기 어렵다. 인종차별, 성차별 등과 같은 지독하게 고착화된 인식의 편기현상을 낳게 된다. "만일 당신이 미국에서 검은 피부

* 팔만대장경에도 130개의 오타가 있는 것으로 확인된다.

를 가지고 태어났다면 감옥에서 태어난 것이다"라는 말콤엑스의 주장처럼 인종차별이나 성차별은 수세기를 걸쳐 고쳐지지 않는 대표적인 편견의 결과물이다. 편견은 선입견과는 달리 논리적 설득이나 비판에 의해 쉽게 바로잡히지 않는 고정관념이다. ③ 감정이라는 함정에서 벗어나야 한다. 인간이기 때문에 느낄 수 있는 정서적 속성, 즉 감정의 늪에서 벗어날 수 있을 때 우리는 객관적이고 과학적인 관점을 유지할 수 있다. '여도餘桃의 죄'라는 중국의 고사가 전해지고 있는데 이 이야기는 감정이 개입된 판단의 이중성, 즉 주관성의 개입으로 인한 판단의 오류를 은유하고 있다. 중국 위나라의 위왕은 미자하라는 신하를 매우 총애하였다. 그를 총애한 나머지 임금이 먹던 음식을 함께 나눠먹을 수 없다는 군신 간의 법도마저 무시하고 위왕은 자신이 먹던 복숭아를 미자하와 나눠먹었다. 위왕이 미자하와 복숭아를 한입씩 나눠먹는 그 광경은 다른 신하들에게는 미자하에 대한 위왕의 총애와 신뢰의 표현으로 부러움의 대상이었다. 하지만 세월이 흘러 위왕의 감정은 변하게 되고 위왕의 마음속에는 왠일인지 미자하란 신하에 대한 미움과 증오가 가득한 상태에 이르게 된다. 위왕은 미자하를 제거하고 싶지만 미자하에게는 아무런 죄목이 없다는 것이 문제였다. 그런데도 위왕은 미자하를 살려둘 수 없을 만큼 증오했던 모양이다. 급기야 위왕은 자신이 그리도 총애했던 그 시절 미자하에 대한 애정의 표현으로 나눠먹었던 복숭아 사건을 죄로 물어 그를 사형대에 올린 어이없는 고사다. 어쩌면 우리도 사소한 감정으로 인해 위왕이 저지른 여도의 죄를 매일 저지르고 있는지 모를 일이다. 위왕은 미자하와 복숭아를 나눠먹은 똑같은 사실에 대해 자신의 감정의 변화에 따라 전혀 다르게 판단하는 주관성의 함정에 빠진 것이다. 감정이입은 우리의 인식과 판단의 기준을 교란시키며 이중적 잣대를 제공하는 주관적 오류를 발생시킨다. ④ 욕심이라는 함정에서 벗어나야 한다. 인간은 생존에 대한 욕심, 소유에 대한 욕심, 그리고 존재에 대한 욕심 등으로 무한한 욕심에서 벗어나기 어려운 존재다. 시지프스 신화의 바윗돌처럼 우리는 어떤 무엇으로부터 욕망을 향해 끝없이 집착하는 유혹의 화신이다. 우리는 욕심과 집착으로 인해 허전해 하고, 괴로워하기도 하며, 욕심으로 인해 모든 것들을 있는 그대로 볼 수 있는 객관적 눈을 잃어 버린다. '무욕견진無慾見眞'이라는 말의 의미처럼 우리는 욕심이라는 끈을 놓아버릴 때, 있는 그대로의 사실과 진실을 바로 볼 수 있다. 욕심은 우리의 인식과 판단의 기준을 교란시키며, 객관적이고 과학적인 관점을 뒤틀리게 한다.

4. 아는 것이 인권이다.

인간은 생물학적 복제를 통해 생명체로 태어나고 진화해 간다. 인간은 생물학적 복제뿐 아니라 문화적 복제과정을 거쳐 그 시대에 적합한 문명화된 인간으로 삶을 유지한다. 인간은 하나의 독립된 개체로서보다는 사회적 존재로서의 가치와 의미가 중시된다. 인간이란 다른 사람들로부터 존중받는 권리, 즉 인권을 부여받은 존재이다. 인권이란 인간이 자유롭고 평등하게 삶을 누릴 수 있는 기본적 권리에 해당한다. 인간이 자신의 인권을 지키기 위해서는 세상을 이해하는 지식과 정보가 중요하다. 지식이나 정보가 부족하면 차별과 착취의 대상이 된다. 지식이나 정보를 많이 가진 자가 부족한 자를 지배하는 권력관계가 성립한다. 또한 지식이나 정보가 많은 자들에게 부가 집중되고 부족한 자들은 소외되기 십상이다. 이런 이유에서 개인의 자유와 평등은 알권리에 의해 좌우된다 해도 지나치지 않을 것이다. 또한 자유와 평등을 이상으로 삼는 민주주의는 개인의 알권리가 보장될 때 그 빛을 발한다. 개인의 알권리를 보장받기 위해서는 교육받을 권리와 언론의 자유가 충족되어야 한다. ① 모든 개인에게 교육 받을 권리가 보장되어야 한다. 신분의 귀천에 관계없이 빈부의 격차에 관계없이 교육받을 기회가 보장될 때 지식이나 정보가 모든 개인에게 고르게 분산된다. 지식이나 정보가 특정 집단에 집중될 때 독재가 가능하고 착취가 가능하다. ② 모든 개인이 자신의 의사를 자유롭게 표현할 수 있고 모든 언론기관이나 언론매체도 자유롭고 공정하게 정보를 전달해야 한다. 개인의 언로가 강제되고 언론이 왜곡될 때 독재나 착취가 가능하다. 자유로운 언론은 지식과 정보를 모든 개인에게 분산시킴으로써 권력관계를 수평화시키는데 기여할 수 있다.

예를 들어 심각한 통증에 시달리는 환자가 있다 하자. 그는 의학에 관한 지식이나 정보가 부족하다. 따라서 병원에 가게 되고 의사에게 자신의 몸을 맡기게 된다. 의사는 환자에게 치료를 위한 여러가지 행동을 강제할 수 있다. 병원에서는 의사가 환자보다 질병 치료에 필요한 지식이나 정보를 많이 갖기 때문에 의사는 환자를 지배할 수 있다. 의사와 환자 간에 정보의 비대칭성으로 인해 권력관계가 형성된다. 또한 의료기술이나 신약에 대한 분배과정에서도 지식과 정보 그리고 경제적 불평등에 의해 많은 차별의 문제도 발생한다.

형사소송법을 잘 모르는 평범한 시민은 법을 집행하는 전문가들에 의해 인권을 침해당할 수 있다. 법에 관한 부족한 지식이나 정보를 평범한 시민에게 채워주는 제도가 변호사제도이다. 세법에 관한 부족한 지식이나 정보는 회계사나 세무사가 대리인으로서 채워줄 수 있다. 이런 제도의 핵심은 부족한 지식이나 정보를 채워줌으로써 수직적 권력관계를 수평적 권력관계로 변환시키는데 있다. 권력의 분배, 경제적 분배에 이르기까지 지식과 정보는 중요하다. 지식과 정보가 개인에게 고르게 분산될 때 개인의 인권은 보장되고 민주의의가 실현될 수 있다. 교육은 인권을 보장하는 기본적 권리이고, 학습은 개인이 자신의 인권을 지키기 위한 방패이자 무기에 해당한다.

물론 인권의 개념에는 언론의 자유, 종교의 자유, 투표의 자유뿐만 아니라 사회복지권, 환경권, 정보접근권, 평화적 생존권까지 그 개념이 다양하고 그 범위는 넓어져 가고 있다. 급격한 과학기술의 발달로 인해 새로운 지식과 정보가 파고를 이루고 그에 상응하는 인권의 개념과 범위가 변하고 있다.

인간이 자유롭고 평등하게 삶을 누릴 수 있는 기본적 권리, 즉 인권이 존중되기 위해서는 수평적 권력관계가 형성돼야 한다. 우리가 살아가는 세상 속에는 인간을 지배하고 통제하는 3가지 힘이 존재한다. 그 힘은 크게 권력(폭력), 보상(돈), 그리고 이데올로기(지식이나 정보)로 나눌 수 있다. ① 권력은 폭력의 속성을 가진다. 마오쩌둥은 "모든 권력은 포문에서 나온다"고 정의했는데, 권력은 직접적이고 강제적으로 인간을 지배하는 속성을 가진다. 권력은 일방적이며 획일적이다. 권력은 힘 있는 자만 행사할 수 있으며, 그 속성은 매우 경직적이다. ② 보상은 경제적 교환의 속성을 가진다. 대가를 지불함으로써 다른 사람을 지배하거나 통제할 수 있다. 돈은 누구에게나 자신의 요구를 충족시켜 주는 수단이기 때문이다. 기업은 열심히 일하는 자에게 보상함으로써 더욱 열심히 일하게 한다. 국가는 세금을 거두지만 국방, 치안, 소방, 사회간접자본, 보조금, 이전지출 등으로 보상함으로써 더욱 많은 세금을 납부하도록 유인한다. 학생들도 보수를 많이 얻을 수 있는 직업을 갖기 위해 열심히 노력한다. 보상의 경우에도 경제력을 많이 소유한 자가 그렇지 못한 자를 지배하거나 통제할 수 있다. 하지만 보상은 상대에게 대가를 지불해서 지배하기 때문에 권력보다는 부드럽고 유연하다. ③ 이데올로기는 어떤 사람을 지배하는 사상이나 지식을 말한다. 사람이 자신이 믿고 있는 사상이나 지식을 바탕으로 행동에 옮기는 것을 이데올로기라 한다. 어느 누구든 자신도 모르는 어떤 이데올로기의 지배를 받으며 사회생활을 한다. 종교적 믿음, 철학적 가치, 그리고 과학적 확신에 의해 자신의 신념과 행동을 결정하기 때문이다. 이데올로기는 어느 누구든 가질 수 있는 것이며 권력이나 보상보다도 유연하면서도 강력하다. 사이비 종교가 많은 사람들을 현혹할 수 있는 이유도 여기에 있다. 가정교육, 사회교육, 종교교육, 학교교육은 모두 어떤 사람을 지배하는 이데올로기에 영향을 미친다. 권력, 보상, 그리고 이데올로기가 우리를 어떻게 지배하는지를 깨달을 때, 우리는 인권을 지켜낼 수 있다.

5. 과학기술과 인권

과학은 자연의 법칙, 인간의 주관적 가치가 배제된 객관적 질서이다. 인간이나 사회에 관한 과학(사회과학)일지라도 과학은 기본적으로 자연적 현상(생물학)에 기반한다. 철학은 인간의 주관적 가치에 초점이 맞춰진 심리적이고 사회적인 현상에 기반한다. 과학은 자연의 질서를 다루는 학문이고 철학은 인간의 질서를 다루는 학문이다. 우리가 학습하는 모든 학문은 과학적이거나 아니면 철학적 범주에 속한다.

인권이란 인간이 인간답게 삶을 유지하고 사회적으로 존중받을 수 있는 권리이다. 그가 피부색깔이 어떻든, 잘 생겨졌든 못생겼든, 키가 크든 키가 작든, 유식하든 무식하든, 부자이든 가난하든, 남자이든 여자이든, 또는 어떤 종교를 가졌든 상관없이 인권은 평등하고 가장 가치있게 존중되어야 한다. 이것이 민주주의의 본질적 이념이고 정의로운 사회의 지향점이다. 〈인간의 얼굴을 한 과학〉의 저자 홍성욱은 그의 저에서 "현대과학은 기술이나 산업발전과 뗄 수 없는 관계에 있다. 과학의 이상과는 달리 과학에 기초한 기술과 산업발전의 혜택은 계층별로, 인종별로, 국가별로 불균등하게 배분된다. 정보기술의 발전은 정보기술을 사용해서 더 많은 부가가치를 창출하는 사람들과 정보에서 소외되어 있는 사람들 사이의 경제적·문화적 간격을 더 벌려놓고 있다. 전통적인 방법에 의해서 이 새로운 부를 균등하게 배분하려는 노력은 한계가 있기 때문에, 과학기술의 연구단계부터 그 결과의 사용과 배분을 생각하는 것이 현대사회에서 인권의 중요한 문제가 된다. 과학기술 시대에 소중한 인간의 권리를 보존하고 확산하기 위해서는 연구를 담당하는 '과학기술자들'과 '대중', 그리고 이 두 집단을 매개하는 '과학 커뮤니케이터' 모두가 과학과 인권의 상호관련성에 대해서 진지하게 성찰해야 한다".고 주장한다.

과학기술의 문제는 인간의 삶에 장기적이고 근본적인 영향을 미친다. 과학기술은 인간을 재정의하고 자연과 사회환경을 급격하게 변화시킨다. 따라서 과학기술의 변화가 인권의 새로운 개념과 새로운 가치를 창출할 수 있다. 그런데 여기서 주목해야 할 지점은 과학기술의 문제도 지식과 정보의 문제이고 이것이 지식과 정보의 불균등으로 인한 사회적 차별의 문제를 발생시키는 지점이다. 따라서 지식과 정보의 문제는 인권의 개념, 가치, 차별의 문제를 이해하고 해결하는 열쇠라 할 수 있다. 교육은 지식과 정보를 모든 개인에게 확산시키는 커뮤니케이터로서의 역할을 수행한다.

유사과학의 문제

과학이란 무엇인가? 과학적인 방법으로 연구하고 그 결과로 생성된 이론체계, 즉 진실과 사실을 설명할 수 있는 이론체계를 과학이라 한다. 과학적 방법이란 가설의 실험적 검증, 실험결과의 재연, 새로운 현상의 예측, 엄밀한 논쟁, 탄탄한 이론체계의 구축 등으로 규정할 수 있다. 그런데 과학인지 사이비 과학인지는 어떻게 구분할까?, 진짜 과학이 아닌 유사과학은 무엇을 말하는가? 이 같은 문제조차도 역사적으로 기준이 변하고 있다. 예를 들면 17세기의 연금술, 18세기의 골상학phrenology, 그리고 19세기 말에서 20세기 중엽까지 우생학은 그 시대에는 과학으로 간주되었다. 하지만 지금은 그

것들이 과학이 아닌 유사과학이라는 사실이 검증되었다. 이런 현상은 과학에 대한 맹신에서 비롯되었고, 유사과학pseudo science 또는 사이비과학에 대한 잘못된 믿음은 잘못된 패러다임이나 이데올로기를 만들 수 있다.

연금술은 비금속을 인공적인 수단을 사용하여 귀금속으로 변환시킬 수 있다는 일종의 사이비 자연학이다. 골상학은 두개골의 형상에서 사람의 성격을 비롯한 심적 특성 및 운명 등을 추정할 수 있다는 사이비 성상학이다. 또한 우생학은 인류를 유전학적으로 개량할 것을 목적으로 여러 가지 조건과 인자 등을 연구하는 학문으로 우수한 소질을 가진 인구를 증가시키고 열악한 유전소질을 가진 인구를 축소내지는 단종시킬 수 있다는 사이비 과학이다. 우생학 같은 유사과학은 과학적 가면을 쓴 채 남용되어 사회적 부적격자는 거세한다든지, 흑인, 유대인, 아시아인들은 지능이 나쁘다는 잘못된 인식을 만들어 냈다. 또한 20세기 초 유럽에서 시작된 혈액형과 사람의 기질에 관한 믿음 또한 일종의 우생학적 사이비과학이다. 이를 바탕으로 주로 A형이 많은 백인은 우수하고 B형이 많은 유색인종은 열등하다는 인종차별적 편견을 만들어 냈다. 우리나라의 경우, 일본의 영향을 받은 혈액형과 성격을 결부시킨 유사과학이 횡행하고 있다. 'B형 남자'라는 영화가 제작될 정도로 헬액형에 민감하다. 이것은 유사과학이고, 외모, 성별, 그리고 혈액형을 기준으로 인간을 차별하는 비과학적 무지의 횡포다.

6. 세상이 변하고 패러다임(Pradigm)도 변한다.

천년학교에서 전수되는 모든 지식과 정보들은 언어와 논리에 의해 그려진 지적 축소지도와 같다. 언어와 논리는 수많은 지식, 자료, 이미지 등을 시·공을 초월하여 전달하고 복제하며 재창조한다. 언어와 논리에 의해 복제되고 재창조된 지식, 자료, 이미지들은 세대와 세대를 관통하여 복제와 재창조를 끊임없이 반복하며 증가하고 새로운 패러다임을 형성해 간다. 패러다임이란 한 시대의 사회 전체가 공유하는 이론, 법칙, 지식, 믿음, 관습 등 한 시대를 지배하는 총체적인 틀 또는 개념의 집합체를 말한다. 패러다임은 함께 작용하며 통일되고 통합적인 세계관을 확립하는 신념 및 가정체계로서 설득력이 높고 저항할 수 없는 까닭에 실제상황 그 자체나 마찬가지로 여겨지는 통념을 의미한다. 한편, '토마스 쿤'은 그의 저서 〈과학혁명의 구조〉(1962)에서 하나의 패러다임이 영원히 지속될 수 없고, 항상 생성, 발전, 쇠퇴, 대체되는 과정을 되풀이한다고 주장했다. 여기서 말하는 패러다임은 과학적 패러다임을 의미한다.

우리는 세상을 인식한다. 눈으로 세상을 보고 생각으로 세상을 인식한다. 눈으로 세상을 보는 경우, 눈의 모양이나 색깔, 그리고 눈의 높이가 세상의 형상을 규정한다. 평원에서 생존하는 동물들의 눈은 가로로 벌어진 모양을 하고, 수직운동으로 생존해 가는 동물들의 눈은 세로로 벌어져 있다. 가로로 벌어진 눈은 평원을 인식하는데 최적화되어 있고, 세로로 벌어진 눈은 높은 나무를 오르내리는데 최적화되어 있다. 그런가 하면 지구상의 수많은 생명체 중에서 컬러비전을 지닌 동물들은 제한적이다. 유인류, 물고기, 개구리, 몇몇의 새들만이 형형색색으로 세상을 볼 수 있다. 유인류만이 무지개 빛을 감상할 수 있고 나머지는 푸른색과 노란색 정도를 구별할 수 있다.

세상은 그저 존재하는데 세상을 보는 눈은 모양과 빛깔과 높이가 다양하다. 또 다른 차원에서 우리는 세상을 시각의 눈으로 인식하듯이 의식의 눈으로도 세상을 인식한다. 시각적인 눈이나 인식의 눈은 우리가 세상과 소통하는 창문인 셈이다. 그렇다면 의식의 눈에도 모양과 빛깔, 그리고 높이가 있고, 그것들의 조화에 따라 세상은 우리에게 서로 다르게 인식될 수 있다.

중세에는 수사학과 언어는 단순히 말을 번듯하게 잘하기 위해서가 아니라 세상을 이해하고 바꾸기 위한 수단이라고 믿었다. 말에는 일종의 마술적인 힘이 있다는 믿음을 갖고 있었다. 마술사는 자신의 마음을 정신이 있는 사물과 말의 요동 속에 집어넣을 수 있는 사람이라고 믿었기 때문에 주문으로 하늘을 만족시키고 하늘의 힘을 얻을 수 있는 사람이라고 인식했다. 르네상스를 거치면서 이런 식의 어리석은 패러다임은 쇠퇴하게 되고 백과사전적 패러다임이 그 자리를 대체해 버렸다. '코페르니쿠스적 전회'라는 말은 획기적인 사고의 전환을 의미한다. 중세는 신이 지배하는 세계관이 인간을 지배했다. 과학적 세계관은 신성모독죄로 심판되고 마녀사냥의 대상이었다. 성경에서 비롯된 세계관으로 모든 것을 설명하고 모든 존재를 규정하는 바이블적 패러다임이 세상을 지배했다. 르네상스는 신이 지배하던 세계관을 인간이 지배하는 세계관으로 바꾸어 놓았다. 이 같은 패러다임의 전환은 과학적 사고를 싹틔우고, 과학혁명에 불씨를 당겼다.

중세는 바이블적 패러다임이 지배하는 '과학의 암흑기'였다. 지오

다노 브루노는 1600년대에 현재의 우주론에 가까운 "우주의 중심은 없고 우주는 무한하다"는 과학적 패러다임을 주장했다. 하지만, 그는 신성모독죄로 몰려 7년간 옥살이와 화형으로 인생을 마감했다. 지동설을 주장한 갈릴레이 역시 고문과 온갖 탄압을 견디지 못해 그 유명한 "그래도 지구는 돈다"는 말로 죽음은 모면했지만, 그는 죽는 날까지 가택연금에 시달렸다. 그리고 죽은 이후에도 묘비조차도 세울 수 없는 핍박의 대상이었다. 그의 명저 〈별의 사자〉, 〈천문학의 대화〉조차도 금서로 묶여 200년 동안 중세의 성곽 속에 갇힌 채 빛을 보지 못했다. 지동설은 현대에는 너무나 당연한 것으로 받아들여지고 있지만, 그 당시 천동설적 패러다임에 갇힌 중세인들은 지구가 돈다는 주장은 너무나 충격적이고 황당한 괘변으로 받아들였다.

르네상스 이후, 백과사전적 패러다임, 즉 "인간의 고향인 지구가 무한한 우주의 변방에 불과하다"는 충격적인 패러다임, "인간은 절대자에 의한 신성한 피조물이 아니라 자연에 속한 동물에 불과하다"는 충격적인 패러다임, "인간은 이성이 지배하는 합리적 존재가 아닌 무의식에 지배당하는 병든 동물에 불과하다"는 충격적인 패러다임은 일반상식이 되었다. 뉴턴은 중력이론으로 "사과는 늙어서 고향으로 돌아가는 것이 아니라 지구의 중력에 의해 땅으로 떨어진다."는 과학적 사실을 전파했다. 우주에서는 강력, 약력, 중력, 전자기력이 작용하고, 지구에서는 중력, 전자기력, 원심력, 전향력이 작용한다고 설명했다. 또한, 아인슈타인과 하이젠베르크는 "물질은 작고 견고하며 파괴할 수 없는 질량체로서의 입자가 아닌 역동적인 에너지 장의 일시적인 현상에 불과한 입자와 파동의 총합"이라는 양자역학적 새로운 패러다임을 전파했다.

프랭키라는 물리학자는 기존의 방법론이 옳다고 믿고 있는 사람에게 새로운 방법론을 설명하는 것은 차라리 그가 죽기를 기다리는 것이 낫다고 주장했다. 쇼펜하우어는 창조적인 생각은 1단계에서 1%를 제외하고는 비웃음의 대상이고, 2단계에서 98%가 반대자이며, 3단계에서 일반상식이 된다고 주장했다. 이런 주장들은 새로운 패러다임으로 기존의 패러다임을 대체하는 과정에서 기존의 고정관념으로 쌓아올린 성곽을 깨는 것이 얼마나 어려운 일인지를 설명한다.

인간의 의식에 관한 영역에서도 혁명적인 패러다임의 전환이 진행 중이다. 지금까지 인류문명의 근간으로 여겨져 왔던 합리주의나 이성주의가 몰락의 위기에 처하고 있다. 무의식과 내면의식, 즉, 감정, 직관, 편견, 동경이라는 요소들이 인간행동의 중심이라는 새로운 패러다임이 지배하려 한다. 이성을 강조하는 프랑스의 계몽주의는 기울어가고 감성을 강조하는 영국의 계몽주의가 새롭게 떠오르는 양상이다.

데이비드 브룩스는 그의 저서 〈소셜 애니멀〉에서 "뇌 연구가 새로운 철학을 만들어내는 경우는 거의 없다. 하지만 기존의 철학이 옳음을 입증할 수는 있다. 이 분야의 연구성과를 보면 감정이 순수한 이성보다, 사회적인 관계가 개인적인 선택보다, 성격이 지능지수보다, 불쑥불쑥 나타나는 유기적인 체계가 선형적이고 기계적인 체계보다 훨씬 중요하다는 사실을 확인할 수 있다. 또 사람은 여러 개의 자아를 가지고 있다는 관념이 단일한 자아를 가지고 있다는 관념보다 더 중요해졌다."고 주장한다.

오늘, 지금 이 순간에도 낡은 패러다임은 새로운 패러다임에 의해 위협받고 있다. 더욱이 변화의 속도가 빠른 정보화사회에서 패러다임의 소멸과 생성은 더욱 빠르게 진화한다. 모든 것이 10진법의 패러다임에서 2진법의 패러다임으로 전환되고 분업과 전문화의 패러다임에서 통합과 융합의 패러다임으로 흡수된다. AI기술에 의한 디지털 대전환, 기후위기에 따른 기후기술 및 에너지 대전환, 그리고 전염병 대유행에 따른 자본주의의 대전환 등으로 새로운 세상이 열리고 있다.

작가 구본형은 "세상은 많은 색깔로 칠해져 있다. 너무 많은 색깔로 되어 있어 아무리 많은 크레파스로도 다 칠할 수 없다. 그런데 우리는 언제나 세상을 두 가지 색으로 본다. 흑과 백, 우리는 색명인 것이다. 우리의 뷰 파인더view finder는 흑백이다. 간혹 회색이기도 하다. 그것도 대부분 잘 용납되지 않는다. 나는 그 외의 어느 색이 되고 싶다. 맑은 날의 바다색이거나 여름 하늘색이거나 붉은 포도주색이거나 별과 같은 황금색이거나 익은 모과 열매 같은 질감 있는 짙은 노란색이고 싶다."고 읊조린다.

새로운 색깔은 얼마든지 존재한다. 다만 우리의 눈이 찾아내지 못할 뿐이다. 새로운 패러다임은 새로운 색깔이며 새로운 패러다임을 받아들이는 것은 우리의 지적 유연성이다. 새로운 패러다임은 우리에게 무한한 상상력과 지적 호기심 그리고 이미 알고 있는 것으로부터의 자유를 요구한다. 우리는 이미 알고 있는 것으로부터 자유로울 때 새로운 것들을 쉽게 받아들인다. 고정관념은 우리의 지적 자유를 제한한다. 우리는 매일 매일 고정관념의 틀을 깨부수고 새롭게 태어나야 한다. 대학은 자유로운 곳이다. 대학에는 사색과 사상의 자유가 보장된다. 이런 대학의 자유는 무엇보다도 우리에게 상상할 자유, 새로운 것을 받아들일 수 있는 자유, 무엇이든 비판하고 새로운 것들을 창조할 권리를 부여한다. 우리는 날마다 새로운 지적 세계를 개척하고 탐험하며, 이미 알고 있는 것으로부터의 탈출을 꿈꾼다.